중국고고학,
위대한 문명의 현장

## 일러두기

이 책의 인명, 지명 등 고유명사 표기는 기본적으로 국립국어원 외래어표기법을 기준으로 삼았으며,
중국 인명, 지명 등은 현대 중국어 발음으로 옮겼습니다. 다만 아래와 같은 몇몇 경우 예외를 두었습니다.

1. 인명은 몰년을 기준으로 신해혁명(1911년) 이전 인물의 경우 우리말 한자음으로 옮겼습니다.
2. 고문헌에 등장하는 옛 지명, 현존하지 않는 지명은 우리말 한자음으로 옮겼습니다. 관용적으로 우리말 한자음이 익숙한 지명인 경우,
   필요하다면 한자와 우리말 한자음을 병기했습니다.
   예: 러우란(樓蘭, 누란), 리산(驪山, 여산)
3. 지도 속 지명은 본문에서 이야기되는 주요 지명만 현대 중국어 발음으로 옮기고 나머지는 우리말 한자음으로 옮기고 한자를 병기했습니다.
4. 강 이름(一河, 一江)의 경우 국립국어원 외래어표기법을 따르면 오히려 오해의 소지가 있다고 판단해 처음 나올 때 한자를 병기하고
   현대 중국어 발음으로 옮겼습니다.
   예: 황허黃河, 창장長江, 뤄허洛河
5. 한자는 처음 나올 때만 병기하는 것을 원칙으로 하되 필요한 경우 중복 병기했습니다.

# 중국고고학,
# 위대한 문명의 현장

**저자** 리링李零, 류빈劉斌, 쉬훙許宏, 탕지건唐際根, 가오다룬高大倫
이드리스 압두루술伊弟利斯·阿不都熱蘇勒, 돤칭보段清波
양쥔楊軍, 류루이劉瑞, 추이융崔勇, 판진스樊錦詩

**역자** 정호준

**감수** 심재훈

역사산책

# 차 례

# 중국 문명의 정수와 발굴 현장의
# 생생한 이야기

심재훈 | 단국대학교 사학과 교수

한국에서 중국 혐오가 고조에 달한 느낌이다. 그 중심에 20대가 자리하고 있다고 한다. 인구만으로 한국의 25배 이상인 중국 사람들의 정서를 일반화하기 어렵지만, 최소한 인터넷에 익숙한 대도시의 중국 청년들도 한국과 비슷한 강도의 혐한 대열에 들어서지 않았나 싶다.

양극단이 대세인 시기에 좀 더 이성적일 수 있는 중간자가 설 자리는 항상 비좁다. 중국 문명의 핵심을 관통하는 이 좋은 책이 하필 이런 시점에 출간되어 걱정이 앞선다. 그래도 때론 각박한 현실이 새로운 돌파구를 열어주기도 한다.

이 책은 20세기 초반 이래 중국의 가장 중요한 10대 고고학 발굴을 그 현장의 책임자들이 생생하게 서술한 드문 학술서이자 대중서이다. 중국 고대문명을 오랫동안 공부해온 감수자가 언젠가 써보고 싶은 딱 그런 책이다. 필진마저 드림팀으로 구성된 이 책으로 인해 이제 감수자의 꿈은 접어야 할지도 모르겠다.

화수분처럼 다양한 새로운 자료를 쏟아내고 있는 중국 고고학은 전문가조차 그 추세를 따라가기 힘든 상황이다. 그 정수를 엄선한 이 책은 현재 중국의 일부 고고학자들이 자신들 고대문명의 시작을 기원전 3,000년 이전으로 소급시키는 근거인 저장성 항저우 인근 량주 문화에서 시작한다(제1강). 상당 규모의 성터나 화려한 옥기 등을 공부하며 신석기 후기 중국 남방 문화의 발전을 가늠해볼 수 있을 것이다.

이어지는 얼리터우는 중국 학계에서 이론의 소지가 없는 최초의 고대 국가 유적이다(제2강). 그 도시의 면모가 확인되는 상세한 발굴 과정과 함께 중국 최초의 청동기와 용 문양까지 살펴볼 수 있다. 저자의 주장처럼 얼리터우를 최초의 중국으로 볼 수 있다면, 이어지는 은허는 거의 100년째 발굴을 지속하고 있는 중국 고고학의 요람이다(제3강). 갑골문과 함께 최고조에 달한 청동 제작기술의 발전, 도굴을 피한 상 후기의 왕비인 부호묘에 대한 흥미로운 내용을 담고 있다.

　중원의 중심 은허에서 상 문명이 발전하던 그 시점에, 은허 서남쪽으로 1,500킬로미터 떨어진 쓰촨성에서도 화려한 청동 문명이 빛을 발하고 있었다. 1980년대 중반 전 세계를 놀라게 한 싼싱두이 문명이다(제4강). 1930년대 이래 그 발견 과정과 청동 가면 등 신비로운 유물, 그 문명의 내력과 교류 상황까지 전해준다. 이러한 세기적 발견은 더 멀리 서북 변경 신장 지역에서도 있었다. 20세기 초 서양의 고고학자들이 최초로 보고한 사막의 샤오허묘지는 2000년대 초반 중국 고고학자들의 발굴로 그 모습을 더욱 선명하게 드러내었다(제5강). 극한 상황에서 그들의 분투와 함께 4,000여 년 전의 생생한 묘지와 미라들이 눈길을 사로잡는다.

　다시 중원으로 돌아오니 단일 무덤으로는 세계 최대인 진시황릉이 기다리고 있다(제6강). 지난 40년 동안의 거대한 발굴은 진의 문명과 과학 기술, 음악을 비롯한 예술 등과 함께 진시황에 대해서도 새로운 인식의 계기를 제공하고 있다. 이러한 대형 무덤은 한나라 때도 조성되었다. 2011년 남쪽 장시성에서 발견된 해혼후묘는 한때 황제 자리까지 올랐다 열후로 강등된 비운의 인물 유하의 무덤이다(제7강). 1만 점이 넘는 유물 중 다양한 금기와 어마어마한 분량의 오수전, 공자와 제자들 모습을 담은 거울 병풍, 『논어』를 비롯한 다양한 간독 문헌이 두드러진다. 당시 중원의 중심은 중국 고대 수도의 대명사인 장안이었다. 한나라와 당나라 때 장안성의 상세한 면모가 그 뒤를 잇는다(제8강).

　마지막 두 장은 다시 변경으로 돌아가지만, 그 의미는 어떤 유적 못지않다. 그 첫 번째가 광둥성 광저우 인근에서 수중 고고학의 성과로 들어 올린 송나라 때 원양무역선 난하이 1호다(제9강). 꼬박 30년이 걸렸다는 이 발굴은 감수자에게 이 책의 백미로 다가왔다. 목포 해양유물전시관에 보존된 신안 해저 무역선과 비교하며 꼭 읽어보라고 권하고 싶다. 동남단 광저우 바닷가에서 무려 3,500킬로미터 떨어진 서북 변경 둔황의 막고굴이 이 책의 마지막을 장식하여 의미심장하다(제10강). 세계 예술의 보고라는 막고굴의 내력 및 구조와 함께 그 다양한 회화와 사본까지 상세히 전해준다.

　수준 있는 교양을 갈구하는 독서인에게 예상치 못했던 흥미로운 지식을, 중국 고대문명을 전문적으로 공부하는 학도들에게는 체계적 인식을 도와주는 알찬 책이다. 감수자의 이름을 걸고 기꺼이 권하고 싶다.

　감수자는 매년 사학과 입학생을 대상으로 하는 "동아시아의 역사와 문화" 수업을 담당하고 있다. 수강생 대부분이 중국과 일본사 위주의 그 수업을 듣고 그동안 깊이 각인된 한국 중심 역사 인식의 한계를 되돌아볼 수 있었다고 한다. 편협한 역사관에서 벗어날 수 있게 해주어 고맙다고 얘기하기도 한다.

　누구를 싫어하는 감정은 대체로 상호적이다. 어느 일방을 원인 제공자로 탓하기는 어럽다. 혹자는 중국은 변하지 않는데 왜 우리만 변해야 하냐고 강변할 것이다. 중국과 같은 수준을 유지하고 싶으면 계속 그렇게 하라고 감수자 역시 강변하고 싶다.

책 한 권이 인식 상의 변화를 초래하기는 어렵다. 그래도 한국을 비롯한 동아시아 전근대 문명의 중요한 토대가 바로 이 책에서 다루는 중국 고대문명에서 나왔음을 기억해야 한다. 고대 중국 연구를 세계 인문학의 가장 역동적인 연구 분과로 인식하는 서양 학자들과 마찬가지로, 우리 역시 이 책의 여러 고고학 유적을 인류 공동의 유산으로 여기며 즐길 수 있었으면 좋겠다.

물론 이 책에도 약점이 없는 것은 아니다. 중국 학자들이 자신들의 고고 유적을 다루기 때문에 일부 우리식 '국뽕' 모습이 두드러지는 양상은 어쩔 수 없다. 그러한 견해가 중국 학계에서 온전히 수용되는 것이 아님을 알아야 한다. 나아가 그런 대목이 오히려 '우리 같으면 어떻게 했을까'하는 역지사지의 기회가 될 수 있기를 바란다.

서론을 쓴 리링을 비롯한 이 책의 필진은 모두 중국의 최고 학자들이다. 내용은 말할 것도 없고 각 필자 나름의 다양한 문체 때문에라도 번역이 아주 힘든 책이다. 이 책의 또 다른 백미인 화려한 도판 역시 편집의 어려움을 더해주었을 것이다. 이 책을 펴내기 위해 큰 노력을 기울인 도서출판 역사산책의 편집진에게 경의를 표한다.

# "문명"이라는 두 글자로부터 생각해본다

리링李零 | 베이징대 중문과 교수

## 문명의 개념

'문명'은 문화 개념에서 이해해야 한다.

영어 단어 civilization은 '귀화'와 관련 있다. 어두 civil은 '시민의, 본국의, 예의 바른, 교양 있는'을 의미하고 어미 zation은 '되다'를 의미한다. 즉 본래 civilization은 '본국인이 되다, 개화인이 되다'라는 뜻을 가진다. 시민은 본국인, 개화한 사람을 지칭하며 이와 상반된 개념이 막 귀화한 이민과 아직 귀화하지 않은 외국인이다. 이러한 구분은 공항에서 쉽게 확인할 수 있다. 입국 수속을 할 때 본국 여권을 가진 시민은 영주권을 가진 사람이나 외국인과는 따로 줄을 선다. 그리고 이민국은 '귀화국'이라고도 한다.

고대 그리스의 역사가 헤로도토스Herodotos는 그리스어를 하지 못하는 사람을 모두 '야만인'이라고 했다. 말하자면 당시 그리스인은 페르시아인을 야만인이라 칭했다. 그리스어의 야만인을 영어로 옮기면 barbarian으로, 본국어를 말하지 못하는 외국인이라는 뜻이다. 북아프리카 일대에 거주하는 원주민은 베르베르인Berbers인데 이 역시 barbarian과 같은 의미다. 이는 곧 나와 타자가 있을 때 나는 문명인이며 타자는 야만인으로, 둘 사이에 차이가 있음을 강조하는 것이다.

중화민국 시대에는 일본의 영향으로 '문명을 중시한다講文明'라는 말이 유행했다. 서구의 예절, 신사의 품격을 따르고자 한 데서 비롯된 것으로, 심지어 신사의 손에 들린 지팡이를 '문명지팡이文明棍'라 불렀다. civilization을 '문명文明'으로 번역한 사람은 일본인이다. 그러나 본래 이 두 글자는 중국 춘추전국시대 문헌에서 가져온 것이다.

고문헌에 나오는 문명의 '문文'은 문채文彩로 '야野'에 상대되는 말이고, '명明'은 광명光明으로 '암暗'에 상대되는 말이다. 야는 비루하지만 소박한 일면이 있다. 암은 어둡지만 광명과 늘 같이 있다. 따라서 문명은 '계몽啓蒙'과 관련된다. 계몽은 첫째, 우매함이 총명함으로 바뀐다는 의미이고, 둘째, 어둠이 광명으로 바뀐다는 의미이다.

옛 문헌의 '인문人文'이라는 말도 살펴보자. 인문은 인류가 발명한 것을 가리키는 것으로 천지 만물이나 자연계에 원래부터 존재하는 것과는 다른 것이다. 인문의 창시자는 인류 문명의 집대성자를 가리키는데, 황제黃帝의 군신을 예로 들 수 있다. 오늘날 우리는 '문사철文史哲'을 인문이라 통칭하며 서구에서는 humanity라 한다.

서구에서 문명인을 야만인과 구분한다면 중국에는 '이와 하의 구별夷夏之別'이 있다. 하인夏人은 중심(곧 중국)에 거주하는 문명인이다. 이인夷人 혹은 만이융적蠻夷戎狄은 주변(곧 변방)에 거주하는 야만인이다. 맹자孟子는 허행許行을 꾸짖으며 "남쪽 미개한 지역의 왜가리 떼 같이 떠벌리는 야만인南蠻鴃舌之人"이라 했는데, 이는 헤로도토스가 야만인이라 한 것과 마찬가지로 언어의 다름을 강조한 것이다.

'화化'는 두 가지 유형이 있다. 옛 사람들은 '이민족이 중국을 바꾸는 것以夷變夏'은 야만화이고 '중국이 이민족을 바꾸는 것以夏變夷'은 문명화라고 생각했다. 한 예로, 한漢나라와 진晉나라의 인장에 '솔선귀의率善歸義'라는 말이 있었는데, 강족羌族이나 호족胡族 같은 이민족이 한漢문화를 인정하고 귀의한다는 의미다.

언어는 문화의 일종으로 의관을 정제하고 음식을 먹는 습관과 같은 것이다. 그러므로 문명은 문화 개념이지 종족 개념으로 논할 것이 아니다.

진부한 인류학자들은 유럽을 기준으로 삼아 지구상의 인류를 야만과 문명으로 나누는 고전 시대의 기본 분류법을 고수했다. 19세기 미국의 인류학자 루이스 모건Lewis H. Morgan은 인간 사회의 발전을 몽매savagery, 야만barbarism, 문명civilization의 3단계로 분류했으며, 19세기 역사학과 헤겔Georg Wilhelm Friedrich Hegel의 영향을 받은 마르크스Karl Marx와 엥겔스Friedrich Engels 또한 이 용어를 사용했다.

이렇게 문명을 두고 등급을 나누곤 하는 데 대해, 컬럼비아대학의 리디아 류Lydia H. Liu 교수는 한 학술대회에서 '문명 등급론'을 비판한 바 있다. 오늘날 한 국가가 어떤 유형이나 등급에 속하는지는 그 크기나 빈부 상황에 좌우되지만 더욱 중요하게 영향을 미치는 요인은 미국과의 친소 관계라는 것이다. 현대 서구의 인류학자들은 문명에 높고 낮음이나 귀천이 없다고 하지만, 이는 서구가 추구하는 정치적 올바름에 따른 것으로, 실은 매우 기만적인 말이다.


## 문명의 표준

우리는 역사 수업 시간에 세계 4대 고대 문명으로 이집트, 메소포타미아, 인더스, 황허黃河 문명을 배웠다. 그러나 실제로 문명이 어찌 이들 네 가지만 있겠는가? 유럽의 그리스·로마 문명, 서아시아의 티그리스·유프라테스 문명(아시리아와 바빌로니아 포함)과 페르시아 문명, 남아시아의 인도 문명, 동아시아의 중국 문명, 중앙아메리카의 마야 문명과 아스테카 문명, 남아메리카의 잉카 문명 등 최소 10대 문명을 꼽을 수 있다.

이들 문명 중 대부분은 현존하지 않는다. 중국처럼 많은 부분에서 고대와의 연속성을 현재까지 유지하기는 결코 쉽지 않다. 사회평론가인 진관타오金觀濤는 이러한 것을 '초안정구조'라고 했으며 초안정구조는 1980년대에 주류 사조로 인정받았다. 그러나 이런 평가는 적절하지 않다고 생각한다. 소멸에는 소멸의 원인이 있고 연속에는 연속의 원인이 있는 것으로, 어느 쪽을 좋다 혹은 나쁘다고 말할 사안이 아니다.

'문명'이란 무엇일까? 문명에는 일반적으로 두 가지 표준이 있다.

하나는 금속, 도시, 문자 등과 같은 기술 발명 표준이다. 이들을 연구하는 것은 당연히 고고학과 관련된다. 문화역사고고학의 연구 목표는 고고학 문화인데, 문명은 고고학 문화에 속하지만 고고학 문화보다 더 범위가 넓고 더 오래되었다. 몇몇 문명은 기술 발명 표준에 속하는 요소를 모두 갖추지 못했지만, 중국 문명은 3대 요소가 완전한 문명으로 10대 문명 중에서 전파 범위가 가장 넓고 연속성이 가장 강하다.

문명의 또 하나의 표준은 사유제, 빈부분화, 사회분업, 사회계층분화 같은 사회 조직으로, 복잡한 사회가 형성되었는지, 특히 국가가 출현했는지를 보는 것이다. 중국의 신석기문화는 황허 유역의 3대 지역, 창장長江 유역의 3대 지역 외에 남북에 각각 하나씩 후방 지역이 있어 적어도 8개의 큰 지역으로 나뉜다. 룽산龍山 시대 이후로 야금 기술이 출현하고 도시가 세워졌으며 다양한 상징체계가 각지에서 발견되었다.

과거 중국 고고학자들은 비어 고든 차일드Vere Gordon Childe의 견해를 신중하게 받아들여 룽산 문화를 '문명의 서광'으로 보았다. 그러나 오늘날에는 량주良渚 문화가 이미 문명의 기준을 갖추었다며 문명의 상한을 위로 끌어올리고 송나라 유학자와 신해혁명가가 말한 황제黃帝 연대(중화 오천 년)가 더는 맞지 않다고 주장하는 학자들이 있다.

'국가'를 연구할 때 서구에서는 현대 이전의 국가를 state, 현대 국가를 nation이라 한다. 이와 관련해 미국 문화인류학자 엘먼 서비스Elman Service는 무리band-부족tribe-추방(chiefdom, 군장 사회)-국가state의 4단계 설을 제시했다. 이는 곧 주현州縣 규모의 작은 도시국가state의 기원을 말하는 것으로 국가 이전에 무리, 부족, 추방의 세 사회 단계가 있었다. 유럽은 소국과민小國寡民의 자치 전통을 지니고 있어, 그리스의 경우 하나의 도시가 하나의 국가였고 이른바 아테네제국 역시 도시국가 연맹에 불과하여 그리 크지 않았다.

역사상 대제국은 대부분 동방에 있었다. 유럽의 대제국은 마케도니아제국과 로마제국뿐이었는데 마케도니아제국은 페르시아제국을 흡수했지만 금방 사라져버렸다. 광대한 영토를 거느렸던 로마제국은 분열하면서 와해되었다. 중세 이후 유럽은 작은 나라로 나뉘었고 설령 현대 국가들이 전쟁을 일으켜서 새롭게 국가를 조직한다고 해도 그 크기는 이전만 못할 것이다.

오늘날 세계에서 가장 큰 나라는 몽골제국의 식민지라는 배경 덕분에 유럽과 아시아에 걸쳐 있게 된 러시아이며 유럽의 26개국은 셍겐 협정Schengen Agreement으로 국경을 개방한 셍겐 국가Schengen States다. 진정한 의미에서 큰 덩치로 새로운 출발을 한 국가는 모두 지리상의 발견 이후 식민지였던 곳이다. 미국, 캐나다, 오스트레일리아가 바로 그렇다. 그래서 정치학자이며 역사가인 베네딕트 앤더슨Benedict Anderson은 가장 이른 nation은 유럽이 아닌 아메리카에 있었고 nation은 '상상의 공동체Imagined Communities'라고 했다.

한편 중국 고고학자 쑤빙치蘇秉琦는 중국의 국가는 기원에서 발전까지 '고국古國-왕국王國-제국帝國'의 세 단계를 거쳤다고 보았다. 많은 사람들이 룽산은 추방chiefdom에 불과하고 하夏, 상商, 주周 삼대三代도 여전히 왕국kingdom이며 진한秦漢 시대에 비로소 제국empire에 들어섰다고 생각한다. 내가 이해하는 바로, 삼대는 실제로 하인夏人, 상인商人, 주인周人이 각각 거주하며 활동한 거대한 세 지역을 묶은 것이다. 하, 상, 주를 하나로 합친 서주西周가 건립한 천하는 규모면에서 동주열국東周列國과 비슷했다. 이렇게 큰 발은 근본적으로 state라는 작은 신발에 집어넣을 수 없다. 억지로 집어넣는다면 '발을 잘라 신발에 맞추기削足適履'일 수밖에 없을 것이다.

서주는 천하의 주인으로 도시국가가 아니었다. 서주 봉건의 범위, 서주의 동기銅器가 출토된 장소, 동기에 새겨진 명문銘文의 내용을 보면 서주는 왕국kingdom이라기보다 연합 왕국united kingdom이었음을 알 수 있다. 오늘날 United Kingdom은 영국을 말하는데, 서주가 작은 국가였다고 해도 영국보다는 컸다.

진한 제국은 기본적으로 서주의 영역을 토대로 발전했다. 서구에서 empire라고 하면 아시리아제국, 페르시아제국처럼 비교적 큰 나라를 지칭하지만 그 크기에 엄격한 기준이 있는 것은 아니다. 마케도니아제국처럼 규모가 작은 예도 있으니 서주를 제국이라고 칭하는 것도 불가능한 일은 아니다(프린스턴대학 고고학과의 로버트 배글리Robert Bagley 교수는 상 전기의 얼리강二里崗 문화로 대표되는 국가를 제국이라 주장하기도 한다).

오늘날의 중국은 서구에서 말하는 nation이며, 베이징 고궁박물원장을 지낸 고고학자 장중페이張忠培는 당국黨國이라 했다. 국민당은 중화민국을 세웠고 공산당은 중화인민공화국을 세웠다. 중화민국과 중화인민공화국은 모두 nation이다. 미국 역사 교과서는 중국의 근대사를 민족주의 역사의 관점으로 접근하는데 민족주의의 '민족'이 바로 nation이다. 중국 근현대사를 전공한 조지프 에셔릭Joseph W. Esherick 교수는 저서 『제국에서 국가로Empire to Nation』에서 제국이 해체됨으로써 현대 국가가 성립했다고 했다. 그러나 중국에 대한 내 견해는 다르다. 현대 중국은 유럽이나 미국의 모델을 따라 만들어진 것이 아니며, 특히 오스만제국의 해체 모델을 따라 철저하게 축소되지도 않았다. 현대 중국은 전제 제도를 뒤집고 공화를 향해 나아가지만 국토의 규모, 민족의 구성과 정치 구조 모두 고대 중국, 특히 대청제국을 계승했다. 현대 중국은 역사가 빚어낸 것으로 결코 인위적으로 만들어지지 않았다.

## 중국 고고학의 중요성

1949년 이후 중국 고고학은 해마다 발전을 거듭했으며 심지어 문화대혁명 시기에도 큰 성과를 거두어 중국은 물론 세계 고고학계의 주목을 받았다.

그리하여 중국 고고학계에서 '중국학파' 굴기의 함성이 울려 퍼졌다. 중국학파는 마르크스주의의 지도 아래 중국적 특색을 강조하는 학파로 지금의 시대적 조류와는 거리가 있다. 20세기 후반 이후 미국 고고학이 주류로 등장해 '과정고고학Processual archaeology'과 '후기과정고고학Post-processual archaeology' 모두 마르크스주의를 따르지 않는 미국적 특색이 강하다.* 미국은 전 세계에서 반공에 가장 앞장서는 국가이기에 미국에서 마르크스주의는 정통이 아닌 이단으로 여겨진다. 후기과정고고학은 마르크스주의 고고학을 포함하는 포괄적인 흐름을 총칭하지만 미국의 마르크스주의는 결코 중국의 마르크스주의와 동일하지 않다.

미국 고고학은 다음 두 가지 특색이 있다.

첫째, 미국은 유라시아 대륙과 멀리 떨어져 있어 고전학, 예술사, 근동의 고고학과 관련이 없는 아메리카 인디언 문화를 대상으로 삼았다. 미국 고고학은 지리상의 발견과 식민주의 토대에서 발전했으므로 아프리카와 오세아니아 고고학에 더 가깝다. 참고 자료 또한 역사문헌이나 금석 자료 같은 것이 아니라 민족 조사와 민족지 같은 것으로, 미국 고고학은 인류학에 속한다고 할 수 있다.

둘째, 미국 고고학은 역사 시기 이전을 주로 다루는데 역사 시기 이전의 고고학은 문헌

---

* 과정고고학은 '신고고학'이라고도 하며 그 주요 관점은 고고학이 최종적으로 '무엇, 언제, 어디서'의 문제뿐 아니라 '어떻게'와 '왜'의 문제를 해결해야 한다는 것이다. 과정고고학의 기본 목표는 다른 자연 조건과 문화 환경 아래에서 문화 변화의 원인을 이해하는 것이다. 후기과정고고학은 범위를 확대해 다른 종류의 고고학 이론을 개괄적으로 서술하면서 페미니즘, 마르크스주의, 문화유산과 본토 고고학의 각종 시각을 포함한다.

이 존재하지 않는다. 따라서 미국 고고학자들은 대담한 가설을 세우고 주의 깊게 증거를 찾는 데 더욱 몰두하는 대신 이론과 방법은 경시한다. 고고학이 유적을 발굴하고 기록하며 연대를 밝혀내는 것뿐 아니라 사고와 해석을 중시해서 인류의 행동과 사회생활을 복원하는 것에 중점을 두어야 한다고 생각하는 것이다. 이런 풍조는 미국 특유의 환경 때문이다.

영국 고고학자 글린 대니얼Glyn Daniel은『고고학 150년150 Years of Archaeology』(1976)에서 1800년부터 1950년까지의 고고학을 기술했고, 뒤에 제2차 세계대전 이후 1945년부터 1970년까지를 보충했다. 서구 고고학자들은 중국 고고학이 1949년에서 1979년에 이르는 시기에 낙후되었다고 보는데, 이는 상호간에 교류가 없어 정확히 이해하지 못한 탓이다. 사실 이 시기는 중국 고고학의 황금기였다. 중국 학자들이 미국 고고학의 분위기를 파악하지 못한 것처럼 서구 학자들 역시 중국 고고학을 연구할 기회를 놓쳤다.

중국 고고학이 서구에 비해 여러 해 뒤처졌으며 심지어 그 차이가 100년에 이르기까지 한다고 주장하는 학자도 있으나 이는 지나치게 과장된 견해다. 중국 고고학은 열심히 쫓아가고 있다. 1926년에 리지李濟가 시인촌西陰村을 발굴한 것에서부터 헤아리면 이미 100년 가까운 시간을 매진해왔다.

서구 학자들은 중국 고고학에 야외 발굴 기술과 과학적인 방법이 존재하지 않으며 더욱 중요하게는 이론이 없을 뿐 아니라 있다 한들 잘못된 이론만 있다는 것을 들어 뒤처졌다고 평가한다.

마르크스주의는 중국 고고학의 이론 중 하나일 뿐 유일한 것은 아니다. 미국 고고학 이론은 장광즈張光直의 소개와 위웨이차오俞偉超의 전파를 거쳐서 현재 충분히 논의되고 있다. 마르크스주의는 훌륭한 이론이고 전위적인 이론이지만 중국에서는 곡해되고 있다. 엥겔스는 마르크스가 일생 동안 두 가지 위대한 발견을 했는데, 하나는 유물사관이고 다른 하나는 잉여가치설이라고 했다. 마르크스주의 역사학은 경제학 연구에 근거한 유물사관에 바탕을 둔다. 프랑스 구조주의 철학자 루이 알튀세르Louis Pierre Althusser에 따르면, 마르크스주의 철학은 직관 유물주의가 아니며, 그 특징은 행동을 강조하고 실천 속에서 문제를 인식하는 것으로 경제, 정치, 의식 형태와 떼려야 뗄 수 없는 관계에 있다.

또한 사회 구성체와 관련한 다섯 가지 표준 형태는 마르크스가 고안한 것이 아니다. 19세기 역사학에서 주로 다룬 세 단계는 아시아-고대(그리스·로마)-게르만(민족 대이동, 중세와 현대 포함)이며 이들은 세 가지 역사 문화를 대표한다. 헤겔은『역사철학』에서 이 세 단계에 따라 그의 변증법을 확립했다. 마르크스는 이 세 단계를 사회 및 경제 형태 변화의 몇 단계로 간주했을 뿐으로 모든 세계가 이 모델을 따라 발전해야 한다고 말한 적이 없다.

유물사관은 거시적 시야를 갖추게 하고 사회사 연구를 깊이 있게 하는 장점이 있다. 20세기 고고학의 전반부는 비어 고든 차일드로 대표되는 문화역사고고학이, 후반부는 루이스 빈포드Lewis Roberts Binford로 대표되는 과정고고학과 후기과정고고학이 주를 이루었다. 차일드는 마르크스주의에 깊이 영향 받았는데, 그의 두 혁명 개념(농업혁명과 도시혁명)은 오늘날까지도 만고불변의 학설이 되었다. 신고고학이라고 해서 반드시 완전히 새로운 것이 아니듯 구고고학이 모두 쓸모없는 것은 아니다.

민족주의와 관련해 구세대 중국학자들은 국사를 다시 쓰고 족보를 이어 쓰려고 했다. 이 역시 미국의 정치적 정당성에 근거해 부정적으로만 이해해서는 안 된다. 1949년 이전 중국은 온갖 굴욕을 당하고 멋대로 유린되었는데, 저항한 것이 잘못이란 말인가? 핍박받는 민족이 투쟁을 통해 해방을 바라며 식민통치와 제국주의에 저항하는 것은 충분한 정당성을 지닌다. 지상과 지하에 사료가 매우 많은 중국은 이집트나 이라크, 이란처럼 외국인에게 도움을 청해 고대사를 편찬할 생각이 없다. 스스로 손과 발을 움직여 자료를 찾고자 하는 게 그리 이상하단 말인가? 1949년 이후 중국은 열강에 포위되어 제재를 받았기에 민족주의는 참으로 필연적인 반응이었다. 우리는 100여 년 동안 이어진 중국의 민족주의를 이해하고 공감해야 한다.

세계 문명 연구의 핵심은 유라시아 대륙에 있다. 유라시아 대륙에서 유럽의 면적은 아시아의 4분의 1이다. 고전 작가들이 말한 아시아는 티그리스강과 유프라테스강 유역, 이집트, 소아시아, 이란 고원을 포함했다. 식민 시대에는 아시아의 개념이 동쪽으로 확대되어 서아시아, 중앙아시아, 남아시아, 동남아시아, 동아시아, 북아시아 등 여섯 지역으로 나뉘었는데, 이들 지역이 모두 중요하다.

유럽인의 아시아에 대한 인식은 그들에게 가까운 곳에서부터 먼 곳으로 미쳐서 서아시아, 중앙아시아, 남아시아, 동남아시아 고고학은 그들도 잘 알고 있다. 그러나 중국, 몽골, 러시아와 더불어 한국과 일본이 속한 동아시아와 북아시아는 그 범위가 아시아 대륙의 절반을 차지함에도 유럽인의 인식에서는 멀리 있어 이들 지역을 다루는 고고학에는 상대적으로 정통하지 못하다.

영국 미술사가이며 중국학자인 제시카 로슨Jessica Rawson 교수는 서구 학자들을 향해 중국의 중요성을 항상 강조해왔다. 장광즈는 중국 고고학의 중요성이 세계사 고쳐 쓰기에 중대한 작용을 하는 데 있다며, 이를 통해 세계 역사에 공헌해야 하고 또한 공헌할 수 있다고 했다.

중국 고고학은 세계 고고학의 일부분이다. 우리는 중국 고고학을 하지만 실제로는 세계 고고학을 하는 것이다. 중국의 시각으로 세계를 보고 세계의 시각으로 중국을 본다면 반드시 밝은 앞날을 맞이할 것이다.

량주良渚　신석기시대 후기
5,300~4,300년 전

얼리터우二里頭　하상시대
3,800~3,500년 전

은허殷墟　상대
기원전 14세기~기원전 1046년

싼싱두이三星堆　하상시대
4,500~2,900년 전

샤오허묘지小河墓地　청동시대
4,000~3,500년 전

진시황릉秦始皇陵　진대
기원전 208년 완공

해혼후묘海昏侯墓　서한시대
기원전 59년 완공

한·당 장안성漢唐長安城　한대 유적 : 기원전 200~196년
당대 유적 : 583~904년

난하이 1 호南海 1 號　남송 초
800년 전

둔황 막고굴敦煌莫高窟　전진부터 원대 이후까지
366~1400년

막고굴 / 간쑤 둔황

샤오허묘지 / 신장 로프노르

싼싱두이 / 쓰촨 광한

해혼후묘 / 장시 난창

中国地图

1 : 32 000 000
审图号：GS(2016)1569号
自然资源部 监制

진시황릉 / 산시 셴양

한·당 장안성 / 산시 시안

얼리터우 / 허난 뤄양

량주 / 저장 항저우

은허 / 허난 안양

난하이 1호 / 광둥 양장

**류빈劉斌**

량주 고성 발견자
량주 고성 발굴 책임자
저장성 문물고고연구소 소장

량주 고성에 살던 사람들이 마치 신화처럼 매우 정확하고 세밀할 것이라 생각했는데, 실제 유적이 그러한 이미지를 증명해주었다. 량주인은 옥장식을 차고 고급스런 칠기를 사용했다. 여러 방면에서 생활수준의 정교함이 우리보다 높았다.

중국의 역사와 문화는 한 번도 끊어져 소멸된 적이 없었으며, 량주 문화도 수천 년의 발전과 변화를 거쳐서 마침내 중화 문화 속으로 들어오게 되었다. 우리는 량주 문화를 연구함으로써 중화 문명이 다원에서 일체로 향하는 과정을 볼 수 있었다.

제1강

# 량주良渚
## — 5,000년 전의 신비한 옛 나라

1973년에 발견된 장쑤성江蘇省 우현吳縣 차오세산草鞋山 유적에서 주周, 한漢 시기의 것으로 보이는 옥황玉璜과 옥종玉琮 같은 대량의 옥기가 출토되었다. 이른 시기의 선사 문화에서 뜻밖에도 고급스런 옥기를 발견한 사람들은 이때부터 량주 옥기의 신비한 베일을 벗겨야 한다고 생각했다.

2007년에 우리는 량주 고성의 범위를 확인했다. 길이 6킬로미터에 남북으로 1,900미터, 동서로 1,700미터였으며 넓이는 대략 3제곱킬로미터였다. 량주 고성은 지금부터 5,300년 전에서 4,100년 전까지, 천 년 가까운 시간 동안 존재했다. 중화 5,000년 문명이 이로써 증명되었는데, 당시에 중국은 이미 국가를 형성한 문명사회로 진입했다.

서구에서 정한 기준으로 중국의 국가 기원과 문명을 판단하는 것은 그리 적절하지 않다. 량주 문화는 금속과 명확한 문자를 갖추지는 못했다. 그러나 대규모 공사, 사회계급의 분화, 옥기에 반영된 신앙, 생산력의 발전 등은 당시 사회가 결코 이집트와 인더스강 유역 문명에 뒤지지 않았음을 증명해준다.

# 1 │ 창장長江 유역 문명의 요람

## 중화 5,000년 문명의 원류

우리는 늘 중화 5,000년 문명이라고 말하는데 사실 대부분의 사람들은 이 '문명'을 정확히 이해하지 못하는 듯하다. 고고학 개념에서 문명은 국가의 기원을 가리킨다. 5,000년 문명을 가졌다고 하지만 실제로 중국 사서에는 4,100년 전인 하夏나라부터 기록되어 있다. 그리고 국제적으로 공인된 기원은 유적으로 증명할 수 있는 상대商代 은허殷墟가 존재한 3,600여 년 전이다.

인류의 발전은 세계적으로 공통성과 동시성을 지닌다. 인류는 기원부터 오늘에 이르기까지 300만 년 가까운 역사를 가지며 지금부터 1만 년쯤 전에 신석기시대로 진입해 정주하고 농업 생산을 시작했다. 그 이전의 299만 년 동안 인류는 침팬지나

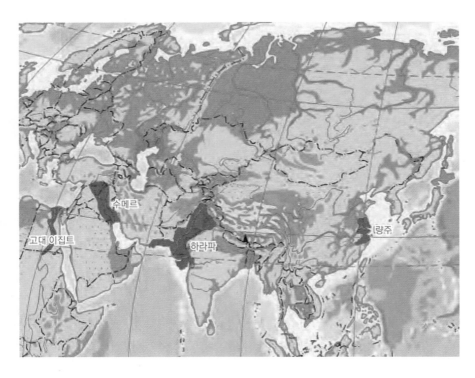

구대륙의 4대 초기 문명 발상지

## 량주에 문자가 있었을까?

어느 통계 자료에 따르면 량주에 600~700여 종의 뜻을 나타내는 부호가 있었다고 한다. 도기와 석기 위에 새겨진 많은 부호는 지금까지 문자로 증명되지는 않았다. 왜냐하면 문자는 독음이 있고 연관된 표현이 있어야 하기 때문이다. 이들을 단지 '각화刻畫 부호' 정도라고 칭하지만 사실 많은 부호가 이미 표의 작용을 하고 있으니 문자의 초보 단계 또는 문자의 전신이라고 해야 할 것이다. 한 질항아리에는 동물과 그물 같은 상형 부호가 새겨져 있는데 그것으로 수렵 상황을 표현하고 있음을 알 수 있다.

표의 부호가 새겨진 질항아리

고릴라 세계와 유사한 순수한 원시 사회를 유지했다. 고고학에서는 이때를 구석기시대라 한다. 신석기시대에 진입하면서 인류는 고속 발전의 시기로 들어섰다. 그리고 지금으로부터 5,000년 전 무렵 문명사회로 진입했는데, 우리가 잘 알고 있는 이집트, 서아시아, 인도 등이 이 시기에 국가사회로 접어들었다.

그렇다면 우리가 말하는 중국 5,000년 역사의 근거는 무엇일까? 중국도 5,000년 전에 국가사회로 진입했음을 어떻게 증명할 수 있을까? 고고학의 실증이 있어야 국제 학술계에서 인정받을 수 있다.

량주는 현재까지 발견된 중국 고대 문명 가운데 가장 설득력이 있다. 규모와 사회계급, 생산력의 발전에서부터 농업과 도시계획에 이르기까지 사회의 발전 정도가 고대 이집트와 서아시아, 인더스강 유역 문명 못지않음을 잘 보여준다. 고고학자들이 여러 해 동안 매진한 끝에 량주가 이미 국가사회, 문명사회에 진입한 증거를 다수 발견할 수 있었다.

량주 문화는 주로 창장 하류 타이후太湖 유역에 분포되어 있고, 그 연대는 지금부터 5,300년 전에서 4,300년 전까지로 신석기시대 후기에 속한다. 흔히 량주 문화를 일컬어 중국 신석기시대 후기의 가장 중요하고 가장 발전된 문화라고 한다. 그런데 신석기시대라고 하면 낙후된 원시사회라고 잘못 인식하기 쉽다. 그래서 량주 문화가 고대 이집트와 동시대라는 사실을 먼저 강조하는 게 이해를 도울 수 있다. 고대 이집트의 발전된 문명 수준은 많은 사람들이 익숙하게 알고 있기에 고대 이집트는 하나의 기준이 될 수 있기 때문이다. 다시 말해 량주 문화는 고대 이집트와 동일한 시기에, 지금으로부터 5,000여 년 전에서 4,000여 년 전까지 천 년 동안 지속된 역사를 지닌다.

이전에는 고고학의 발전을 이끈 서구가 정한 기준에 따라 국가의 탄생과 문명의 탄생에 몇 가지 중요한 요소가 있다고

했다. 예를 들면 도시, 문자, 금속의 출현과 같은 것이다. 그러나 이것만으로 중국의 국가 기원과 중국 문명을 판단하는 것은 적절하지 않다. 왜냐하면 그러한 기준은 한 사회의 발전 정도가 국가를 조직할 만한 수준에 도달했는지를 증명하기 위해 사람들이 임의로 정해놓은 것이기 때문이다. 량주 문화는 비록 금속과 명확한 문자를 갖추지는 못했다. 그러나 대규모 공사, 사회계급의 분화, 옥기에 반영된 통일된 신앙, 생산력의 발전 등으로 미루어볼 때 당시 사회는 결코 이집트와 인더스강 유역 문명에 뒤지지 않았다.

## 량주의 발견: 창장 유역 문명의 요람

중국의 금석학은 송나라 때부터 시작되었지만, 진정한 의미의 고고학, 이른바 근대 고고학은 100년 전 중국에 들어와 중국 고인류 문명의 여정을 탐구하기 시작했다. 량주 문화의 발견과 연구는 중국 고고학 전체를 대표한다. 1936년 시후西湖박물관의 스신겅施昕更 선생이 량주 문화를 최초로 발견했는데, 여기에는 황허 유역의 양사오仰韶 문화와 룽산 문화 발견이 영향을 주었다.

량주에서 룽산 문화와 유사한 흑도黑陶와 마광석기磨光石器가 발견되었기 때문에 당시에는 그것을 산둥山東의 룽산 문화가 남쪽으로 전파된 일부일 것이라고 여겼다. 중국 사학계는 줄곧 황허 유역이 중화 문명의 요람이며 창장 유역은 야만의 땅이라 생각했으므로 량주에서 이런 초기 선사 문화가 발견되자 사람들은 흥분할 수밖에 없었다.

## 량주인의 정교한 생활

량주 고성은 지금부터 5,300년 전에서 4,100년 전까지, 천 년 가까운 시간 동안 존재했다. 고성은 애초에 3제곱킬로미터(90만 7,500평) 크기의 내성으로 설계되었으며 상대적으로 높이 다져 올린 중심에 궁궐이 위치했다. 궁궐을 둘러싼 구역에는 공장工匠이 거주했다. 량주인은 30~40미터 두께의 퇴적으로 이루어진 고지대 윗부분에 주로 살았다. 강변에 거주한 것이 강남의 수변도시인 수향水鄉을 연상시키는데, 특히 오늘날의 우전烏鎭과 흡사하다. 원래 성의 안팎을 흐르던 강의 폭은 40~60미터였으나 강가에 살던 사람들이 생활 쓰레기를 마구 버리는 바람에 강의 일부가 평평하게 메워져 어떤 부분은 폭이 10~20미터 정도로 줄었다. 량주의 강 속에서 대량의

량주 고성 메이런디 유적의
강가 호안용 제방

도기, 목기, 골기 같은 생활용품과 가공하고 남은 옥 재료 등이 발견되었다.

3제곱킬로미터였던 성은 인구가 늘어나면서 끊임없이 외부로 확장되어 량주 말기에는 외곽성이 건설되었다. 외곽성은 성 안과 유사한 양식으로 강가 고지대에 자리했다. 성벽 밖으로 폭이 몇백 미터에 이르는 수역이 있었는데 어떤 곳은 심지어 1,000미터가 넘기도 했다.

메이런디美人地 유적은 량주 성벽 동쪽에서 발견되었다. 이곳의 강가 호안용 제방은 목판을 사용했다는 특징이 있다. 이런 종류의 호안용 제방을 지금도 볼 수 있기는 하지만 대부분의 제방에는 돌을 활용한다. 량주 시기에는 돌에 비해 나무 가공이 용이했기 때문에 나무를 사용했을 것이며 현재 남아 있는 목판의 높이는 170센티미터 정도다. 당시 호안용 제방은 매우 정교하면서도 아름답게 만들었다. 량주 시기의 강을 발굴하면서 보니 호안용 제방은 먼저 대나무를 엮어 울타리를 만든 후에 다시 말뚝을 이용해서 고정했다. 말뚝의 굵기와 말뚝 사이의 거리가 거의 일정했는데, 이를 통해 량주가 매우 정교하고 표준화된 생산과 생활 모습을 지니고 있었음을 엿볼 수 있다. 5,000년 전 사람들은 낙후되고 원시적인 상태로 살았을 것이라고 막연히 상상하던 것과 전혀 다른 모습이다.

나는 그 시기 량주 고성에 살던 사람들이 마치 신화에서처럼 정확하고 세밀하게 생활했을 것이라고 생각하며 발굴에 참여했는데, 실제 유적이 그러한 생각을 확인시켜주었다. 당시 사람들은 옥장식을 차고 고급스런 칠기를 사용했다. 또 붉은 칠을 한 술잔과 꽃무늬를 섬세하게 새긴 도기도 있었다. 이를 통해 여러 방면에서 생활수준의 정교함이 오늘날 우리보다 높았음을 알 수 있었다.

1
2
3
4

1. 옥수저
2. 옥팔찌
3. 옥손잡이
4. 상아로 만든 빗이 연결된 옥관장식(저우자방周家濱 출토)

『산해경·해내경』

홍수가 나서 하늘까지 물이 차 오르자 곤鯀은 제帝의 보물인 식양息壤(저절로 불어나는 흙)을 훔쳐서 둑을 쌓아 홍수를 막았지만 제의 명을 기다리지 않았다. 제는 축융祝融으로 하여금 곤을 위산羽山의 들에서 죽게 했다. 곤이 우禹를 낳았고 제가 우에게 명하여 마침내 땅을 다듬어 구주를 안정시켰다.

洪水滔天, 鯀竊帝之息壤以堙洪水, 不待帝命。帝令祝融殺鯀于羽郊。鯀復生禹, 帝乃命禹卒布土以定九州。

## 량주 시기의 문화융합권

량주 문화 이후 창장 하류 지역에 쳰산양錢山漾 문화와 광푸린廣富林 문화가 출현했다. 이는 산둥의 룽산 문화 시기에 해당한다. 고고학계에서는 룽산 문화를 '룽산시대'라고 하며 하나라 건국 200년 전 중국 사회는 대략 이 단계로 진입했다고 여긴다. 이 단계는 짧은 편이었지만 고고학 발견의 관점에서 보면 옥기와 석기 가공, 생활용품 생산 분야에서 량주 문화보다 발전을 이루었다. 또 북방과 활발히 교류하며 문화 범위를 더욱 확대했다.

량주 말기 무렵 혹은 량주 이후 저장浙江 일대에서는 하오촨好川 문화가 출현했으며 쑤이창현遂昌縣에서 남쪽으로 12킬로미터 떨어진 하오촨촌好川村에 그 유적지가 있다. 하오촨 문화는 위로는 량주 문화, 아래로는 마차오馬橋 문화와 이어진다. 하오촨 문화에서 발견된 대형臺形 옥편玉片이 산둥 쥐현莒縣 링양허陵陽河 유적지에서도 발견되었다. 이를 통해 량주 문화의 핵심 지역은 창장 삼각주이지만 이후 하오촨 문화 권역인 저장 남부에서 산둥 남부까지 이어졌음을 알 수 있다. 이후에는 광둥廣東, 푸젠福建, 장시江西를 포함하는 백월百越 지역도 저장과 마찬가지로 줄곧 이 범위에 들었다.

이러한 문화의 교류와 융합 과정이 있은 후에 우禹임금의 치수가 있게 되고 우임금의 치수 이후에 이른바 '구주가 안정되었다定九州'. 나는 우임금 치수 사건이 중국을 하나가 되도록 만들었다고 믿는다. 그러므로 이것은 중국 역사에서 상당히 흥미로운 일이다. 우임금의 치수가 있은 뒤 중국에 '중화정종정통中華正宗正統' 개념이 생겨났고 이후 왕조가 바뀌어도 우임금은 국가 기원의 시조 이미지를 계속 유지했다.

# 량주는 중화 5,000년 문명을 대표한다

왜 량주 문화를 일컬어 중화 5,000년 문명의 대표라고 할까? 현재 고고학계는 중국 문명이 많은 근원에서 출발해 하나에 이르렀다고 생각한다. 중국 영토는 유럽 대륙 넓이와 비슷하지만 중국에는 일통—統과 일체—體 개념이 있다. 이는 억지로 만들어진 일체가 아니라 문화교류와 융합의 결과다. 중국 영토의 자연 조건은 매우 복잡하며 유럽에 비해 기후가 좋지 않았다. 북방은 늘 한해와 냉해를 겪었고 남방은 홍수와 태풍이 빈번했다. 이런 자연 조건이 이 지역에서 생활하는 사람들을 서로 연대하고 협력하게 했다.

고고학의 발견에서 보자면, 7,000~8,000년 전부터 동북에서 광둥에 이르는 중국 대부분의 지역—후에 우임금이 구주를 안정시킨 범위—에서 줄곧 교류와 협력이 존재했다. 오늘날 우리는 중국 각 지역의 문화 계보와 문화권을 수립해 어떤 유물이 어느 지역에서 먼저 출토되었는지 알게 되었으며 이러한 연구는 계속 진행되고 있다. 중국 문화는 광범위한 지역에서 상호 교류하고 협력하면서 발전해왔으며, 이러한 현상은 이미 7,000~8,000년 전부터 시작되었다.

옥기를 예로 들어보자. 패옥은 동북의 싱룽와興隆洼 문화부터 창장 하류의 마자방馬家濱 문화와 허무두河姆渡 문화에 이르기까지 모두 출토되었으며 후대에는 사용 범위가 더욱 넓어졌다. 량주 문화의 옥종玉琮은 가장 북쪽으로는 산시陝西 위린榆林, 가장 남쪽으로는 광둥에서 모두 출토되었다. 이처럼 넓은 지역에서 서로 교류하고 협력했기에 하나로 합쳐질 수 있었다. 모습이 같을 뿐 아니라 같은 문화를 공유하고 언어도 통해야 비로소 하나의 정체성을 가질 수 있다. 고고학 연구 덕분에 중국이 어떻게 발전해왔는지 파악하게 되었다. 특히 최근 몇 년 동안은 옥기 발굴이 긴 역사를 관통하게 해주었다.

중화 5,000년 문명에 앞서 실제로는 5,500년 전에 이미 문명

### 쑤빙치 선생의 "만천성두설滿天星斗說"

쑤빙치 선생의 '만천성두설'은 중국 신석기 시대 유적지를 다음의 여섯 개로 나눈다.

1. 양사오 문화가 대표하는 중원 문화로 곧 황허 문화가 중심이다.
2. 타이산泰山 지역의 다원커우大汶口 문화로 대표되는 산둥, 쑤베이蘇北, 위둥豫東 지역 문화로 양사오 문화의 홍도紅陶와는 다른 흑도黑陶 문화가 특징이다.
3. 후베이湖北와 그 인접 지역으로 파촉巴蜀 문화와 초楚 문화가 대표적이다.
4. 창장 하류 지역으로 저장 위야오余姚의 허무두 문화를 예로 들 수 있다.
5. 서남 지역으로 장시 포양후鄱陽湖부터 광둥의 주장珠江 삼각주까지다.
6. 룽산隴山 동쪽에서 오르도스를 거쳐 랴오시遼西의 만리장성 이북에 이르는 지역으로 내몽골 츠펑赤峰의 홍산紅山 문화와 간쑤甘肅의 다허완大河灣 문화가 모두 여기에 속한다.

의 맹아가 있었음을 잊지 말아야 한다. 1980년대 말 쑤빙치 선생은 온 하늘에 총총한 별처럼 각 지역에서 발전한 각자의 문명에서 중화 문명이 기원했다는 '만천성두滿天星斗' 견해를 제기했다. 다만 오늘에 이르러 량주에 대한 인식이 상당히 갖추어졌기 때문에 량주 문화가 중화 5,000년 문명의 대표이며 후대 문명과 관련이 있다고 하는 것이다.

# 2 │ 량주 고성, 5,000년 전의 '슈퍼공정'

## 량주 고성과 제방 공정의 발견

2007년 량주 고성을 발굴했다. 고성의 길이는 남북으로 1.9킬로미터, 동서로 1.7킬로미터이며, 면적은 3제곱킬로미터 정도다. 이러한 대형 공정은 사회 발전이 있었기에 가능한 것이다. 2007년 량주 고성 발견 이후 지금까지 고고학 발굴은 멈춘 적이 없었고 량주 구역 안의 100제곱킬로미터를 꽤 상세히 조사해 량주 사회가 얼마나 발전했었는지 명확히 알게 되었다. 2009년 첫 번째 량주 제방(량주 고성 외벽에서 8킬로미터 정도 떨어져 있다)을 발견한 이래로 2015년까지 모두 제방 11개를 확인했다. 이들 제방은 량주 고성 서북쪽에 있으며 가장 먼 제방은 성과 10여 킬로미터 떨어져 있었다.

11개 제방은 14제곱킬로미터 크기의 저수 구역을 조성했고 길이 5킬로미터의 물길을 통해 물을 성의 북쪽으로 끌어왔다. 이것은 당시에 빈틈없이 도시를 계획하고 설계했음을 증명한다.

오늘날 량주 고성 공정의 규모는 비교적 확실하게 밝혀졌다. 도시 배치는 중국 고대 도성과 매우 유사해 마치 후대의 북경성北京城 같다. 핵심 지역은 인공적으로 10미터 이상 쌓아 올린 고대高臺로, 이곳에 량주의 궁궐이 자리했다. 궁궐의 범위는 630×450미터, 면적 0.3제곱킬로미터(9만여 평)다. 발굴 과정에서 가장자리에 남아 있던 길이 14~17미터에 달하는 당시의 나무 조각을 발견했다. 이를 통해 궁궐이 상당히 거대했을 것이라는 추측이 확신으로 바뀌었다. 궁궐 구역 외곽은 3제곱킬로미터의 내성이었다. 3제곱킬로미터가 어느 정도 크기인지 가늠이 되는가? 고궁(자금성)과 비교하자면 3제곱킬로미터는 고궁 4개 정도의 넓이다. 상고 시대에 이것은 정말로 대단한 공정이었다.

량주 고성 성벽의 폭은 20~150미터 사이, 현재 남아 있는 높이는 4미터 정도다. 성벽의 길이가 7킬로미터에 이르니, 이를 통해 파낸 흙의 양을 정확히 계산해낼 수 있다. 전체 성은 소택지 위에 건축되었는데, 소택지 위에 먼 산에서 채굴해 온 돌을 깔고 그 위에 역시 산에서 운반해 온 황색 점토를 쌓아 올렸다. 이처럼 량주의 전체 축성 공정과 과정은 오늘날 거의 대부분 드러났다.

2010년에는 고성 바깥을 에워싼 외성을 발견했다. 량주 고성은 발전의 마지막 단계에 이르러 성 내부에서만 거주할 수 없게 되면서 점차 성 밖으로 발전해나갔다. 그래서 외부에 성곽을 두르게 된 것이다. 외성은 내성 면적에 8제곱킬로미터 정도를 더했는데, 이는 당시 전 세계적으로 봐도 상당히 큰 규모였다. 현장을 보면 당시에 왜 이곳을 성터로 택했는지 분명히 알 수 있다. 이것은 건도建都 이념에 따른 것으로, 성터는 두 산 사이 정중앙에 위치한다. 또 성을 남서북 삼면에서 둘러싼 산은 성의 중앙에서 각 방향으로 3킬로미터 정도씩 떨어져 있다.

『여씨춘추呂氏春秋』에 "천하의 중심을 택해 나라를 세우고 나라의 중심을 택해 궁궐을 세운다擇天下之中而立國, 擇國中之中而立宮"는 건도 이념이 명확하게 기록되어 있다. 그러므로 후대에 중요한 도성이나 도시는 모두 '산으로 성곽을 삼았다.' 량주 고성 궁궐터에서 이 이념을 확인할 수 있다. 일대가 산으로 에워싸인 터가 바로 중심이다. 당시 성 밖에는 폭이 수백 미터에 이르는 수역이 있어, 사람들이 성 안으로 들어오려면 넓은 호반을 지나쳐야 했다. 바로 산둥의 수이보량산水泊梁山을 떠올리면 된다. 그 모습이 그려지지 않는가?

고고학자로서 우리는 왜 이 지역이 선택되었는지 이해할 필요가 있다. 량주 문화는 공통성을 보유한 한 집단의 문화다. 량주인은 공통의 신앙과 기물을 가지고 있었다. 량주 문화의 핵심 지역은 창장 삼각주와 타이후 유역이었다. 이밖에 북쪽 산둥의 다원커우 문화, 서쪽 안후이安徽와 장시, 남쪽 푸젠의 다른 집단 문화가 전래되었다. 항저우杭州와 위항餘杭 지역은 소택의 상류와 중류가 만나는 지역일 뿐만 아니라 타이후 수원지 본류 위쪽이기도 했다. 지리적 위치에 있어서 량주는 다른 집단과 달리 상대적으로 후방이 넓었기 때문에 전쟁의 위협이 없었다.

반이 막힌 분지에 자리한 항저우는 넓이 1,000제곱킬로미터의 벼농사에 적합한 평원과 소택지다. 이곳을 도읍으로 택한 데에는 자연 조건 외에 교통의 편의성이 고려되었을 것이다. 량주 고성에서부터 소택을 따라 배나 대나무 뗏목으로 60여 킬로미터 떨어진 타이후까지 이르는데 반나절에서 하루면 충분했을 것이다. 타이후는 사통팔달인 오늘날의 교통 요지 같은 곳이었다. 타이후 북쪽 기슭은 량주의 핵심 지역인 쑤저우蘇州와 우시無錫이고 동쪽은 상하이上海, 자링嘉陵이기 때문에 교

저우자판(8)

강공링(6)

라오후링(7)

10   9
11

골짜기 어귀
높은 제방

8

제방

고성 동쪽 높은 제방의 현재 모습, 라오후링 댐 전경

스쯔산(2)

리위산(3)

관산(4)

고성 서쪽 낮은 제방의 현재 모습

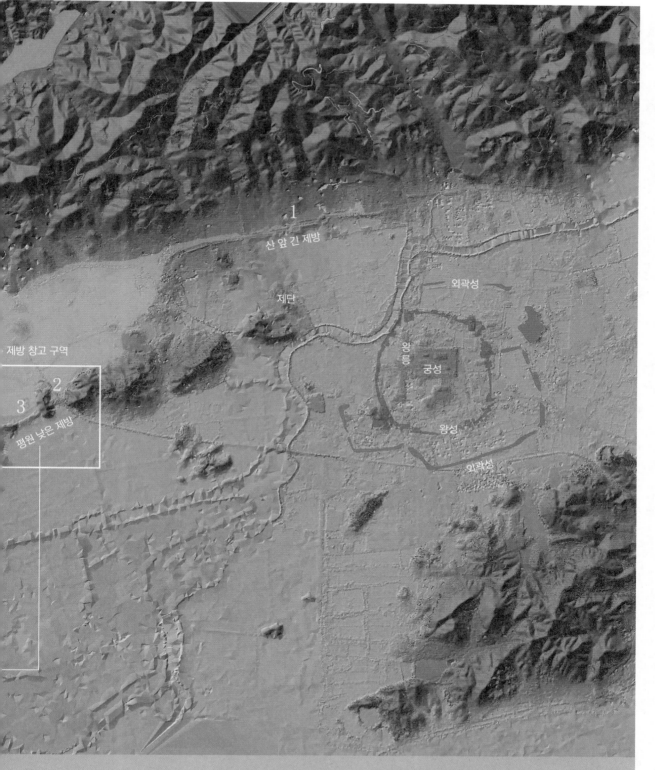

1 산 앞 긴 제방

제단

외곽성

제방 창고 구역

2

3

평원 낮은 제방

왕릉 궁성

왕성

외곽성

량주 고성과 주변 수리 시스템 구조도

1. 탕산塘山
2. 스쯔산獅子山
3. 리위산鯉魚山
4. 관산官山

5. 우통롱梧桐弄
6. 강공링崗公嶺
7. 라오후링老虎嶺
8. 저우자판周家畈

9. 추우秋塢
10. 스우石塢
11. 미펑롱蜜蜂弄

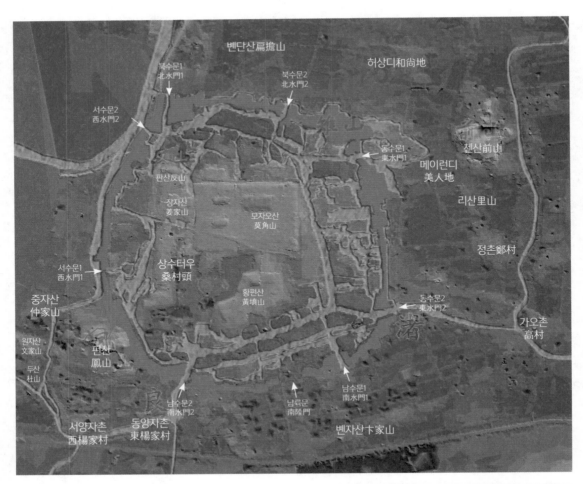

벤단산扁擔山

허상디和尚地

북수문1
北水門1

북수문2
北水門2

서수문2
西水門2

동수문1
東水門1

첸산前山

메이런디
美人地

판산反山

리산里山

장자산
姜家山

모자오산
莫角山

정촌鄭村

서수문1
西水門1

상수터우
桑村頭

중자산
仲家山

황편산
黃墳山

동수문2
東水門2

가오촌
高村

원자산
文家山

두산
杜山

펑산
鳳山

남수문2
南水門2

남륙문
南陸門

남수문1
南水門1

서양자촌
西楊家村

동양자촌
東楊家村

벤자산卞家山

1
2 3

1. 량주 고성의 성벽은 안팎으로 강이 감싸고 있다. 내부 수계는 대략 공工 자 형태이며 모자오산莫角山으로 통하는 몇몇 부두가 발견되었다. 안팎으로 흐르는 강은 수문을 통해 서로 연결된다.

2. 량주 고성 북쪽 성벽 유적. 보존된 북쪽 성벽의 높이는 돌로 된 표면으로부터 4m 정도에 이른다. 성벽 위에서 량주 말기의 집터가 발견된 것으로 볼 때 기본적으로 원래 높이를 유지하고 있다고 할 수 있다. 성벽 바닥은 돌로 포장되어 있고 그 위에 황토가 덮여 있다.

3. 량주 고성의 석재

통이 편리했다. 자연 조건을 보면, 농업이 발달한 평원에 자리 잡고 광물과 목재, 동식물 등의 자원을 공급해줄 수 있는 큰 산이 있었다. 또한 다른 집단의 거주지와 멀리 떨어져 있는 편이어서 안전하기도 했다.

오늘날 량주 문화를 이해할 때에는 문화의 면모뿐 아니라 지역의 전체 구조도 살펴야 한다. 량주 고성의 수리 시스템은 상류에서 10여 킬로미터 떨어져 있었다. 지도상에서 추정컨대 량주 고성의 전체 수리 시스템과 고성의 범위는 100제곱킬로미터에 달한다. 5,000년 전에 이러한 규모를 설계했다니 놀라울 따름이다.

고성에서 제방에 이르기까지 토성을 비롯한 대형 공정에 사용한 흙과 돌의 총량은 1,000만 세제곱미터 정도일 것으로 추산한다. 고대 이집트 피라미드 중 가장 큰 쿠푸 왕의 피라미드(기원전 2600년 무렵 완성)가 300만 세제곱미터 정도를 사용했다고 하니 1,000만 세제곱미터는 그야말로 초대형 공정이다. 만약 세 사람이 하루에 1세제곱미터를 완성할 수 있다고 하면 1,000만 세제곱미터를 위해 3,000만 명이 필요했을 것이다. 고대에는 흙과 돌을 먼 곳에서 운반해 와야 했기에 하루에 1세제곱미터를 완성하기는 쉽지 않았을 것이다. 그래도 세 사람이 하루에 1세제곱미터를 해냈다고 가정하면 전체 1,000만 세제곱미터를 완성하는 데 며칠이 걸릴지 계산할 수 있다. 이러한 대규모 공정은 도시계획과 설계, 고분 등급, 농업 발전 수준이 뒷받침되어야 가능하기 때문에 세계 고고학계로부터 량주 문화가 이미 성숙한 국가 단계이자 국가문명 단계였음을 공인 받을 만하다.

인류 사회의 발전은 매우 흥미롭다. 5,000년 전 인류 사회는 반半신화 상태에 있었다. 오늘날의 관점에서는 많이 부족해 보이지만 피라미드와 량주 고성, 제방 같은 슈퍼공정이 이 시기에 출현했다. 당시 인류는 여전히 신화 상태에서 생활했기 때문에 왕을 신처럼 여기고 받들었다.


## 량주 고성의 건축 재료—풀로 싼 진흙

현재는 궁궐을 짓는 데 쓰인 나무 사용량은 추정할 수 없으며 단지 흙과 돌이 대단히 많이 사용되었다는 것만 알 수 있다. 강력한 사회 조직이 갖추어지지 않았다면 대량의 흙과 돌을 활용한 건축은 이루어질 수 없다. 성城을 가지고 이야기해보자. 중국 고고학에서 성이라고 칭하는 것은 꽤 많아서, 가장 이른 것으로 7,000~8,000년 전에 만들어진 작은 마을의 담 같은 것이 있다. 그러나 량주의 성은 이미 국가급 단계에 들어선 것으로 소규모 사회 조직으로는 이렇게 큰 공정을 감당할 수 없었을 것이다.

량주가 축조한 대형 토대와 제방에서는 진흙을 풀로 싸는 정교한 방법이 사용되었다. 처음 발견했을 때는 어떻게 이런 대규모 공정을 가능하게 했을지 감을 잡지 못했다. 발굴을 진행하면서 그 지역 사람을 고용해 흙을 파내고 삼태기로 져 날라보게 했는데 속도가 무척 느렸다. 이후 우연히 그곳 사람들이 풀로 싼 흙덩이를 사용했음을 알게 되면서 량주인의 공정을 이해하게 되었다. 풀로 싼 진흙은 후대의 벽돌 같은 역할을 했다. 이로써 분업이 가능해져 공정이 순조롭게 이루어졌을 것이다. 만일 삼태기로 흙을 져 날라야 했다면 이렇게 큰 공사는 할 수 없었을 것이다.

풀로 싼 진흙은 길이 30~40센티미터, 폭 10여 센티미터 크기로 전문 기술자가 만들었다고 알려져 있다. 먼저 나무 가래로 흙을 네모난 덩어리로 만든 후 소택지에서 잘라온 띠나 갈대 등으로 흙덩어리를 동여 묶는다. 이로써 분업이 가능하게 되었다. 몇몇 인부가 어느 한 곳에 풀로 싼 흙벽돌을 가공해 놓으면 몇몇은 그것을 운반하고 또 다른 몇몇은 그것을 쌓아올리는 것이다. 이렇게 해서 공정이 매우 빨리 진행되었을 것으로, 일종의 인해전술이라 할 수 있다. 예컨대 대약진운동 시기 저수지를 수리하고 강을 준설하는 사진을 보면 대개 수만 명이 모여서 총력전을 펼치며 흙을 져 나르기보다는 전달하는 방식을 활용했음을 알 수 있다.

량주 고성을 쌓아 올린 풀로 싼 흙벽돌은 종종 두세 개가 합쳐져 하나의 큰 덩어리를 이루었다. 발굴해보니 큰 덩어리의 진흙 색깔이 일정하지 않았다. 이는 각기 다른 곳에서 흙을 채취했음을 증명한다. 우리는 아마도 배를 사용해서 운반했을 것

1 | 2

1. 풀로 싼 흙벽돌 구역
2. 풀로 싼 흙벽돌 보존 작업

이라고 추측한다. 유적 발굴에서는 이렇게 흙덩어리 하나를 통해 대형 공정에서 운반을 하거나 성을 쌓을 때 어떻게 조직적으로 시행했는지를 이해할 수 있다.

오늘날의 고고학은 추측이나 짐작이 아니라 과학적 이해가 뒷받침되어야 한다. 이렇게 큰 공정은 여러 해에 걸쳐 진행되었을 것이라고 짐작하기 쉽지만, 발굴된 성벽과 제방 등은 수십 미터를 쌓아 올렸음에도 오랜 시간이 걸리지 않았고 중간에 시간적 간격도 없다. 만약 일정 정도 높이로 쌓아 올린 후에 멈추었다 2개월 또는 1년 후에 다시 쌓아 올리면 육안으로 관찰할 수 있는 간격층이 생길 수 있다. 유적의 단면을 보건대 량주의 성벽과 제방은 많은 사람을 동원해 단번에 쌓아 올렸음을 알 수 있다. 거대한 집단의 생활을 보장하기 위해 배후에서 더욱 많은 사람들이 일을 했을 것이다. 금속도 없고 문자도 없었지만, 량주 사회는 이미 국가 형태의 조직 능력을 갖추었음을 알 수 있다. 그렇지 않았다면 이처럼 대규모 공정을 시행할 수 없었을 것이다.

## 량주 농업의 발전—탄화미

량주의 농업은 매우 발달했으며 돌쟁기, 돌낫은 오늘날과 별 차이 없는 정도다. 이전에 창장 하류 마자방 문화의 벼농사를 연구하며 7,000여 년 전에 아주 작은 논이 있었다는 것을 발견했다. 2010년에는 린핑臨平 마오산茅山 유적지에서 면적이 비교적 큰 논을 발견했는데 현재 단위로 환산해 5만 3,000제곱미터(1만 6,000평 정도) 크기였다. 또한 꽤 신경 쓴 흔적이 보이는 논두렁도 많이 있었다. 붉은 흙을 깐 논두렁 하나의 폭은 20미터, 길이는 100미터 정도였다.

2010년 량주 궁궐 지역 동쪽 언덕에서 재구덩이灰坑를 발견했다. 고고학에서 재구덩이는 쓰레기를 버린 구덩이를 말한다. 구덩이 안에는 탄화된 쌀이 가득했는데 그 양을 측정해보니 1만~1만 5,000킬로그램이나 되었다. 일반적인 탄화미와 달리 충분히 탄화되지 않았으며 동위원소 분석 결과 한 곳에서 생산된 쌀이 아니라는 것이 밝혀졌다. 2017년에는 궁궐 지역 남쪽에서 또다시 탄화미를 발견했다. 주변에 물길이 있어 곡물창고가 자리하기에 적당한 곳으로 보였는데, 그 크기는 5,000제곱미터가 넘고 바닥에는 탄화미가 60센티미터 높이로 쌓여 있었다.

쌀 1,000알의 무게를 재는 방식을 사용해 정량 분석을 해보았다. 세제곱센티미터 또는 세제곱미터를 기준으로 한 시추를 통해 쌀알 수를 헤아려보니 이 구역에서 발견된 탄화미는 20만 킬로그램 가까이 되었다. 그리고 탄화미 외에 볏짚과 나무 조각도 발견했다. 끈으로 묶인 흔적이 있는 것으로 보아 역시 그곳은 곡물창고였던 것 같다. 하나의 문명이 발전하려면 경제적인 기초가 있어야 한다. 이 곡물창고는 량주의 농업이 발달했음을 분명하게 말해준다.

한편 량주 고성 내부 강바닥에서 다량의 돼지 뼈가 나온 것으로 추정컨대 당시 사람들이 주로 돼지를 길러 먹었던 것으로 보인다. 그 이전 허무두 사람들도 사슴과 같은 동물을 먹었다. 이를 통해 벼 말고도 당시 환경과 식생이 오늘날과 별 차이 없음을 알 수 있다. 또 복숭아, 자두, 살구, 마름 열매 같은 과일도 나왔지만, 량주에서 좁쌀은 발견되지 않았다.

중국 창장 유역과 그 이남 지역은 기본적으로 벼농사 지대다. 오늘날 랴오허遼河 유역과 홍산 문화 지역을 포함하는 황허 유역과 그 이북에서는 좁쌀과 기장 농사를 주로 짓는다. 그러므로 강남 지역에서는 논벼(쌀)가 농업의 주요 버팀목이었다.


## 량주 고성 소실의 미스터리

2010년 량주 고성에서 동쪽으로 30킬로미터 떨어진 지금의 위항 지역 마오산 유적지에서 작은 산 옆에 있는 촌락을 발견했는데, 촌락 앞에 량주의 논이 있었다. 사서史書에도 기록되어 있듯이, 지금부터 4,100년 전쯤인 량주 후기에 홍수가 발생해 항저우 지역 전체가 물에 잠겼다. 당시 홍수의 원인은 엘니뇨 현상에서 찾을 수 있다.

그 무렵 엘니뇨 현상은 북반구 전체에 영향을 준 것으로 보이며, 이로 인해 많은 민족에게 홍수 관련 전설이 생겨났을 것이다. 비가 많이 내리는 것 외에 첸탕장錢塘江의 큰 조수도 홍수의 원인일 수 있다. 첸탕장 조수가 엄청나게 밀려들어온 후 물이 빠져나가지 못했을 것이다. 면적 1,000제곱킬로미터의 분지인 항저우는 수몰되어 일이천 년 동안 사람이 살지 못했다. 덕분에 량주 고성과 유적지는 잘 보존될 수 있었다.

지금 논을 파 내려가면 1~2미터 깊이에 범람층이 있다. 범람층 안의 모래는 상류 산골짜기에서 흘러온 것일까 아니면 첸탕장의 조수가 쓸어온 것일까? 난징南京대

1 2
3
4

1. 석도石刀. 길이 37.8㎝, 너비 30.5㎝, 두께 1.3㎝. 청회색,
   앞부분이 45도인 평면 직각삼각형 모양의 단면칼이다.

2. 량주 문화 돌쟁기. 길이 33.6㎝, 너비 28.5㎝, 두께 0.8㎝,
   구멍의 직경 1.6㎝. 회백색, 이등변삼각형 모양이다.

3. 홍수가 만든 토사층 아래 벼농사 구역 발굴 현장

4. 탄화미

황토

점토

취토聚土로 훼손된
강공링 단면

학 지질학과와 함께 이를 분석한 결과 창장 삼각주에서 흘러 내려온 진흙과 모래가 첸탕장 조수와 함께 밀려들어와 전 지역을 뒤덮은 것으로 밝혀졌다. 이것이 량주 고성이 소실된 후 역사서에도 기록되지 않은 이유다. 그토록 발달된 문명은 하루아 침에 사라져버렸다.

# 3 | 옥종 위 신인면神人面

## 발달한 량주 옥기

량주 옥기는 중국 선사 시대 옥기의 최고봉이다. 갑자기 발전한 량주 옥기는 이전과 매우 큰 차이가 있다. 량주 전의 홍산 문화, 쑹쩌崧澤 문화, 링자탄凌家灘 문화 등에서는 자연 숭배와 장식용 옥기가 출토되었다. 량주에 이르러 옥기의 종류가 풍부해졌는데, 세밀하게 연구해보니 량주 옥기는 주로 신상神像을 표현했음을 알 수 있었다.

량주 문화는 중국 고대 문명 중 유일하게 신화와 신상을 창조해 반인반수의 신상 형상을 가지고 있었다. 이 형상은 량주 초기에 이미 만들어진 것으로 표현 형식은 달랐지만 창장 하류 지역의 신과 아주 흡사한 모습으로 머리에 깃털관羽冠을 쓰고 하반신은 새의 몸을 하고 있었다.

『산해경山海經』에 기록된 많은 신화와 고사에 이러한 형태가 등장한다. 예를 들어 복희伏羲와 여와女媧는 모두 사람 얼굴에 뱀의 몸을 하고 있다. 고대 이집트에도 비슷한 형상이 있다. 왕의 권력을 상징하는 스핑크스는 사람 얼굴에 사자의 몸을 하고 있다. 신의 형상을 만들 때 완전히 사람과 똑같은 모습이게 할 수는 없었기에 일반적으로 반인반수 형상을 취했다. 신을 섬기는 신앙이 생겨난 후 옥으로 예기禮器 일체를 만들었다. 량주 문화만의 특징적인 모습은 관冠장식에서 나타난다. 그것은 마치 빗을 머리에 꽂은 듯한 모습으로, 바로 신상 윗부분 모자의 형상이다. 1986년 판산反山 12호 묘에서 출토된 옥종 윗부분에 완전한 신상이 있어 량주 문화 속 신이 어떠한 모습이었는지 알게 되었다. 그는 머리에 깃털관을 쓰고 있는데, 이것은 신분을 나타내기 위한 옥기의 도안이다. 예를 들어 귀족의 묘에는 반드시 빗을 머리에 꽂은 듯한 관장식이 부장되어 있다. 량주 시기에 종교는 샤머니즘과 유사한 형태였기 때문에 샤먼은 신의 대변자이자 연기자로서 스스로 신과 유사하게 분장해야 했다. 그래서 무리의 우두머리나 샤먼은 모두 머리에 옥 신상의 것과 같은 모자를 반드시 썼다.

## 판산 고분에서
## 출토된 옥기와 왕권 상징

옥 예기와 통일된 신령 숭배는 량주 사회가 만들어낸 신앙과 이를 연결해주는 매개체다. 옥기 조형의 디자인과 장식은 량주 문화의 높은 예술적 성취를 보여준다. 량주 옥기의 발전은 왕권의 흥기에서 비롯된 것이다. 량주인은 신권, 왕권, 군권을 중심으로 신분을 나타내는 옥 예기를 만들어냈다. 주로 종, 관장식, 월, 삼차형기三叉形器, 황, 추형기錐形器 등이 있으며 많은 기물에 신권을 상징하는 왕의 휘장인 정교한 신인수면문神人獸面紋이 새겨져 있다. 모자오산莫角山 서북쪽 판산 고분은 량주 문화의 왕릉으로 여겨지는데, 중간에 있는 12호 묘에서 출토된 옥기만 647점에 달한다. 이는 량주 사회의 계층 구조와 옥기 생산을 이해하는 데 있어 중요한 자료다.

옥종의 신인수면상神人獸面像. 이처럼 완전한 신휘神徽 형상은 량주 고성 지역에서만 나타나는데, 신인과 짐승 얼굴 두 부분으로 이루어져 있다. 신인은 머리에 깃털관을 썼고 반신에 긴 팔이 특징적이다. 짐승 얼굴은 두 눈을 둥그렇게 뜨고 날카로운 이와 손톱을 가졌으며 전체적으로 웅크린 모습이다. 천부조淺浮雕와 음각세선陰刻細線 기법으로 조각했다.

옥종玉琮, 전체 높이 8.9㎝로 발견된 량주 옥종 중 가장 크고 무거우며 기법 또한 가장 정교하다. 옥종 사면에 세로 크기 3㎝정도의 신인수면상이 새겨져 있다.

옥벽玉璧

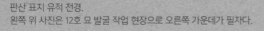

自南向北

감옥칠배嵌玉漆杯

판산 표지 유적 전경.
왼쪽 위 사진은 12호 묘 발굴 작업 현장으로 오른쪽 가운데가 필자다.

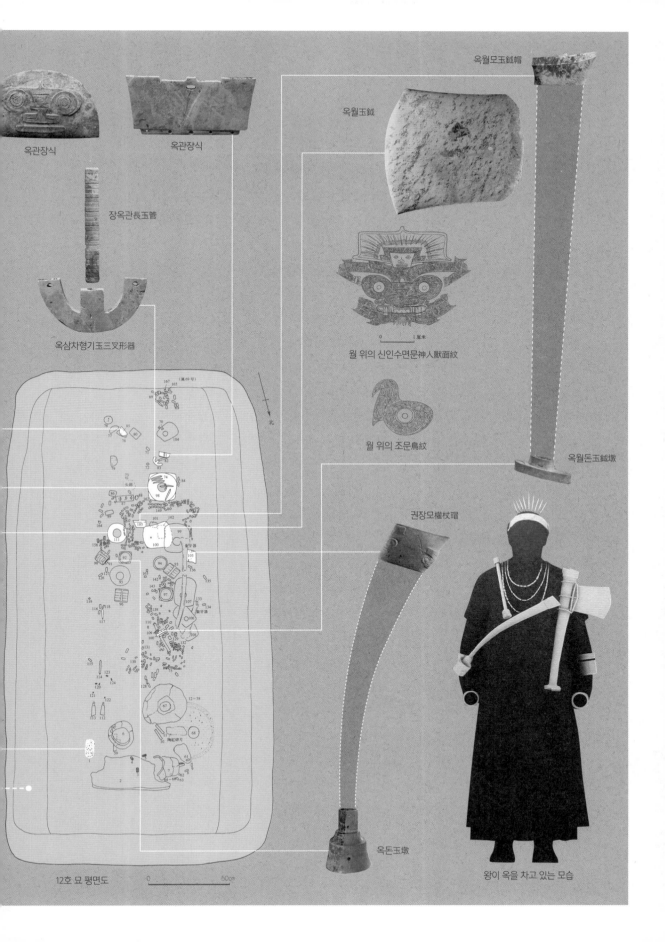

옥관장식

옥관장식

옥월모玉鉞帽

옥월玉鉞

장옥관長玉管

옥삼차형기玉三叉形器

월 위의 신인수면문神人獸面紋

0        1厘米

월 위의 조문鳥紋

옥월돈玉鉞墩

권장모權杖瑁

옥돈玉墩

왕이 옥을 차고 있는 모습

(圖 69 号)

北

12호 묘 평면도

0        50㎝

량주 옥종은 매우 특징적으로, 중국 종의 조형은 량주에서 기원했다. 량주 옥종은 원형에서 사각형으로 변했으며 위에서 보면 팔찌처럼 보이지만 원기둥 형태이고 사면에 량주 신휘神徽가 새겨져 있다. 시간이 지나면서 점차 옥종의 코 부분이 높아져 입체 사각형으로 변화했고 장식무늬는 점점 단순해졌다.

옥종은 량주 신권의 상징이자 대표였다. 신권이라는 것은 신과 독점적으로 통한다는 의미로, 일반 백성은 신과 직접 통할 수 없었다. 따라서 통치자는 신의 전권을 가지며 신의 말을 대신하는 자였다. 고대 이집트의 파라오가 국가 최고의 통치자이자 모든 신의 대표자였듯이 초기 문명은 대부분 이와 같은 형태였다. 옥종은 량주인이 고안한 신상의 운반체로 오늘날의 불상과 유사하다. 옥종이 있는 곳이 신이 존재하는 곳이며 또한 옥종을 통해 신을 부를 수 있었다.

옥종이 신권을 대표한다면 관장식은 신의 상징이라 할 수 있다. 량주에는 옥종 외에 옥황玉璜도 있었다. 옥황은 반원 형태로, 고리 모양의 벽璧을 반으로 나눈 것이 황璜이다. 량주 문화 이전 쑹쩌 문화와 마자방 문화 후기에도 옥황이 있었다. 그러나 그 시기의 옥황은 량주와 같은 제작 규정이 없었다. 몇몇 고분에서 출토된 옥기를 살펴보다 옥황은 귀족 여성이 가슴 앞에 차는 장식품임을 알아냈다. 량주의 옥황 역시 귀족 여성의 장식품이었다. 그러나 관장식은 신상 윗부분 모자의 상징으로 남녀 구분하지 않고 지녔다.

량주에는 옥으로 만든 빼어난 도끼, 옥월玉鉞이 있었다. 옥월은 권력을 상징한다. 량주 옥월의 손잡이는 길이가 70~80센티미터이고 손잡이 위아래 부분은 옥으로 장식했다. 이 옥 장식은 측면에서 보면 작은 배를 닮았는데, 애초에 전혀 알려진 바 없이 고고학 발굴을 통해 세상에 나온 것이다. 고고학에서 기물에 이름을 붙이는 방법은 두 가지가 있다. 하나는 기물이 고대부터 지금까지 계속 전해져 와서 무엇이라고 부르는지 분명하게 알고 있는 것으로, 정鼎과 두豆, 옥종과 옥벽 같이 명확한 기록이 있는 것을 예로 들 수 있다. 다른 하나는 형태에 근거해서 이름을 붙이는 것으로, 관 모양 장식이 그 예다. 량주 옥월의 윗부분 장식은 처음에 '함형기艦形器'라고 불렸다. 그 형태가 작은 배의 윤곽과 유사했기 때문이다. 이후 연구를 통해 그것이 신상의 모자를 반으로 접은 옆 모습이라는 것을 알게 되었다. 즉 신상의 모자가 권력을 상징하는 옥월 맨 윗부분에 있는 것이다. 긴 손잡이 위아래 끝부분에 장식이 있는 옥월의 형태는 월鉞 자의 상형자 모습에 부합한다.

임금 왕王 자는 월 자의 상형자에서 변화된 것이다. 고대인은 이 문자를 만들면서

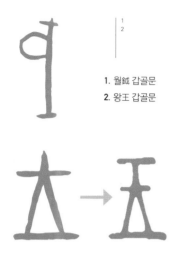

1. 월鉞 갑골문
2. 왕王 갑골문

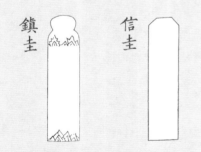

『권재고공기해廥齎考工記解』속 진규鎭圭와 신규信圭

상형과 회의會意 방법을 통해 어떻게 '왕'의 의미를 구현할 것인지 고민했을 것이다. 그저 사람만 그리는 것은 적절치 않았을 것이다. 왕의 형상과 직접적으로 관련 있으며 왕의 권력을 나타내 보일 수 있는 것을 중요하게 생각했을 것이다.

일반적으로 사람들 앞에서 왕은 손에 도끼를 쥐고 있었다. 『사기史記』에 무왕武王이 상商을 정벌할 때에 "왼손에 황색 도끼를 쥐고 오른손에 흰색 기를 들고左把黃鉞, 右秉白旄" 있었다는 기록이 있다. 그러므로 초기에 왕을 의미하는 글자는 지휘하는 지팡이와 유사했고, 이후 그 위에 신상의 모자를 씌워 군권신수 또는 왕권신수의 의미를 지니게 했다. 말하자면 왕권, 곧 생사여탈의 권리는 신과 관련 있다는 것이다. 이로써 아주 정교하면서도 아름답게 왕王 자가 만들어졌다. 판산 12호 묘에서는 양면에 신상을 새긴 옥월이 나왔는데 이 역시 왕권신수를 강조하는 것이다.

이밖에 량주에서 출토된 비교적 큰 옥기로 옥벽玉璧이 있다. 옥벽은 량주인이 발명한 것으로 원형 가운데에 구멍이 있다. 량주 문화에서 옥벽은 제사에 사용되는 예기였지만 어떤 사물을 직접적으로 상징하는 것은 아니었기 때문에 처음에는 그리 중요한 기물로 여겨지지 않은 듯하다. 이후 상나라와 주나라에 이르러 옥기는 중요한 의미를 획득했다. 『예기禮記』에 기록된 '육서六瑞'는 6종류 옥기로 계급을 표시했음을 알려준다. 상나라와 주나라는 청동기 문명 시대로 들어섰기 때문에 제사를 지낼 때 주로 청동 예기를 사용했다. 그렇더라도 상나라, 주나라 고분에서 한나라 고분에 이르기까지 옥기 역시 예기로써 계속 중요한 역할을 했다. 복식에서도 중국은 전통적으로 옥으로 만든 장식품을 중시했는데, 『주례周禮』에 "옥으로 여섯 가지 기물을 만들어 하늘과 땅과 사방에 예를 행한다. 창벽蒼璧(푸른 옥벽)으로 하늘에 예를 행하고, 황종黃琮(누런 옥종)으로 땅에 예를 행하고, 청규靑圭(푸른 옥홀)로 동쪽에 예를 행하고, 적장赤璋(붉은 반쪽 옥홀)으로 남쪽에 예를 행하고, 백호白琥(흰 호랑이 모양 옥)로 서쪽에 예를 행하고, 현황玄璜(검은 옥황)으로 북쪽에 예를 행한다以玉作六器, 以禮天地四方. 以蒼璧禮天, 以黃琮禮地, 以靑圭禮東方, 以赤璋禮南方, 以白琥禮西方, 以玄璜禮北方"는 기록이 있다. '하늘은 둥글고 땅은 네모나다天圓地方'는 개념은 춘추전국시대에 만들어졌다. 너른 벌판에서 바라보면 하늘은 원형이고 땅은 네모반듯한 모양이다. 『주례』에서 규정한 옥의 사용을 보면, 네모난 옥종으로 땅에 제사지내고 둥근 창벽으로 하늘에 제사지낸다. 옥종과 옥벽은 량주인의 발명품이다. 1,000년의 세월을 거치면서 옥종 겉면에 조각된 장식무늬는 점점 구체적인 것에서 추상적이고 단순한 것으로 변했다. 상나라와 주나라 옥종에 이르면 장식무늬는 사라진 채 안은 둥글고 밖은 네모난 형태만 남아 '둥근 하늘과 네모난 땅'에 제사지낼 때 사용되었다.

## 옥을 가공하던 도구

량주에는 금속이 없고 성숙한 문자도 없었지만, 옥기는 매우 발달해 옥기 가공 수준은 금속 생산에 버금갔다.

옥은 금속과 마찬가지로 모든 곳에 있지 않으며 또한 모든 곳에서 가공할 수 있는 것도 아니었다. 그것은 멀리 떨어져 있는 산지와 무역하는 상호 합작을 통해서만 생산될 수 있었다.

옥은 매우 귀했고 그 경도가 상당히 높아 여러 사람이 힘을 합쳐 가공해야 비로소 완성품을 만들어낼 수 있었다. 량주 옥기에 조각된 지극히 세밀한 장식무늬를 확인한 국내외 고고학자들은 깜짝 놀랄 수밖에 없었다. 그도 그럴 것이, 옥의 경도는 6.5도 정도인데 일반적인 금속칼의 경도가 5도이니, 근본적으로 옥은 조각할 수 없다는 계산이 나온다. 그래서 청대淸代에 이르기까지 옥을 다듬는 공예에서는 철을 사용할 수 없었다. 그렇다면 옥기는 어떻게 가공되었을까? 우선 해옥사解玉砂가 필요했다. 해옥사는 검은색 석영의 일종으로 석영사石英砂라고도 한다. 량주의 옥 가공 구역에서 많은 석영과 흑석영 조각이 출토되었다. 흑석영은 아주 날카로운 작은 도구로 만들어질 수 있었고 일반적으로 석영의 경도는 7도였기에 옥기 조각에 사용할 수 있었다. 량주 옥을 가공할 때에는 줄이나 다른 도구로 해옥사를 움직여서 절단하고 가공하며 옥석을 갈았다. 이는 매우 정밀한 과정이었다. 옥 위의 세밀한 장식무늬 또한 흑석영으로 조각한 것이다. 그래서 중국에는 "다른 산의 돌로 이곳의 옥을 갈 수 있다他山之石, 可以攻玉"는 옛말이 생겨났다.

한편 량주 옥 재료의 산지는 알 수가 없다. 대량의 옥기와 옥기를 가공한 장소는 발견했지만 이 옥이 어디서부터 왔는지는 오리무중이다. 현재 장쑤江蘇 리양溧陽에서 옥광산이 발견되었으며 이곳의 성분이 량주 옥과 일치했다. 비록 리양 옥광산은 고대인에 의해서 채굴된 적은 없지만 톈무산맥天目山脈이 옥의 생산 조건을 갖추었음을 증명해준다. 이 밖에 량주 문화의 옥은 홍산 문화의 옥과 유사하며 후대 서북 지방의 옥과는 차이가 큰 편이다.


## 량주 옥기의 영향

량주 옥기의 발견과 이용은 비교적 일찍부터 시작되었다. 송대에 이미 량주의 옥종이 출토되어 사람들이 소장하고 감상했을 뿐만 아니라 옥기 모양 그대로 도자기를 만들기도 했다. 량주 문화는 1930년대 중반 처음 발견되고 1959년에 정식 명칭을 얻었지만 량주 옥기가 최초로 공인된 것은 1973년 장쑤 우현 차오셰산 유적이 발견된 후였다. 량주 도기가 부장된 고분에서 주나라와 한나라의 것으로 여겨진 옥종과 옥벽 같은 대형 옥기가 출토되었다. 그제야 사람들은 그토록 이른 선사 문화에 상상도 못할 정도의 고급 옥기가 이미 존재했음을 알게 되었다. 이후 고고학에서 량주 문화 수준에 대한 관심과 흥미가 부쩍 높아졌다.

1 2

1. 량주 옥기 가공에 활용한 흑석영
2. 선을 대고 자른 흔적이 있는 옥석

1980년대 중반 량주 문화가 본격적으로 알려지기 시작했다. 장쑤 우현 차오셰산, 우진武進 쓰둔寺墩, 상하이 푸취안산福泉山, 저장 위항 판산, 야오산瑤山이 연이어 발굴되며 량주 문화가 매우 발전한 사회로 엄밀하게 계급이 나뉘고 통일된 신앙을 가졌다는 것을 증명해주었다. 량주 고분은 서너 등급으로 나눌 수 있는데, 최고 등급 고분에는 1,000종이 넘는 옥기 부장품이 있었다. 그중에는 후대까지 계속 사용된 옥종, 옥벽, 옥황 등도 포함되었다. 분류상 량주 옥기는 신분, 신앙, 권리 등 다양한 방면의 상징으로 량주 사회가 여러 계층으로 엄격히 분화되어 있었음을 드러낸다. 이것이 1980년대 말부터 21세기 초에 이르기까지 량주 문화에 대한 기본 인식이다.

량주 문화가 발명한 옥종과 옥벽은 명나라와 청나라까지 이어져 황제가 제사를 지낼 때 사용되었다. 이처럼 량주의 발명품은 강한 역사 계승성을 지니며 이것이 바로 량주 문화가 다른 많은 문명과 구별되는 점이다. 몇몇 문명은 이민족에 의해 완전히 소멸되어 그 문화가 흔적도 없이 사라졌기 때문에 후대 문명은 이전 문명을 전혀 계승할 수 없었다. 그러므로 중화 5,000년 문명은 하나의 흐름이 이어지는 가운데 중화 지역 안에서 여러 문명이 서로 영향을 주고받고 흡수하는 동안 한 번도 단절된 적이 없었다고 말할 수 있다. 옥기를 가지고 이야기해보면, 량주 문화 이후 은허에서 발견된 옥종은 량주 옥종의 영향을 받은 것으로 볼 수 있다. 쓰촨四川 청두成都에서 발견된 진사金沙 유적지에도 량주 풍격의 옥종이 있었다. 시간상으로 따져보면 진사 유적은 은허 시기에 해당하니 상나라 사람들이 량주 옥종을 소장한 후 그것을 모방해 많은 옥종을 만들었던 것 같다. 진사 유적 옥종은 량주 옥종과 유사하지 않지만 그 모방품이라는 것은 바로 알아볼 수 있다. 량주 옥기를 연구하며 량주 문화가 중화 문명에 지대한 영향을 미쳤음을 확인할 수 있었다.

고고학이야말로 우리를 공인된 명백한 역사를 향해 지속적으로 나아가게 한다. 혹자는 고고학의 발전과 함께 오늘날 과학의 발달이 한편으로는 미래를 전망하게 하고 다른 한편으로는 과거를 돌아보게 한다고 말한다. 과학과 고고학은 더욱 먼 과거까지 더욱 객관적으로 탐색하며 끊임없이 나아가고 있다. 고대 문헌은 하나라 이전을 전설 시대라고 기록했지만 지금은 고고학을 통해 이 시대를 점진적으로 실증하게 되었다. 이를 통해 우리는 5,000년 전부터 10,000년 전까지, 아니 더욱 멀리 떨어진 몇백만 년 전 지구 환경의 변화와 전체 우주에 대한 이해를 포함해서 인류와 지구의 발전 과정을 이해하게 되었다. 이러한 이해는 점점 더 분명해지고 있으며, 이것이 바로 끊임없이 고고학적 탐색에 나서게 하는 동력이다.

## 발굴사

- 1936년 스신겅이 항저우 량주진 부근에서 '흑색도편黑色陶片'을 발견하면서 량주 유적지가 세상에 드러나게 되었다.

- 1959년 샤나이夏鼐가 량주 문화라고 명명했다.

- 1973년 전형적인 량주 문화 고분에서 옥종과 옥벽 같은 옥 예기가 처음 출토되어 량주 옥기의 신비한 베일이 벗겨지기 시작했다.

- 1986년 량주 판산 고분이 발견되며 대형 고분 11개가 발굴되었다. 1990년대 말 량주와 핑야오瓶窯 일대 50제곱킬로미터 범위에서 량주 문화 유적지 130여 곳이 발견되었다.

- 2006~2007년에 항저우 위항 핑야오진의 량주 고성이 발견되어 량주 문명을 확립했다.

### 투조관상옥식透雕冠狀玉飾
판산 출토 길이 7.1㎝

량주 문화는 빼어난 옥기로 유명하다. 옥기는 대부분 고분에서 출토되었으며 고고학자들은 이런 고분을 '옥렴장玉敛葬'이라고 한다. 정교하게 제작된 이 옥장식은 당시 옥기 공예의 최고 수준을 보여준다.

### 신상문관상옥식神像紋冠狀玉飾
판산 출토 길이 10.3㎝

이 옥장식 위에 명백한 량주의 전형적인 신상 문양이 있어 당시 량주인의 신앙을 보여준다.

### 추형옥식錐形玉飾
야오산 출토 길이 3.3~12㎝

량주 야오산 7호 묘에서 출토된 추형옥장식 세트는 신석기시대 후기에 흔한 장식품으로 머리를 묶거나 허리에 묶어 차고 다녔다.

### 산형옥식山形玉飾
야오산 출토 높이 4.8㎝, 너비 8.5㎝

량주 야오산 7호 묘에서 출토되었는데 사자死者 머리 부분에 있었으며 짝을 이룬 추형錐形 옥장식 옆에 있거나 포개져 있었다. 세 갈래로 나뉘어 있는데, 좌우 양 갈래에는 머리에 깃털관을 쓴 신인상이 새겨져 있다. 7호 묘의 주인은 옥월과 옥종을 가지고 있던 것으로 보아 군사 권력과 종교 권력을 가진 높은 신분의 사람이었던 것 같다.

### 흑도준黑陶罇
항저우시 출토 높이 12.3㎝

량주 문화의 도기는 가는 모래가 섞인 회흑도灰黑陶와 진흙으로 만든 회태흑피도灰胎黑皮陶가 주를 이루었는데, 이 흑도준이 전형적인 량주 기물이다. 어떤 이는 량주 문화와 산둥 룽산龍山 문화의 도기가 보편적으로 돌림판 기술을 사용하고 흑도가 일정 지위를 지니고 있는 점에 근거해서 량주 문화와 산둥 일대의 다원커우大汶口 문화, 룽산 문화 사이에 밀접한 관계가 있다고 추측하기도 한다.

### 편족도정扁足陶鼎
첸산양 출토 높이 31.6㎝, 구경 23.2㎝

모래가 섞인 황갈색으로 입구는 밖으로 꺾여 있고 비스듬한 북통 모양 몸통, 얕은 원형 바닥, 지느러미 모양 편족으로 이루어져 있다. 그릇 표면에 회흑灰黑이 남아 있으며 량주 문화 첸산양 유형의 전형적인 기물이다. 우싱성吳興城 남쪽 첸산양 유적은 초기와 후기로 나뉘는데, 초기는 신석기시대 말기, 후기는 청동기시대인 마차오馬橋 문화에 속한다. 량주 문화 후기에 발전한 새로운 문화 유형이다.

### 석운전기石耘田器
첸산양 출토

돌을 갈아 만든 김매는 도구로 등 부분 정중앙에 구멍이 있어 나무 자루나 대나무 자루를 묶어 사용했음을 알려준다. 풀을 제거할 때 사용하던 도구로 유사한 형태의 농기구가 타이완 선사 유적지에서 발견되었다.

# 량주박물관

## 량주문화사변옥벽良渚文化斜邊玉璧
허우양촌 출토 직경 23.2㎝, 구멍 직경 4.7㎝

흰색에 회색 점무늬가 섞여 있으며, 옥벽 가장
자리에 빗변이 드러나 있어 한 면은 크고 한
면은 작게 보이는 효과를 만들었다.

## 량주문화용수문옥탁
良渚文化龍首紋玉鐲
야오산 출토 높이 2.65㎝, 구멍 직경 6.1㎝

흰색, 바깥쪽에 용수문 4세트가 새겨져 있다.
묘 바닥에서 20㎝ 높은 곳에서 출토된 것으로
보아 장구葬具 덮개 위에 놓였던 것 같다.

## 량주문화누공수면문옥패식
良渚文化鏤空獸面紋玉牌飾
야오산 출토 높이 3.9㎝, 너비 7㎝, 두께 0.42㎝

역삼각형 모양으로 밑각은 뭉툭한 호형이며
전체적으로 얇고 넓적하다. 투조와 음각선 기
법으로 신수도 무늬를 새겼다.

## 량주문화간화신인문옥종식관
良渚文化簡化神人紋玉琮式管
야오산 출토 높이 10.2㎝, 구멍 직경 1~1.1㎝

흰색, 사각 기둥 모양, 4개의 볼록한 면이 있고
그 위에 신인문이 새겨져 있다.

## 량주문화옥조良渚文化玉鳥
판산 출토 길이 4.36㎝, 양날개 너비 5.33㎝, 두께 0.93㎝

부리가 뾰족하고 꼬리는 짧은 새가 양 날개를
펼치며 힘차게 날아오르려는 모습이다. 량주
의 옥장식은 그 형태가 다양해 반원형, 초승달
형, 삼각형, 새형, 거북이형 등이 있었다. 작은
크기로 정교하게 제작되어 일반적으로 옥대
롱, 옥구슬과 짝을 이루어 목걸이나 팔찌 장식
또는 다리 장식 등에 사용되었다.

## 량주문화옥종良渚文化玉琮
야오산 출토 높이 4.2㎝, 구경 6.4㎝

호박색 작은 사각 기둥 모양으로 안에 비교적
큰 구멍이 있다. 표면에 아주 간략화된 량주
신수도 무늬가 있다.

## 량주문화옥구良渚文化玉龜
판산 출토 길이 3.2㎝, 너비 2.22㎝, 두께 0.55㎝

호박색에 황갈색이 치우쳐 있다. 머리와 목이
앞으로 나와 있으며 네 발은 짧고 작다. 거북
이가 기어가는 모습이다.

1959년부터 2019년까지 60년의 세월이 흘렀다. '최초의 중국' 얼리터우는 고고학자들이 몇 대에 걸쳐 차근차근 발굴해낸 것이다. 이전 사람의 공적에 힘입어 들판에서 작은 한 걸음 한 걸음을 내디디면서 얼리터우를 들판에서 학술계로. 학술계에서 대중에게로 나아가게 했다는 것에 잠시나마 위안을 얻는다.

도성의 발굴은 우공이산愚公移山처럼 '자자손손 끝이 없는 것이다子子孫孫, 無窮匱也.' 후세 사람이 더욱 현명할 것이라 믿으며, 또한 얼리터우 유적 발굴이 초기 중국의 위대한 찬란함을 드러낼 것이라 믿는다.

**쉬훙許宏**

중국사회과학원 고고연구소 연구원
얼리터우 발굴단 제3대 단장

# 얼리터우二里頭
## ― 왜 '최초의 중국'이라고 부를까?

신석기시대에서 청동기시대로, 성읍이 빽빽이 늘어서 있던城
邑林立 시대에서 도성에 성곽이 없는大都無城 시대로, 다원화된
나라에서 일체화된 왕조가 들어서는 시대로 변화하는 과정에
서 대도읍 얼리터우는 중국 문명사의 첫 번째 절점節點이라 할
수 있는 중요한 위치를 차지한다.

나는 초기 중국을 '광역왕권국가'라고 정의한다. 최초의 지역을
뛰어넘은 강력한 정치 실체를 형성한 것으로 범위를 한정한다
면 얼리터우까지 거슬러 올라갈 수 있다. 얼리터우에 이르러
비로소 배타적이고 방대한 규모를 갖추어 주변으로 강력한 세
력을 뻗치는 광역왕권국가가 출현하기 시작한 것이다. 이것은
아이가 막 태어난 것과 같다. 량주, 타오쓰陶寺, 스마오石峁 등
은 모두 선사시대에 병립 공존하던 방국으로 초기 중국의 배태
기라고 볼 수 있다.

중원 왕조 문명의 선구가 된 얼리터우 문화는 옛것을 계승해 발
전시키는 데 중요한 역할을 했으며 용 형상으로 그 맥락을 짚
어볼 수 있다. 초기 왕조의 발전에 따라 사회 문화도 전성기에
도달하자 본래 다원적 특성을 지녔던 용의 형상이 획일적으로
규범화된 후 점차 추상화와 신비화 과정을 거쳐 수면문獸面
紋으로 정착하고 가장 중요한 장식 주제가 되었다. 녹송석 용형
기와 녹송석 상감 동패銅牌 장식으로 대표되는 얼리터우 수면
문은 상나라와 주나라 청동기 수면문의 효시가 되었다.

# 1 | 뤄양洛陽 분지, '초기 중국'의 탄생지

중국은 어디에서 탄생했을까? 거리에서 무작위로 이렇게 질문하면 사람들은 뭐라고 답할까? 아마 다양한 답을 들려줄 것이다. 만일 나에게 묻는다면, "중국은 얼리터우가 있는 뤄양 분지에서 탄생했다. 뤄양 분지가 바로 '초기 중국'의 탄생지다"라고 답할 것이다.

## 왜 '중국'이라고 할까?

고대 중국의 문화 전통 가운데 지금 이미 사라진 것이 아주 많다. 의식주에서 철학, 교육제도 등에 이르기까지 '고대 중국'에서부터 이어온 것은 없고 '초기 중국'의 것은 더더욱 없다. 그러나 우리 몸을 흐르는 피 속에는 과거로부터 전해 내려온 깊은 표식이 남겨져 있다. 해마다 설날이 되면 수많은 사람들이 교통 체증을 무릅쓰고 고향으로 돌아가 가족과 친족을 만나는 것을 예로 들 수 있다. 이것이 바로 문화 기억과 문화 유전자다.

우리는 왜 '중국'이라고 할까? '중국'을 어떻게 정의해야 할까?

근원을 밝히려면 먼저 '국國'부터 살펴야 한다. 오늘날 쉽게 생각할 수 있는 '국'은 사회가 복잡해진 이후 생겨난 정치 실체를 말하며 이것은 후대에 생겨난 개념이다. 중국 고대 문헌에서 가장 이른 시기의 '국'은 주로 국도國都를 지시할 때 나오는데, 국도와 그 주변 지역을 '국'이라 하고 '국인國人'과 '야인野人'은 서로 대응되는 말이었다. 후한後漢 학자 정현鄭玄도 『논어論語』 주석에서 "국 밖에 있는 사람을 야인이라 한다國外爲野人"고 하며 '국'과 '야'를 구분했다. 이른 시기에는 '국'이 매우 많았다. 『좌전左傳』에 "우왕이 도산塗山에서 제후들과 회합할 때 옥백玉帛을 들고 모인 나라가 만 국이나 되었다禹會諸侯於塗山, 執玉帛者萬國"는 말이 있다. 무왕武王이 은나라 주왕紂王을 치고 주나라를 세울 무렵 3,000여 제후국이 있었으나 서주西周 시기에는 800여 개만 남았다. 그 후 전국 시대에 일곱 나라戰國七雄로 통합되었다가 진한 시기에 통일을 이루었다. 이처럼 기본적으로 사회 조직은 많은 것에서 적은 것으로 변화하고 마지막에는 일체화되는 과정을 겪는다.

'중국'이라는 개념은 비교적 늦게 나타나 현존하는 문헌 중에서는 전국시대의『상서尙書』와『시경詩經』에서 최초로 중국이라는 말이 나온다. 출토 문물에서는 서주 초 청동기인 하준何尊의 명문銘文이 가장 이르다. 하준은 1963년 산시陝西 바오지寶鷄에서 출토되었으며 그 명문에 '中域(國)'이라는 두 글자가 출현했다. 명문에는 '宅茲中國(중심 지역에 정착하다)'이라고 새겨졌는데 이는 곧 중심 지역인 뤄양에 동도東都를 건립하려는 것이라고 해석할 수 있다. 당시 주나라 사람들도 그들이 일어난 관중關中 지역은 한쪽에 치우진 곳이며 중원 내지에 위치한 뤄양 일대가 천하의 중심으로 백성을 통치하기에 유리하다는 것을 느끼고 있었을 것이다.

### 하준何尊

하준 명문의 내용은 다음과 같다.

왕이 처음에 성을 쌓아 성주成周에 거하게 하였다. 또한 왕의 제례를 계속 잘 지켜 행해 하늘로부터 복을 받았다. 사월 병술일에 왕이 경사의 궁궐 대실大室에서 종실의 아이들에게 훈계하여 말하기를 "예전의 너희 부모들의 때에 그들은 문왕文王을 잘 보좌할 수 있었으며 문왕은 이 큰 명을 받았다. 무왕은 이미 상나라를 이기고 하늘에 제사를 지내며 말하기를 '내가 여기 중심 지역에 정착하면서 여기서부터 백성을 다스리겠습니다'라고 했다. 오호라, 너희들이 비록 어려 지식이 부족하기는 하나 부친을 본받아 하늘에 공을 세워서 그 명을 완성해야 한다. 정성스럽게 제사를 받들어라"라고 했다. 왕은 덕을 숭상해 하늘에 풍성하게 제사를 지냈고 나같이 지혜롭지 못한 자를 훈계했다. 왕은 훈계를 마치고 옹주雍州의 하何에게 패貝 30붕朋을 하사했다. 그래서 이것을 만들어 왕실의 보배로운 예기로 사용하고자 한다. 왕 5년에 적는다.

唯王初壅, 宅于成周。復稟王禮復自天。在四月丙戌, 王誥宗小子于京室, 曰: "昔在爾考公氏, 克逑文王, 肆文王受茲命。唯武王既克大邑商, 則廷告于天, 曰: 余其宅茲中國, 自茲乂民。嗚呼! 爾有雖小子無識, 視于公氏, 有勳于天, 徹命敬享哉!" 唯王恭德裕天, 訓我不敏。王咸誥。雍州何賜貝卅朋。用作口(周)公室尊彝。唯王五祀。

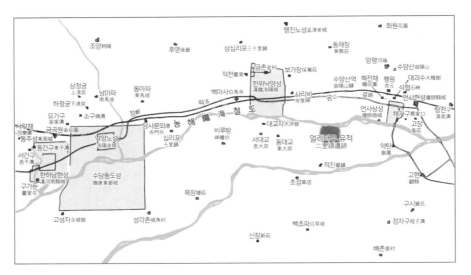

하준에 새겨진 '중국'은 '세계의 중심'을 의미한다. 이것은 문화 본위주의 개념으로 모든 나라는 비록 작은 영토를 가졌더라도 스스로 세계의 중심이라고 여기는 경향이 있다. 이전에 상나라 사람들도 스스로 칭하기를 '대읍상大邑商', '중상中商'이라 했다. 모두 '내가 가장 크고 천하의 중심에 있다'는 의미다. '국'자 앞에 관형어 '중'을 더함으로써 배타성과 유일성을 내포한다. 말하자면 '중국'은 기본적으로 '중앙의 성', '중앙의 나라'라는 개념이다.

서주 왕조가 '천하의 중심'으로 주목해 동도를 건설한 뤄양 분지는 장장 2,000여 년 동안 10여 개 왕조의 도읍이 되었다. 하은주 삼대 이후 동한東漢, 위魏, 서진西晉, 북위北魏, 수隋, 당唐 등이 이곳에 도읍을 건설했지만, 이 분지에서 농경과 거주에 적합한 지역은 1,300제곱킬로미터에 지나지 않았으니 이는 세계 문명사에서 무척 드문 일이다.

얼리터우 유적은 최초의 '중국'이라는 구역에 맨 처음 형성된 대형 도읍으로 뤄양 분지 동부 옌스偃師시에 위치한다. 얼리터우 유적에서 가장 풍성한 문화 유물이 바로 얼리터우 문화다. 그 시대는 기원전 1,800년부터 기원전 1,500년까지로 하나라, 상나라에 해당한다.

## 다원화된 나라에서 일체화된 왕조로

　다시 처음에 제기한 문제로 돌아가보자. 왜 '중국'은 얼리터우 문화가 발전한 뤄양 분지에서 탄생했을까? 이 질문에 분명히 답하려면 우리 시야를 시간과 공간의 두 방향으로 더욱 넓혀야 한다.

　먼저 시간의 각도에서 '중국' 이전의 중국을 역사적으로 관통하며 '다원화된 나라'에서 '일체화된 왕조'로 가는 과정을 돌아봄으로써 얼리터우 문화가 그 속에서 일으킨 중요한 작용을 살펴보자. 얼리터우 문화 탄생 전인 기원전 1,800년 무렵 이전까지 상당히 긴 시간을 '중국' 이전의 중국이라 한다. 중국은 동아시아 대륙에 위치하고 있으며 현재 유럽과 그 면적이나 정치 실체의 국제적 형세 등이 유사하다. 그러나 유럽은 일원화된 정치 중심 없이 여러 집단이 독립적으로 발전했다.

　정치 실체가 된 '중국'을 무한정 위로 거슬러 올라가 탐구해서는 안 된다고 생각한다. 아주 이른 시기 동아시아 대륙은 '온 하늘에 별이 가득한滿天星斗' 상태로 많은 독립 부족 또는 옛 나라가 병존하고 다투던 단계에 있었다. 광대한 지역을 아우르는 강력한 핵심 문화가 없었기 때문에 천하의 형세는 말 그대로 각각의 별이 온 하늘에 가득한 것과 같은 모습이었다. 이 시대를 어떤 사람은 '방국邦國시대'라 하고 또 어떤 사람은 '고국古國시대'라고 한다. 이 방국 혹은 고국시대는 왕국시대(하, 상, 주 삼대 왕조)와 이후의 제국시대(진, 한부터 명, 청까지)와 더불어 중국 고대 문명 발전사의 세 가지 굵직한 단계를 구성한다.

　이 세 단계에는 두 가지 큰 절점節點이 있다. 예를 들면 2018년 5월 28일 중국 국무원 신문판공실新聞辦公室이 소집한 '중화문명탐원공정中華文明探源工程' 성과 발표회에서 다음과 같이 공표했다. "지금부터 5,800년을 전후해서 황허, 창장 중하류와 시랴오허西遼河 지역에서 문명 기원의 자취가 나타났다. 지금부터 5,300년 전 이후부터 중국 각 지역은 계속해서 문명 단계로 진입했다." 이는 곧 방국시대를 가리킨다. 또 "지금부터 3,800년 전 이후 중원 지역에 더욱 성숙한 문화 형태가 형성되었고, 서쪽으로 그 영향력을 전파하며 중화 문명이 전체 과정의 핵심이자 지도자가 되었다"라는 내용은 바로 중국 최초로 중심 문화를 이룩한 얼리터우 문화를 말한다.

　'온 하늘에 별이 가득한' 때부터 '달 밝고 별 드문' 시대까지 얼리터우 도읍과 그것을 대표로 하는 광역왕권국가가 나타났다. 물론 별이 모두 사라진 것은 아니며 다만 별은 빛을 잃고 어두워졌다.

얼리터우 이전 시기는 전前 중국시대라고 할 수 있다. 예를 들어 량주는 전 중국시대 동아시아 대륙에서 가장 밝게 빛난 거성으로 초기 국가와 초기 문명 형태에 속한다. 그러나 량주 문화는 뒤이은 다른 큰 문명의 예고나 서곡에 그치지 않았다. 량주 문화는 그 생명이 다할 때까지 역사의 전 과정을 완주함으로써 후대 중원 왕조 문명에 적잖은 영향을 미쳤다. 타오쓰陶寺나 스마오石峁 같은 문화는 전 중국시대에 공존하던 방국이다. 얼리터우에 이르러 비로소 배타적이고 방대한 규모를 갖추어 주변으로 강력한 세력을 뻗치는 광역왕권국가가 동아시아 대륙에 출현하기 시작했다.

그러므로 나는 보수적인 관점에서 초기 중국을 '광역왕권국가'라고 정의하며, 최초로 지역을 뛰어넘은 강력한 정치 실체를 형성한 것으로 범위를 한정한다면 얼리터우까지 거슬러 올라갈 수 있다고 생각한다. 얼리터우는 '최초의 중국'의 탄생으로, 아기가 막 태어난 것과 같다. 물론 이 생명체의 탄생을 두고, 정자와 난자가 만나는 찰나적 순간까지 추적할 수 있으며 부모의 출생이 있었기에 이 새로운 생명이 세상에 나올 수 있었다고 말할 수 있다. 다만 이러한 소급은 사회 조직 탐구에는 그다지 의미가 없다.

얼리터우 도읍과 얼리터우 문화의 흥기에 따라 화하華夏 문명은 '다원화된 방국' 시대로부터 '일체화된 왕조' 시기로 들어서게 되었다.

물론 '온 하늘에 별이 가득한' 다중심 상황이 종언을 고한 것은 아니다. 얼리터우 문화와 함께 다양한 문화가 있었지만 얼리터우의 사회와 문화 발달 정도가 예전과 비교할 수 없을 만큼 주변에 강한 영향을 미쳤기 때문에 얼리터우 문화를 그 시대의 표준적인 문화로 보아도 전혀 손색이 없다. 얼리터우 시대의 얼리터우 도읍은 당시 '중앙의 나라'로, 얼리터우 문화가 있던 뤄양 분지, 나아가 중원 지역이 곧 최초의 '중국'이다.

얼리터우 유적과 얼리터우 문화로 대표되는 최초의 '중국'이라는 문명 실체는 동아시아 대륙의 인류 발전사에서 전례 없는 두 가지 큰 특징을 가지고 있다. 이 두 가지 특징은 하나의 점과 하나의 면으로 개괄할 수 있다. 하나의 점은 도읍 중심이 방대하고 복잡해져서 '화하제일왕도華夏第一王都'라 칭할 수 있게 된 것을 말한다. 하나의 면은 그 문화 범위가 확장되어 중국, 나아가 동아시아 지역에서 최초로 강성한 핵심 문화를 형성한 것을 말한다.

| 기원연대 | 창장 상류 | 황허 상류 | 황허 중류 | 황허 하류 | 창장 중류 | 창장 하류 | 시랴오허 |
|---|---|---|---|---|---|---|---|
| | ? | 양사오仰韶 문화 초기 | | 베이신北辛 문화 | 탕자강湯家崗 문화 | 마자방馬家濱 문화 | 자오바오거우趙寶溝 문화 |
| 6000 · 5800 | ? | 양사오 문화 묘저구유형廟底溝類型 | | 다원커우大汶口 문화 초기 | 다시大溪 문화 | 쑹쩌崧澤 문화 | 훙산紅山 문화 |
| 5300 · 4700 | 마자야오馬家窯 문화 | | 양사오문화 후기 · 묘저구 2기 문화 | 다원커우 문화 중·후기 | 취자링屈家嶺-스자허石河 문화 | 량주良渚 문화 | 샤오허옌小河沿 문화 |
| 4300 · 3800 | 바오둔寶墩 문화 | 치자齊家 문화 | 중원 룽산中原龍山 문화 | 산둥 룽산中原龍山 문화 | 후스자허 문화 | 첸산양錢山漾-광푸린廣富林 유형 | 쒜산雪山 2기 문화 |
| 3500 · 3300 | 싼싱두이三星堆 문화 | 쓰와寺洼 문화 | 얼리터우 문화 · 얼리강二里崗 문화 | 웨스嶽石 문화 | ? | 마차오馬橋 문화 | 샤자뎬夏家店 하층문화 |

# 얼리터우가 선도한 중국 문명

앞서 얼리터우 문화가 중국 문명사에서 차지하는 개척성과 주변 지역으로 강하게 뻗어나간 형세를 시간의 축으로써 종적으로 해석했다면, 이제 얼리터우 문화가 선도한 중국 문명이 동시대 세계 문명에서 차지하는 특수한 지위를 공간의 축으로써 횡적으로 살펴보겠다.

영국 고고학자 글린 대니얼은 세계 고대 문명의 발상지로 북아프리카의 이집트 문명, 서아시아의 메소포타미아 문명, 남아시아의 인도 문명, 동아시아의 중국 문명, 중앙아메리카 문명과 안데스 문명을 꼽았다. 그리고 서구 학자들은 이 6대 문명을 서아시아를 중심으로 하는 근동 문명과 중국을 대표로 하는 동아시아 문명, 그리고 아메리카 문명의 3대 계통으로 분류했다.

서아시아 지역의 티그리스강과 유프라테스강 유역 주위에는 이동을 방해하는 지리적 장애가 없었기 때문에, 밀 위주의 밭농사 체계가 도입된 후 동서 양방향으로 빠르게 전파되어 위도가 비슷하고 지리와 기후 조건이 유사한 나일강과 인더스강 유역에까지 이르렀다. 이 세 지역은 농업의 발전으로 다져진 기초 위에서 메소포타미아 문명, 이집트 문명, 인더스 문명을 탄생시켰다. 이 중 이집트 문명은 지리적 제약으로 인해 줄곧 나일강과 그 이웃한 사막 가장자리 주변만을 중심으로 삼아 상대적으로 고립되어 있었다. 인더스 문명(하라파 문명)은 겨우 1,000년 정도 존속하다 사라져버렸다. 따라서 메소포타미아 문명과 중국 문명을 인류 역사상 가장 영향력 있는 2대 문명이라 할 수 있다.

사회가 복잡해지고 문명이 왕성하게 일어나는 시기를 기준으로 말하면, 메소포타미아 문명과 이집트 문명에서는 기원전 3,500년 전후에 대다수 후대 문명이 특징적으로 가지는 문자, 권력의 중심이 된 도시, 복잡한 사회구조와 국가가 출현했다. 메소포타미아 문명의 영향을 받은 인더스 문명은 기원전 2,700년 혹은 그보다 조금 늦은 시점에 크게 번성했다.

황허와 창장 유역에서는 기원전 3,000년을 전후해서 사회 복잡화 정도가 비교적 높은 '방국'이라 칭할 수 있는 정치 실체가 출현했으며, 다원커우 문화 중후기와 량주 문화를 예로 들 수 있다. 이처럼 수많은 방국이 즐비한 상황이 1,000여 년간 지속되다가 기원전 1,800년을 전후해서 메소포타미아 문명의 수메르 초기 왕조, 이집트 문명의 초기 왕조와 인더스 문명의 하라파 왕조에 해당하는 대규모 왕권국가가 출현했다. 이들 문명과 더불어 얼리터우 문화가 선도한 중원 왕조 문명도 논할 수 있다.

중원 왕조 문화는 비교적 늦게 출현했지만 청동기 주조 같은 높은 수준의 기술이 뒷받침된 산업을 기반으로 해서 문화 탄생 전후로 외래 문명을 광범위하게 흡수했다. 서아시아, 중앙아시아에서 들어온 밀 재배 기술, 황소와 면양 같은 가축 사육 기술, 청동 제련 기술 등이 중화 문명에 융합, 개선되며 새로운 면모를 드러냈다. 이것이 '중화문명탐원공정' 성과 발표회의 결론이다.

세계 문명사를 보면 량주 문명과 이집트 문명이 매우 유사하게 느껴진다. 단일 경제, 상대적으로 폐쇄적인 지리 환경, 제한된 대외교류, 폐쇄적인 내부와 고도로 발달한 제사 정치 등을 그 예로 들 수 있다. 이집트 문명의 비극은 그것의 순결성에서 기인한다고 인식하는 학자들이 있다. 바로 순결성이 이집트 문명에서 발전의 동력을 상실하게 만들었고 이로 인해 '문화혼종성Cultural Hybridity'이 결핍되어 이집트 문명을 문명 진화상의 미라로 만들었다는 것이다.

이런 점에서, 얼리터우 문명은 메소포타미아 문명처럼 서구로부터의 충격을 받아들여 이를 피와 불 속에서 열반으로 승화시켰다. 동시에 동서남북 사방의 문화

요소를 융합해 고도의 발전과 정치적 성숙을 이룩했다(여기서 정치는 공동체 내에서 사람과 사람 사이의 관계를 다루는 것을 말한다).

'혼종'이 만들어낸 이로움에 더해 충돌, 접수, 길들임, 끊임없는 진통의 과정을 거쳐야 비로소 문명은 새로운 단계로 올라설 수 있는 것이다.

## 뤄양 분지의 우월성

얼리터우가 선도한 중원 왕조 문명을 찬찬히 살피다 보면 그 문명이 갑작스럽게 흥성해 높은 수준의 번영을 이룬 것에서 감동을 느낄 수밖에 없다. 한 문화의 번영에는 그것이 자리한 지역의 지형 면모, 기후 요소, 생활 조건 등이 깊은 영향을 미치므로 중원 핵심 지역인 뤄양 분지의 우월성을 먼저 이해해보자. 왜 '최초의 중국'이 여기에서 일어났을까?

뤄양 분지는 사방이 산으로 둘러싸여 있다. 북쪽의 베이망산北邙山은 황허와 뤄허洛河의 분수령이고, 남쪽의 쑹산嵩山은 뤄허와 루허汝河, 잉허潁河 등 화이허淮河 수계의 분수령이다. 분지 안에는 또한 이허伊河, 뤄허, 찬허瀍河, 젠허澗河 등이 종횡으로 그 사이를 흐른다. 뤄양 분지는 중원 지역 내지에 위치해 상대적으로 고립된 편이지만, 또 한편으로는 사통팔달의 요지로 지리적 형세가 매우 유리했다. 그래서 뤄양 분지는 역대로 병가兵家가 다툼을 벌이고 제왕이 도읍을 건설한 땅이다.

백성은 먹는 것을 하늘로 삼기 때문에 초기 문명은 모두 농업을 기초로 나라를 세웠다. 그중 지역성에 기반한 몇몇 문명은 단일한 환경에 적응한 단일 농업이 문명의 토대를 이루었다. 예를 들면 창장 하류의 량주 문화는 벼농사에 기초해 발전했다. 그런데 이런 경우 현지 환경의 상황과 변화에 절대적으로 좌우되기 때문에 발전에 있어서 막다른 곳에 이르기 쉽다. 만일 환경이 급작스레 변화하거나 다른 원인으로 인해 그 사회를 지탱하는 기초가 흔들리면 취약성을 극복하지 못하고 문화 자체가 쇠퇴하다 붕괴할 가능성이 매우 높은 것이다.

얼리터우가 번성하며 신속하게 발전한 상황은 이런 유형과 선명한 대비를 이룬다. 중원은 동아시아 대륙 동서와 남북의 생태, 지리 조건이 서로 상이한 지역이 교차하는 곳이다. 따라서 얼리터우 문화는 조농사와 벼농사 위주의 다원 농업을 기초로 건설되었다. 강수량이 부족할 때에는 조를 심고 강수량이 충분할 때에는 벼를

얼리터우 유적에서 출토된 농작물 종자. 벼, 대맥, 콩, 탄화콩으로 오늘날 야생에서 자라거나 재배하는 콩과 비교된다.

심었다. 식물 고고학 연구에 따르면, 얼리터우 도읍 사람들의 식량 구조에는 오곡이 갖추어져 있어 자연 환경 변화에 잘 적응할 수 있었다고 한다. 얼리터우 문화에서는 상대적으로 안정적인 생활이 가능했기에 강한 생명력을 유지할 수 있었다. 이것이 얼리터우 문화가 융성할 수 있었던 중요한 동인이다.

# 2 | 얼리터우의 '중국 최초'

얼리터우를 발굴한
쉬쉬성

1959년 쉬쉬성徐旭生 선생이 위시豫西 지역에서 '하허夏墟'를 조사하다 처음으로 얼리터우 유적을 답사했다. 당시에는 그곳이 '상나라의 도성일 가능성이 적지 않다'고 추측했다. 1959년 가을 얼리터우 유적의 시험 발굴로 얼리터우 문화 연구가 시작되었다. 1961~1978년 고고학 연구는 주로 1호와 2호 궁궐 부지 발굴에 집중해 얼리터우 도읍의 성격을 기초적으로 인식할 수 있었다. 1990년대 후반에는 얼리터우의 발전을 4단계로 나누는 것이 보편적으로 인정받았다. 그리고 대량의 청동기, 옥기, 녹송석기 등이 출토되어 얼리터우가 오늘날까지 입증될 수 있는 중국 최초 광역왕권국가의 도성이었음을 증명해주었다. 계속된 고고학 연구를 통해 1999년 이후에는 얼리터우 유적의 기본 범위, 배치 구조, 교통망 등이 명확하게 드러났다.

'최초의 중국'인 얼리터우는 발견된 이후 지금까지 끊임없이 커다란 놀라움과 기쁨을 가져다주었다. 함께 발굴에 참여한 동료들은 얼리터우의 수많은 출토품 중에서 나를 가장 흥분시킨 것은 녹송석 용이라고 생각할 것이다. 실제로 그것이 매우 특별하기 때문이다. 그러나 여러 해 동안 발굴단 단장을 맡으면서 내가 가장 탄복한 것은 얼리터우에서 발견된 중국 최초의 도시 기본 도로망과 최초의 궁성이었다.

진정한 감탄과 즐거움을 안겨준 것은 비단 이들뿐만이 아니었다. 중국, 심지어 동아시아 최초라고 할 수 있는 많은 것이 얼리터우에서 출토되었다. 선배들은 중국 최초의 대형 궁궐 건축군, 최초의 청동 예기, 최초의 청동기 주조 공방 등을 발굴했다. 우리는 얼리터우 유적이 중국 최초의 치밀한 계획과 엄격한 배치를 통해 만들어진 초대형 도읍임을 증명했다. '중국 최초'라는 많은 것을 발견함으로써 얼리터우는 '최초의 중국'이 된 것이다.

## 중국 최초 큰 사거리와 도시 기본 도로망

나는 박사 과정에서 도시 고고학을 전공했기에 고고학계에서 '부동산'을 전공했다고 우스갯소리를 하곤 한다. 나는 도로망 시스템, 성벽, 궁궐 건축 등의 연구에 특히 몰두했다. 계속해서 내가 가장 하고 싶은 작업은 얼리터우 도읍의 대규모 부동산 배치를 분명하게 밝히는 것이다.

한번은 과거 기록에서 상당히 중요한 실마리를 발견했다. 1976년에 선배들이 얼리터우 궁궐 구역 동쪽에서 길이가 200미터에 달하는 대로를 발견했지만 아쉽게도 겨울에 밀밭에 물을 대어야 했기 때문에 방치되었다고 했다. 20여 년 후에 나는 이 대로가 얼리터우 도읍 궁전 구역 배치의 수수께끼를 풀 열쇠가 될 것이라고 직감했다. 그래서 나는 다시 그 대로를 파고들어 단서를 찾아 조금씩 나아가며 진상을 밝혀내기 시작했다.

2001년 가을, 옛 발굴 기록이 제공한 실마리를 따라 탐색한 끝에 중국에서 가장 이른 정# 자형 대로의 첫 번째 길을 발견했다. 계속해서 더욱 의미 있는 발견이 이어졌는데, 궁궐 구역 발굴이 한창이던 어느 날 현지 사람과 이야기를 나누던 중 그의 집 땅에서 밀이 잘 자라지 않는다는 말을 들었다. 순간 강렬한 호기심이 일며 매우 흥미로운 일이 일어날 것 같은 느낌을 받았다. 농작물이 잘 자라지 않는다는 것은 땅속에서 배수가 원활히 이루어지지 않기 때문이다. 그렇다면 치밀하게 다

옥수수밭 아래가 바로 3,000여 년 전 얼리터우 도읍 유적이다.

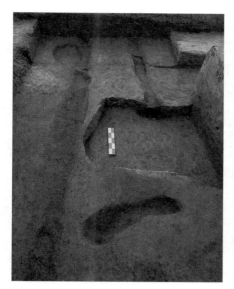
궁전 구역 대로 위의 수레
바퀴 자국

져진 땅속에 건축물이나 성벽 유적이 있을 가능성이 높았
다. 그러한 구조물이 토양의 구조를 특이하게 변화시키기
때문이다.

급히 사람을 보내 시추 탐사를 한 결과 기대 이상의 성과
에 고무되지 않을 수 없었다. 지하수의 침투를 막는 유적은
땅속의 건축물이 아니라 여러 겹의 전병 같은 견고한 길이
었다. 땅속으로 이어진 줄기를 따라가듯 탐색해나가다 뜻
밖에도 동서로 뻗어 있는 대로를 발견했다. 동쪽으로 쭉 뻗
어나가 궁궐 지역 동쪽에서 남북으로 뻗어 있는 대로와 수
직으로 교차하고 있었다. 주요 도로의 사거리를 발견한 것
이었는데, 이는 지금까지 알려진 중국 최초의 대규모 사거
리였다!

함께한 이들 모두 무척 흥분했다. 우리는 이어서 처음 발견한 남북으로 뻗은 대
로를 탐색했는데, 최종적으로 700미터를 탐색했다. 이 길은 너비가 평균 10미터 이
상이었고 가장 넓은 곳은 20미터에 달했다. 오늘날 4차선 도로의 표준 너비에 해당
한다. 이렇게 무척 짧은 시간에 정井 자형 대로의 배치가 분명하게 밝혀졌다.

도로가 있다는 것에서 교통수단을 생각해볼 수 있었는데, 동아시아 최초의 마차
는 은허殷墟에서 발견되었고 그 이전에는 중원 지역에서 가축으로 키우는 말은 없
었다. 얼리터우 궁성 남벽 밖 대로에서 쌍륜 수레의 바퀴 흔적을 발견했다. 사람이
끌었는지 가축을 이용했는지 확실치 않지만 어찌되었든 이 역시 동아시아 대륙에
서 최초로 수레를 사용한 증거다.


## 중국 최초의 궁성

나는 『최초의 중국最早的中國』을 쓰며 '생각해낸 궁성想出来的宮城'이라는 말을 했
는데, 유명한 고고학자 쑤빙치 교수의 말에서 힌트를 얻은 것이다. 그는 고고학 발
굴을 할 때에 무언가를 생각해야 무언가를 발굴할 수 있다고 말한 적이 있다. 당시
에 나는 그 의미를 유심주의唯心主義라고 이해했는데, 이후 발굴 작업에 참여하면서
그 말의 무게를 뼈저리게 느낄 수 있었다.

  내가 얼리터우를 인계받았을 때는 얼리터우 유적이 발굴되기 시작한 지 이미
40년이 지났을 때였다. 앞선 많은 이들이 줄곧 성벽을 찾으려 했지만 찾지 못했다.
최종적으로 얼리터우 궁성의 성벽은 내가 발견했다. 운이 좋았기 때문일까? 실제
로 나는 꾸준히 생각하며 이론적인 뒷받침도 마련해놓고 있었다. 박사 논문을 쓸
때 중국 초기 도시 자료를 정리하면서 점차로 다음과 같은 인식을 하게 되었다. 즉,
권력을 중심으로 운영된 초기 도시에서 외곽 성벽의 유무에 대해 동주 이전 시기
에는 일정한 규정이 없었지만, 통치의 중추가 되는 왕실 궁전 지역은 일반인의 통
행이 금지되어 개방되지 않았을 것이다. 그러므로 나는 얼리터우 도읍의 궁전 지
역에 반드시 방어시설이 있을 것이라고 확신했다. 그리고 당시 발굴하던 궁전 지
역 동쪽 2호 궁전 일대에 방어시설이 있을 가능성이 가장 높다고 추론했다.

  우리는 2호 궁전 동쪽 벽 외부에서 횡적으로 시추 탐사를 시작하다 벽에 바짝 붙
어 대로가 있고 대로 이외에 중소형 크기로 다져진 부지가 있음을 알게 되었다. 아
마도 2호 궁전의 동쪽 벽과 그 바깥쪽 대로가 궁궐 지역의 동쪽 경계였던 것 같고,
그렇다면 이 둘 사이에 성벽이나 해자 같은 방어시설을 또 만들 리는 없었을 것이
다. 그래서 나는 다음과 같이 추측했다. '만약 궁궐 지역을 벽이 둘러쌌다면 2호 궁
전 부지의 동쪽 벽(다져진 부지)은 궁성의 성벽일 수 있다.' 내 마음속에는 이미 이 가
설을 검증할 계획이 세워져 있었다.

  2003년 초 고고연구소와 국가문물국에 연도별 발굴 계획을 제출할 때 나는 궁전
지역 방어시설 조사를 가장 중요한 과제로 삼았으며 동시에 최소한의 발굴을 통해

방어시설 유무를 확인할 것이라는 서약서도 함께 제출했다. 얼리터우 유적처럼 수백 년 동안 지속되었지만 후대에 심각하게 훼손된 대취락에서의 시추 탐사는 약간의 단서만 제공할 뿐으로 전체 문제를 해결할 수는 없었다. 얼리터우 유적 발굴이 진행된 40여 년 동안 수차례 시추 탐사를 했지만 궁성 성벽의 실마리를 발견할 수 없었다. 나는 궁성 성벽이 존재했으리라 추측했지만 그 성벽의 질량이나 보존 상태는 1호 궁전이나 2호 궁전에 비해 확실히 밝혀내기가 어려웠다. 그렇다면 2호 궁전 부지의 동쪽 벽이 궁성의 동쪽 벽인지를 검증하는 가장 간단한 방법은, 먼저 2호 궁전 동북쪽 모서리를 열어서 폭 2미터에 이르는 동쪽 벽의 다져진 부지가 계속해서 북쪽을 향해 뻗어나가는지 살펴보는 것이다.

2003년 봄의 발굴 작업은 이 구상을 따라 실시되었다. 나는 새롭게 파들어가 탐사한 부분에서 마침내 2호 궁전 부지의 동쪽 벽과 완전히 일치하는 길쭉한 형태의 다져진 부지를 발견했다. 과연 추론한 것처럼 북쪽을 향해 곧게 뻗어 있는 부지를 확인한 한 고고학자의 남모를 기쁨을 누구나 짐작할 수 있을 것이다. 그런데 왜 남몰래 기뻐해야 했을까? 그것이 2호 부지 북쪽의 뜰을 둘러싼 또 하나의 벽일지도 모른다는 가능성을 배제할 수 없었기 때문이다. 그렇다면 이어서 2호 궁전 동남쪽 모서리가 남쪽을 향해 뻗어 있는지를 살펴보아야 했다. 우리는 2호 부지 동남쪽 모서리와 그 남쪽 구역을 발굴하면서 2호 부지 동쪽 벽이 남쪽으로 뻗은 연장선상에서 탐사 고랑을 파서 심도 있게 분석했다. 그 결과 궁전 구역 동쪽 대로의 구조 및 연대와 함께 남쪽에서 뻗어온 다져진 벽이 여기에서 가로막혔다는 것까지 알게 되었다.

전국을 공포에 떨게 했던 신종 감염병 '사스SARS'가 시작되기 직전인 2003년 '고고학 10대 발견' 발표할 즈음 나는 잠시 베이징에 돌아와 있었다. 친구들의 연구 주제가 '고고학 10대 발견'에 들어가게 된 것을 축하하는 자리에서 나는

얼리터우 유적 평면도

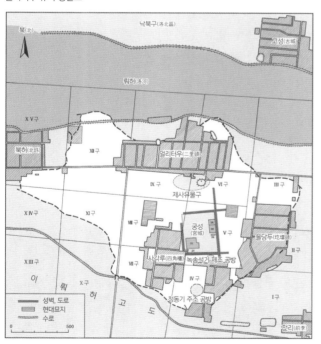

흥분을 억누르며 얼리터우에서 내가 궁성을 발견할 가능성을 이야기했다. 나날이 심해지던 '사스'의 위험을 무릅쓰고 급히 발굴 장소로 돌아왔고, 마찬가지로 폭 2미터에 이르는 다져진 벽이 계속해서 남쪽을 향해 뻗어 있음을 알게 되었다. 그때의 기쁜 감정은 말로는 다 표현할 수 없었다. 놀라움과 흥분이 교차하는 상태로 2003년 봄이 지나가고 있었다.

　나는 심지어 '사스'에도 감사했다. 당시 중국 농촌에서 시행된 엄중한 방역 덕분에 일상적으로 해야 하는 대응이 줄어들면서 발굴 작업에만 전념할 수 있었기 때문이다. 그래서 북으로 남으로 길을 찾으며 시추 발굴을 앞세워 30~50미터마다 고랑을 파서 심도 있게 분석했다. 5월 말, 궁성 성벽에 속하는 것으로 보이는 다져진 벽을 300미터 가까이 확인할 수 있었으며, 이를 통해 2호 궁전 부지가 궁성 동쪽 벽에 의지해 조성되었다는 것도 알게 되었다.

　'사스'가 지나가고, 중국 최초의 궁성 유적이 다시 햇빛을 보게 되었다. 중국 최초 도시의 주 도로망과 중국 최초의 큰 사거리의 발견은 모두 얼리터우가 지닌 '중국 최초'의 하나다. 이 기초 위에서 우리는 정井 자형 대로가 둘러싼 구역을 확인했다. 바로 최초의 궁성이 있던 지역이다.

　총면적 10만 8,000제곱미터(3만 2,670평)의 궁성이 모습을 드러냈다. 최종적으로 궁성 동쪽 벽의 길이가 300여 미터, 남겨진 북쪽 벽의 길이가 250여 미터, 남겨진 서쪽과 남쪽 벽의 길이는 각각 100여 미터인 것을 확인했다. 이 궁성은 지금부터 3,700년 전에 건설되었으며 세로로 길쭉한 직사각형으로 건축물의 형상과 구조는 단정하면서 규율적이었다. 면적은 명청 시대 자금성의 7분의 1정도지만 이후 중국 고대 궁성의 비조鼻祖라 할 만하다.


## 중국 최초의 중축선中軸線 배치 궁전 건축군

　현재까지 우리는 얼리터우 유적 궁전 구역 내에 수십 개의 중, 대형 다져진 건축 부지가 존재한 것을 밝혀냈다. 그중 말기의 궁성 내에서 이미 두 군데 대형 건축 부지군이 확인되었는데, 그들은 1호 궁전과 2호 궁전 부지를 중심으로 해서 종적으로 분포되었고 모두 분명한 중축선中軸線이 있었다. 우리는 그들을 서로西路 건축군과 동로東路 건축군으로 분류했다.

궁성 서남쪽에 자리 잡은 1호 궁전 부지와 그 남대문 바로 앞에 있던 7호 부지(궁성 정문 양쪽에 있던 당堂이었던 것 같다)는 동일한 중축선을 공유하며 궁성 서로 건축군을 형성했다. 궁성 동쪽에 자리 잡은 2호 궁전 부지와 그 남대문 바로 앞에 있던 4호 부지 그리고 후에 확장되어 그 북쪽에 위치하게 된 6호 부지는 궁성 동로 건축군을 형성했다. 남북으로 순서대로 배열된 이 두 군데 궁성 건축군은 길이가 200미터 가까이 되었다.

이것은 지금까지 알려진 중국 최초의 중축선으로 계획된 대형 궁실 건축군으로, 이 또한 얼리터우가 지닌 또 하나의 '중국 최초'다. 『여씨춘추』「신세편愼勢篇」에 고대 국가는 "천하의 중심을 택해 나라를 세우고, 나라의 중심을 택해 궁궐을 세우며, 궁궐의 중심을 택해 종묘를 세웠다"라는 기록이 있다. 이 이념은 최초의 '중국' 왕조 탄생 시부터 존재했던 것으로 얼리터우 시대에 이미 보이고 있다. 중국 고대 궁실 건축의 발달은 명청 시대 자금성에서 최고조에 이르렀는데, 그것의 원류를 얼리터우까지 거슬러 올라갈 수 있는 것이다.

우리는 항상 '건중입극(建中立極, 중정中正의 법도를 공동의 준칙으로 삼아 최고의 법칙을 세우다)'과 중용 문화 등을 이야기하는데, 모두 중국적 특색을 지닌 것이다. 이들은 얼리터우 궁실 건축과 국가가 규정한 예법에서 처음으로 드러난 이념으로, 동주 시대 전적典籍에 기록된 후 알게 모르게 후대에 영향을 주며 중국인의 뇌리에 익숙하게 스며들어 중국 문명 속에서 일관되게 존재하게 되었다.

## 중국 최초의 청동 예기

얼리터우 문화가 중원에서 흥성함에 따라, 유일하게 합범合範 주조 기술을 사용해서 청동 예기禮器를 생산한 이 선진 문명은 중국 청동기시대를 한층 도약하게 만든 첫 번째 다크호스가 되었다. 이들 청동 예기는 얼리터우 도읍의 사회 상층부 고분에만 부장되어 피라미드식 계급 사회에서 청동 예기의 사용은 통치 계급의 신분을 나타내는 표식이었다는 점에 주의해야 한다. 제사와 궁정 의례용 청동 주기酒器, 악기, 의장용 청동 무기, 그리고 전통의 옥 예기는 독특한 중국적 특색을 가진 청동 예악 문명을 구성했다. 그것은 도구나 무기, 장식물을 위주로 한 다른 청동 문명과 달리 예악으로 나라를 세운다는 중원 왕조의 특징을 드러낸다.

# 얼리터우 도읍 중심 지구의 중요 유적

6호 궁전터

1호 궁전 복원도

2호 궁전터 평면도

4호 궁전터 평면도

통치 계급 신분의 상징으로서 주기로 대표되는 예기군은 중국 최초의 청동 예기군이다. 실제로 이 예기에 속하는 거의 모든 것이 다 중국 최초라고 말할 수 있다. 이로부터 우리는 중국의 고대 문명이 사람과 자연 사이의 관계 변화 위에서가 아니라 주로 사회관계, 즉 사람과 사람 사이의 거대한 변화 위에서 탄생했다고 볼 수 있다. 『좌전』에 "나라의 대사는 제사와 전쟁에 있다國之大事, 在祀與戎"는 기록이 있는데, 예기는 제사에 사용되던 것이며 무기는 절대적인 억압 능력을 대표하는 것으로 억센 양손으로 잡고 있어야 하는 것이다.

얼리터우 무기군 중에서 중요한 위치를 차지하는 청동월鉞이 발견된 것도 매우 흥미롭다. 이 청동월 역시 중국 최초의 것인데, 안타깝게도 내가 직접 발굴한 것은 아니다.

내가 막 얼리터우에 도착한 그 이듬해에 다른 대원들이 낙양삽洛陽鏟으로 시추 조사를 하고 있었다. 어느 날 저녁 마을 사람 하나가 신문지에 싼 물건을 들고 발굴단을 찾아왔다. 그러고는 발굴단 대장인 나에게 깨진 동편銅片 두 개가 발굴단에 쓸모 있는 물건인지 봐달라며 내밀었다. 나는 그것을 본 순간 흥분을 감추지 못했다. 바로 중국 최초의 청동월이 세상에 나왔기 때문이다. 그에게 이것이 어디에서 났는지 물었더니 그가 대답하기를, 다른 사람이 집 짓는 것을 도와주며 기초를 다지고 홈을 파다가 발견했다고 했다. 처음 발견했을 때는 한쪽에 던져두었는데 이후 몇 푼의 돈이라도 될까 싶어 던져둔 곳에 가보니 여전히 거기에 놓여 있었다고 했다. 폐품으로 가져가면 담배 한 갑 값도 안 되는 5, 6위안 정도 줄 것 같아 차라리 발굴단에 주는 것이 나을 것 같다고 생각했다고 했다. 나는 답례비로 30위안을 주었고 그는 기뻐하며 돌아갔다.

이튿날, 우리는 기사와 함께 그 마을 사람이 알려준 청동월 출토지에 가서 출토 위치와 환경 상태 등을 기록했다. 이어서 나는 이 국보급 유물을 시안西安으로 보내 과학연구소에서 이탈리아 X선 기기로 유물을 분석했다. 이후 잡지『고고考古』에 청동월 출토 현황을 간략하게 보고했고 다시 메탈로그래픽 분석Metallographic analysis, 金相分析을 통해 그 진면목을 밝혀냈다.

얼리터우에서 출토된 근접전 병기군에는 역시 중국 최초의 청동창과 북방식 전부戰斧가 있는데, 후자는 얼리터우 사람들이 북방 초원 지역과 장거리로 교류했음을 보여주는 증거다. 유적에서 출토된 대량의 화살촉은 의장용 근접전 병기가 아니라 실제 전쟁에서 사용했던 것으로 회수할 수 없는 소모품이었다. 화살촉과 같은 유물이 대량으로 출토된 것은 당시의 청동 생산이 이미 상당한 수준에 이르렀다는 것을 알려준다.

## 중국 최초의 청동기 주조 공방

청동기는 반드시 그것을 주조하는 곳이 있어야 한다. 청동 예기를 주조하는 곳이 종종 도읍 안에 있었으며, 얼리터우는 청동기 주조 공방이 최초로 발견된 도읍이다. 옛 이뤄허伊洛河 고지 가까이에서 선배들이 얼리터우의 청동기 주조 공방을 발견하고 발굴했다.

청동기 주조 공방 유적의 면적은 1만여 제곱미터에 달했다. 얼리터우 문화 초기부터 말기까지 계속해서 사용된, 오늘날까지 알려진 중국 최초의 청동기 주조 공방이다. 이 또한 얼리터우가 가진 '중국 최초'의 것이다. 통치자들은 청동기 주조 공방을 도읍 중앙 지역의 가장 남쪽에 배치했을 것으로 추측된다. 그 이유는 첫째 이곳이 이뤄허의 옛 물길과 가까워 청동기를 생산하는데 필요한 물을 공급할 수 있었기 때문이다. 둘째는 주조 작업이 궁전 구역을 오염시키는 것을 피할 수 있었기 때문이다.

얼리터우 유적의 청동기 주조 공방은 규모가 방대하고 구조가 복잡했을 뿐만 아니라 장기간에 걸쳐 사용되었다. 이미 있는 자료를 종합해보면 얼리터우 시대에 청

1. 청동작青銅爵. 뤄양박물관 소장. 청동작은 술잔의 일종으로 하·상 시대에 유행했다. 이 술잔은 1975년 옌스 얼리터우 유적에서 발견된 유정문동작乳釘紋銅爵이다. 높이 22.5cm, 길이 31.3cm, 두께 0.1cm로 가는 몸통에 손잡이는 넓적한 띠 모양, 다리는 송곳 모양이다.
2. 청동월青銅鉞

동 예기를 주조할 수 있는 작업장은 이곳이 유일했으며, 이는 초기 왕조가 국가의 명맥을 유지하는 것과 관련 있는 '고급과학기술산업'을 독점했음을 반영한다.

## 중국 최초의 녹송석기 제조 공방

청동 예기 외에 녹송석기綠松石器 또한 문화적 의미에서 옥기와 같은 관심을 받았다. 얼리터우 시대에 녹송석기는 옥기와 마찬가지로 고급 소비품으로 여겨져 귀족계층이 사용했다. 최근 궁전 구역 남쪽에서 녹송석기 제조 공방이 발견되었는데, 이 역시 중국 최초다. 공방에서는 원료, 반제품, 파손품, 폐기물을 포함한 대량의 녹송석 재료를 발굴했다. 이들은 녹송석기 공예를 분석하는 데 좋은 표본이 되었다.

궁전 구역 가까이에 녹송석기 제조 공방이 있었고 그 남쪽에 청동기 주조 공방이 있었다는 것에 주목할 필요가 있다. 그 일대와 궁성 내 몇몇 지역에서 발견된 작은 녹송석 제품, 반제품, 돌 재료, 폐기물 등으로 보아 다른 녹송석기 제조 공방도 존재했을 가능성이 있다. 이런 상황은 녹송석기 제작을 왕실이 직접 통제했을 것이라는 점을 알려준다.

관영 수공업 공방의 직접적인 증거는 유적의 남쪽, 궁전 구역과 길 하나 떨어져 있는 얼리터우 문화 초기에 형성된 대형 담장에서 찾을 수 있다. 이것은 공방 같은 시설을 둘러싼 담장으로, 그 동쪽 담은 궁성의 동쪽 담과 일직선상에 있었고 북쪽 담은 궁성의 남쪽 담과 길을 사이에 두고 마주보고 있었다. 이 담장은 규모가 크고 폭도 궁성과 일치하므로 어떤 시설을 둘러싸고 있는 담이 아니라면 그것을 설명할 방법이 없다.

녹송석기 제조 공방은 그 북쪽 담 안에 있었고, 다시 남쪽으로 청동기 주조 공방이 있었다. 이 구역은 궁전 구역과 인접해 있어, 이곳의 생산과 생산품은 모두 왕실 귀족이 독점했을 것이다. 즉 관영 공방으로 운영된 것으로 보인다. 그렇다면 이곳을 중국 최초의 '고급과학기술산업단지'라고 말할 수도 있을 것 같다. 그리고 학자들은 얼리터우 궁성을 본떠 이곳을 얼리터우 '공성工城'이라고도 부른다. 전자는 정치 구역이고 후자는 경제 구역이라는 것이니 요점을 매우 잘 짚은 말이다.

## '중국 최초'의 의의

이 모든 것에서 '중국 최초'를 발견하는 것은 어려운 일이 아니다. 얼리터우 도읍의 중심 구역에는 궁성과 대형 궁전 건축군이 자리하고, 그 주위에는 교통을 연결하는 도로망이 갖추어져 있었다. 또 제각각 역할을 맡은 구역이 있었는데, 귀족의 사치품을 만드는 관영 수공업 공방은 궁전 구역 가까이에 있고 제사를 모시는 구역과 귀족의 거주 구역이 궁전 구역을 둘러싸고 있었다. 이들이 다 어우러져 왕도의 특별한 분위기를 형성했다.

이러한 발견을 통해 얼리터우 유적이 장기적으로 치밀하게 계획해 엄정하게 배치한 대형 도읍이라는 것을 알게 되었다. 계획성은 중국 고대 도시, 특히 도읍의 중요한 특징이다. 얼리터우 유적은 화하 문명의 형성 과정에서 이전의 것을 계승해 계속 발전시킨 것이다. 얼리터우 도읍에서 드러난 계획성은 중국 문명의 원류를 탐색하는 중요한 가늠자 역할을 한다는 의의가 있다.

3,000여 년 동안 지속된 중국 고대 왕조 도성의 건설 계획은 얼리터우 유적에서 시작되었다. 곧 얼리터우는 최초의 명확한 도시계획을 통해 건설된 대형 도읍이라고 말할 수 있다.

1 | 2

1. 중국 최초의 '고급과학기술산업단지'. 청동기 주조 공방과 녹송석기 제조 공방도 이 안에 있었다.

2. 녹송석기 제조 공방에서 출토된 돌원료

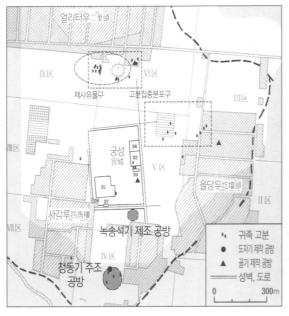

# 3 │ 얼리터우의 용 형상

## "쉬 선생님, 청동기가 나왔습니다!"

야외에서 일상적으로 진행되는 고고학 연구는 사실 단조롭고 무미건조하기 마련이다. 반드시 규범에 따라야 하기 때문이다. 그런데 전혀 예상치 못한 수확이 생기며 연구에 활력을 불어넣어줄 때가 있다. 이렇듯 예측이 불가능한 점에서 고고학은 늘 신비로움과 놀라움, 기쁨을 안겨준다. 2002년 봄, 평상시와 마찬가지로 얼리터우 유적 궁전 지역 발굴 작업을 계획에 따라 진행하고 있었다. 한창 긴장하며 집중하고 있을 때 생각지도 못한 작은 청동기가 출토되면서 우리는 전대미문의 대발견과 마주하게 되었다.

궁전 구역 귀족 묘의
녹송석 용형기 출토 위치

젊은 대원이 가까이 다가와 나지막한 소리로 말했다. "쉬 선생님, 청동기가 나왔습니다!" 나는 급히 그가 맡은 발굴 지역으로 가서 표면을 감싼 흙을 조심스레 벗겨냈다. 볼록한 선 무늬 장식이 있는 동령銅鈴의 일부가 보였다. 햇빛이 청동 특유의 초록빛 녹을 비추자 감동이 밀려왔다. 그리고 그 옆에 인골도 드러나 있었다.

신분이 높은 귀족의 묘가 분명할 거라고 확신했다. 대원에게 잘 덮어두라고 한 후 즉시 고분에 대한 '1급 보호'를 실시했다. 이후 발굴에서 이 묘가 얼리터우 시대의 고분이고 지금까지 발견된 것 중에서 최고 등급이라는 것이 증명되었다. 묘 안에서 출토된 부장품은 청동기 이외에 옥기, 칠기, 조개 목걸이 등 모두 100여 점이었다. 우리는 '3호 묘'라고 지칭하기로 했다.

가장 놀랍고 기쁜 발견이 이후 또 일어났다. 당시 우리 팀은 대원 3명과 기사 4명, 그리고 고고학 발굴 실습을 위해 참가한 석사 과정생과 학부생으로 구성되었다. 참으로 완벽한 팀이었다. 학생들은 이 중요한 발굴을 밤새 지키는 당직을 맡았는데, 모두 매우 흥분해서 자발적으로 나섰다. 학생들을 두 팀으로 나누어서 여학생을 포함한 한 팀이 야간 시간의 전반부를 맡고 남학생으로만 구성된 나머지 한 팀이 후반부를 맡게 했다. 이웃 마을에서 큰 셰퍼드 한 마리를 빌려왔고 지프 베이징 2020을 캄캄한 묘혈을 마주하게 세운 후 일정한 간격으로 전조등을 비췄다. 야간 전반부는 그래도 견딜 만했지만 후반부는 애를 많이 먹었다. 4월 중순의 늦은 밤에는 기온이 제법 낮아서 야외에서는 외투를 입고 있어야 했다. 우리는 스스로 얼리터우 귀족의 밤을 지키는 사람들이라며 우스갯소리를 하기도 했다.

3호 묘의 처리 작업은 질서정연하게 이루어졌다. 묘주의 골격이 드러나기 전에 이미 몇몇 믿을 만한 기물이 나타나기 시작했고, 그중에는 아주 작은 녹송석 조각도 있었다. 처음에는 녹송석 조각이 나와도 전혀 놀라지 않았다. 그 전에 발견한 녹송석 상감 동패 장식에서 보았기 때문이었다. 그러나 발굴이 진행됨에 따라 우리는 모두 이것이 전대미문의 발견이 될 것을 직감했다.

녹송석 조각은 묘주의 어깨 부분에서 시작해 사타구니까지 계속해서 분포되어 있어 전체 길이가 70센티미터를 넘었다. 지금까지 얼리터우 유적과 중원 주변 지역에서 출토되거나 수집된, 그리고 세계 유명 박물관이나 개인이 소장하고 있는 상감 동패 장식은 10여 점뿐이다. 더구나 대부분 길이가 15센티미터 정도이고 가장 큰 이형기異形器의 길이도 20여 센티미터에 지나지 않을 뿐더러 그 장식들은 일반적으로 구리 받침이 있다.

그러나 3호 묘에서 발견된 녹송석 조각은 분포 면적이 넓었고 구리 받침이 없었다. 묘주의 어깨 부분 일대의 녹송석 조각은 윗부분이 흩어져 있었다. 우리는 관이 썩어 부서지면서 벌어진 일이라고 추측했으며, 그 때문에 보존 상태를 낙관적으로 볼 수 없었다. 그렇지만 묘주의 허리와 엉덩이 부분 일대의 녹송석 조각은 보존 상태가 상대적으로 양호한 편이어서 그 조각들로부터 서로 다른 모양의 녹송석 조각을 합쳐 구성한 도안을 확인할 수 있었다.

룽산 시대에서 얼리터우 시대까지의 귀족 고분 가운데 일찍이 대량의 녹송석 조각이 출토된 적이 있었다. 이들 녹송석 조각은 원래 나무, 가죽 혹은 유기물 위에 박아 넣었다. 그러나 대부분 출토 당시 어지러이 흩어져 원래 모습을 복원할 방법이 없었다. 녹송석 조각이 흩어지게 된 원인으로 관이 썩어 부서질 때 관 위를 덮은 흙이 내리눌러 손상된 것 외에 발굴 정리자가 기물을 정리하는 개념이 부족했던 것도 배제할 수 없다. 이것은 '나무만 보고 숲은 보지 못하게 한' 것으로, 조각조각 나누어 발굴함으로써 복원할 방법이 완전히 사라지게 만든 경우도 많았다.

이러한 점에서도 3호 묘의 발굴은 충분한 가치를 지닌다. 그러면 길이 70센티미터에 달하는 녹송석 조각이 표현한 것은 도대체 무엇일까?


## 다시 세상에 나타난 녹송석 용

녹송석 조각은 아주 작아 매 조각의 크기는 몇 밀리미터 정도, 두께도 1밀리미터 정도였다. 따라서 정리가 무척 어려워 조금이라도 주의를 기울이지 않으면 녹송석 조각의 위치가 바뀔 우려가 있었다. 비교적 넓은 면적에서 위치가 바뀌게 되면 원래 모습으로 복원하는 것은 불가능해진다.

이런 상황이기에 녹송석 조각이 세세하게 정리될수록 이후 보호와 복원에 불리한 영향을 미칠 수도 있었다. 그래서 급히 중국사회과학원 고고연구소 과학기술센터에 도움을 요청해 문물을 복원하고 보호하는 것을 책임질 기사를 파견해 먼저 전체적으로 수습한 후에 베이징으로 가져가 실내에서 순서대로 정리하자고 건의했다. 대형 녹송석기 세부 정리는 우선 중단하는 것으로 전략이 변경되었다.

야외 작업 규정에 따라 고분의 기본 데이터를 얻은 후 대형 녹송석기를 전체적으로 수습하기 시작했다. 묘 전체에서 전부 다 수습하는 게 가장 이상적인 방법이지

## 녹송석 용

이 녹송석 용은 몸 길이 64.5cm, 몸통 중앙 가장 두툼한 부분의 폭은 4cm다. 받침 표면에는 녹송석이 겹쳐 층을 이룬 도안이 있고 용의 머리에서부터 뻗어나온 여러 갈래의 호선弧線이 있어 무언가를 나타내는 것 같았다. 용의 몸은 부드러운 물결처럼 구불거리는데 중앙에서부터 등줄기가 이쪽저쪽으로 기울어졌다. 녹송석 조각으로 이루어진 마름모꼴은 비늘무늬를 상징하며 용의 목에서 꼬리까지 몸 전체에 적어도 12개 마름모꼴이 이어졌다.

용형기龍形器는 묘주의 어깨에서 엉덩이에 이르는 부분에 놓였고, 주인의 골격과 비교했을 때 살짝 기울어져 용의 머리는 서북쪽을 꼬리는 동남쪽을 향해 있었다. 각종 모양의 녹송석 조각 2,000여 개로 구성되었으며 매 조각의 크기는 0.2~0.9cm, 두께는 0.1cm 정도였다.

녹송석 용의 꼬리 끝에서 3cm 떨어진 곳에 녹송석으로 만든 길쭉한 형태의 장식물이 하나 있었다. 용의 몸과는 수직으로 위치하며 둘 사이에 붉은색 칠 흔적이 서로 이어져 있어, 이것이 어떤 하나의 유기물에 용의 몸과 함께 붙어 있었을 것으로 추측되었다. 길쭉한 이 장식물은 기하학적 형태와 연속된 구운句雲무늬 같은 도안을 조합해 만들어졌다. 용의 머리부터 길쭉한 장식물까지, 총 길이는 70.2cm였다.

1. 두립형기斗笠形器
2. 두립형기
3. 두립형기
4. 녹송석 구슬
5. 녹송석 용형기龍形器
6. 두료
7. 평저분平底盆
8. 화盉
9. 화
10. 고령준高領尊
11. 소라껍질
12. 정鼎
13. 옥조형기玉鳥形器
14. 원도편圓陶片
15. 원형환저칠기圓形圜底漆器

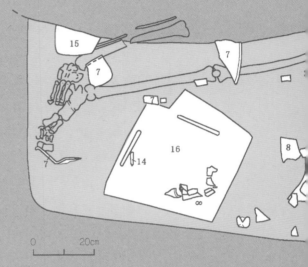

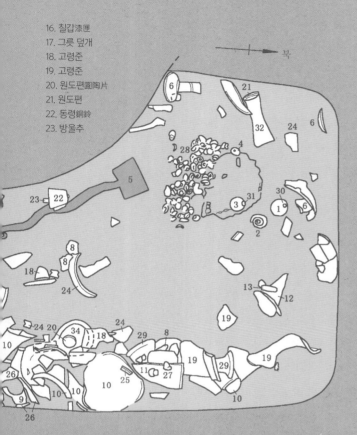

16. 칠갑漆匣
17. 그릇 덮개
18. 고령준
19. 고령준
20. 원도편圓陶片
21. 원도편
22. 동령銅鈴
23. 방울추

24. 작爵
25. 평저분
26. 두
27. 소라껍질
28. 조개장식
29. 두

30. 녹송석 구슬
31. 녹송석 구슬
32. 칠호漆壺
33. 녹송석 조각
34. 칠작漆勺

북

만 당시 발굴 현장 조건에서는 불가능했다. 수습 면적이 커질수록 녹송석기가 흐트러질 가능성이 점점 더 커졌고, 게다가 이처럼 체적이 큰 흙의 무게도 감당할 수 없었다.

마지막으로 묘주의 목 부분에 있던 조개로 펜 장식을 전체 수습 범위에 넣었다. 다행히 묘 아래는 생토(生土, 이전에 파본 적이 없는 본디 그대로 굳은 땅의 흙)여서, 그 하부와 주위를 깨끗이 치운 후 나무판을 넣고 주위에 나무 테두리를 둘러 잘 고정했다. 나무 테두리와 흙 사이는 석고 아교로 채운 다음 윗부분을 얇은 막 덮개로 꼼꼼하게 덮었다. 끝으로 철사로 나무 상자를 잘 묶어서 얼리터우 마을 안에 위치한 발굴단 캠프로 보냈다.

캠프에 도착한 후에 이것을 어디에 두느냐를 두고 문제가 발생했다. 도난 위험이 있으니 2층에 올려두는 것도 고려했으나 실제로 그것은 곤란한 일이었다. 1층은 내 침실 겸 사무실과 당직실 외에는 모두 빈 공간이어서 우선 내 방에 두기로 했다. 이로써 얼리터우 귀족과 그의 녹송석기는 1개월 동안 나와 함께 지낸 후 베이징으로 옮겨졌다.

커다란 나무 상자가 베이징에 도착했지만 고고연구소 과학기술센터의 분석 작업이 이리저리 뒤엉키며 작업이 지연되었다. 기사들은 우리 보물을 빨리 처리해주겠다고 회신했지만 얼마 후 온 나라를 휩쓴 사스까지 가세해 녹송석기가 담긴 나무 상자는 그곳에서 계속 기다릴 수밖에 없었다.

2004년 여름 마침내 대형 녹송석기가 나무 상자에서 나와 정리되기 시작했다. 조심스레 석고를 제거하고 전체 윤곽이 드러나게 하는 일은 결코 쉽지 않았다. 그리고 온갖 어려움을 무릅쓰며 지켜온 이 보물이 뜻밖에도 보존 상태가 상당히 좋은 한 마리 커다란 용으로 나타나자 이전에 했던 수많은 상상과 추론이 모두 무색해지고 말았다.

이 녹송석 용은 길고 큰 형체에 큰 머리와 구부러진 꼬리를 가졌고, 몸의 굴곡이 아주 빼어나 생동감 있는 모습에 색채도 화려하고 아름다웠다. 용의 몸은 길이 64.5센티미터, 몸통 중앙 가장 두툼한 부분의 폭은 4센티미터다. 용의 머리는 녹송석 조각을 박아 넣은 사다리꼴 받침 위에 놓여 있었다. 받침 표면에는 녹송석이 겹쳐 층을 이룬 도안이 있고 용의 머리에서부터 뻗어나온 여러 갈래의 호선弧線이 있어 무언가를 나타내는 것 같았다. 또한 원형 구멍이 있는 문양도 겹쳐 박혀 있었다. 용의 몸은 부드러운 물결처럼 구불거리는데 중앙에서부터 등줄기가 이쪽저쪽으로 기울어졌다. 녹송석 조각으로 이루어진 마름모꼴은 비늘무늬를 상징하며 용의 목에서 꼬리까지 몸 전체에 적어도 12개 마름모꼴이 이어졌다.

한편 녹송석 용의 꼬리 끝에서 3센티미터 정도 떨어진 곳에 녹송석으로 만든 길쭉한 형태의 장식물이 하나 있었다. 용의 몸과는 수직으로 위치하며 둘 사이에 붉은색 칠 흔적이 서로 이어져 있어, 이것이 어떤 하나의 유기물에 용의 몸과 함께 붙어 있었을 것으로 추측되었다. 길쭉한 이 장식물은 기하학적 형태와 연속된 구운句雲무늬 같은 도안을 조합해 만들어졌다. 용의 머리부터 길쭉한 장식물까지, 총 길이는 70.2센티미터였다.

용형기龍形器는 묘주의 어깨에서 엉덩이에 이르는 부분에 놓였고, 주인의 골격과 비교했을 때 살짝 기울어져 용의 머리는 서북쪽을, 꼬리는 동남쪽을 향해 있었다. 각종 모양의 녹송석 조각 2,000여 개로 구성되었으며 매 조각의 크기는 0.2~0.9센티미터, 두께는 0.1센티미터 정도였다.

녹송석은 원래 나무나 가죽 같은 유기물에 박아 넣는 것으로, 그것이 붙어 있던 유기물이 완전히 썩어버리기 때문에 완전하게 수습하기가 상당히 어렵다. 다행히도 용형기는 전체적으로 보존 상태가 좋은 편이었고 도안도 비교적 선명해 쉽게 알아볼 수 있었다. 단지 녹송석 조각이 부분적으로 흩어져 있었을 뿐이다. 만일 고고학 훈련을 받지 않은 채 고고학 현장에 투입되어 발굴을 하다가 선생님이 옆에 있지 않을 때 녹송석 조각을 발견하고는 흥분해서 한 조각 한 조각씩 파내 비닐봉지에 가득 담아 놓았다가 이후 선생님에게 보여줬다고 해보자. 그 많은 조각으로 용을 판별해낼 수 있었을까? 이것이 바로 과학적인 고고학 발굴이 단순히 문물을 소장하고 감상하는 것과 본질적으로 다른 점이다. 고고학은 '물物'을 연구하는 학문이다. 그러나 고고학은 '물' 자체에 한정하지 않고 '물'을 둘러싼 배경에 더욱 주의를 기울인다.

이 대형 녹송석 용형기는 제작에 들인 수고와 정밀함 등으로 보아 중국 초기 용형상 문물에서는 거의 찾아보기 힘든, 매우 뛰어난 역사적, 예술적, 과학적 가치를 지닌다. 위에서 내려다보면 용은 마치 움직이는 것처럼 느껴진다. 거대한 용의 머리를 가까이서 마주하면 백옥을 박아 넣은 두 눈이 똑바로 응시하며 자기 신분을 알아봐주기를 재촉하는 것만 같다.

대형 녹송석 용형기의 진면목이 세상에 드러나자 학자들은 이를 '초급국보(超級國寶, 국보를 뛰어넘는 국보 중의 국보)'라고 칭송해 마지않았다.

# 얼리터우 용 형상의 원류

그러면 이 '국보 중의 국보'는 어디에 사용하려고 만들었으며, 또 어떤 사람이 그것을 사용할 수 있었을까?

어떤 학자는 붉은 칠을 한 나무판 위에 녹송석 조각을 박아 만든 '용패龍牌'라고 생각했다. 화려한 두 색깔이 강렬하게 대비되어 풍부한 시각적 효과를 자아내는 가운데 용패 위의 도안이 표현한 것은 용의 부감도라고 했다. 이 녹송석 용형기를 부장품으로 묻은 신분이 높은 귀족은 아마도 종묘를 관리하던 사람이었을 것으로, '용패'는 제사에서 사용하던 의장 도구였을 것이라고 추측했다.

일본 『아사히신문』 기자와 일본 학자는 직접적으로 이것을 '용장龍杖', '용형장龍形杖'이라고 칭하며 특수한 권력을 상징하는 지팡이로 여겼다. 그러면서 이후의 은허나 서주 시기로 보건대 녹송석으로 용 도안을 상감한 기물은 매우 드문 진귀한 물건으로 결코 일반 백성이 사용하던 보통 기물일 리 없다고 보았다.

이를 초기의 군기軍旗라고 생각한 학자도 있는데, 윗부분 장식을 승천하는 용의 형상으로 한 것, 생전에 사용하던 깃발로 죽은 사람의 몸을 덮은 것 등에 초기 군기 제도가 반영되어 있다고 했다.

『시경』에서 주나라 왕이 종묘에 제사를 지내는 모습을 묘사하며 "용을 그린 깃발은 산뜻하고, 수레와 깃대의 방울 짤랑거리며龍旂陽陽, 和鈴央央"라고 했다. 여기에서 '용을 그린 깃발龍旂(龍旗)'과 '수레와 깃대의 방울和鈴'을 나란히 나열한 것은 3호 묘에서 '용패'와 동령이 함께 있던 상황과 완벽히 일치한다. 묘주가 왕조에서 신관의 직을 담당했다고 하면 그가 가진 용 깃발은 망자의 승천을 이끄는 종교적 의미를 지닌다고 할 수 있다.

또한 녹송석 용의 출토로 중화 민족의 용 토템에 대한 가장 직접적이고 정통적인 근원을 찾았다고 생각하는 학자도 있다. '최초의 중국'이자 '화하 첫 번째 왕도'에서 출토된 벽룡碧龍은 진정한 '중국 용'이라는 것이다.

그런데 이 녹송석 용은 그 근원이 된 형태祖型가 있을 것이기에 우리는 그것을 찾아 나서야 했다. 녹송석 용의 머리 부분을 정리한 후, 용의 머리 부분에 왜 직사각형으로 보이는 받침이 있을까를 두고 이리저리 생각했지만 답을 얻지 못했다. 2004년 가을, 얼리터우 유적을 계속해서 발굴하던 중 잠시 짬을 내어 녹송석 용의 사진을 자세히 살펴보았다. 앞서 말한 것처럼 녹송석 용형기가 출토되기 전 여러 군데 녹송석 조각이 흔들리거나 흐트러졌는데, 용 머리 부분은 녹송석 조각 몇 개의 위치가 잘못되어 도안이 어떤 모습인지 불명확해졌다. 그래서 받침 위의 도안이 도대체 무슨 함의를 나타내는 것인지 알아내고 싶다는 생각이 머릿속에서 떠나지 않았다.

나는 관련 자료를 뒤적이며 이에 대한 힌트를 찾고자 했다. 그러던 어느 날 이전에 깊은 인상을 받은 허난성河南省 신미시新密市 신자이新砦 유적에서 출토된 도기 덮개에 새겨진 수면문獸面紋 자료를 찾다가 그것을 다룬 논문을 보았다. 그리고 수면문을 다시 보는 순간 그것이 녹송석 용의 머리와 유사한 것을 발견하고 입에서 감탄이 저절로 흘러나왔다!

얼굴 윤곽, 베틀의 북처럼 생긴 눈, 뭉뚝한 코가 유사했을 뿐만 아니라 심지어 콧대의 마디 3개까지 똑같았으니, 그야말로 판에 박은 듯했다. 가장 흥미를 불러일으킨 것은 신자이 유적의 얼굴에서 뻗어나온 구부러진 수염과 귀밑털이었다. 갑자기 하나의 생각이 떠올랐다. 받침에 용의 머리에서 뻗어나온 여러 갈래의 호선이 녹송석으로는 표현하기 어려운 용의 수염이나 귀밑털이 아니었을까?

신자이 유적에서 출토된 도기 덮개의 수면문과 녹송석 용의 유사성은 한층 더 깊은 의미를 지니고 있었다. 현재 학계에서는 신자이 유적으로 대표되는 유물을 중원의 룽산 문화에서 얼리터우 문화로 발전해가는 과도기 문화라고 보편적으로 인정하고 있다. 즉 신자이 유적을 얼리터우 문화의 전신으로 볼 수 있다. 물론 이러한 인식은 도기 위주로 문화의 구성요소를 비교한 데서 나온 것이다. 신자이 유적 도기 덮개의 수면문과 녹송석 용이 그 표현 수법에서 매우 높은 수준으로 일치한다면 종교 신앙과 의식 형태에 있어 둘 사이에 밀접한 관계가 있음을 분명히 드러내는 것이다. 그러므로 녹송석 용의 가장 직접적인 연원과 근원이 된 형태를 찾았다고 할 수 있다.

이전에 출토된, 얼리터우 문화나 그보다 약간 늦은 시기의 녹송석 상감 동패 장식 도안은 대부분 용의 형상으로, 특히 머리 부분은 간략화되거나 추상적으로 표현되어 있었다. 결국 한 나라의 진귀한 보물인 녹송석 상감 동패 장식을 해독하는 열쇠를 녹송석 용이 쥐고 있는 셈이다.

녹송석 용 이외에 용 형상 유물이 얼리터우 유적에서 많이 발견되었다. 예를 들면 녹송석 상감 수면문 동패 장식, 진흙으로 빚은 용이나 뱀의 형상, 도기에 부조된 용의 도상, 도기 위에 도안화된 용무늬 장식 같은 것이 있다. 분명한 것은 얼리터우 문화가 보여주는 용 위주의 신비한 동물 형상은 이전 룽산 시대 여러 고고 문화에서 발견된 같은 유형의 기물과 비교했을 때 더욱 복잡해졌으며 용의 형상에 많은 가상 부분이 추가되었다는 것이다. 이는 곧 여러 계통의 문화 요소를 완전하게 받아들이려고 한 태도를 드러낸다. 이처럼 다른 지역에서 들여온 신앙과 제사방식은 선사시대에 문화가 서로 같은 지역의 신권 숭배 이념을 받아들였음을 암시한다. 그리고 이것은 얼리터우 귀족의 정신세계를 일부 형성했다.

분명히 얼리터우는 용 형상이 다원화에서 일체화로 향해 가는 데 있어 기초를 다지고 전환을 이룬 중요한 시기였다. 얼리터우 용 형상의 많은 요소, 예를 들면 용의 전체 얼굴 특징, 베틀의 북처럼 생긴 눈, 턱에 있는 마름모꼴 장식, 용의 몸에 연속되는 비늘무늬와 마름모꼴 무늬, 그리고 머리 하나에 몸이 두 개 있는 형체 특징 같은 것은 모두 은허 시기의 상나라 문화로 계승 발전되었다. 따라서 청동기를 주로 한 상나라 귀족 용기의 문양은 아마도 얼리터우 문화의 용 형상에서 그 조형을 찾을 수 있을 것이다.

허난성 신미시 신자이 유적 도기 덮개의 수면문

상나라와 주나라 시기에 성행한 청동기의 주제 문양을 오랜 기간 '도철문饕餮紋'이라 불러왔다. 그러나 많은 학자가 국가적으로 중요한 예기에 주조된 문양이 흉악하고 탐욕스럽기로 이름난 괴수 '도철'이라는 것에 의문을 제기하고 비교적 평범한 '수면문獸面紋'으로 '도철문'을 대체하려고 했다. 또한 대부분의 학자가 이런 유형의 문양은 아마도 용을 형상화한 무늬일 것이라고 했다.

중원 왕조 문명의 선구가 된 얼리터우 문화는 옛것을 계승해 발전시키는 데 중요한 역할을 했으며 용 형상으로 그 맥락을 짚어볼 수 있다. 초기 왕조의 발전에 따라 사회 문화도 전성기에 도달하자 본래 다원적 특성을 지녔던 용의 형상이 획일적으로 규범화된 후 점차 추상화와 신비화 과정을 거쳐 수면문으로 정착하고 가장 중요한 장식 주제가 되었다. 녹송석

녹송석 수면 동패銅牌 장식

용형기와 녹송석 상감 동패 장식으로 대표되는 얼리터우 수면문은 상나라와 주나라 청동기 수면문의 효시가 되었다.

## 발굴사

● 1959년 쉬쉬성 선생이 위시에서 하허를 조사하다 얼리터우 유적을 답사했고 그곳이 '상나라의 도성일 가능성이 적지 않다'고 추측했다.

● 1959~1998년 사이 1호와 2호 궁궐 부지, 청동기 주조 공방 및 거주와 매장, 제사, 골기 제작, 도기 제작과 관련 있는 중요한 유적을 발굴했다. 도기를 중심으로 문화 분기 기준을 마련했고 얼리터우 도읍 유적의 성격을 확인했다.

● 1999년부터 현재까지 도읍 배치와 변화에 대한 대략의 상황을 정리했고, 중심 지역의 주간선도로망, 정원과 중축선으로 배치된 궁실 건축군과 궁성, 대형 담으로 둘러싸인 공방 지역과 녹송석기 제조 공방 및 제사와 관련 있는 대형 갱 등 중요 유적을 발견했다.

# 중국국가박물관

**복골**卜骨

일찍이 신석기시대 후기부터 사람들은 복골을 사용해서 길흉을 판단하기 시작했다. 이 복골은 양의 견갑골로 구멍을 뚫어 불을 붙인 후에 반대편에 갈라진 무늬가 나타나면 무당이 이 무늬를 보고 길흉을 판단했다. 상나라 때 갑골에 비해 하나라 때 복골은 대부분 손질을 거치지 않고 구멍을 뚫었다.

**도정**陶鼎
높이 20.5㎝, 구경 20㎝, 무게 1.72㎏

갈색 모래를 섞어 만든 것으로 배 부분에 방격문方格紋 장식이 있고 세 개의 발 바깥쪽에 도장을 찍은 덧무늬가 있다. 방격문은 얼리터우 문화 도기 무늬 장식의 하나다.

**옥월**玉鉞
길이 11.3㎝, 칼날 너비 7㎝

전체 장방형에 칼날은 호형이며 양옆에는 이빨 모양 장식이 있다. 월은 군사통수권을 상징하는데 서주 시기의 가장 중요한 기물에 속하는 '곽계자백괵季子白' 청동반青銅盤에 "월을 하사하니 오랑캐를 정복하는데 사용하라賜用鉞, 用征蠻方"라는 명문이 있다. 또한 허베이 전국시대 중산왕中山王 묘에서 출토된 청동월 위에도 "이 군월을 가지고 그 무리에게 경계를 삼는다作玆軍斧, 以警厥衆"라는 명문이 있다. 이로부터 전국시대까지 월이 줄곧 군사통수권을 상징했음을 알 수 있다.

상나라 갑골문의 왕王 자는 '王'와 '王'등의 형태를 가지고 있었는데, 모두 월鉞을 상징하는 것이다. 상나라 왕은 당시 최고 행정 수반이었을 뿐만 아니라 최고 군사령관이었다. 王 자의 변화는 월의 상징 의미를 이해하는 데 도움을 준다.

**청동작**銅爵
전체 길이 14.5㎝, 높이 13.5㎝, 무게 0.75㎏

이 동작은 합범 주조 기술을 사용해서 만든 청동 주기酒器다. 기물의 벽이 홑겹으로 얇고 무늬 장식이 단순해 초기 청동기의 특징을 명확하게 보여주고 있다. 현재까지 알려진 중국에서 가장 이른 청동 용기다.

**도화**陶盉
높이 20㎝, 배부분 너비 15.5㎝, 무게 0.6㎏

옅은 회색 진흙으로 제작했는데, 옅은 회색은 얼리터우 문화 후기의 전형적인 도기 색깔이다. 술 나오는 구멍이 하늘을 향해 있고 손잡이가 측면에 있는 것 역시 얼리터우 문화의 전형적인 도화 형태다. 전체적으로 균형 잡혀 있으며 표면에 광택이 나는 등 제작 기술이 뛰어난 유물이다.

## 허난박물관

**대익동령**帶翼銅鈴
높이 9㎝

단순하고 소박한 형태가 초기 청동기의 특징을 보여준다. 중국에서 가장 이른 입구에 박편이 있는 청동 악기는 중원 지역 고악기인 도령陶鈴의 타원 형태를 계승한 것이고, 중국 합와슴瓦형 청동종편鍾의 원류는 상·주 청동 악기 조형의 기초 위에서 만들어진 것이어서 중국 음악 예술사의 시대를 구분하는 의의를 지닌다.

## 뤄양박물관

**방격문동정**方格紋銅鼎
전체 높이 20㎝, 구경 15.3㎝

지금까지 알려진 바로 중국에서 가장 이른 청동정靑銅鼎이며 '화하제일정華夏第一鼎'이라 불린다. 그 조형과 무늬 장식 풍격은 중원 룽산 문화 후기의 도정陶鼎과 거의 일치하지만, 당시에 드물게 보이는 귀금속류인 청동을 재료로 했다는 점이 특별하다.

**유정문동작**乳釘紋銅爵
높이 22.5㎝

'화하제일작華夏第一爵'이라 칭해지는 하나라 시대 유정문동작이다. 고졸古拙한 형태미가 있어 하나라 시대 동작 가운데 가장 뛰어난 것으로 국가의 보물이라 불린다

**옥장**玉璋

하나라 시대(기원전 21세기~기원전 1600년)의 것으로, 1974년 옌스 얼리터우 유적에서 출토되었다.

1978년 2호 궁궐 부지 발굴 현장.
지면에서부터 꼭대기까지 높이는 11m다.

2015년 봄 궁궐 부지 발굴 현장을 드론이 촬영하고 있다.

**탕지건唐際根**

전 중국사회과학원 고고연구소 연구원
전 안양 은허발굴단 단장
남방과기대학 석좌교수

부호묘婦好墓는 나의 스승 정전샹鄭振香 선생님이 발견했다. 선생님은 부호를 발견하고 또한 그것을 부호라고 특정해냈다. 이것은 고고학자에게 가장 행복한 순간으로 나는 날마다 이런 순간이 이르기를 고대하고 있다. 만약 나에게 이런 일이 일어난다면 아마도 삼일 밤낮을 술에 취해 있지 않을까.

나는 25년 동안 은허 발굴을 주도했다. 은허의 존재는 상왕조의 역사를 실증해주어 중국 현대고고학의 발전을 촉진했다. 은허가 없었다면 중국 고고학도 없었을 것이다.

제3강

# 은허殷墟
## ─ 묻혀 있던 상왕조의 진실

은허의 땅속에는 어마어마한 문화재가 묻혀 있으며 현재까지
많은 발굴이 이루어졌다. 은허의 유물 중에서 다음 세 가지가
가장 유명하다. 하나는 갑골문甲骨文이고 다른 하나는 청동기
다. 마지막 하나는 고고학자들을 꿈속에서조차 정신 못 차리게
만들었던 부호婦好다.

청동기를 중심으로 한 상왕조의 예기 제도가 확산되며 청동기
주조 기술과 그것으로 대표되는 문명적 함의가 다른 지역에까
지 영향을 주었다. 창장 유역에서는 상왕조의 청동 문명과 예
기 제도를 받아들이고 각자의 문화 전통과 신앙을 융합해 자신
들만의 청동시대로 진입했다.

탕지건은 1996년부터 중국사회과학원 고고연구소 안양사업소
를 이끌었다. 1998년 '중상中商' 개념을 제기하며 상왕조 고고
학 편년 체계에 새로운 학설을 제시했다. 1999년에는 발굴단을
인솔해서 면적이 4.7제곱킬로미터에 달하는 상왕조 중기 도읍
을 발굴했고 '원북상성洹北商城'이라 명명할 것을 제의했다. 이
후 원북상성을 발굴하며 많은 상나라 유물을 포함하고 있는 1
호 대형 건축 부지를 발견했다. 2005년에는 은허박물관 설립을
계획해 후모무정后母戊鼎이 안양으로 돌아와 전시되도록 했다.
또한 은허가 지닌 인류 공동 문화유산으로서의 가치를 인식하
고 은허의 보전, 전시, 이용에 대한 과학적 결론을 도출함으로
써 2006년 은허가 유네스코 세계문화유산에 등재되는 데 커다
란 공헌을 했다.

허난성 안양시 서북쪽 교외 환허洹河 양안에 위치한 은허에서 갑골문이 출토되었다. 은허는 3,300년 전 상나라 왕 반경盤庚이 이곳으로 천도한 후에 주나라 무왕武王이 주왕紂王을 쳐서 멸망시킬 때까지 8대 12왕을 거치며 273년 동안 존속했던 상왕조 후기의 도읍이다. 오늘날 우리에게 그곳은 유적이지만 3,000년 전 상나라 사람들은 '대읍상大邑商'이라고 했다. '읍邑'은 촌락이나 거주 지역을 나타내는 말이니 '대읍'은 바로 큰 거주지를 말한다. 상나라 사람들이 '대읍상'이라고 부른 것은 오늘날 우리가 '수도 베이징'이라고 하는 것과 같다.

은허는 20세기 초에 발굴되었다. 중국 고고학 역사상 규모가 가장 크고 기간도 가장 긴 발굴이었다. 1928년 둥쭤빈董作賓 선생은 안양 샤오툰촌小屯村에서 시험 발굴을 하고, 같은 해 12월 중앙연구원中央研究院 역사언어연구소歷史語言研究所에 고고학 분과를 만들어 은허 유적의 발굴과 연구를 전담하게 했다. 당시 연이어 은허 발굴 사업을 주관한 사람들로는 둥쭤빈, 리지李濟, 량쓰융梁思永, 궈바오쥔郭寶鈞 등이 있다. 1928년부터 1937년까지의 항일 전쟁 시기에도 모두 15차례에 걸쳐 은허 발굴을 진행해 궁전 부지, 크고 작은 묘지와 제사갱祭祀坑, 대량의 갑골과 청동 예기, 무기 등을 발견해 전 세계를 놀라게 했다. 중화인민공화국 건국 이후 내전으로 중단되었던 은허 발굴이 빠르게 재개되어 다시 큰 성과를 거두었다. 이때 우관촌대묘武官村大墓, 허우강제사갱後岡祭祀坑, 먀오푸苗圃 북쪽 주조 공방, 부호묘婦好墓 등이 발견되었다. 출토 유물은 그야말로 방대했다. 1973년 샤오툰 남쪽에서 점사가 새겨진 갑골 4,000여 편, 1991년 은허 화원장花園莊 동쪽 갑골갱에서 갑골 1,583편이 나왔는데 그중 698편에 문자가 있었고 300여 편에 완전한 복사卜辭가 새겨져 있었다.

은허의 땅속에는 어마어마한 문화재가 묻혀 있으며 현재까지 많은 발굴이 이루어졌다. 은허의 유물 중에서 다음

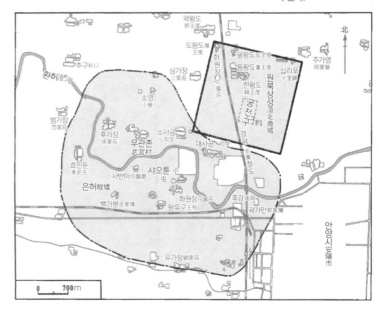

은허와 원북상성 위치도
궁전 지역은 환허 남쪽 기슭 샤오툰촌 동북쪽에 자리하며 그 주변으로 수공 공방, 거주지, 묘지가 분포되어 있다. 환허 북쪽 기슭 우관촌 북쪽은 왕릉 지역으로 묘도와 많은 매장갱이 있다.

세 가지가 가장 유명하다. 하나는 갑골문甲骨文이고 다른 하나는 청동기다. 마지막 하나는 고고학자들을 꿈속에서조차 정신 못 차리게 만들었던 부호婦好다.

1
2

1. 1935년 은허 왕릉 발굴 현장
2. 은허 왕릉 고분지역 전경

# 1 | 갑골문의 내용

## 세계를 놀라게 한 갑골

인류의 가장 위대한 발명으로 문자를 들 수 있다. 문자에는 문화 전통과 축적된 지식이 담겨 있어 그것이 없는 세계는 상상할 수 없다. 인류 역사에는 많은 원생原生 문명이 있는데, 문자는 이들 문명의 가장 중요한 특징이다. 티그리스강과 유프라테스강 유역의 설형문자, 이집트의 상형문자, 중국의 갑골문, 고인도의 문자는 4대 문명의 핵심 요소다.

어떤 사람은 세계의 몇몇 큰 문명 중에서 중화 문명만 중단 없이 이어졌다고 말하는데, 실제로 이는 문자 사용이 중단되지 않았음을 의미한다. 갑골문을 핵심으로 한 초기 중국 문명은 비록 티그리스강과 유프라테스강 유역의 설형문자보다 빠르지 않았고 고대 이집트 문명보다도 이후에 나타났지만, 확실히 중단되지 않고 이어져 내려왔다.

2015년 허난성 안양의 중국문자박물관에서 갑골문을 해독하는 사람에게 한 글자당 10만 위안의 상금을 주겠다고 공고했다. 만일 미처 해독하지 못한 갑골문자를 한 글자라도 완벽하게 해독할 수 있는 사람이 있다면 박사학위는 따 놓은 당상일 것이다. 왜 그럴까? 지금까지 발견된 갑골문 중에서 비교적 알아보기 쉬운 글자는 이미 다 해독되었고 아직까지 의미 파악이 안 된 채 남아 있는 글자는 모두 읽기 힘든 글자이기 때문이다.

사람들은 왜 이렇게 갑골문에 흥미를 가질까?

'갑골문'은 귀갑龜甲 혹은 수골獸骨에 새긴 문자다. 청나라 국자감좨주國子監祭酒 왕이룽王懿榮이 1899년에 갑골을 발견한 이야기는 널리 알려져 있다. 왕이룽이 사람을 보내 '용골龍骨'이라는 약재를 사오게 했는데, 사가지고 온 용골에 글자가 새겨져 있는 것을 발견했다. 왕이룽은 금석학자였으므로 전서篆書를 알고 있어서 자세하게 분석해본 결과 이들 글자가 대전大篆과 유사하다는 것을 발견했지만 자신도 처음 본 것이었다. 그는 확실치는 않지만 아마도 이들 글자가 아주 이른 시기의 문자일 것이라는 생각이 들어 갑골을 사 모으기 시작했다. 이 소식을 듣고 뤄전위羅振玉, 왕샹王襄 같은 당시 유명 학자들도 뒤이어서 글자가 새겨진 갑골편을 사 모았다. 그 후 1908년에 이르러서야 그들은 이들 갑골의 원본이 매장된 곳이 허난 안양 샤오툰이라는 것을 알게 되었다. 바로 갑골문의 발견이 은허의 신비로운 베일을 벗겨준 것이다.

현재 박물관 혹은 도서관에 소장된 갑골은 주로 깨진 조각이다. 실제로 대량의 갑골은 갱 하나하나에서 출토된 것인데, 이곳이 명청 시대에는 경작지였기 때문에 농민이 밭을 가는 동안 완전했던 갑골이 깨졌을 것이다. 땅을 갈아엎은 후 비가 내려 흙이 씻겨 내려가면 갑골 조각이 드러나고 사람들이 이를 주워갔을 것이다. 그러나 이것은 아주 오래 전의 일이며 지금 은허의 지표면에서 갑골 조각이 발견되는 일은 거의 일어나지 않는다. 우리 발굴단이 2003년에 갑골 조각 하나를 주운 이후 다시 그런 행운은 없었다. 결론적으로 상나라 때 갑골은 갱 안에 매장되었던 것이다.

귀갑은 일반적으로 거북의 배 부분이고 수골은 소의 견갑골(어깨뼈)이다. 갑골은 주로 이 두 가지를 말한다.

1936년 중화민국 정부 중앙연구원에서 의도적으로 갑골을 매장한 것으로 보이는 갱을 발굴해 갑골 17,000여 편을 발견했다. 1991년 중국사회과학원 고고연구소는 화원장 동쪽에서 갑골이 촘촘하게 줄지어 있는 완전한 갱 하나를 발굴했다. 어떤 갑골편에는 작은 구멍이 뚫려 있는데, 이것은 아마도 서류를 철하는 것처럼 끈을 사용해서 갑골편 원본을 묶은 흔적인 듯했다. 2004년 몇몇 작은 갱에서도 갑골을 발굴했다. 이들 발견으로 상나라에서 갑골은 매우 귀했기에 아무렇게나 버려지지 않고 잘 분류해 보존했음이 증명되었다.

갑골문이 발견되자 사람들은 갑골문을 연구하고 해독하기 시작했다. 초기의 대표적인 연구자로 뤄전위, 왕궈웨이王國維, 궈모뤄郭沫若, 둥쭤빈의 '갑골사당甲骨四堂'을 들 수 있다.

귀판과 견갑골

그들은 글자 식별은 물론 시대 구분과 갑골문을 이용한 역사와 고대 사회 연구 등 각 방면에 조예가 깊었다. 학자들이 집계한 바에 따르면, 은허에서 출토된 갑골의 총 개수는 13만에서 15만 편이며 이 속에서 4,500~4,600개 글자가 발견되었다고 한다. 그 가운데 해독한 글자는 1,600자 정도, 좀 더 보수적으로 이야기하면 적어도 1,300여 자만 완벽하게 해독해냈다. 이렇게 말하는 이유는 일부 문자의 해독은 더욱 많은 시간 동안 검증을 거쳐야 학술계의 최종 승인을 얻을 수 있기 때문이다. 바꾸어 말하면 아직 해독하지 못한 글자가 3,000여 자나 된다는 것이다. 이것이 바로 중국문자박물관에서 갑골문 해독에 상금을 건 공고를 낸 이유다.

## 갑골문의 해독

조자법造字法의 관점에서 한대漢代 학자가 말한 육서六書, 즉 상형象形, 지사指事, 회의會意, 형성形聲, 전주轉注, 가차假借가 갑골문에 모두 반영되어 있다. 어떤 학자는 갑골문을 간단히 상형, 회의, 형성으로 총괄하기도 했다. 고문학자 탕란唐蘭은 더욱 개괄적으로 육서를 상형, 회의, 형성의 세 가지로 종합했다. 상형자는 가장 간단한 것이다. 갑골문 중 우牛, 마馬, 조鳥 같은 글자는 모두 동물의 특징을 포착해 만들어진 것으로 실물과 매우 비슷하다. 상형자는 아주 많다. 갑골문 어魚 자와 거車 자의 서법은 각각 물고기와 수레의 모습을 그대로 모방했다.

그러나 갑골문 중에 상형자가 많다고 해서 갑골문을 상형문자라고 단순하게 규정할 수는 없다.

갑골문에서 흔히 볼 수 있는 회의자를 보자. 회의는 두 개 혹은 두 개 이상의 의미를 지닌 글자를 조합해서 새로운 글자를 만든 것이다. 예를 들면 '견고하다'나 '감옥'을 나타내는 뢰牢 자는 전형적인 회의자다. 뢰牢 자는 본래 가축을 사육하는 우리를 뜻하는데, 바깥을 둘러싼 부분은 우리를 상징하고 우리 안에 소나 양 한 마리가 있는 형태다. 갑골문 뢰牢 자는 전체 글자 풍격이 오늘날의 글자와 차이가 큰 상형에 기초한 회의지만, 글자의 구조는 오늘날의 서법과 별 차이가 없다. 오늘날의 뢰牢 자는 갓머리宀 변 안에 우牛 자가 있는 것으로 우리가 갓머리 변으로 변한 것이다.

갑골문의 또 하나의 유형은 형성자다. 형성자는 후기에 점점 많아졌다. 형성자는 보통 의미를 나타내는 부분과 소리(독음)를 나타내는 부분으로 구성된다. 형태와 소리를 함께 모아서 새로운 글자를 만든 것으로, 상형자나 회의자에 비해 형성자가 상대적으로 추상적인 개념을 나타낼 수 있다. 예를 들면 춘春 자는 형성자로 갑골문에서는 목木, 일日, 둔屯 세 부분으로 이루어져 있다. 木은 때때로 하나로만 그치지 않을 때도 있다. 木과 日은 봄날에 만물이 생장하고 햇빛이 비치는 것을 상징하고 屯은 독음만 표시해준다. 屯과 春은 음운상 가까워 고음古音에서 이 둘은 모두 순諄 운부 아래에 있다.

갑골문은 상형, 회의, 형성법으로 주로 이루어졌다. 그럼에도 많은 사람들이 갑골문은 모두 상형자라고 오해하곤 한다. 실제로 갑골문에서 상형자의 비율이 상당히 높긴 하지만 후기로 갈수록 회의자, 형성자가 점점 많아진다. 오늘날 한자에는 형성자가 90퍼센트 이상을 차지하고 상형자는 점점 줄어들고 있다. 이것이 한자 발전의 규칙이다. 엄격히 말해 갑골문은 일종의 '의음문자意音文字'로 의미와 소리를 모두 나타낸다.

## 갑골 복사의 내용

1. 牛 갑골문
2. 鳥 갑골문
3. 魚 갑골문
4. 牢 갑골문
5. 春 갑골문

갑골은 길흉을 점치고 미래를 예측하고 중요한 일을 결정할 때 사용되었다. 전문적으로 점을 치는 사람을 '정인貞人'이라 했다. 갑골 뒷면에 홈을 파고 불로 지지면 갑골 정면에 갈라진 금이 생기는데, 그들은 금의 형태와 향하는 방향 등의 특징을 관찰하며 점을 쳐서 묻고자 했던 일을 판단했다. 점을 치는 것은 신성한 일로 정인은 간지로 점을 친 날과 정인 이름, 점을 쳐서 묻는 내용, 갈라진 금을 보고 길흉을 판단내린 내용, 해당 사항이 점사占辭대로 실현되었는지 여부를 갑골 위에 새겨놓았다. 이런 기록을 '복사卜辭'라고 한다.

지금껏 발견된 갑골 10만여 편에는 어떠한 일이 기록되어 있을까? 은허에서 출토된 갑골문에는 제사, 전쟁, 수렵, 역법, 기후 현상 관련 내용을 포함하며 생산이나 생활과 관련된 것도 적게나마 있다. 예를 들면 중국에서 전통적으로 연월일을 기록하는 방법으로 사용했던 십간십이지가 갑골문에 있을 뿐만 아니라 완전한 간지표를 배열하기도 했다. 갑골문에는 또한 강우, 우박, 일식 같은 천체와 기후 현상과 관련 있는 기록도 있다.

갑골문에는 당시의 각종 제사방식도 기록되어 있다. 예를 들면 삼(彡, 북을 치며 하는 제사), 익(翌, 꿩의 깃털을 쥐고 춤을 추는 제사), 제(祭, 술과 고기를 올리는 제사), 침(沈, 희생물을 물에 빠뜨리는 제사) 같은 것이다. 어떤 제사는 머리를 베거나 인체를 찢어 죽이는 것과도 관련이 있었다. 갑골문에는 왕이 사냥을 순조롭게 다녀올 수 있을지와 수확이 있을지를 점친 내용도 있다. 그리고 당연히 정벌이나 전쟁과 관련해서 점을 친 내용도 있다. 예를 들면『갑골문합집甲骨文合集』의 복사 6,057편은 상왕조 시기에 토방土方과 공방舌方 두 방국이 상왕조에 반란을 일으킨 일을 기록한 것이다. 토방은 동쪽에서 상왕조의 2개 읍(거주민이 있는 곳)을 점령했고 공방은 상왕조 서쪽의 2개 읍을 침범해 거주민 75명을 끌고 갔다.

1. 천간天干 갑골문
2. 지지地支 갑골문
3. 『갑골문합집甲骨文合集』의 복사 6,057편

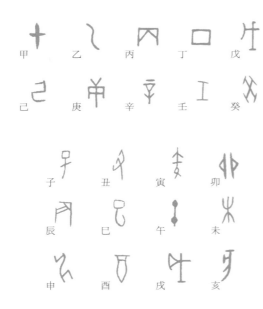

갑골 복사에 기록된 내용은 중국 상고사 연구에 있어 중요한 의미를 지닌다. 갑골문이 출토되기 전에는 단지 전해진 문헌을 통해서만 상왕조를 이해할 수 있었지만, 갑골 복사가『사기』「은본기殷本紀」에 기록된 상왕조 역사의 진실성을 증명해줌으로써 상왕조와 관련된 역사를 더욱 풍부하게 해주었다.

## 상나라는 '모필자'의 시대

우리가 지금 보는 상나라 문자는 절대 다수가 귀갑이나 수골에 새긴 것이기 때문에 상나라 문자를 '도필문자刀筆文字'라고 오해할 수 있다. 그러나 이것은 사실이 아니다. 실제로 상나라는 '모필자毛筆字'가 주류를 이루었다. 상나라 사람들이 일상적으로 '모필자'를 썼다는 것을 많은 증거가 확인해주고 있다.

갑골문의 사史 자는 본래 붓을 잡고 글을 쓴다는 의미의 회의자다. "은나라 선인에게는 전적이 있었다惟殷先人, 有冊有典"에서 전典 자는 두 손이 죽간竹簡을 잡고 있는 모습을 묘사한 것이다. 또한 갑골문에서는 '작책作冊'이라는 개념을 찾을 수 있다. 학자들은 '작책'을 글 쓰는 능력을 가진 관직이라고 해석하는데, 본래 의미는 죽간에 글을 쓰는 것을 가리킨다.

사실상 옥기나 석기에서 상나라 사람의 필기를 직접 볼 수 있다. 은허에서 대리석으로 만든 과戈가 출토되었는데, 윗부분에 선명한 모필자가 있다. 최근에 발견된 옥과에도 붓에 주사朱砂를 묻혀 쓴 11개의 글자가 있다. 이들이 모두 상나라 사람들이 붓을 사용해서 글씨를 썼다는 직접적인 증거다. 당연히 청동기에서는 모필자와 관련 있는 명문銘文을 더욱 많이 확인할 수 있다. 이들 명문은 붓으로 먼저 쓴 후에 붓의 흔적을 따라 글자를 새겨 주조한 것이기 때문에 모필자의 붓 흔적이 보인다.

1. 史 갑골문
2. 典 갑골문
3. 冊 갑골문
4. 은허에서 출토된 옥과玉戈에 주사를 묻혀 쓴 모필자

이러한 것이 모두 상나라가 실제로 '모필자'의 시대였음을 증명한다.

몇 년 전에 발굴단은 부서진 골판骨板을 발견했다. 골판 양쪽에 글자가 있었는데, 그중 한쪽 면은 세로줄이 나란히 새겨진 사이에 글자가 있고 그 글자에서 먹의 흔적이 발견되었다. 이 골판은 상나라 사람들이 붓글씨 연습에 사용하던 것이다. 우리는 이것이 중국 최초의 서첩書帖이 아니겠냐고 농담하기도 했다.

갑골문은 의심할 것 없이 은허에서 발굴된 가장 중요한 유물이다. 갑골문에는 고대인의 사상이 반영되어 있다. 또 갑골문은 역사적인 사건의 직접적인 기록으로써 가치를 지닌다. 우리는 중국의 필기 시대가 아무리 늦어도 상나라 시대에 시작되었다는 것을 확인할 수 있었다. 그리고 3,000년 전의 많은 사건과 인물, 나아가 고도로 발전한 문명을 직접 대면할 수 있었다.

# 2 │청동기, ‘청동시대’의 문명 상징

## 청동기의 발견

청동기 발견의 역사는 오래되었다. 일찍이 송나라 여대림呂大臨의 『고고도考古圖』
에 이미 상나라 청동기가 기록되어 있다.

'청동기'라고 하면 사람들은 대부분 박물관에서 본 청색 또는 녹색 모습을 가장 먼
저 떠올릴 것이다. 그러나 청동기는 구리와 납 또는 주석의 합금으로, 청동기가 막
주조되었을 때는 황금색이다. 그러므로 옛 사람들은 동기를 '길금吉金' 또는 '금金'이
라 했다. 이처럼 화려하고 아름다우며 금빛 찬란한 기물은 자연스럽게 고대 권위의
상징이었다.

청동기는 주로 다음의 세 곳에서 발견, 발굴되었다. 첫째는 고분으로 상나라와 주
나라 귀족의 고분에는 일반적으로 대량의 청동기가 부장되어 있으며 식기, 주기酒
器, 악기 등이 가장 많이 보인다. 둘째는 저장 창고로 어떤 경우 사람들이 의식적으

은허 화원장花園莊 54호 묘

로 청동기를 모아 창고 안에 묻었다. 고고학자들은 일반적으로 그것을 청동 저장고라 부르는데, 산시陝西 메이현眉縣 양자촌楊家村에서 출토된 청동기는 전형적인 저장 청동기다. 셋째는 제사갱으로 상나라 사람들은 선조나 신에게 제사 지낼 때 때때로 동기를 다른 제물과 함께 묻었다.

고분에서 청동기는 규칙에 따라 배치되었다. 고분을 발굴하면서 보면 보통 인골과 가까운 곳에 옥기가 있다. 청동기는 몸에 착용하는 것이 아니기 때문에 일반적으로 관을 묻을 때 청동기를 넣는다. 그래서 청동기는 관 주변이나 관 덮개에서 발견되곤 한다. 많은 경우 정鼎이나 궤簋 같은 식기는 함께 배치하고 고觚, 작爵, 가斝, 준尊 같은 주기는 별도로 쌓아둔다. 모矛와 과戈 같은 병기는 또 다른 곳에 배치한다.

그러나 고분에서 이따금 다른 방식으로 청동기가 놓여 있는 경우도 있다. 예를 들면 동기의 출처에 따라 배치하는 것으로, 묘주 사후에 특정한 인물(예를 들면 친척)이 보내온 청동기는 따로 배치해두었을 것이다.


## 청동기의 종류

국가박물관에 '여사정女司鼎' 또는 '후모무정后母戊鼎'이라 불리는 귀중한 청동기가 소장되어 있다. 은허에서 발굴된 이 청동기를 예전에는 '사모무정司母戊鼎'이라 불렀다. 정鼎은 본래 선조에게 고기를 올릴 때 사용하던 취기炊器다. 은허에서는 정 외에 주기 같은 많은 기물이 출토되었다. "한 잔 술로 남은 기쁨을 다하니, 오늘밤 이별의 꿈은 더 차겠네一觚濁酒盡餘歡, 今宵別夢寒"라는 노래와 "인생은 꿈같은 것, 한 잔 술을 강물 속 달에 붓는다人生如夢, 一尊還酹江月" 같은 사詞 작품에서 고觚와 준尊은 원래 청동 주기다. 그 외에 각角, 작爵, 유卣 등도 모두 청동 주기다.

실제로 청동기가 출토될 당시 그 안에 물건이 들어 있는 경우가 많았다. 정 안에는 종종 고기가 있었는데 발견되었을 때 고기는 이미 썩어버렸고 뼈만 남아 있었다. 고대에 선조에게 제사를 지낼 때 청동기 안에 음식물을 담아 바쳤다는 것을 설명해준다. 주기인 고, 작, 준, 유 등도 역시 무엇인가 담겼을 것이라고 상상할 수 있다. 특별히 잘 보존된 고분에서 이따금 밀봉이 잘된 동기가 나오는데 흔들어보면 심지어 찰랑찰랑하는 소리가 들리기도 한다. 안에 액체가 남아 있음을 말하는 것으

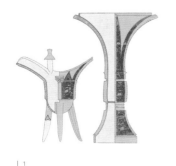

1. 분체언分體甗
2. 고복궤鼓腹簋
3. 삼족제량유三足提梁卣
4. 자위작子韋爵과 자위고子韋觚 투시도

로 나도 직접 경험한 적이 있다. 이후 액체를 분석해 당시에 빚은 술이라는 것을 알아냈다. 식기와 주기 외에 비교적 자주 보이는 청동기로는 악기와 병기가 있다.

식기, 주기, 병기, 악기로 나누는 것은 상나라와 주나라 청동기에 대한 대략적인 분류이며, 각 기물은 저마다의 용도가 있다. 예를 들면 식기 가운데 정은 삶는 데 사용되고, 언甗은 찌는 데 사용되었다. 언의 허리 부분에는 겅그레가 있어 그 아래로 물을 담을 수 있었다. 언의 세 발 사이로 불을 피우면 안의 수온이 올라가 기화되고, 겅그레를 통과한 수증기가 안에 넣어둔 고기를 익힌다. 궤簋는 통상적으로 음식물을 담는 데 사용되었다. 즉 닭 등을 찐 후 궤에 담았기에 우리는 궤에서 항상 뼈를 발견했다.

주기 역시 제각각 기능이 있었다. 준, 유, 호壺 등은 술을 저장하는 주기, 고와 작은 술을 마시는 주기다. 고와 작은 항상 세트로 사용되었으며 상나라 때는 신분을 나타내는 의미도 지녔다. 만일 은허의 고분에서 고와 작이 각각 하나씩 출토되었다면 묘주는 아마도 중소 귀족이었을 것이다. 고와 작 두 세트가 출토되었다면 묘주는 지위가 조금 높은 사람이었을 것이다. 고와 작 세 세트가 출토되었다면 묘주는 지위가 상당히 높은 사람이었을 것이다. 고와 작(또는 고와 각)이 열 세트 이상 출토되었다면 묘주는 당시 족장급 신분, 오늘날로 말하면 중앙 정부의 각부 장관이나 도지사급이었을 것이다. 만일 묘주가 국왕이나 왕실의 구성원이었다면 동기는 더욱 많을 것이다. 부호婦好는 왕의 배우자로 그의 묘에서 고와 작이 여러 세트 출토되었다. 심지어 한 세트에 고와 작이 각각 10점씩 있기도 했다. 이처럼 고와 작을 신분의 표지로 사용한 것은 후대에도 계속되었다.

## 예제의 상징

청동기는 어떻게 예제禮制의 상징이 되었을까? 이는 청동기의 물리적 특성, 진귀하고 희소한 정도, 정신적 함의 등과 밀접한 관계가 있다.

청동기가 주조돼 나오면 황금빛이 찬란해 고귀하게 보인다. 청동기는 구리 주원료에 납 또는 주석을 더한 합금으로, 원료가 희소해 구하기가 어려웠다. 그러므로 쉽게 구할 수 없는 이 재료를 가지고 있는 사람은 그 신분이 평범하지 않고 고귀하다는 것을 나타낸다. 청동기는 주기, 식기, 악기, 병기 등을 포함한다. 주기에 담는 술 또한 쉽게 얻을 수 없었다. 술은 곡물로 빚었는데 이것은 많은 노동력이 소모되어야 한다는 것을 의미한다. 식기에 담긴 것이 고기였다면, 일반 사람들은 날마다 고기를 먹을 수 없었으니 "고기 먹는 사람이 대책을 꾀할 것肉食者謀之"이라는 옛말처럼 신분을 증명해준다. 금전의 여유가 있고 분위기를 즐길 줄 아는 사람이 악기를 소유했을 것이고 병기를 가졌다는 것은 누가 보더라도 권력이 있음을 상징했다.

상나라와 주나라 청동기는 일반적으로 복잡한 문양이 있다. 은허 청동기의 무늬 장식 도안은 항상 보는 이의 눈을 어지럽게 만드는데, 짐승의 얼굴만 해도 여러 종류가 있다. 예를 들어 호랑이 머리에 짐승 얼굴虎頭獸面, 소 머리에 짐승 얼굴牛頭獸面, 용 머리에 짐승 얼굴龍頭獸面, 사슴 머리에 짐승 얼굴鹿頭獸面 등이 있다. 호랑이와 소뿐 아니라 사슴도 잡기 어려운 동물이었으니 문양에 표현된 것 역시 얻기 어려운 것들이다. 이러한 주제 문양 외에 청동기에는 배경을 장식하는 여러 문양이 있다. 가장 흔히 볼 수 있는 배경 무늬로 운뢰문雲雷紋이 있다. 이를 두고 어떤 사람은 운뢰문이 하늘의 구름을 상징하며 그 구름 위에 떠 있는 각종 동물은 '신성神性'

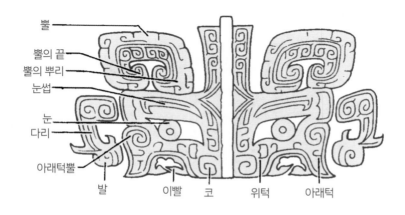

뿔
뿔의 끝
뿔의 뿌리
눈썹
눈
다리
아래턱뿔
발　이빨　코　위턱　아래턱

수면문獸面紋의 구성

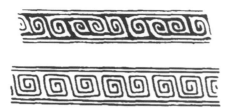

1. 2. 운뢰문雲雷紋

3. 사방격운뢰문斜方格雲雷紋

4. 후모무后母戊 명문銘文

을 지닌다고 생각했다. 이런 해석이 타당한지는 더욱 연구할 필요가 있지만, 배경 무늬와 주제 동물이 함께 나타남으로써 분명히 청동기에 신성함을 부여하고 특별한 것으로 보이게 한다.

명문銘文이 있는 청동기도 있다. 청동기에 새겨진 문자에는 당시 사람들의 사상이 직접적으로 반영되어 있을 수 있다. 어떤 명문은 부족의 표지 또는 성명으로 기물의 사용자를 기록한 것인데, 부호묘에서 출토된 많은 청동기의 명문이 이런 유다. 가장 전형적인 명문은 婦好 두 자로, 기물이 부호를 위해 주조되었다는 것을 나타내주었다. 또한 어떤 사건을 기록한 명문도 있다. 예를 들면 왕이 어떤 사람에게 상으로 당시에 돈으로 사용되던 조가비를 하사하자 상을 받은 사람이 청동기를 주조해 이를 기념했다는 기록 같은 것이다.

재료와 장식 문양뿐 아니라 그 용도에 있어서도 청동기는 평범한 기물이 아니었다. 청동기에는 상나라 사람들의 정신적 함의가 녹아 있으며 심지어 어떤 정치적 바람과 조상 숭배, 제사 같은 종교 신앙을 표현한다. 그러므로 청동기는 단순히 실용적인 기물이 아니며 예제와 문명을 상징한다. 이 때문에 우리는 '청동시대'라는 개념으로 초기 문명을 개괄하는 것이다.


## 청동기 주조


지금껏 확인된 고고학 자료에 따르면, 기원전 5,000년에서 기원전 3,000년 사이 중국 경내에서 청동기가 발견되었다. 양사오 문화와 룽산 문화 유적지에서 모두 청동기가 출토되었으며, 룽산 문화에서는 심지어 청동 용기容器가 출현해 룽산 문화 시기에 이미 청동 예기가 있었을 가능성을 배제할 수 없다.

동은 자연계에서 찾을 수 있는 금속으로 비교적 무른 편이어서 두드려서 단조鍛造할 수 있다. 양사오 문화와 룽산 문화의 청동기는 주로 단조해서 만든 것이다. 상나라 혹은 그보다 조금 이른 룽산 문화 말기부터 사람들은 구리, 납, 주석 등을 녹여서 청동기를 주조하기 시작했다. 주조 방법을 사용함으로써 다양한 형태의 청동기를 얻을 수 있었다.

주조는 본래 복잡한 과정을 거쳐야 한다. 원형정圓鼎을 주조해보자. 우선 모형을 준비해야 한다. 모형은 반드시 원형 중앙 부분, 세 발, 두 귀를 가지고 있어야 하며, 또한 문양도 있어야 한다. 모형을 만들어 그늘진 곳에서 말린 후에 두 번째 단계인 틀(거푸집)을 제작한다. 모형으로 정의 외관, 문양의 위치, 문양의 대략적인 윤곽이 정해진 틀을 만들 수 있다. 주조공은 가는 진흙을 반죽해 모형 위에 눌러 붙이고 요철을 분리하는 방법으로 흙 부분을 떼어서 틀을 얻어낸다. 틀이 완성되면 정의 외형, 문양의 위치와 윤곽이 나오는 것이다.

이때 틀 표면의 문양은 선명하지 않을 수 있어 수정을 해야 할 때도 있다. 틀 덩어리(괴범)를 수정한 후 불에 말려 정의 주형을 얻어낸다. 그러면 세 번째 단계인 주조에 들어갈 수 있다. 주조 전에 먼저 요철을 결합하는 방식으로 틀 덩어리를 조립한다. 그리고 그 안에 별도로 (모형을 긁어서) 이심泥芯, core을 만들고 이심과 바깥 틀 사이에 일정한 공간이 생기게 한다. 이 공간의 두께가 주조할 동기의 두께가 된다.

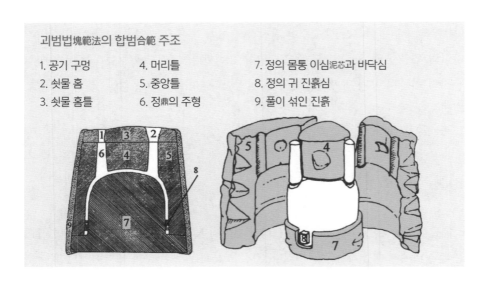

괴범법塊範法의 합범合範 주조

1. 공기 구멍          4. 머리틀          7. 정의 몸통 이심泥芯과 바닥심
2. 쇳물 홈            5. 중앙틀          8. 정의 귀 진흙심
3. 쇳물 홈틀          6. 정鼎의 주형      9. 풀이 섞인 진흙

용해된 금속을 이심과 틀 사이 공간에 부어 주조하면 된다. 청동기를 주조하는 금속으로 구리 외에 납과 주석이 있다. 납과 주석을 더하면 용해점을 낮출 수 있어 주조하는 재료의 유동성이 증가한다. 합금 용액을 쇳물 홈을 통해 틀과 이심 사이 공간으로 흘려보내 냉각시키면 미리 설계한 기물을 얻을 수 있다. 마지막으로 틀을 떼어내면 청동기가 완성된다.

## 청동 문명의 확장

상나라 사람들의 선진적인 청동기 주조 기술은 이후 중원 이외 지역에도 영향을 주었다. 청동기 주조 기술과 더불어 관련 제도까지 모두 중원 청동 문화의 확장에 따라 밖으로 뻗어나갔다.

3,000년 전 상왕조는 그 세력 범위가 대체로 오늘날 허난河南을 중심으로 산시, 산둥, 허베이河北, 후베이湖北를 포함하고 있었다. 청동기를 중심으로 하는 제도와 기술의 확산에 따라 청동기로 대표되는 문명 양식이 다른 지방에 영향을 주었다. 예를 들면 창장 유역에서도 상나라 청동 문명의 영향을 충분히 흡수하고 받아들여 기원전 15세기에 청동기시대로 진입했다.

주변 지역에서 청동 문화를 받아들일 때 무조건 흡수하는 것이 아니다. 창장 유역 사람들을 예로 들어보자. 중원의 청동 문화가 도래하기 전 창장 유역 토착민은 이미 자기들만의 문화적 전통과 신앙 체계를 가지고 있었다. 상나라로 대표되는 청동 문화가 남하해 선진 청동 기술, 청동기(주로 주기)를 사용하는 예제 제도와 접촉하게 된 창장 유역 토착민은 중원의 예법과 문명을 동경해 배우려고 했다. 그런데 이 과정에서 문제가 발생했다. 상나라 사람들이 청동기를 주조한 것은 선조에게 제사를 지낼 때 사용하기 위해서였다. 그러나 창장 유역 사람들은 다른 신앙 체계를 가지고 다른 신을 섬기고 있었다. 결과적으로 남방의 창장 유역 사람들은 중원의 청동 문화를 받아들이면서 자신들의 신앙을 융합시켰다. 오늘날의 후난湖南, 장시 등지에서 무게가 수백 근이나 되는, 크기가 아주 큰 청동발銅鈸이 발견되었는데 바로 중원 기술을 배우는 과정에 현지 문화가 융합된 결과다. 중원의 상나라 문명이 만든 청동발은 아주 작았으니 창장 유역에서 발견된 큰 청동발은 상나라의 것이 아니며 문화 배경과 기능도 달랐다. 이것은 선진 기술을 흡수하는 과정에서 나온 문화 선택이다. 그러나 모방이든 선택이든 의심 없이 확신할 수 있는 것은 바로 상나라의 청동기가 핵심이 되어 발전한 기술과 제도가 전체 중국에 영향을 주었다는 점이다. 은허에서 출토된 청동기는 단순한 몇 점의 기물이 아니라 그 시대 자체다. 그래서 이 시대를 '청동기시대'라 부르는 것이다.

# 3 | 부호婦好는 누구인가?

## 무정이 부호에 대해 친 점의 내용

무정이 부호에 대해 점을 친 것을 기록한 갑골문이 있는데, 다음과 같다.
갑신일에 점을 치면서 정인 각이 묻는다. 부호가 아이를 낳으려 하는데 경사스러울까? 왕이 점괘를 보며 말한다. 오직 정일에 아이를 낳으면 경사스러울 것이다. 오직 경일에 아이를 낳으면 대단히 길할 것이다. 삼십일 그리고 하루가 지난 갑인일에 아이를 낳으면 경사스럽지 않을 것이다. 반드시 딸일 것이다.

甲申卜, 殼貞: 婦好娩, 嘉? 王占曰, 其惟丁娩, 嘉。其惟庚娩, 弘吉。三旬又一日甲寅娩, 不嘉, 惟女。

정면

배면

타이완 아리산阿里山 정상에서 우연히 '광무회光武檜'라는 신목神木을 본 적이 있는데, 나무 아래에 '탄소—14 연대측정법으로 측정했을 때 이 나무는 3,300여 년이 되었다'라고 써 있었다. 나무의 무성한 잎과 가지를 보며 3,300년 전의 생명과 마주하고 있다는 생각이 들어 커다란 감동이 밀려왔다.

나는 3,000년 전 상왕조를 파고들며 연구하고 있다. 그래서 어느 날인가는 내가 발견한 것이 생생하게 살아 있는 듯하기를 간절히 바라기도 했다. 유명한 고고학자 장광즈 선생님과 이야기를 나누다가 이러한 감정을 털어놓았다. 선생님은 농담조로 다음과 같이 받아주셨다. "몇 년 후면 우리 고고학자들이 약수藥水를 발명할 수 있을 거네. 그럼 무덤을 발견했을 때 묻혀 있는 사람의 뼈 위에 약수를 뿌리는 거야. 그러면 그 사람이 벌떡 일어나지 않겠나." 장광즈 선생님도 나와 마찬가지로 '살아 있는 듯한' 옛 사람을 찾고 싶어 했다.

현실적으로 말도 안 되는 나의 바람은 부호묘를 만나 연구하는 동안 어느 정도 이루어졌다.

부호는 3,200여 년 전 상나라 왕 무정武丁의 배우자다. 갑골 복사 기록에 의하면, 부호는 무정의 아이를 낳았으며 병사를 거느리고 전쟁이나 사냥을 나가기도 했다. 또한 지방의 농업 생산을 살피고 제사를 주관하고 '다부多婦'를 접견하기도 했다. '부婦'는 당시에 일종의 작위 또는 신분으로 '다부'는 신분이 높은 여성들을 말한다. '다부'를 접견했다는 것은 오늘날 중앙 관리가 각계의 여성 인사를 접견한 것과 대체로 유사하다.

갑골문 속의 부호는 업적을 이루었고 지위가 있었으며 이야깃거리가 있는 여인이었다. 이처럼 생동감 있는 사람이 사후에 어디에 묻혔는지 아무도 몰랐다. 그러나 현대 고고학이 우리를 그와 다시 만나게 해주었다.

## 부호묘의 발견

부호묘의 발견을 이야기하자면 지난 세기 중국 농경지의 기본 수리 건설에서부터 시작해야 한다. 1960년대 중반부터 중국에서는 자연환경의 악조건을 극복해 농업 생산성을 높이자는 운동이 전국적으로 펼쳐졌다. 이에 따라 각지에 수리 시설을 확충해 생산을 촉진함으로써 식량을 확보하고자 했으며 은허 샤오툰촌도 예외가 아니었다. 촌 뒤쪽 비교적 높은 지대에 토지가 있어 농작물을 심을 수 있었지만 물을 공급할 수 없어 농작물이 잘 자라지 못했는데, 수로를 파거나 모터로 물을 뽑아 올려도 이 문제를 해결할 수 없었다. 그래서 높은 곳의 땅을 깎아 평평하게 만들고 물이 자연스레 농경지로 흘러들게 하는 방법을 쓰기로 했다. 그러나 은허는 1961년 전국중점문물보호 단위로 지정되어 넓은 면적을 평지로 만들려면 발굴단이 먼저 그 지역을 탐사해야 했다.

**부호묘 발굴 모습**
곽실 위가 6층으로 나뉘어 있다.

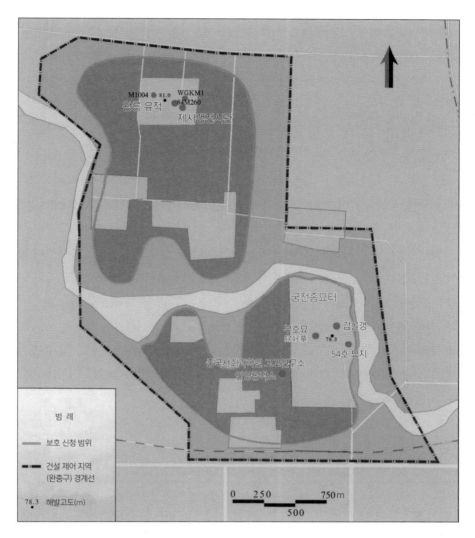

중국사회과학원 고고연구소 정전샹 선생이 탐사 임무를 맡았다. 1975년 정전샹
은 먼저 이 일대 지하에 매장된 고적을 시추 탐사해 고대 건물과 고분이 있음을 발
견했다. 그래서 발굴 계획을 세우고 발굴 이후 땅을 평평하게 해도 된다고 알려주
려고 했다. 그때 한 노동자가 낙양삽으로 원래 상나라 시대 집터라고 알려진 곳의
지하를 따라 마지막으로 여러 차례 구멍을 뚫어보다 빈 구멍에 삽질을 했고 손에 쥐
고 있던 낙양삽이 땅속으로 떨어져버렸다. 지하에 어떻게 구멍이 있을 수 있단 말
인가? 그는 다른 삽으로 그곳에서 멀지 않은 곳을 시추 탐사해보았다. 그랬더니 그
삽에 옥기 한 점이 딸려 올라왔다!

옥기를 보고 모두 지하에 매장된 것이 단순히 집이 아니라 고분임을 직감했다. 이 고분이 바로 부호묘였다.

연말이 가까운 시점이라 발굴단은 이 소식을 공표하지 않고 그 해에 발굴하지 않았다. 옥기가 나온 고분은 필시 매우 중요한 것이기 때문에 마음대로 발굴해서는 안 되고 사전에 충실히 준비해야 했다. 정식 발굴은 1976년이 돼서야 시작되었다. 1976년 허난성 안양의 지하수는 지표면과 6미터 떨어져 있었는데 고분의 바닥 깊이는 7.5미터에 달했으니 고분의 밑부분 1.5미터가 물에 잠겨 있었다. 모터를 여러 대 동원해서 물을 퍼내봤지만 여의치 않았다. 할 수 없이 물속에서 묘 안의 부장품을 정리했다.

묘에서 출토된 유물은 무척 많았다. 지하수 때문에 당시 우리는 눈앞에 가득히 쌓여 있던 아름다운 청동기와 옥기를 사진으로 남기지 못했으나 발굴된 청동기와 옥기의 수량은 놀라울 정도였다. 청동기의 총 중량은 1.6톤에 달했고 기물은 상나라의 거의 모든 종류를 포함하고 있었다. 용기만 해도 200점 가까이 되었는데, 정, 언, 궤 같은 식기와 고, 작, 부, 준, 호 같은 주기가 모두 있었을 뿐만 아니라 많은 것이 세트를 이루고 있었다. 그밖에 대량의 옥기, 골각기骨角器, 도기陶器, 상아기象牙器 등도 출토되었다.

고고학계 전체가 요동쳤다. 묘주가 누구인지가 곧 초점의 대상이 되었다. 많은 사람들은 그 답을 이처럼 수월하면서 분명하게 얻으리라고는 전혀 예상하지 못했다. 묘에서 발굴된 청동기 가운데 109점에 婦好나 好라는 명문이 새겨져 있었다. 갑골문은 부호가 상나라 왕 무정 재위 때 활동했다고 말해주었는데, 고분에서 출토된 청동기와 도기, 옥기 역시 무정 시대의 것이었다. 따라서 학자들은 이 묘의 주인이 갑골 복사에서 여러 차례 언급되던 '부호'라고 확증했다.


## 부호묘의 발굴

부호라는, 생생히 '살아있는 듯한' 인물이 발굴되다니! 고고학자에게 이것은 아주 경사스러운 일이다. 부호는 나의 은사 정전샹 선생님이 발견했다. 고고학자가 일생 동안 한 사람을 발굴해서 그가 누구인지 밝혀냈다면 그때가 그에게 가장 행복한 순간일 것이다. 내가 그런 일을 맞이한다면 아마도 3일 동안 술에 취해 있지 않을까.

1. 부호 대월大越
2. 부호가 좋아했던 작은 옥 코끼리

부호에 대한 이야기는 매우 풍부했다. 부호가 왕과 관련이 있다면 반드시 국가의 대사와 관련이 있었을 것이고 부호가 가진 역사적 정보는 우리가 꿈속에서조차 알고 싶어 하던 것이었다.

부호묘에서 출토된 청동기 중 많은 것에 婦好라는 명문이 있었지만, 몇몇 청동기에는 아기亞其, 아강亞弜, 자속천子束泉 같은 다른 사람의 이름도 있었다. 이들 청동기는 아마도 다른 사람이 선물로 보낸 것으로 보인다. 부호가 생전에 출처가 다른 청동기를 함께 모아놓은 것은 그의 사회적 관계와 지위를 보여준다. 고분이 제공한 풍부한 역사적 정보는 상상도 못한 것이었다. 고분에서 출토된 유물 정보와 갑골 복사를 결합하면 한 폭의 생동감 있는 상왕조 귀부인의 생활 화첩이 펼쳐진다. 어떤 이는 이를 상왕조의 역사화라고도 했다.

복사는 부호가 왕의 배우자라고 했다. 실제로 고분에서 출토된 유물 역시 그의 신분을 분명히 증명했다. 예를 들어 묘에서 대월大越이 몇 개 출토되었는데, 그중 두 개는 특히 커서 무게가 각각 9킬로그램이나 되었다. 오늘날의 성인 남자도 9킬로그램의 물건은 간신히 들 수 있는데 여자인 부호가 어떻게 이런 대월을 들 수 있었을까? 더군다나 두 개씩이나?

상나라 때 월은 권력을 상징했으며 나아가 생사여탈의 대권을 나타냈다. 상나라의 청동기 중에 일종의 도상명문圖像銘文이 있는데, 사람이 한 손에 월을 잡고 다른 손으로는 월에 의해 머리가 잘린 시체를 끌고 가는 도상이다. 이것은 월이라는 특정한 병기가 생사여탈의 대권을 상징한다는 것을 말한다. 부호묘에서 출토된 두 자루 월 중 하나에는 정면에 용의 형상이 있고 다른 하나에는 호랑이의 형상이 있었다. 용과 호랑이를 통해 권위를 드러냄으로써 부호의 권력과 지위를 분명하게 나타내는 것이다. 이는 갑골문에서 부호가 왕의 배우자라는 기록에 완전히 부합한다.

부호묘에는 흥미로운 세세한 것이 많이 있었다. 예를 들면

## 은허 부호묘에서 출토된 청동기

부호묘는 1928년 이래로 은허 궁전 종묘 구역의 가장 중요한 고고학 발견으로, 은허 발굴 이후 발견된 가장 완전하게 보존된 유일한 상나라 왕실 구성원의 고분이다. 이 묘는 남북 길이 5.6m, 동서 너비 4m, 깊이 7.5m다. 묘 위에는 갑골 복사에서 '모신종母辛宗'이라 부른 향당享堂이 있었다. 묘실의 부장품은 수량이 많고 종류가 풍부할 뿐만 아니라 참신한 조형과 정교한 기술을 보여주어 나라의 보물이라 부를 만하며 상나라의 고도로 발전한 수공업 제조 수준을 충분히 가늠하게 해준다. 그중 청동기 468점을 일정한 규정에 따라 배열했는데, 婦好라는 명문이 있는 기물을 가장 잘 보이는 위치에 두었다.

방준方尊

부호묘 부지 복원도

婦好 명문銘文. 婦는 추帚, 곧 빗자루 형상이다.

부호의 모습으로 조각했다고 알려진 옥으로 만든 무릎 꿇고 앉은 사람

우방이偶方彝

복원된 부호묘 6층 무덤 구덩이

원가圓斝

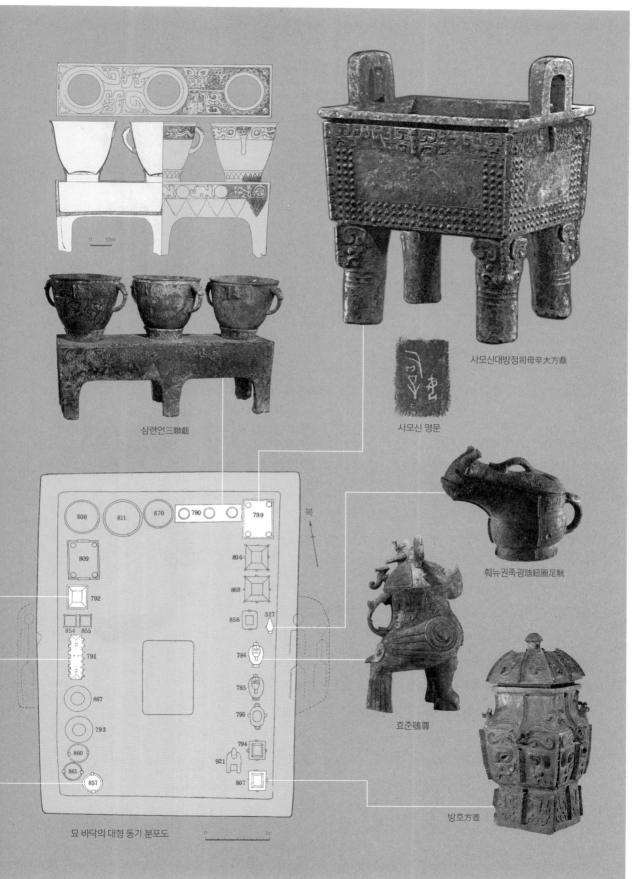

사모신대방정司母辛大方鼎

사모신 명문

삼련언三聯甗

휘뉴권족䰷鈕圈足觥

효준鴞尊

방호方壺

묘 바닥의 대형 동기 분포도

북

808  811  870  790  789
809
806
868
792
854 855  856  327
791  784
785
867  795
793  794
860  921  807
861
857

묘에서 출토된 한 청동정銅鼎에 '사모신司母辛'이라고 써 있는데, 이것은 '사녀신司女辛'이나 '후모신后母辛'이라고도 읽을 수 있다. 이 정은 부호의 아들이 바친 제물일 가능성이 높다. 여기에서 표현된 모자 관계는 갑골 복사에 부호가 왕의 아이를 낳았다고 기록되어 있는 것과 완전히 부합할 뿐만 아니라 아들을 낳았다는 것도 알려준다.

한편 출토 유물 중에는 갑골 복사에 기록되지 않은 사소한 것도 많았다. 부호묘에서 출토된 옥기를 자세히 연구해보면 부호가 생전에 어떤 것을 특히 좋아했음을 알 수 있다. 예를 들면 매우 정교하고 귀여운 작은 옥 코끼리小玉象 같은 것으로 그것의 표면은 얼마나 손으로 만지작거렸는지 반질반질 윤이 나고 있었다. 옥기 골동품계에는 호두를 길들이듯이 문지르고 주무른다는 '반완盤玩'이라는 말이 있다. 옥기도 오랫동안 문지르고 주무르면 표면에 윤기가 흐르는데, 실제로 사람의 땀과 기름이 옥기 속으로 스며들어 그렇게 되는 것이다. 소옥상의 표면이 반들반들 윤이 나는 것은 부호가 그것을 매우 좋아했음을 알려준다. 부호와 관련해 이와 같이 소소한 부분은 갑골문에 기록되어 있지 않다.

부호는 고옥古玉을 좋아했다. 부호묘에서 출토된 옥기 700여 점 중에 30퍼센트 이상이 이른바 '유옥遺玉' 또는 '개제옥기改制玉器'다. '유옥'은 부호보다 연대가 이른 오래된 옥이며 '개제옥기'는 부호 시대보다 연대가 이른 옥을 변형시킨 옥기를 가리킨다. 예를 들면 부호묘 옥기 중에서 홍산 문화의 구운형 옥패勾雲形玉佩가 발견되었는데, 홍산 문화는 상나라보다 2,000년 정도 앞선다. 또한 링자탄 문화, 다원커우 문화, 룽산 문화 등 연대가 상나라보다 이른 시기의 옥기도 발견되었는데, 이들 옥기의 출토는 부호가 고옥을 좋아하던 수장가였음을 증명하기에 충분하다.

갑골문에는 부호가 무정보다 먼저 죽었다는 것을 알려주는 실마리도 있다. 무정은 상나라 시대에 매우 중요한 왕이었다.

1. 기虁 모양 손잡이 상아잔
2. 고관앵무
3. 옥 봉황

부호가 죽기 전 갑골문에는 건강에 관한 기록도 남겨져 있다. 예를 들면 치아 질환 같은 것이다.


## 부호의 신분

부호는 3,000년 전 사람으로 지금까지 우리에게 알려진 가장 이른 시기에 실존했던, 화려한 경력과 풍부한 이야깃거리를 가진 인물이다. 그가 남긴 이야기는 무척 중요하며 재미있고 따스하다. 많은 사람들이 그가 어떤 인종이고 키는 얼마나 컸고 얼굴은 어떻게 생겼는지 등을 알고 싶어 한다. 부호에 대해 추측해보자.

상나라 사람들은 동아시아 유형의 몽골 인종이었으니 부호도 동아시아 사람의 얼굴을 하고 있었을 것이다. 그리고 통계에 의하면 상나라 여성의 평균 신장은 150센티미터 전후로 부호 역시 키가 크지는 않았을 것이다.

그는 아마도 아름다움에 관심이 많았을 것 같다. 묘에서 동경銅鏡, 빗, 귀이개 등 화장과 관련 있는 유물이 많이 출토되었기 때문이다. 그 외에 안에 안료가 들어 있는 색을 배합하는 도구도 있었는데, 이 역시 화장과 관련 있는 것인지는 아직 밝혀지지 않았다. 상나라 왕 무정의 총애를 받은 부호는 틀림없이 미인이었을 것이다.

어떤 사람은 다음과 같은 의문을 품을 것이다. "부호는 왕의 배우자였는데, 어째서 왕릉 지역에 묻히지 못하고 궁전 종묘 구역에 묻혔지?" 무정의 배우자는 한 명이 아니었고 부호는 갑골 복사의 기록에서만 상나라 왕의 제사보祀譜에 들어가 있었다. 즉 부호는 무정의 여러 아내 중 하나였을 것이다.

부호가 제사보에 들어 있다는 것은 그 지위가 높았음을 말해준다. 제사보에 기록된 것으로 보아 무정과 연관 있는 또 한 명의 중요한 여인이 있다. 바로 후모무정의 주인이다. 부호와 후모무정의 주인은 함께 무정을 모신 자매였다.

부호는 후모무정의 주인에 비해 왕실 내부에서 지위가 낮았던 것 같다. 부호가 중요한 이유는 그가 행한 모든 일이 갑골 복사에 반복되어 기록돼 있기 때문이다. 반면 후모무정 주인에 대한 갑골 복사의 기록은 매우 적다. 두 사람의 사회적 지위는 부호묘에서 출토된 사모신정과 후모무정의 형태와 중량으로 단순하게 비교해 볼 수 있다. 후모무정의 무게는 875킬로그램(다른 데이터도 있다), 사모신정의 무게는 138킬로그램으로 중량의 차이가 매우 분명하다.

고고학에서는 고분의 규모와 형태가 묘주의 지위를 크게 반영한다고 본다. 후모무정이 있던 고분은 묘도墓道가 있어 고고학자들이 갑甲 자형 묘라고 부른다. 부호의 묘에는 묘도가 없다. 규모로 말하면 부호묘의 면적은 단지 20제곱미터(6평) 정도인데 후모무정이 있던 고분은 그 면적이 부호묘의 수십 배나 되었다. 매장 지점도 하나는 왕릉 구역에 있었고 다른 하나는 종묘 구역에 있어 지위의 차이를 보여준다.

　후모무정은 1939년에 출토되어 1948년 난징南京 중앙박물원에 소장되었다. 1949년 국민당이 후모무정을 타이완으로 가져가려 했지만 여러 가지 이유로 난징 박물원에 남게 되었다. 1959년에 중국역사박물관이 완공되자 정은 베이징으로 옮

### 후모무정과 사모신정

후모무정은 현재 중국국가박물관에 소장되어 있다. 후모무정의 무게를 두고 875㎏, 873㎏ 등 조금씩 차이가 나는 몇몇 데이터가 있다. 이에 중국국가박물관이 후모무정의 무게를 832.84㎏이라고 발표했다. 후모무정은 현재 중국에서 가장 무거운 청동기로 알려져 있다. 사모신정은 후모무정에 비하면 매우 작아서 무게가 128㎏이다. 상나라 왕 무정에게는 배우자가 세 명 있어 각각 비무妣戊, 비신妣辛, 비계妣癸라 했다. 무戊, 신辛, 계癸는 묘호廟號다. 후모무정의 연대는 무정과 같은 시대이고 마침 무정에게 비무가 있었으니, 모무가 무정의 배우자 비무임을 설명해준다. 부호묘에서 사모신정이 발견되었으니 부호가 무정의 배우자 비신임을 증명해준다.

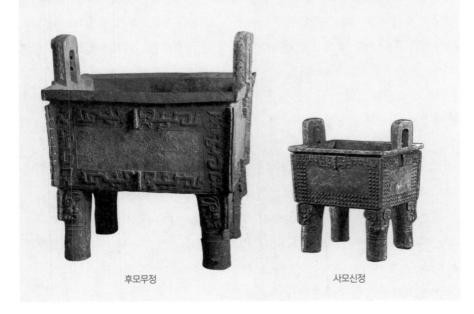

후모무정　　　　　　　　사모신정

겨져 중국역사박물관의 가장 진귀한 보물이 되었다. 후모무정이 출토된 고분을 1984년에 다시 발굴했지만 아쉽게도 일찍이 도굴당해 다른 유물은 출토되지 않았다. 만약 도굴당하지 않았다면 청동기의 총중량과 옥기의 총 개수를 포함해 묘에서 출토된 유물의 수량 면에서도 부호묘를 뛰어넘었을 것이라고 확신한다.

부호묘는 상나라 문명이라는 빙산의 일각만을 보여주지만, 이를 통해 드러난 청동 문명은 이미 사람들의 상상을 훨씬 뛰어넘었다.

## 발굴사

- 1928년 둥쭤빈의 주도로 은허 제1차 시험 발굴을 18일 동안 진행했다.

- 1929년 봄 리지가 은허 정식 발굴을 주도했다. 둥쭤빈의 1928년 시험 발굴부터 1937년 중일 전쟁 발발 시까지 모두 15차례 발굴을 진행해 상왕조의 궁전 구역과 왕릉 구역을 찾아냈다.

- 1950년 중화인민공화국이 은허 발굴을 재개해 우관촌대묘를 발견했다.

- 1976년 샤오툰 서북쪽에서 부호묘를 발견했다.

- 1999년 1월 은허 유적 동북쪽 지하 2미터 깊이에서 총면적 4.7제곱킬로미터에 달하는 상나라 성터를 발견하고 '원북상성'이라 명명했다.

### 후모무정后母戊鼎
우관촌 출토 높이 133㎝, 구경 112㎝, 입구 너비 79.2㎝

예전에는 '사모무정司母戊鼎'이라 했으며, 거대한 크기와 웅장한 모습을 지니고 있어 현존하는 중국 고대의 가장 무거운 청동기로 알려져 있다. 정의 내부 벽에 상나라 왕 어머니의 묘호인 后母戊가 새겨져 있다.

후모무정의 몸체와 네 발을 한번에 주조한 이후 정의 귀는 다시 거푸집을 만들어 주조했다. 이처럼 대형 기물을 제작할 경우 복잡한 기술적인 문제가 존재할 수밖에 없었는데, 후모무정은 상나라 후기 청동 주조의 규모가 컸을 뿐만 아니라 엄격한 조직을 구성해 세밀하게 분업했음을 증명한다. 이것은 고도로 발전한 상대 청동 문화를 대표하기에 충분하다.

### '북단北單' 제량동유提梁銅卣
은허 출토 전체 높이 28㎝, 구경 7.3㎝, 굽 직경 9.3㎝

청동으로 주조된 술병의 입구는 작고 목은 가늘고 길며, 몸통은 북 모양이고 바닥은 원형이다. 또한 나지막한 굽이 있다. 몸통 양쪽에 대칭적으로 작은 꼭지가 있고 그 위에 용머리 모양 손잡이가 있다. 격자무늬로 장식된 손잡이는 양 끝의 용머리와 연결되어 용의 몸통을 나타낸다. 술병 덮개에 손잡이가 있어 열고 닫기가 편리하다. 덮개, 목, 굽에는 각각 각운문角雲紋, 수면문, 뇌문雷紋이 장식되어 있다.

### 호문석경虎紋石磬
은허 출토 길이 84㎝, 너비42㎝, 두께 2.5㎝

정면에 웅장한 호랑이 무늬가 새겨진 이 석경은 상대 경쇠 가운데 왕이라 불린다. 측정에 따르면 이 경에는 5개 음계가 있어 다른 악곡을 연주할 수 있다고 한다.

### '부호婦好' 청동삼련언靑銅三聯甗
부호묘 출토 전체 높이 68㎝, 길이 103.7㎝, 너비 27㎝

커다란 둥근 시루 세 개와 시루를 받치는 직사각형 그릇으로 이루어져 있으며, 시루 세 개가 하나로 연결되었기 때문에 '삼련언三聯甗'이라 한다. 윗부분 시루는 제물을 담는 데 사용되었고 아랫부분 격鬲은 물을 담는 데 사용했으며 중간에 겅그레가 있어 증기가 통하게 해주었다. 기물 전체를 장식한 꽃무늬가 정교하고 아름다우며 위에는 기문夔紋, 삼각문三角紋, 운뢰문雲雷紋 등이 있다. 신석기시대는 도기 시루가 있었고 청동 시루는 상나라 초기에 나왔지만 그 수가 매우 적었다. 그러다가 상대 말기에 이르러 청동 시루의 수가 부쩍 증가했다. 상나라의 시루는 시루와 격이 함께 주조되어 하나를 이루었다. 이런 시루는 중원은 물론 중원에서 멀리 떨어진 곳에서도 발견된다.

### 음양옥인陰陽玉人
부호묘 출토 높이 12.5㎝, 어깨 너비 4.4㎝, 두께 1㎝

옥인은 옅은 회색으로 나체로 서 있는 모습이다. 한편으로는 남자이고 한편으로는 여자여서 어떤 신상을 표현한 것으로 보인다. 상나라 후기 옥조각 공인의 기술 수준이 이미 높은 수준에 도달했음을 잘 보여준다.

### '왕위반복王爲般卜'이 새겨진 귀갑
전傳 은허 출토 길이 18.6㎝, 너비 10.2㎝

완전한 형태를 유지한 복갑卜甲이다. 상나라 때 귀갑은 대부분 거북의 배 부분을 활용했으며 등딱지에 문자를 새긴 것도 소수 존재한다. 복갑을 통해 갑골의 재료 선택, 제작, 기록된 내용을 이해할 수 있어 상나라 갑골문 사용 정황을 연구하는 데 중요한 자료가 되었다.

# 허난박물관

## 청옥기좌인패靑玉踞坐人佩
부호묘 출토 높이 5.6㎝, 너비 2.8㎝

얼굴은 원숭이를 닮았으며 머리카락이 눈썹까지 내려오는 옥인이 무릎 꿇고 앉아서 두 손마저 무릎 위에 다소곳이 올려놓고 있다. 목 아래에 노리개를 묶을 수 있는 구멍이 있다. 생동감 있고 사실적인, 상나라 후기 옥조각 공예 수준을 대표한다.

## 청옥조형패靑玉鳥形佩
부호묘 출토 길이 10㎝, 너비 2.5㎝

머리에 관을 쓰고 뾰족한 부리, 둥근 눈동자에 짧은 날개를 가진 새가 꼬리를 치켜세우고 발을 구부려 웅크리고 있다. 목에 노리개를 묶을 수 있는 구멍이 있다. 쌍을 이룬 면과 쌍을 이룬 선으로 윤곽을 나타낸 전형적인 상나라 옥의 풍격을 지니고 있다.

# 안양박물관

## 수면문청동굉獸面紋靑銅觥
높이 16㎝, 배둘레 33.5㎝

호랑이 머리 모양 덮개가 있고 입구는 타원형 띠 모양으로 되어 있다. 덮개 윗부분은 호면문虎面紋, 목 부분은 운뢰문 바탕의 기문, 배와 발은 운뢰문 바탕의 수면문으로 장식했다. 전체적으로 꽃무늬가 있고 구상이 정교하며 단아하고 아름다워 은허 청동기 가운데서도 우수한 작품으로 손꼽힌다.

## 각사복골刻辭卜骨
길이 13.5㎝, 너비 4.5㎝

위에 새긴 복사는 황조복사黃組卜辭다. 소의 견갑골을 사용한 것으로 뒤쪽에 구멍을 뚫어 불을 붙인 흔적이 있으며 정면에는 점을 치는 사람이 질책하는 점복占卜 기록이 새겨져 있다.

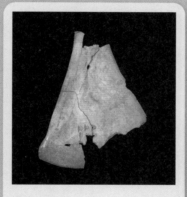

## 복골卜骨
잔존 길이 22.7㎝, 너비 18.5㎝

위에 갑골 복사가 새겨져 있다. 갑골문은 상형과 표의 성질을 동시에 가지는 특징이 있어 형태로 의미를 나타냄으로써 생동감 있는 아름다움뿐 아니라 연상 작용을 일으키는 추상적인 아름다움도 가지고 있다.

# 영국박물관

## 청동효형유靑銅鴞形卣
높이 16㎝, 너비 11.2㎝

합범법合範法으로 주조했다. 전체 모습이 등을 맞대고 있는 부엉이처럼 보이는데, 부엉이 날개의 인상문鱗狀紋 장식이 기물의 대부분을 차지한다. 나머지 부분은 운뢰문으로 바닥을 장식하고 위에 작은 조문鳥紋과 용문龍紋을 두었다.

호문虎紋

1986년 싼싱두이 제사갱이 발견된 이래로 30여 년의 세월이 흘렀다. 그 동안 발굴 방법과 연구 대상이 변화하고 조정되었지만 싼싱두이에 대한 나의 관심은 변함이 없었다. 내가 맡은 일이니 당연한 것 아니냐고 여길 텐데, 사실 나는 직책이나 임무와 상관없이 싼싱두이에 커다란 흥미를 가지고 있다.

싼싱두이는 고촉에서 등급이 매우 높은 중심취락으로 아마도 국도의 중심이었을 것으로 보인다. 중국 청동 문명 가운데 싼싱두이는 독특한 특색을 지닌 존재다.

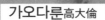

**가오다룬**高大倫

쓰촨성 문물고고연구원 교수
중국 고고학회 상무이사

제4강

# 싼싱두이문명三星堆文明
## ― 짙은 안개 속에서
   열린 고촉古蜀의 옛 도읍

싼싱두이의 진정한 발견은 1934년 화서협화대학 박물관의 미국 전문가 데이비드 그레이엄 박사가 그곳에서 옥기가 출토되었다는 이야기를 듣고 발굴하러 갈 때부터 시작되었다. 그러나 그레이엄은 유물에 대한 이해가 부족했기 때문에 당시 국내에서 가장 영향력이 있던 쓰촨성 출신 학자 궈모뤄에게 유물 판별을 요청했다. 궈모뤄는 풍부한 학식과 예민한 학술적인 직관으로 주나라와 한나라 사이의 유물일 것이라고 하며 그 중요성을 인정했다.

문헌에 다음과 같은 기록이 있다. 옛 사람들은 대지의 양 끝에 각각 나무가 한 그루씩 있다고 생각해 동쪽의 것은 '부상扶桑', 서쪽의 것은 '약목若木'이라 불렀다. 그들은 산 위에서 자랐기 때문에 모든 나무 중에 키가 가장 컸다. 태양은 떠오르기 전 부상에서 쉬고 진 후에는 약목에서 휴식을 취한다고 했다. 싼싱두이에서 출토된 약목신수若木神樹에는 새가 아홉 마리 남아 있었다. 꼭대기에 한 마리가 있었으나 손상됐을 것으로 추측된다. 지금 남아 있는 청동기의 중량은 800킬로그램 정도인데, 온전히 보전되었다면 아마도 후모무정의 중량을 초과했을 것이다.

싼싱두이 문명은 발견된 이후 국제 사회의 폭넓은 관심을 불러일으켰다. 서구 학자들은 그들 문명의 시각에서 싼싱두이의 발견이 세계상고사, 적어도 중국상고사에 대한 견해를 바꾸었기 때문에 니네베와 트로이 옛 성을 발견한 것과 견주어도 전혀 손색없다고 했다.

# 1 | 싼싱두이, 중국 고고학사의 제2차 고고학 발굴

## 싼싱두이의 첫 등장

싼싱두이三星堆 유적 발굴은 줄곧 쓰촨성 문물고고연구원이 담당해왔고 우리는 문물고고연구원의 한 사업단에 소속되어 있다. 1986년부터 지금까지 연령대가 서로 다른 전문가들이 팀을 이루어 끊임없이 연구하며 국내외에 명성을 얻었다. 돌이켜 보면, 우리 연구원이 1986년 현장에 도착한 이래로 지금까지 남아서 발굴 조사에 참여하고 있는 이는 많지 않다. 이 30여 년의 세월 동안 나는 방관자에서 참여자로 바뀌었으며 최종적으로는 싼싱두이 장기 발굴 조사 계획의 책임자가 되었다.

싼싱두이는 어떻게 발견되었을까? 이것은 상당히 흥미로운 문제다. 당연히 중국 고고학의 발전과 밀접한 관련이 있는 동시에 학술사의 문제이기도 하다.

흔히 병마용兵馬俑은 농민이 발견했고 마왕두이馬王堆는 부대가 지하 방공호를 파다가 발견했으며 만청한묘滿城漢墓는 군대가 방어공사를 위해 폭탄을 터뜨렸다가 발견한 것으로 알려져 있다. 그러나 학술사의 관점과 과학적 의미에서 말하면, 이들은 모두 '고고학 발견'이라 할 수 없고 고고학 발견의 실마리를 제공해주었다고 할 수 있다. 과학자와 전문가가 발견할 때 비로소 진정한 발견이 이루어질 수 있다.

1929년 2월 한 농민이 수차를 설치하기 위해 물웅덩이 안의 물을 퍼내고 퇴적된 흙을 제거하던 중 옥기 여러 점을 발견했다. 그는 이들 옥기가 골동품이라는 것을 알았지만 어느 시대의 것이고 주인이 누구인지는 당연히 알 수 없었다.

싼싱두이의 진정한 발견은 1934년 화서협화대학華西協和大學 박물관의 미국 전문가 데이비드 그레이엄David C. Graham 박사가 그곳에서 옥기가 출토되었다는 이야기를 듣고 발굴하러 갈 때부터 시작되었다. 그러나 그레이엄은 이들 유물에 대한 이해가 부족했다. 당시는 중국 고고학의 초창기로 서남 지역에서는 기본적으로 야외고고학 발굴을 할 수 있는 사람이 없었으며 유물을 발굴한다 해도 제대로 판별할 수 없었다. 그래서 그들은 당시 국내에서 가장 영향력이 있던 쓰촨성 출신 학자 궈모뤄에게 유물 판별을 요청했다. 궈모뤄 역시 야외고고학 발굴에 직접 나선 적은 없었지만, 풍부한 학식과 예민한 학술적인 직관으로 이들을 주나라와 한나라 사이의 유물일 것이라며 그 중요성을 인정했다.

만일 오늘날의 정규 야외고고학 훈련을 받은 사람이 유물을 발굴했다면 그 시대를 주나라와 한나라 사이로 분류하지는 않았을 것이다. 왜냐하면 주나라와 한나라 사이에는 천 년 이상의 시간 격차가 있어 매우 불명확한 판정이라고 할 수 있기 때문이다. 물론 이전 시대 사람에게 너무 가혹한 요구를 할 수는 없다. 당시에 주나라와 한나라 사이라고 확정한 것만으로도 충분히 훌륭한 일이다.

1934년의 발굴은 여러 면에서 초보적인 수준이었다. 이후 중국 고고학의 발전에 따라 학자들도 끊임없이 발굴에 참여하고 연구하면서 인식 수준을 점차로 높여나갔다.

1953년 문물관리기구인 쓰촨성 문물관리위원회가 설립되었다. 그러나 당시 쓰촨에는 고고학 조사를 해본 경험과 인원이 부족해 어디에서부터 시작해야 할지 제대로 아는 사람이 없었다. 그러던 중 많은 이들이 앞선 1930년대 쓰촨 광한廣漢에서 고고학 발굴이 있었던 것을 생각해냈다. 전문가들은 싼싱두이 유적 근처인 광한에 가서 유물을 거두어 모았지만 정식 발굴은 진행하지 못했다. 이들 유물은 현재 쓰촨박물관에 소장되어 있다.

1960년대 쓰촨대학에 고고학 전공이 설치되었고 실습할 곳을 찾던 중 광한이 선택되어 정식 발굴이 시작되었다. 이전에 비해 인식의 진전이 이루어지면서 광한의 중요성이 크게 부각되었다. 펑한지馮漢驥 선생은 이곳이 고촉古蜀의 중심 유적지 같다고 추정했다.

1986년 싼싱두이에서 제사갱 두 개가 발견되었다. 중국은 물론 전 세계 사람들의 이목이 집중되었고 싼싱두이 유적은 중국 고고학사에서 명확한 지위를 확보할 수 있었다. 즉 이곳은 고촉 왕국에서 등급이 매우 높은 중심 취락으로, 중국 청동 문명 가운데 독특한 특색을 지녔던 국도의 중심이라고 확정했다. 이에 따라 우리는 한 단계 더 나아간 발굴 작업을 전개했다.

1990년대 초 고고학 발굴로 동쪽, 서쪽, 남쪽 성벽을 발견했는데, 비교적 완전한 고성古城이 출현함으로써 싼싱두이를 좀 더 명확히 알 수 있게 되었다. 2000년 이후 더욱 많은 유적이 발견되어 성벽의 축성 연대와 폐기 연대, 소성小城과 대성大城의 들쑥날쑥한 배치, 성터 주변의 취락 등을 확인했다. 나아가 북쪽 성벽이 확인됨으로써 싼싱두이 고성 사방의 모든 성벽이 발견되었다.

과학적으로 싼싱두이 유적의 위치와 성격을 확정하는 데 80~90년의 시간이 걸렸다. 사실 현재까지도 이 유적이 완전하게 발굴된 것은 아니어서 여전히 많은 새로운 발견이 우리를 기다리고 있다. 그러나 싼싱두이가 고촉 초기 도성으로 하나라와 상나라 시기 창장 상류의 문명 중심지였다는 결론은 역사적 검증을 거친 것이다.

## 1, 2호 제사갱

1986년 대량의 청동기, 황금, 옥석, 골각기 등이 매장되어 있는 갱 두 곳이 발견되었다. 탄소—14 연대측정법으로 검증한 결과 학계에서는 1호 갱의 매장 시기는 은허 1기 말에서 2기 사이, 2호 갱의 매장 시기는 은허 3~4기라고 인정했다. 1, 2호 갱에서 천 점이 넘는 진귀한 유물이 출토되자 국내외 학술계가 중국 서남부 고대 촉나라 문명에 집중하기 시작했다. 그리고 많은 토론과 질문이 이어졌다.

어떤 연유로 이들 갱을 마련했을까? 비록 두 갱은 서로 다른 시대의 것이지만 매장물의 종류, 쌓아둔 방식과 순서, 방향 등은 대체로 일치했다. 두 갱 속 대부분의 기물은 거의 부서져 있었고 맨 위에 상아가 놓여 있었다. 이와 관련해서는 여전히 다양한 견해가 존재한다.

어떤 학자는 외적이 침입해 신묘神廟와 종묘를 파괴했을 것이라고 추정했다. 그러나 이 의견에는 동의하기가 어렵다. 왜냐하면 만약 그랬다면 갱 안의 기물은 완전히 파괴되거나 어지럽게 짓밟혀 일정한 질서에 따라 가지런히 배치될 수 없었을 것이다. 만일 당시 사람들이 외적에 패했다면 도망가기 전 많은 물건을 땅속에 묻어 숨기려 했을 것이다. 우리는 중원 여기저기에서 땅속 저장 공간을 많이 발견했는데, 한번에 70~80점에서 많으면 100점 이상의 청동기가 묻혀 있었다. 예를 들면 서주가 주나라 유왕幽王 때 멸망당해 평왕平王이 동천東遷하기 전 많은 귀족이 다시 돌아올 때를 대비해 기물을 묻어두었다. 그때 누구도 뤄양에서 다시 못 돌아올 줄은 몰랐을 것이다. 그러나 이런 해석도 싼싱두이 두 매장갱에는 해당되지 않는다. 대다수 기물이 부서진 후에 매장되었기 때문이다.

이와 관련해 나는 이 두 제사갱이 당시의 고유한 의식과 풍속에 속하는 것으로 제사나 이와 유사한 용도로 만들어졌다고 생각한다. 고촉 사람들은 일정한 연한이 지나거나 어떤 활동을 한 후에 의식을 행하면서 자기가 여러 해 동안 모아두었던 좋

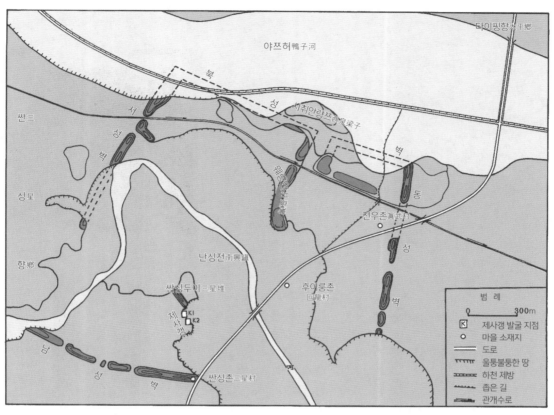

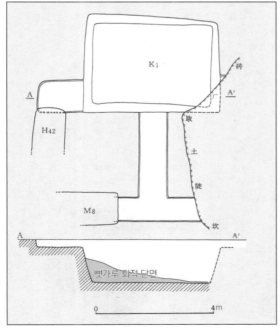

1. 2000년 이후 성 유적 북부의 구조가 대체적으로 분명해졌다. 이로써 싼싱두이 고성 사면의 성벽을 모두 찾았다. 그림 속에서 K1, K2라고 표시한 것은 바로 1호 갱과 2호 갱으로 1986년에 발굴된 두 개의 제사갱이다.

2. 1호 제사갱 평면도와 단면도

3. 2호 제사갱 평면도와 단면도

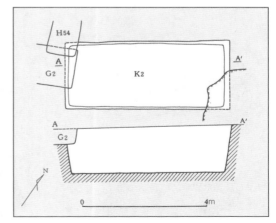

## 싼싱두이 제사갱

싼싱두이 유적에는 풍부한 문화 유적이 분포한다. 싼싱두이는 룽산 문화 시기부터 상말商末 주초周初까지 지속되면서 일반 촌락에서 발전해 촉나라의 도읍이 되었다. 1986년 7월과 8월 사이, 현지 벽돌 공장이 흙을 채집하는 과정에서 1호 제사갱과 2호 제사갱이 발견되자 쓰촨성 문물고고학 전문가들이 긴급 발굴을 진행했다.

### 1호 제사갱

1호 제사갱 안에 매장된 기물로는 동기, 금기, 옥기, 호박, 석기, 도기 등이 420점, 그 밖에 골기 잔편 10점, 상아 13개, 비교적 완전한 모습을 유지한 조가비 63개, 불탄 뼛가루 3㎡ 등이 있었다. 기물이 갱에 매장될 때 어떤 정해진 규칙에 따르지는 않은 듯 보였지만 그렇다고 아무렇게나 버려지듯 갱 안에 어지럽게 놓여 있던 것은 아니다. 각종 유물을 수집한 후 일정한 선후 순서에 따라 갱 안에 묻었다.

옥과玉戈, 옥장玉璋처럼 형태가 비교적 큰 옥석기는 주로 갱의 동쪽 모퉁이와 동남쪽 벽 한쪽에 집중적으로 분포되었는데, 서로 포개져 놓여 있었다. 옥착玉鑿, 옥분玉錛, 석부石斧, 옥부玉斧 등 형태가 비교적 작은 옥석기는 대부분 갱 서쪽 모퉁이에 분포되어 있었으며, 갱 중앙에서도 소량의 옥석기가 드문드문 보였다. 동기 가운데 인두상人頭像, 인면구人面具, 인면상人面像, 부甀, 준尊, 반盤 같은 형태가 큰 기물은 주로 갱 중앙에서 서북쪽까지 한 줄로 분포되어 있었다. 금장金杖은 중앙의 서쪽에서 출토되었고 상아는 갱 중앙에 한 줄로 있었다. 코끼리의 어금니는 불탄 뼛가루와 섞여서 갱의 동남쪽에 집중적으로 분포되어 있었다. 기물의 분포와 쌓여 있는 상황으로 볼 때 기물과 뼛가루는 주갱도 동남쪽 입구로부터 비스듬하게 기울여서 갱 안으로 들어왔고, 갱에 들어오기 전에 불로 태우는 제사 활동을 거쳤다는 것을 알 수 있다. 출토된 금장에 있는 물고기와 새 문양은 아마도 전설 속의 촉왕 '어부魚鳧'와 관계있는 것 같다.

옥장玉璋          옥장

청동용주형기銅龍柱形器          0        10cm

금면조金面罩

후베이湖北 지역 청동기와 유사한 용호준龍虎尊

금박호형기金箔虎形器          청동과銅戈

2호 제사갱에서 출토된 유물은 1,300점으로, 청동기 735점, 금기 61점, 옥기 486점, 녹송석 3점, 석기 15점이 있었으며, 이밖에 상아기 잔편 4점, 상아 구슬 120개, 호랑이 이빨 3개, 상아 67개, 조가비 4,600여 개도 있었다. 기물은 상·중·하 세 층으로 나뉘어 쌓여 있었는데, 갱의 바닥 가까운 데에는 주로 소형 청동기, 금속 장식물, 옥과玉戈, 옥장玉璋, 석과石戈 등이 있었고, 중간층에는 청동입인상立人像, 인두상, 인면구, 수면구獸面具, 뢰罍, 준, 대형 신수神樹 등 청동기만 쌓여 있었다. 그리고 갱의 최상층에는 상아 60여 개가 청동기 위에 어지러이 쌓여 있었다. 대다수 기물은 갱에 매장되기 전에 고의로 파손되었는데, 예를 들면 대형 입인상의 받침대와 허리 부분에 모두 일부러 부순 흔적이 분명하게 보인다.

금면청동인두상金面銅人頭像

청동조銅鳥

장구형상아주長鼓型象牙珠

청동지장소인상銅持璋小人像

청동수면銅獸面

청동입인상銅立人像

은 물건을 가져다가 제사를 지내고 땅에 묻었다. 한 시대에는 그 시대가 지향하는 가치가 있으며 그것이 유물로 드러난 것이다. 우리는 많은 전문가의 동의를 얻어 이 두 매장갱을 우선 '제사갱'이라 부르기로 했다. 왜 제사를 지냈고, 어떻게 제사를 지냈을까? 이 답을 구하려면 좀 더 연구할 필요가 있다. 한편 나는 두 매장갱 속 기물의 주요 유형은 일치하지만 세부적인 면에서는 차이가 있다고 본다. 어쩌면 이 차이가 더욱 중요한 문제를 말해줄 수 있다. 즉 기물의 주인이나 그것이 반영하고 있는 문화에 일정한 변화가 발생했음을 알려준다.

## 제사갱 속 대형 청동 가면

또 하나 흥미로운 점이 있다. 매장갱 속 기물의 크기가 모두 크다는 것이다. 중국 역사의 각 왕조를 살펴보니 일반적으로 국력이 강성하고 경제가 번영할 때 물질문화에 그것이 반영되어 기물을 크게 만들곤 했다. 상나라 중, 후기에도 기물이 대형화되는 경향이 있었는데, 후모무정이 대표적인 예다. 후모무정은 상나라 전체에서 가장 큰 것은 물론 수백 년 후에도 그 무게를 초과하는 것이 없었다. 상나라 사람의 거대한 고분은 더욱 사람들을 놀라게 했다. 은허의 고분에서는 순장을 당한 사람이 백 명을 넘었고 묘도의 길이가 수십 미터에 달했다.

싼싱두이는 상나라 후기에 해당하는 시기로 중원 문화와 마찬가지로 대형화 경향을 보였다. 청동 가면, 청동 신수神樹, 청동 입인상 외에 옥장도 길이가 1미터가 넘었다. 이들 모두 강성한 문화를 반영한다. 싼싱두이에도 물론 아장牙璋 같은 소형 기물이 있다. 이 역시 길이가 1미터에 가까운 것이 있는가 하면 2~3센티미터짜리 도 있었다.

싼싱두이 시기를 고촉 문명의 전성기라고 보는 데 있어 몇몇 고고학적 발견이 그 러한 추정의 근거가 되어준다. 현재까지 쓰촨 일대에서 많은 고촉 문명 유적이 발 굴되었다. 그중 싼싱두이를 최고로 여긴다. 이곳에서 촉 지역에서 가장 큰 청동기, 옥기와 가장 무거운 금기가 출토되었기 때문이다. 이후 고촉 문명은 싼싱두이 시기 와 같은 높은 수준에 이르지 못했다는 것이 현재까지 기본적으로 인정되고 있다.

## 상거常璩의 『화양국지華陽國志』「촉지蜀志」 중 고촉 역사 기록

주나라가 통치한 시대에는 진秦나라와 파巴나라로 나뉘어 있었고, 주나라가 책봉한 왕의 직책을 받들었지만 춘추春秋의 회맹會盟에는 참가할 수 없었다. 군장이 다스리는 그들의 문자와 제도는 중원과 달랐다. 주나라가 법도를 잃자 촉이 먼저 왕을 칭했다. 촉후蜀侯 잠총蠶叢은 그 눈이 종縱했고 처음으로 왕이라 칭했다. 잠총이 죽자 석관石棺과 석곽石槨을 만들어 장례를 치렀으며 백성들이 이것을 따랐다. 그러므로 세속에서는 석관과 석곽이 있는 무덤을 '종목인의 무덤'이라고 했다. 두 번째 왕은 백관柏灌, 세 번째 왕은 어부魚鳧다. 어부왕은 전산湔山에서 사냥을 하다 갑자기 선도仙道를 깨쳤다. 촉 사람들은 그를 사모해서 전산에 사당을 세웠다. 후에 두우杜宇라는 왕이 백성에게 농사짓는 방법을 가르쳤다. 일명 두주杜主라고도 부른다. 주제朱提의 양씨梁氏 딸 양리梁利가 강원江源으로 놀러왔다. 두우는 기뻐하며 양리를 맞이해 왕비로 삼았다. 두우는 치소를 비읍郫邑으로 옮겼고 어떤 때는 구상瞿上으로 옮겼다. 파나라가 왕이라 칭하자 두우는 제라고 칭했다. 그래서 망제望帝라 하고는 이름을 포비蒲卑로 바꾸었다. …… 마침 수재가 발생하자 그의 재상 개명開明이 백성을 이끌고 옥루산玉壘山을 뚫어 수해를 막았다. 망제는 개명에게 나라의 정사를 맡겼다가, 요가 순에게 선양한 이야기를 본받아 제위를 개명에게 물려주었다. 망제는 서산西山에 은거했다. 매년 2월이면 두견새가 운다. 촉 사람들은 두우의 영혼이 변한 두견새가 우짖는 것이라고 생각한다. 파나라도 두우의 교화를 입어 농사에 힘쓸 수 있게 되었다. 지금까지 파와 촉의 백성은 파종하기 전 두주군杜主君에게 제사한다.

有周之世，限以秦巴，雖奉王職，不得與春秋盟會，君長莫同書軌。週失紀綱，蜀先稱王。有蜀侯蠶叢，其目縱，始稱王。死，作石棺、石槨。國人從之。故俗以石棺槨爲縱目人冢也。次王曰柏灌。次王曰魚鳧。魚鳧王田於湔山，忽得仙道。蜀人思之，爲立祠於湔。

後有王曰杜宇，教民務農。一號杜主。時朱提有梁氏女利，游江源。

宇悅之，納以爲妃。移治郫邑，或治瞿上。巴國稱王，杜宇稱帝。號曰望帝，更名蒲卑。…… 會有水災。其相開明，決玉壘山以除水害。帝遂委以政事，法堯舜禪授之義，禪位於開明。帝升西山隱焉。時適二月，子鵑鳥鳴。故蜀人悲子鵑鳥鳴也。巴亦化其教而力農務。迄今巴蜀民農，時先祀杜主君。

## 싼싱두이는 상나라 최고 문명을 대표하지는 않는다

싼싱두이 유적에는 몇 가지 문제가 있다.

첫째, 수십 년에 걸친 고고학 발굴에 근거해서 싼싱두이 유적은 지금부터 대략 4,800년 전에서 2,600년 전까지, 2,200년의 역사를 가진다는 것을 실증해냈다. 4,800년 전에서 3,500년 전을 전후한 1,000여 년 동안은 신석기시대 후기에 속해 아직 문명 단계로 진입하지 못했다. 중원 지역은 기원전 21세기 하나라 건립을 기준

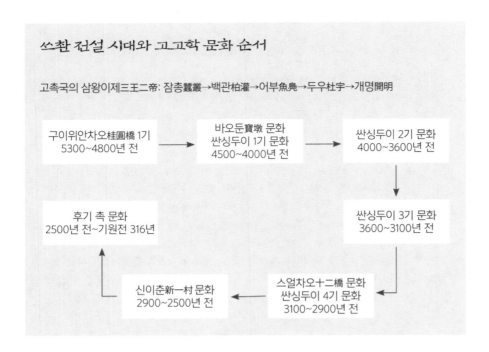

**쓰촨 전설 시대와 고고학 문화 순서**

고촉국의 삼왕이제三王二帝: 잠총蠶叢→백관柏灌→어부魚鳧→두우杜宇→개명開明

구이위안차오桂圓橋 1기
5300~4800년 전 → 바오둔寶墩 문화
싼싱두이 1기 문화
4500~4000년 전 → 싼싱두이 2기 문화
4000~3600년 전

↓

후기 촉 문화
2500년 전~기원전 316년 ← 싼싱두이 3기 문화
3600~3100년 전

↑

신이춘新一村 문화
2900~2500년 전 ← 스얼차오十二橋 문화
싼싱두이 4기 문화
3100~2900년 전

으로 문명 시기로 진입한 것으로 본다. 싼싱두이가 진정한 청동기 문명으로 진입한 시기를 두고 현재까지는 상나라 중기보다는 이르지 않다고 본다. 그러므로 싼싱두이 유적 전체가 4,800년 전 혹은 거의 5,000년 전 문명사가 아니라는 점을 분명히 해야 한다.

둘째, 두 제사갱에서 출토된 유물로 미루어 싼싱두이 문명은 상나라 중기, 확실히 고촉 문명 전성기에 도달한 것으로 보인다. 그렇다고 해도 싼싱두이 문명은 그 신비하고 기이한 측면에 사람들이 주목할 뿐으로, 그것이 중원 지역의 상나라로 대표되는 동아시아 문명 최고 수준에 도달했거나 그 수준을 뛰어넘지는 못했다.

셋째, 싼싱두이에서 출토된 유물은 고서의 기록을 분명하게 입증해준다. 수천 년 동안 우리는 쓰촨 지방사를 연구하면서 『촉왕본기蜀王本紀』와 『화양국지』 두 책에 주로 의지할 수밖에 없었는데, 고촉에 대한 기록이 상세하지 않아 많은 사람들이 신빙성을 의심해왔다. 기원전 316년 진나라가 촉을 병탄하기 전 고촉 왕국은 전설의 시대로 여겨졌다. 싼싱두이와 더불어 다른 유적의 발굴은 초기 파촉巴蜀 문화의 공백을 메우는 데 커다란 도움을 주었다.

# 2 | 전설에서 실증으로

　싼싱두이가 발견되기 전, 쓰촨의 고대 문명이 역사서에 기록되어 있는 것처럼 그렇게 야만적이지도, 폐쇄적이지도 않았다는 것을 증명해줄 수 있는 발견이 계속되었다. 예를 들면 1953년 청두成都 북쪽 펑황산鳳凰山에서 양쯔산羊子山에 이르는, 길이와 폭이 수십 미터인 토대를 발굴했는데, 상나라와 주나라 시기 대형 의식용 건축이라고 추정되었다. 의식용 건축이 무엇을 말해줄까? 많은 경우 증거가 없으면 어떠한 결론도 내릴 수 없지만 고고학자들은 얼마간의 증거라도 있으면 그것을 가지고 이야기를 한다. 그래서 이 지역에 살던 사람들은 문명 수준이 비교적 높았을 것이며, 이러한 의식용 건축물이 그 사실을 뒷받침하는 증거라고 설명한다.

　1950년대 후반에는 청두 서북쪽 광한 펑현彭縣 가까운 주와제(竹瓦街, 현재 펑저우彭州)에서 청동기를 발견했다. 전문가들은 이것을 서주 시기의 것으로 판단했는데, 그 정교하고 아름다운 모습이 시안, 바오지에서 나온 것과 완전히 같았다. 서주 시기에 쓰촨은 관중關中, 주왕조와 밀접한 관계를 유지하고 있었다. 이전에는 친링산맥秦嶺에 가로막혀 있다 전국 시기에 이르러서야 촉왕이 길을 닦아 중원과 소통할 수 있었다고 보았다. 이백李白은 "잠총과 어부가 개국한 지 얼마나 아득한가! 그

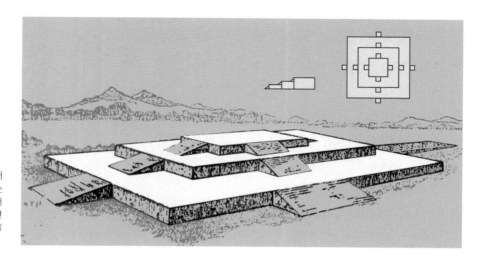

1953년 청두 양쯔산 토대 복원도와 구조도. 토대는 정사각형 삼단으로 이루어졌으며 높이 10m 이상, 면적 10만㎡ 정도이고 7만㎡가 넘는 흙을 사용했다.

이래 사만 팔천 년 동안 진나라 변방과 사람 왕래 없었네蠶叢
及魚鳧, 開國何茫然。爾來四萬八千歲, 不與秦塞通人煙"라고 했지만,
지금은 이 말이 정확하지 않아 보인다. 실제로 두 지역은 매우
이른 시기부터 관계를 맺고 있었다.

## 싼싱두이 중 금장은 무슨 의미인가?

제사갱에서 출토된 몇몇 전형적인 기물은 싼싱두이와 옛
역사 기록의 관계를 확정하는 데 도움이 되므로 면밀히 연구
할 필요가 있다. 그중 하나가 금장金杖이다. 길이 1.42미터, 무
게 700그램 정도에 금 함량은 90퍼센트 전후로 순금에 가깝
다. 금장에는 새가 들고 있는 화살의 촉이 물고기로 향하는 도
안이 매우 정교하고 아름답게 새겨져 있다. 새와 물고기가 어
우러진 이 도안을 어떻게 해석해야 할까? 쓰촨의 고대사와 고
촉국의 역사를 조금이라도 안다면 문헌에 기록된 촉왕 '어
부魚鳧'를 연상할 수 있을 것이다. 어부는 곧 가마우지다. 지금
도 쓰촨의 외진 곳에서는 가마우지를 길러 물고기를 잡는 것
을 볼 수 있다.

이 금장은 싼싱두이가 등급이 높은 유적임을 말해준다. 그
렇지만 당연히 고고학자들은 증거 사슬을 염두에 두어야 하
며 하나의 물건에만 의지할 수는 없었다. 계속 발굴을 진행하
던 중 이 갱 안에서 방패처럼 생긴 패牌 장식을 발견했다. 그
윗부분에 새 머리 5개가 있었는데, 부리 부분이 매우 과장되
게 생겼고 윗부분에 어떠한 물건이 새겨져 있었다. 『화양국
지』에 고촉인이 모여 사는 백관白鶴이라는 촌락이 있으며 그
곳의 왕을 백관白冠이라 부른다는 기록이 있다. 관조(鸛鳥, 황
새) 역시 물새로 물고기를 잡아먹으니 사람들로 하여금 고촉
국의 또 다른 왕 '백관柏灌'을 연상하게 만든다.

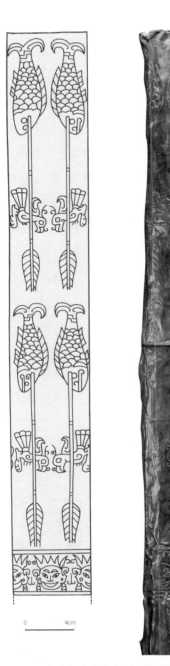

0    4cm

1980년 싼싱두이 1호 갱에서 출토된 금장

중국 전체를 통틀어 새 모양 기물과 도안이 가장 많이 나온 곳이 싼싱두이다. 싼싱두이 유적에서 1980년대부터는 대량의 도기가 출토되었는데, 그중 새머리 모양 기병器柄이 특히 이목을 끌었다. 고촉 왕 중에 '두우杜宇'라는 또 한 명의 새와 관련 있는 왕이 있다. 역사서와 전문가들의 연구에 의하면, 두우는 두견새다. 두견과 어부와 백관. 이들 촉나라 사람들의 선조는 모두 세 종류 새와 관련이 있다. 기록에 나오는 또 한 명의 왕, 잠총도 새와 관련 있을까?

## 고촉국의 잠총이 가리키는 것은 무엇일까?

잠총은 고촉국 첫 번째 왕이다. 문헌에서는 그가 "푸른 옷을 입고, 농사와 누에치기를 권했고衣靑衣, 勸農桑" 모습이 매우 특이해 "상투를 틀고 옷깃을 왼쪽으로 여미었으며, 그 눈이 종했다椎髻左衽, 其目縱"라고 기록되어 있다. 제사갱이 발굴되기 이전에 사람들은 잠총이 구체적으로 무엇을 가리키는지 알지 못했다. 이와 관련해 가장 많이 알려진 견해는 누에와 관련될 수 있다는 것이다. 쓰촨은 습윤한 기후에 알맞게 상고 시대 이래로 전통적으로 양잠이 발달했다. 한나라 화상전畵像磚에서 채상도(采桑圖, 뽕잎을 따는 장면 그림)가 발견되었기 때문에 청두를 '진청(錦城, 비단 도시)'이라고도 했다. 그럼 '눈이 종했다(縱目, 종목)'는 것은 어떻게 이해해야 할까?

싼싱두이 제사갱에서 출토된 기물 중에 눈길을 끄는 청동 가면이 있다. 이 가면의 독특함은 기둥 모양으로 돌출된 눈에 있다. 이런 가면이 여러 개 나왔으며 돌출된 눈은 짧은 것은 1~2센티미터, 긴 것은 10센티미터 가까이 되었다. 이러한 눈은 자연스럽게 잠총을 떠올리게 했다. 만일 이것이 잠총의 종목이라면, 잠총을 또한 어떻게 이해할 수 있을까?

이 대형 가면의 몇 가지 명확한 특징을 통해 잠총의 구체적인 형상을 이해하고 그 속에 담긴 진실된 함의를 판별해보자.

첫째, 이 가면의 코는 큼직하며 갈고리 모양이다. 처음에 가면을 본 사람들은 유럽 사람처럼 보인다고 말하기도 했다. 유럽인의 코가 중국인에 비해 각이 져 있기 때문이다. 그러나 이것은 흔히 말하는 매부리코로 보는 게 더 타당할 듯하다. 매부리코는 실제로 매의 부리처럼 심하게 구부러져 있다.

둘째, 가면의 입은 매우 커서 입꼬리가 거의 귀에 닿을 정도다. 그리고 동공이 기둥 모양으로 돌출되어 있다. 이런 부분은 어떻게 이해해야 할까? 나는 그것이 매와 같은 맹금류와 관련 있다고 생각한다. '종목'은 그 눈이 매우 예민해서 멀리 보고 정밀하게 본다는 것을 많은 사람들에게 보여주는 것이다. 매의 눈은 조류 중에서 가장 멀리까지 본다고 알려져 있다. 1,000미터 상공에서도 지상의 아주 작은 동물을 볼 수 있어 단번에 먹이를 낚아챌 수 있다고 한다.

셋째, 귀를 다시 보자. 자세히 보면 그것이 귀가 아니라 새의 날개라는 것을 알 수 있다. 출토된 다른 청동기에서도 유사한 형태가 보인다. 예를 들어 한 청동 인물상은 머리에 날개가 두 개 달린 관을 썼는데, 그 날개의 모습이 이 가면과 완전히 일치한다. 이것은 종목 가면이 매 같은 새라는 사실을 더욱 확실하게 말해주는 증거다. 가면은 사람의 얼굴 모습과 새의 특징을 모두 가지고 있지만 그것은 사람도 아니고 새도 아니다. 그것은 신이다. 가면은 반인, 반조, 반신의 복합형이다.

문헌에는 촉인의 선조가 모두 "민산의 석실에서 살았다始居 岷山石室"고 기록되어 있다. 1930~1940년대에 학자들이 민장岷江 유역을 조사하다 전국시대에서 진나라와 한나라 시기의 석관묘를 발견했다. 그래서 민산의 석실이 바로 이들 석관을 가리킨다는 주장이 나왔다. 그러나 고촉국의 잠총과 어부 시대는 전국 시대보다 더 이르다. 매 둥지가 보통 바위의 갈라진 틈 안에 있으니 매가 민산의 석실에서 태어나고 묻힌다는 것으로 이해할 수도 있다. 그러니 이제 잠총이 무엇을 의미하는지 알겠는가? 모두 이해했을 거라고 생각한다.

고촉에는 잠총, 어부, 백관, 두우, 개명이라는 유명한 선왕先王 다섯 명이 있는데, 개명 이전 네 명의 왕은 모두 새와 관련이 있어 새 토템 신앙이 이어졌음을 알 수 있다. 싼싱두이 제사갱의 유물은 적어도 세 명의 촉왕 형상, 토템과 관련되어 있다. 이곳에 두우와 관련된 것이 있는지 더 연구한다면 제사갱

1. 2호 제사갱에서 출토된 대형 종목 면구
2. 청동대동조青銅大銅鳥
3. 청동수수관인상銅獸首冠人像

의 연대를 확인하는 데 도움이 될 것이다.

제사갱에서 출토된 기물은 풍부한 문화적 함의를 지니고 있어 고촉국 역사를 연구하는 데 중요한 자료가 된다. 현재 『화양국지』의 내용은 대체적으로는 믿을 만하며 구체적인 내용에서 과장, 허구, 전설 등이 섞여 있기는 하지만 연구를 통해 가려내고 있다. 그래서 고촉국의 역사는 전설에서 정확히 기록된 역사로 바뀌고 있다.

## 『산해경』의 신수와 요전수의 관련성

제사갱에는 고촉인의 우주관, 세계관과 관련 있는 기물이 있다. 대표적으로 신수神樹를 꼽을 수 있는데, 사람들은 늘 고촉인의 신수와 한나라의 요전수搖錢樹를 연관 짓고는 한다. 그러나 나는 이 둘이 서로 다른 문화 계통에 속하며 둘 사이에 어떤 관계도 없다고 생각한다.

당연히 학자들은 저마다의 견해를 가지고 있다. 기물 자체만 이야기하면, 싼싱두이 신수는 옛 사람의 하늘에 대한 견해를 체현한 것이다. 신수는 수천 년 동안 전해 내려온 전설로 『산해경山海經』과 『회남자淮南子』에서 보이는 부상扶桑과 약목若木 두 나무를 가리킨다.

문헌에는 다음과 같이 기록되어 있다. 옛 사람들은 대지의 양 끝에 각각 나무가 한 그루씩 있다고 생각해, 동쪽의 것은 부상이라 하고 서쪽의 것은 약목이라고 불렀다. 그들은 산 위에서 자랐기 때문에 모든 나무 중에 키가 가장 컸다. 태양은 떠오르기 전 부상에서 쉬고 진 후에는 약목에서 휴식을 취한다고 했다. 이 이야기는 아주 단순하게 옛 사람의 입장에서 이해해야 한다. 하늘에서 가장 가까운 곳이 산이고, 산에서 가장 높은 것이 나무다. 사람이 멀리서 태양이 떠오르는 것을 보면 마치 나무 위에서 뚫고 나오는 것 같고, 태양이 지는 것은 숲 사이로 떨어지는 것 같다. 또한 하늘 위에 태양의 이동을 책임지는 새 열 마리가 있다고 상상했다.

허무두 문화 상아 조각의 '두 마리 새가 태양을 지고 있는雙鳥負陽' 도안

싼싱두이에서 출토된 약목신수에는 새가 아홉 마리 남아 있는데, 꼭대기에 한 마리가 있었으나 손상됐을 것으로 추측된다. 지금 남아 있는 청동기의 중량은 800킬로그램에 가까워, 온전히 보전되었다면 아마도 후모무정의 중량을 초과했을 것이다. 량주 문화의 옥종에서 새가 태양을 등에 지고 있는 도안이 발견되었고, 가장 이른 허무두 문화의 상아 조각에서도 "두 마리 새가 태양을 지고 있는雙鳥負陽" 도안을 볼 수 있다. 6,000~7,000년 전 허무두 문화, 4,000~5,000년 전 량주 문화, 2,000~3,000년 전 싼싱두이 문화는 모두 중국의 전통적인 우주관을 계승하고 있었다.

싼싱두이 제사갱에는 연구할 가치가 있는 유물이 아주 많다. 단지 몇 점의 기괴한 가면에만 집중해서는 안 되며 유물 자체를 심도 있게 해독할 수 있어야 한다. 그리고 유물에 집약되어 나타난 역사, 문화, 과학기술 같은 배경이 어떻게 계승되는지 등에도 관심을 기울여야 한다.


## 싼싱두이 문명의 내력

싼싱두이는 이름에 별을 의미하는 글자星가 들어 있어서인지 그 이름부터 신비로운 느낌을 준다고 말하는 사람들이 있다. 현재 고고학에서는 원래 싼싱두이는 언덕堆 세 개가 이어져 있는 것으로 옛 성벽의 일부분이었는데 후대 사람들이 뜻하지 않게 세 언덕을 파헤치게 되었다고 실증한다. 명나라와 청나라 시기『광한현지廣漢縣志』에는 싼싱두이와 그 옆의 웨량완月亮灣을 '삼성반월三星伴月'이라 하며 광한 8경의 하나로 소개했다.

싼싱두이 문명의 내력과 관련해, 이전의 많은 사람들은 이곳이 야만의 땅이었기에 갑자기 이런 유물이 나오리라고는 상상조차 하지 못했다고 했다. 싼싱두이 문명은 고촉 사람들의 비범한 예술적 상상력이 펼쳐낸 그 자체의 놀라운 면을 분명 가지고 있지만, 고고학적으로 봤을 때 이 문명이 결코 갑자기 나타난 것은 아니다. 교류하며 흡수하고 발전과 축적이 이루어지는 동시에 외래 전파 과정을 거쳐 탄생한 것이다. 어떠한 문명이든 교류 과정을 거쳐야만 생명력을 가지고 생존하며 발전할 수 있다.

그렇다면 싼싱두이 문명은 어떻게 발생했을까? 이 문제를 해결하려면 전체 중국 대륙의 입장에서 보아야 한다. 청두 평원에서 현재 최초의 인류가 활동한 흔적이

## 싼싱두이 신수

이 나무의 함의를 두고 현재 학계에는 다른 견해가 상존한다. 그러나 이 청동 나무를 '신수神樹'로 보는 것은 공통된 인식이다. 싼싱두이 신수는 중국 우주수宇宙樹 중 가장 위대한 실물 표본으로, 상고 시대 선인의 천지부절天地不絶, 천인감응天人感應, 천인합일天人合一 같은, 사람과 신이 서로 소통한다는 신화 의식을 형상화한 것으로 볼 수 있다. 싼싱두이 신수는 고촉인의 태양과 태양신 숭배를 반영해 고촉인의 신화 의식 가운데 통령通靈, 통신通神, 통천通天 기능을 상징한다. 그러므로 중국 우주수 중 가장 전형적인 의의와 대표성을 지닌 것으로 손꼽힐 만하다.

발견되었는데, 바로 스팡시什邡市 구이위안차오桂園橋의 신석기 유적지로 싼싱두이와 직선거리로 대략 15킬로미터 떨어져 있다. 그곳에서 출토된 기물은 싼싱두이 지하층의 기물에 비해 원시적이며 싼싱두이 제1기와 계승 관계가 있으니 그 연대를 대략 5,000년 전이라고 추정한다. 이때 중원 지역은 양사오 문화가 이미 성숙해 있었다. 양사오 문화 이전 라오관타이老官臺 문화와 페이리강裴李崗 문화는 지금부터 7,000~8,000년 전이고, 창장 하류 허무두 문화는 지금부터 6,000~7,000년 전이다. 그런데 청두 평원에서 발견된 연대가 가장 이른 유적이 지금부터 5,000여 년 전의 것이니, 앞으로 고고학 조사와 연구를 통해 더욱 이른 인류 유적을 찾을 수 있을 것이라는 희망도 있다.

그러면 지금부터 5,000년 전 무렵 청두 평원에 자리 잡은 이 문화는 어디에서 온 것일까? 수십 년 동안 연구를 통해 청두 서북쪽 룽먼龍門산맥 지대를 따라 들어왔을 것이라는 결론을 내렸다. 쓰촨 서북쪽 원촨汶川, 마오현茂縣, 리현理縣, 진촨金川 등지에서 더욱 이른 시기의 스팡 구이위안차오 유적과 비교적 일치하는 유적이 발견되었다. 이것으로 보아 아마도 양사오와 마자야오馬家窯 문화 말기에 칭하이青海에서 한 무리 사람들이 룽먼산맥을 넘어 청두 평원 주변 지역에 들어와 정주한 것 같다.

이와 관련해 비교적 명확한 증거가 두 개 있다. 첫째는 원촨, 마오현, 진촨에서 양사오와 마자야오 문화의 채도彩陶와 첨저병(尖底瓶, 뾰족바닥병) 같은 기물이 발견된 것이다. 둘째는 식물고고학을 통해 입증한 것으로 룽먼 산기슭에서 청두 평원에 의지해 살던 사람들이 쌀을 주식으로 한 것이다. 당시 서북 지방에서 쌀을 심었으니 사람들이 이주하면서 생산방식도 가져왔다고 볼 수 있다.


# 싼싱두이 문명은 어디까지 발전했을까?

싼싱두이에서 출토된 청동기는 그 지속 기간이 몇백 년에 그쳤다. 많은 사람들은 이렇게 발전된 한 문명이 갑자기 사라진 것에 의문을 품을 것이다. 싼싱두이 문명은 갑자기 나타났다 갑자기 사라진 것이 아니다. 그 이전과 이후에 인류의 활동이 있었음을 고고학자들이 분명히 밝혀냈다. 그리고 더욱 중요한 발견을 통해서 그것이 소

1 2

1. 진사金沙 유적의 상·주
   시기 금면구
2. 진사 유적의 태양신조
   太陽神鳥 금장식

멸되지 않았음을 증명했다. 노력은 사람의 간절한 마음을 배신하지 않는가 보다. 2001년, 지금부터 3,000년 전의 진사金沙 유적을 발견했다. 유적의 규모와 유물을 쌓아놓은 방식, 그리고 기물의 종류와 형태로부터 진사 유적이 싼싱두이 제사갱 시기 기물과 일맥상통함을 알게 되었다. 싼싱두이 문명 발전의 행방을 찾은 것이다.

　다만 싼싱두이와 진사 유적 사이의 연결이 긴밀하지 않고 중간에 단절되기도 한 듯 보인다. 그저 문화가 전승되었을 것이라는 점을 밝혀낸 데 불과하니, 고고학자들은 중간의 빠진 고리를 계속 찾아야 하는 동시에 진사 유적보다 더 늦은 유적도 찾아야 한다. 고촉은 기원전 316년 진나라에 의해 멸망당했기 때문에 진사 유적이 고촉 문명 전성기의 종결일 수는 없다. 그러므로 고촉 문명의 무수한 유적이 고고학자의 발굴을 기다리고 있을 것이라고 낙관적으로 예측해본다.

# 3 | 싼싱두이 문명과
중국 이외의 상고 문명

## 트로이 고성에 비견될 만한 싼싱두이의 발견

싼싱두이 문명은 발견된 이후 국제 사회의 폭넓은 관심을
불러일으켰다. 서구 학자들은 그들 문명의 시각에서 싼싱두
이의 발견이 세계상고사, 적어도 중국상고사에 대한 견해를
바꾸었기 때문에 니네베Nineveh와 트로이Troy 옛 성을 발견
한 것과 견주어도 전혀 손색없다고 했다.

장광즈 선생은 일찍이, 병마용과 마왕두이 같이 놀라움을
주고 커다란 관심을 불러일으키는 고고학적 발견이 있었지
만, 가장 중요한 것은 청동기시대와 관련 있는 일련의 발견으
로 그들이 중국에 대한 세계의 기본 견해를 바꾸어놓았다고
했다. 싼싱두이는 중국 청동기시대의 중요한 발견으로, 많은
방면에서 은허와 비교 연구되고 있다.

여러 가지 이유로 인해 싼싱두이 연구에 관심을 갖고 참여
한 외국인은 많지 않다. 가장 최초로 오스트레일리아 학자가
싼싱두이에서 출토된 가면과 태평양 제도 원시부락의 가면을
비교한 글을 썼다. 이후 몇몇 학자들이 싼싱두이에서 구리와
황금이 출토된 장소를 연구했다. 1980년대를 지나며 학자들
이 싼싱두이와 서아시아 문명의 관계를 연구해 싼싱두이에서
출토된 금장이 아마도 서구 문명의 권장權杖 같은 것일 수 있
다고 했으며, 청동기 가면에 금박을 붙여서 만든 금가면 또한
서구에서 전래된 것 같다고 했다.

나는 싼싱두이 문명이 중국 것이라고 생각한다. 싼싱두이
의 청동기, 옥기, 심지어 도기에서 중원 문명을 흡수한 흔적을
볼 수 있어, 명백하게 하나라와 상나라 문명의 영향을 받은

1. 청동면구. 높이 85.4cm, 너비 78cm. 좌우 양
   쪽에 사각형 구멍이 있는데 제사지낼 때 가
   면을 메는 용도로 활용했다.
2. 량주 문화의 영향을 받은 옥종

아쯔문명에 속한다고 할 수 있다. 물론 이런 결론을 내릴 때 기물 한두 개 또는 표면적인 유사 정도만으로 단순히 비교해서는 안 된다. 고고학자들이 첫 번째로 중시하는 것은 증거 사슬이다. 많은 증거가 있어야 문화 사이의 관련성을 증명할 수 있다. 두 번째로 중시하는 것은 시대로, 하나의 유적과 다른 유적과의 시대 차이가 1,000~2,000년이라면 두 문화 사이의 관련성은 성립할 수 없다. 문명은 한 걸음 한 걸음 발전하는 것이지 소설 속 이야기처럼 신비롭고 기이한 것이 아니다. 세 번째로 중시하는 것은 문화 전파의 노선과 절점이다. 싼싱두이 문명과 서아시아 문명, 이집트 문명의 관련성을 이야기하려면 그 노선을 드러내서 문명이 어떤 교차점을 거쳐서 전파되었는지 설명할 수 있어야 하는데, 현재까지는 이 답을 찾지 못했다.

## 싼싱두이와 서아시아의 관계—조가비의 출현

증거가 있음에도 사람들이 별로 관심을 보이지 않는 것이 있다. 그것은 조가비로 싼싱두이에서 출토된 조가비는 몇 개, 몇십 개 정도가 아니라 몇천 개다. 이들 조가비는 도대체 어디에서 왔을까? 중국 최초의 돈은 조가비와 관련 있고, 한자 속의 돈

바다 조가비

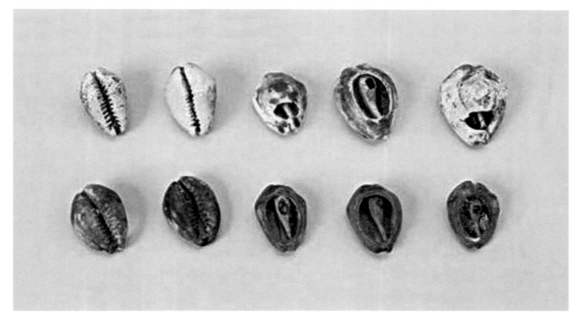

과 관련된 글자는 모두 패貝 자를 편방으로 가지고 있다. 은나
라와 상나라 유적에서 조가비가 출토되었음에도 많은 사람들
은 그것이 어디에서 왔는지 모른다. 싼싱두이 유적에서 출토
된 몇천 개의 조가비는 꽤 많은 숫자다.

2004년을 전후해서 일본 구마모토대학의 기노시타 나오
코木下尙子 교수가 안양 은허에 와서 탕지건 교수와 함께 은허
의 조가비를 연구해 새로운 사고의 방향을 제시했다. 그는 생
물학과 해양 생물학의 각도에서 이들 조가비가 어떤 종에 속
하는지를 세밀하게 관찰해 이들이 주로 남인도양에서 나왔다
는 것을 알아냈다. 나오코 교수는 조가비는 두 개의 출처가 있
어 하나는 서북쪽에서 온 것이고 다른 하나는 남쪽에서 온 것
일 수 있지만 정론은 없다고 했다. 우리는 지금부터 4,000년
전에서 2,000년 전 사이 서북 지역과 서남 지역 석관묘에서 우
연히 조가비를 발견했다. 만약 싼싱두이 문명에 서북 문화의
요소가 있다고 해도 그것은 이상하게 여길 일이 아니다. 왜냐
하면 5,000여 년 전 간쑤甘肅와 칭하이 지역 문화가 이미 청두
평원으로 들어왔기 때문이다.

## 외래문화를 흡수해 자신의 문화를 창조한
## 싼싱두이 문명

지금부터 4,800년 전에서 4,500년 전을 전후한 시기에 창장
중하류의 문화인 무리가 쓰촨으로 들어와 청두 평원 싼싱두
이와 바오둔寶墩 일대에 이르렀다. 이들 문화인 집단은 후베
이 스자허石家河 문화와 관련이 있었는데, 그곳에서 출토된 회
백도灰白陶, 옥기, 추형기錐形器, 성벽 건축방식 등이 모두 스
자허 문화와 유사했다. 이 무렵 청두 평원의 음식 구조에도 변
화가 있었다. 쌀이 나타나 점차 주요 위치를 차지하기 시작한
것이다.

1. 도화陶盉
2. 도고병두陶高柄豆
3. 평저관平底罐

하나라와 상나라 시기에 이르러 청두 평원 문화 면모에 새로운 변화가 생겨났다. 이 시기에 출토된 도기는 허난 옌스 얼리터우에서 출토된 많은 유물과 무척 비슷했다. 얼리터우 문화의 전형적인 도기는 화盉, 작고 평평한 관罐과 두豆였다. 이세 유물은 싼싱두이 2기와 3기에서 발견된 유물 중에서도 가장 전형적인 것이었다. 따라서 당시 청두 평원의 문화는 얼리터우 문화의 영향을 받았음이 분명하다.

1980년대 싼싱두이 유적 발굴 이전에 싼샤三峽 댐 기초 조사에서도 이러한 유물이 대량으로 출토되자 당시 그곳이 하나라와 상나라 문화층에 속한다고 판단했다. 이것은 무엇을 말해주는 것일까?

얼리터우의 하나라 문화는 싼샤 지역을 거치거나 강을 거슬러 올라가 싼싱두이에 영향을 주었다. 이전에 후베이의 스자허 문화가 이미 지나가 이 통로가 존재한 것이다. 그러나 이 통로는 이후 청동기 주조법이 쓰촨에 들어온 것과는 큰 관련이 없는 것으로 보인다.

도기 외에 싼싱두이에서 출토된 옥기 또한 주목해야 한다. 옥기 중에 아장牙璋이 있었는데, 고고학자들은 이것을 '기봉단인기岐鋒端刃器'라고 불렀다. 아장의 끝은 비대칭적으로 갈라져 한쪽은 높고 한쪽은 낮았으며 끝에 칼날이 있었다. 나는 이것을 예기화된 뢰耒로 본다. 대우가 치수를 할 때 사용한 뢰는 본래 고대의 생산 기구였다가 이후 예기가 되었다. 싼싱두이에서 출토된 유물 중 많은 것이 중원의 유물과 유사했기 때문에 1990년대에 전문가들은 하왕조가 멸망한 이후 그 일파가 청두 평원으로 이주했을 가능성이 있다는 논문을 발표했다.

어쨌든 하나라와 상나라 시기 싼싱두이는 중원 문화와 연관이 있었다. 상나라 중엽에 이르러 싼싱두이 유물이 창장 중하류의 유물과 밀접하게 교류했음을 발견했다. 예를 들면 싼싱두이에서 출토된 준尊이나 뢰罍 같은 청동 용기는 괜찮아

1. 도질취구陶質炊具

2. 아장牙璋

3. 옥과玉戈

보이는데 창장 중하류의 안후이, 후난, 후베이에서 출토된 청동기와 비교하면 기술은 조금 뒤처지나 정교해 보인다. 상나라 때 청동기 주조 기술은 기술 수준이 높은 안양, 정저우鄭州에서 남쪽의 후난, 후베이로 전파되었다. 그러므로 싼싱두이 청동기 주조 기술은 허난의 안양과 정저우에서 후베이 판룽청盤龍城에 이른 이후 강을 거슬러 왔다고 말할 수 있다. 이밖에 옥과玉戈 같은 싼싱두이의 옥기는 안양과 판룽청에서 출토된 것과 완전히 일치해 상나라 문화의 영향을 크게 받았음을 보여준다.

물론 싼싱두이 문명은 모방만 한 것이 아니라 자신의 문명도 창조했다. 예를 들면 허난 남부에서 상나라 때 고분 유적을 발견했는데, 안양의 은허와 별로 차이가 없었다. 그러나 싼싱두이는 별도의 문화를 가진 집단이 만든 문명으로 비교적 큰 차이가 있다. 전문가들은 싼싱두이의 옥기를 세 부류로 나눈다. 하나는 밖에서 전해온 것, 다른 하나는 자신들이 만든 것, 그리고 또 다른 하나는 밖에서 전해진 뒤 창조적인 전화轉化를 거친 것이다. 이런 분류는 하나의 문화 면모를 잘 반영해낸 것이라 할 수 있다.

또한 싼싱두이의 의식 제도는 중원의 하나라, 상나라와 달랐다. 상나라의 예기로는 고觚, 작爵, 가斝 등이 있었다. 고분에서 고, 작, 가 같은 유물이 나오면 대체로 상나라의 고분으로 판단한다. 이것은 일반적인 상황으로 당연히 다른 조합이 있을 수 있다. 그러나 싼싱두이 제사갱에서는 고, 작, 가 같은 유물 조합을 발견하지 못했다. 진사 시기에 이르러서도 서주 시기와 유사한 청동 예기 조합을 발견하지 못했다. 춘추시대 이후에 이르러서야 중원의 정鼎과 유사한 유물이 비로소 청두 평원에서 나타났다. 옥기 역시 마찬가지로 신석기 말부터 하나라, 상나라 시대에 이르기까지 중국의 옥 예기가 발달되어 있었다. 싼싱두이에서는 옥종, 옥벽, 옥규가 출토되었지만 옥결玉玦은 발견되지 않았다. 그러므로 싼싱두이 문화는 외래문화의 영향을 받는 한편 자신의 풍속을 완강히 지키면서 하나라와 상나라 예법을 전면적으로 받아들이지는 않았다고 말할 수 있다. 고촉인은 자기들만의 청동기 제조 기술과 옥기 조각 기술을 가지고 있었다.

싼싱두이와 진사 유적의 발견은 분명히 매우 중요하다. 그러나 전체 고촉인의 문명을 이해하려면 여전히 파고들어야 할 연구가 적지 않다. 그러면 어떻게 해야 할까? 우리가 진행하고 있는 것을 예로 들어 말하면, 우리는 전체 유적에 대한 전면적인 탐사를 통해 더욱 중요한 유적을 계속 찾고 있다. 고성의 북쪽 성벽도 그렇게 해서 찾은 것이다. 또한 고촉의 왕과 귀족의 고분, 청동기 주조 장소를 탐색하고 있는

데, 만일 금기와 옥기 제작 장소를 찾아낸다면 싼싱두이 유적 관련 더욱 전면적인 인식을 갖게 될 것이다.

## 베트남에서 발견된 옥기가 싼싱두이의 것과 유사한 이유

지구상에서의 문화 전파는 사각 지대가 없어 쓰촨과 간쑤, 간쑤와 신장新疆, 신장과 아프가니스탄이 서로 연관된다. 이러한 것은 문화 전파 과정에서 간접 전파에 속하며, 지역 문화의 전파 문제는 계속 관심을 가지고 꾸준히 연구할 필요가 있다. 쓰촨 남부 이빈宜賓, 구이저우貴州 쭌이遵儀, 북부의 광위안廣元, 서부의 한위안漢源, 동부의 싼샤에서 모두 싼싱두이 문화와 유사한 유물이 발견되었고, 당연히 도기가 주를 이루었다.

고대에는 많은 문화가 존재했으며 원시문화일수록 더욱더 서로 유사하다. 인류는 이미 수만 년 전에 아프리카를 벗어났으니 고인류의 지혜를 과소평가해서는 안된다. 만일 어떤 물건이 3,000여 년 전 정저우에서 청두로 전해졌다면 오늘날의 비행기나 기차를 타고 가는 것처럼 빠르지는 않더라도 그렇게 느리거나 어렵지는 않았을 것이다. 인류는 호기심 덕분에 끊임없이 외부 세계와 교류하며 확장해 나아갔고 다른 이들의 문명 성과를 흡수해 자신의 것으로 만들었다.

우리는 시각을 좀 더 멀리 펼쳐 2005년에는 외국에서 고대 역사를 연구했다. 왜 군이 외국까지 갔을까? 1990년대에 상나라와 동시대인 베트남 풍응우옌Phùng Nguyên 문화 유적에서 싼싱두이와 완전히 일치하는 옥기가 발견되었기 때문이다. 그 옥기는 단순한 옥결, 옥황, 옥벽이 아니라 아장이었다. 둘 사이에 문화적 교류나 전파가 없었다면 옛사람들이 아무 근거 없이 이런 아장을 세공할 수 없었을 것이다. 또 싼싱두이에서 출토된 옥기와의 유사도가 이처럼 높을 수 없었을 것이다.

베트남 풍응우옌과 쓰촨의 광한은 멀리 떨어져 있는 것 같지만 실제로는 그렇지 않다. 싼싱두이와 안양 사이가 직선거리로 대략 1,500킬로미터인데 싼싱두이와 베트남의 하노이는 1,000킬로미터 정도다. 그리고 이 노선 안에 있는 광시廣西와 윈난雲南에서 모두 싼싱두이와 같은 유물이 발견되었으며 이들은 베트남에서 발견된 것과도 같은 유물이었으니, 그렇게 보면 특이한 일도 아니다. 문화가 강성해진 이후에는 전파될 수도 있고 영향을 줄 수도 있는 것이다.

## 발굴사

- 1929년 2월 쓰촨 광한 타이핑향(太平鄕, 현재 난싱전南興鎭) 웨량완에 사는 한 농민이 우연히 하나의 갱에서 옥기 300여 점을 발견했다.

- 1934년 화서협화대학교 박물관(현재 쓰촨대학 박물관) 관장 겸 문화인류학과 교수 데이비드 그레이엄과 중국학자 린밍쥔林銘均이 처음으로 싼싱두이의 발굴을 주도했는데, 이것은 은허 이후 중국 고고학사의 두 번째 고고학 발굴이라 할 수 있어 국내외 학자들의 관심을 불러일으켰다.

- 1937년 중일 전쟁이 발발해 막 시작된 고촉 문명 탐사가 중단되었다.

- 1956년, 1958년 고고학자들은 싼싱두이 유적 중 웨량완과 헝량쯔橫梁子 등지에서 조사를 진행했다.

- 1963년 9월 20일~12월 3일 쓰촨성 문물관리위원회와 쓰촨대학 역사학과 고고교육연구조가 연합해 발굴단을 조직하고 웨량완 발굴을 재차 진행했다. 1993년 마지셴馬繼賢 선생이 이 자료를 정리해서 발표했다.

- 1980년부터 싼싱두이 유적 조사, 탐사, 발굴이 끊임없이 진행되어 싼싱두이 유적과 문명이 정식 명칭을 얻었다.

- 싼싱두이 유적의 총 면적은 12제곱킬로미터인데, 현재까지 발굴된 총면적은 1,000분의 1에도 못 미친다. 또한 많은 의문점이 제기되어 세상 사람들의 탐구와 해답을 기다리고 있다.

금면조인수상金面罩人首像

# 중국국가박물관

## 청동인수靑銅人首
높이 37.5㎝, 무게 0.6㎏

청동인 머리의 얼굴 부분은 사각형이고 머리
는 평평하며 자모구子母口가 주조되어 있어
관을 쓰기에 편리하다. 얼굴 표정이 섬세하지
않고 거리낌 없으며 두 눈을 부릅뜨고 입술은
굳게 다물었다. 두 귀는 구멍이 뚫려 있고 운
뢰문으로 장식되어 있다. 머리 뒤로 길게 땋은
머리가 늘어져 있으며 머리카락의 끝을 볼 수
있다. 이 모습은 촉 사람 중 박수巫師와 관련
있다.

## 청동면구靑銅面具
높이 85.4㎝, 너비 78㎝

직사각형 얼굴에 긴 칼 모양 굵은 눈썹, 신튼
자형 눈을 가지고 있다. 눈알은 타원형으로
돌출되어 있으며, 코는 구부러져 있고 주둥이
를 약간 벌려 혀를 드러내고 있다. 이런 청동
가면은 고촉국 사람들 마음속 신神의 화신으
로, 눈이 튀어나온 가면은 촉왕 잠총의 형상
에서 비롯된 것으로 보인다.

## 옥장玉璋
길이 39.5㎝, 너비 7.8㎝

재질이 부드러우며 청옥靑玉이라고도 한다.
표면에 물에 부식되거나 불에 그을린 흔적이
있고 그중 일부분은 새까만 색으로 변했다. 장
璋은 얼리터우 문화 유적에서 처음으로 보였
는데, 이것은 제사갱에서 출토된 것으로 그 형
태는 중원의 같은 종류 유물과 유사해 촉 문화
가 상 문화와 교류했음을 말해준다.

# 쓰촨박물관

## 상대商代 옥아장玉牙璋
전체 높이 59.3~60.5㎝

부드러운 옥 재질로 흑갈색이다. 세공 기술이
정교하고 전체적으로 광택이 난다. 좁고 긴 형
태가 한쪽으로 살짝 굽었으며 손잡이 부분은
다른 부분에 비해 두툼하다.

# 싼싱두이박물관

## 금박호형기金箔虎形器
1호 제사갱 출토 전체 길이 11.6㎝, 높이 6.7㎝, 무게 7.27g

금박을 두드려 펴서 만든 것으로 유물 전체에
목目 자를 눌러 찍은 형태의 호반문虎斑紋이
있다. 호랑이가 머리를 위로 쳐들고 입을 크게
벌려 포효하는 모습인데 전체 형태를 반원형
으로 만든 것은 다른 유물의 장식물이기 때문
으로 보인다. 싼싱두이에서 출토된 금 호랑이
와 청동 호랑이는 조형이 간결하고 생동감이
있어 촉 사람들이 호랑이를 세심하게 관찰했
을 뿐만 아니라 마음속에 호랑이 형상이 중요
한 위치를 차지하고 있었음을 알려준다.

## 금면조金面罩
1호 제사갱 출토 잔존 너비 21.5㎝, 높이 11.3㎝ 무게 10.62g

금박을 두드려 펴서 만든 것으로 튀어나온 코 부
분의 모서리를 날카롭게 처리한 빼어난 제작기
술을 보여준다. 그 크기가 같은 갱에서 출토된
사람 두상頭像의 얼굴 비례와 기본적으로 일치
해 하나의 세트였을 것으로 보인다. 아마도 어떤
사람 두상의 얼굴에 붙어 있었던 것 같다.

## 호아 虎牙
2호 제사갱 출토 총 3점 길이 9.3~11.3㎝, 너비 2.3~3.1㎝

오랜 시간 청동기와 함께 묻혀 있었기 때문에
동록銅綠에 물들어 짙은 녹색을 띠고 있다. 뿌리
부분에 구멍이 뚫려 있는데 아마도 옷과 장신구
에 묶어 걸어두는 데 사용했던 것 같다. 호아를
활용한 공예품은 장식 기능뿐 아니라 권력을 상
징했으며 벽사辟邪의 역할도 했다.

## 청동수수관인상銅獸首冠人像
2호 제사갱 출토 잔존 높이 40.2㎝

상반신만 남은 인물상의 모습이 단정하고 엄숙하며 경건하다. 양팔은 무언가를 에워싸는 듯하고 두 손 역시 허공의 무언가를 잡고 있는 자세로 제사를 주관하는 사람의 형상을 표현한 것으로 보인다. 가장 눈길을 끄는 것은 기괴한 짐승머리 관이다. 여러 동물의 부분적인 특징을 섞어서 만든 신수神獸 형상인데 코와 귀의 형태로 봐서 코끼리 코와 귀를 모방한 것으로 생각된다. 이는 고촉인의 코끼리 숭배를 반영한 것이다.

## 청동인두상銅人頭像
2호 제사갱 출토 전체 너비 10.8㎝, 전체 높이 13.6㎝

머리 꼭대기가 둥근 편이고 얼굴에 가면을 쓴 모습이다. 머리 꼭대기 덮개와 두개골은 나누어서 주조했다. 인물상 머리에 있는 끈 장식은 모자의 끈이나 긴 머리카락을 묶은 것 같은데, 오늘날 쓰촨의 몇몇 지역 사람들이 머리에 두른 두건과 형태가 유사하다. 조형이 간결하고 선이 분명하며 소박하고 온후한 얼굴을 하고 있어 지역 토착민의 풍격을 드러낸다.

## 청동용호준銅龍虎尊
1호 제사갱 출토 굽 높이 12㎝, 전체 잔존 높이 43.3㎝

술잔 어깨에 세 마리 용을 고부조로 주조해 꿈틀거리며 움직이는 모습을 표현했다. 용의 몸에는 능형중환문菱形重環紋이 장식되어 있다. 술잔의 배 부분은 같은 화문花紋이 세 세트로 되어 있는데, 주요 문양은 모두 고부조로 표현한 호랑이와 사람이다. 호랑이 목 아래 사람이 한 명 있어 사람 머리가 호랑이 입을 마주 대하고 있다. 이는 상나라 때 인호합체유人虎合體卣 도상과 아주 유사하며 호랑이 숭배를 나타내는 것으로 보인다. 이 청동 술잔이 출토되었을 때 술잔 안에 불에 그을린 옥석기 조각, 조가비와 동박을 입힌 장식물 등이 들어 있었다. 이것은 곧 이 청동 술잔이 갱에 들어가기 전 제사에 바치는 음식을 담는 데 사용했음을 말해준다. 이처럼 명확한 중원 색채를 지닌 상나라 때 청동 술잔은 안후이安徽 푸난阜南 등지에서도 출토되었다. 그러므로 이 청동 술잔은 유형학적으로 1호 갱의 연대를 확정하는 중요한 지표 역할을 한다.

## 청동수면銅獸面
2호 제사갱 출토 너비 35㎝, 높이 21.2㎝, 두께 0.2㎝

짐승 얼굴로 기夔와 용 모양이 얼굴 양쪽에 펼쳐져 있고 용의 꼬리는 위로 말려 올라가 있다. 긴 눈썹과 곧은 코, 기와 용 모양 귀, 큰 두 눈, 사각 턱과 이를 드러내고 일그러뜨린 넓은 입은 흉악하고 괴상한 것을 형상화한 것이다.

## 청동화과銅花果와 입조立鳥
2호 제사갱 출토 높이 7.8㎝, 너비 4.3㎝

청동으로 만든 새가 청동 꽃 속 열매 위에 서 있다. 새 머리에는 세 갈래 깃털로 만든 관이 씌워져 있고, 꼬리는 깃털이 위로 향해 있다. 또한 꼬리 깃털은 마치 공작이 꼬리를 펼친 듯 상하 세 갈래로 나뉘어 있다. 새 부리에 꿰어 있던 구리 실은 떨어져버렸는데, 아마도 이 새는 원래 작은 신수神樹 위에 놓인 장식물이었던 것 같다.

## 옥부玉斧
2호 제사갱 출토 높이 20㎝, 너비 6㎝

사다리꼴 형태로 칼날 부분이 넓은 편이며 몸체 양쪽은 평평하고 위쪽에 구멍이 뚫려 있다.

1972년 고고학 발굴에 뛰어든 이후 지금까지 40여 년 동안 발굴 작업에 참여했다.

나는 전 세계 학자 중 로프노르 지역과 타클라마칸 사막을 가장 많이 들어간 사람이다. 또 신장 웨이우얼 자치구의 유일한 위구 르족 석기시대 고고학 전문가다.

**이드리스 압두루술**伊弟利斯·阿不都熱蘇勒

로프노르 샤오허묘지 발굴대장
전 신장 문물고고연구소 소장

# 샤오허묘지小河墓地

## ─ 로프노르 황야의 중서中西 문명 교류의
## 수수께끼

로프노르의 쿵췌허 하류 로프 사막에 위치한 샤오허묘지는 청
동기시대의 것으로 묘지 하층은 지금부터 4,000년 전, 상층은
3,500년 전의 동일한 문화 유형에 속한다.

샤오허인은 어디에서 왔을까? 샤오허묘지를 두고 많은 전문가
들이 언어, 환경, 인류학 방면에서 심도 깊은 연구를 진행한 끝
에 이들이 오늘날 러시아 캅카스 지역에서 왔을 것이라고 결론
내렸다.

샤오허인에게 샤오허묘지는 죽은 자의 신성한 전당으로 반드
시 가야 할 귀착지였다. 그러므로 4킬로미터 밖에서도 샤오허
묘지를 볼 수 있도록 주위보다 높고 평평한 곳에 자리 잡았으
며 조용하고 안정적인 분위기가 가득했다.

이드리스 압두루술에 따르면 목관의 만듦새가 훌륭하며 모두
끼워 맞춘 구조로 되어 있다고 했다. 그렇다면 거주 공간의 구
조 또한 일정 규모를 이루고 있었을 것이라고 생각해 주위 반
경 4~5킬로미터 지역을 조사했지만 어떠한 것도 발견하지 못
했다.

# 1 | 샤오허묘지 발견 과정

## 최초 발견: 스웨덴 탐험가 스벤 헤딘과 폴케 베리만

로프노르Lop Nor 쿵췌허孔雀河 하류 로프 사막에 위치한 샤오허묘지는 2004년 10대 고고학 발견의 하나로 선정되었다. 그러나 샤오허묘지의 베일이 처음 걷힌 때는 그로부터 백 년 전인 1900년이다. 샤오허묘지를 최초로 발견한 사람은 에르데크다. 그는 로프노르 사람으로 스웨덴의 저명한 지리학자이며 고고학자, 탐험가인 스벤 헤딘Sven Hedin의 길잡이였다. 현지인 에르데크는 로프노르에서 양을 기르고 사냥과 고기잡이로 생업을 이어왔기에 그 지역을 누구보다 잘 알고 있었다. 에르데크는 1900년 러우란樓蘭 지역을 탐사할 당시 우연히 러우란 고성의 실마리를 발견했다.

1927년부터 1934년까지 중국과 스웨덴은 서북 지역 탐사를 위해 서북과학탐사단西北科學考察團을 구성했다. 탐사단에는 스웨덴 측 단장 스벤 헤딘을 중심으로 스웨덴, 덴마크, 독일 전문가 16명이 포함되었고, 중국 측은 베이징대학 교무처장이자 철학 교수 쉬빙창徐炳昶을 단장으로 지질학자 위안푸리袁復禮, 고고학자 황원비黃文弼, 지질학자 딩다오헝丁道衡, 지도학 연구 전문가 찬판쉰詹蕃勛과 학생 4명, 사진사 1명으로 이루어졌다.

당시 에르데크는 이미 칠십 대 노인이었는데, 그는 자신이 발견한 '천 개의 관이 있는 지역'을 스벤 헤딘에게 알려줄 기회가 오기를 줄곧 기다리고 있었다. 그곳에서 에르데크는 수많은 백골과 관을 보았기에 '천 개의 관이 있는 지역'이라고 불렀다.

이야기를 전해 들은 스벤 헤딘은 스웨덴 고고학자 폴케 베리만Folke Bergman과 에르데크를 보내 그 지역을 탐색하기 시작했다.

1934년 그들은 통나무를 파서 만든 작은 배를 타고 쿵췌허의 한 지류인 쿠무허庫姆河 남쪽 지역에서 그곳을 찾아 나섰다. 길을 따라 양 치는 사람의 집이 보였다. 사막의 날씨는 견딜 수 없이 무더워 비오듯 땀이 줄줄 흐르고 숨이 턱턱 막혔으며 거기다 등에까지 냄새를 맡고 달려 들었다. 사람을 견디기 힘들게 만드는 것 천지였

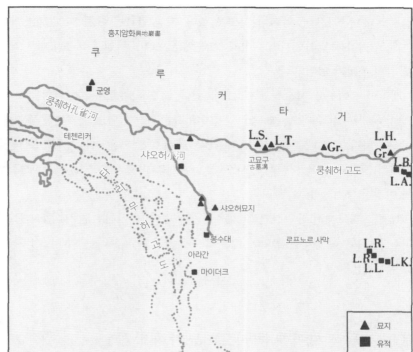

1. 스벤 헤딘Sven Hedin
2. 폴케 베리만
   Folke Bergman
3. 샤오허묘지 위치

다. 그쯤에서 그만두고 싶었던 에르데크는 그 지역이 물에 쓸려갔거나 사막의 모래 속으로 매몰되었을 것이라고 이야기했지만, 베리만은 멈추지 않고 계속 찾아나섰다. 1934년 6월 2일, 에르데크는 마치 꿈나라로 들어선 것처럼 오랫동안 작은 산을 응시했다. 함께 간 사람들이 천막을 치느라 분주할 때 갑자기 에르데크가 작은 산을 가리키며 소리쳤다. "저깁니다! 저깁니다!" 로프노르인이 마침내 샤오허묘지를 찾은 것이다.

샤오허묘지에 도착한 베리만은 사진을 찍고 간단한 초기 작업으로 묘 12기를 발굴했다. 베리만은 스톡홀름으로 돌아가서 이 탐사를 다룬 책『신장고고기Archaeol -ogical Researches in Sinkiang. Especially in the Lop-Nor Region』(1939)를 저술해 국제적으로 큰 반향을 일으켰다. 샤오허묘지를 상세하게 묘사하는 이 책의 내용은 현재 우리가 발굴해 출토한 것과 기본적으로 일치한다.

베리만의 책에서 내가 깊은 인상을 받은 부분은 그가 높은 대지(臺地, 주위보다 높고 넓은 면적의 평평한 땅)에 서서 바라보며 이 묘지를 마치 바싹 말라버린 백양나무 숲胡楊林 같다고 묘사한 점이다. 베리만은 발굴한 묘에서 나온 미라를 보며 표정이 침착하고 미소를 머금은 것 같다고도 했다. 그는 발굴을 마친 후 사진을 찍어두었는데, 우리가 샤오허묘지에 도착해 그가 찍은 오래전 사진과 대조해보니 기본적으로 거의 변화가 없었다.

베리만은 이곳을 '샤오허묘지'라고 불렀다. 로프노르 호수로 이어지는 수계로 쿵췌허, 타리무허(塔里木河, 타림강), 처얼천허車爾臣河가 있었고 베리만은 쿵췌허의 한 지류를 따라 작은 배를 타고 이곳에 왔다. 당시 이 지역은 이름이 없었고 베리만이 지리적 정황을 살펴 '쿵췌허의 샤오허(小河, 개울)'라고 말한 것에서 '샤오허묘지'라는 명칭이 생겨났다.

실제로 지도에서 확인하면 이 개울은 쿰다리야, 중국어로는 사허沙河다. 베리만이 왔을 때는 이 명칭을 몰랐기 때문에 쿵췌허의 한 지류라는 의미에서 '샤오허'라고 한 것이다.


## 60년 세월을 사이에 둔 샤오허묘지 재발견

우리가 로프노르 고고학 조사를 처음 진행한 때는 1979년이다. 일본 NHK와 중국 CCTV가 공동으로 〈실크로드〉를 제작할 때 신장 문물고고연구소 왕빙화王炳華 소장이 고고학 발굴단을 인솔해서 뒤따라갔다. 당시 그 지역에 주둔한 부대가 하나의 실마리를 제공했는데, 그들이 그곳을 조사하던 중 '고묘구古墓溝'를 발견했다는 것이다.

로프노르의 지세와 환경은 무척 복잡했다. 만일 '야르당(Yardang, 雅丹 풍식으로 말굽모양이 된 사구)'이라는 마귀의 성에 간다면 두 사람이 앞뒤로 50미터만 떨어져 있어도 서로 찾기 힘들고 방향을 잃어버리기 쉽다. 그래서 고고학 발굴단은 고묘구에서 그물망식 조사를 진행한지 3일째 되는 날에서야 묘지를 발견할 수 있었다. 묘지 중앙은 원형 말뚝이 에워싸고 있고 바깥쪽으로는 30센티미터 정도 높이 말뚝이 7개 원을 그리며 둘러싸고 있다. 그리고 조금 가는 나뭇가지가 사선으로 배치되었는데 이는 마치 태양빛을 상징하는 것 같았다. 모든 묘지가 다 이와 같은 형태였기에 이곳을 '태양묘지太陽墓地'라고 불렀다. 당시 발굴단은 이곳에서 한 달 동안 머물며 묘 40여 기를 발굴했다. 베리만의 『신장고고기』를 본 후 샤오허묘지에까지 이르렀지만 환경이 안 좋은 데다 경비 문제에 따른 곤란이 더해져서 더는 발굴을 계속할 수 없었다.

2001년 12월 후난 방송국이 TV 프로그램을 제작하기로 하여 왕빙화 선생이 다시 대원들을 이끌고 발견의 여정에 나섰다. 그들은 낙타를 빌리고 현대식 위성 위치 측정기를 활용했다. 그럼에도 사막의 모래 폭풍과 추운 날씨 때문에 매우 고생하며 4일 동안 아무것도 발견하지 못했다. 실망한 대원들은 포기도 생각했지만 결국 탐사를 계속하기로 결정했다. 왕빙화 선생은 이후 인터뷰에서 이렇게 말했다. "밤에는 영하 20도 아래로 내려가는 혹한의 날들이었어요. 꽁꽁 언 채 슬리핑백에서 잠을 자고 언 생수를 마시고 딱딱하게 굳은 낭(馕, 위구르족과 카자흐족이 주식으로 먹는 구운 빵)을 먹으면서 걷다가 3일째에 이르자 내 자신에게도 동요가 일어났습니다. 옆으로는 기복이 심한 사구가 끝없이 펼쳐져 있었고 모래 봉우리 높이는 20~30미터에 달해 한 발짝 걸을 때마다 반 보 물러나고 싶은 마음을 억제할 수 없었어요."

이때 실제로 묘지는 30킬로미터 밖에 있었지만 마른 낭과 물이 충분치 않았다. 왕빙화 선생은 "나는 3시간 동안만 더 탐사를 하다가 그 이후에도 발견하지 못하면 철수하려고 했습니다. 이것은 이를 악물고 내린 결정입니다"라고 했다. 이 귀한 3시간의 탐사 끝에 그들은 마침내 샤오허묘지를 발견했다. 그들은 몇 시간에 걸쳐 조사를 하고 사진을 찍은 후 부득이하게 철수할 수밖에 없었다.

이후 그때 찍은 샤오허묘지 사진과 관련 글이 매체에 발표되면서 큰 반향이 일었다. 이를 계기로 국가문물국은 신장 문물고고연구소가 샤오허묘지를 조사하고 시험 발굴하도록 결정했다. 당시 신장 문물고고연구소 소장이던 나는 팀을 구성해 2002년부터 이 지역에 들어가 관련 작업을 진행하기 시작했다.

로프노르 태양묘지

## 샤오허묘지의 탐사와 발굴

2002년 12월 말 팀을 조직하고 사막 탐사에 적합한 메르세데스—벤츠의 다목적 특수 차량 유니목Unimog 두 대를 빌렸다. 첫날 우리는 타리무허를 따라 달리다 강을 건넜다. 강을 건너지 않으면 목적지로 들어갈 수 없었다.

마침 그때는 타리무허의 물이 많지 않고 얼어 있어서 강을 건너는 데 별 문제가 없었다. 이틀쯤 더 가서 26일이 되었다. 27일에는 야외에서 풍찬노숙하며 야영했는데 눈까지 내렸다. 큰 모래언덕(사구)을 만나 더는 차를 타고 갈 수 없는 곳에 이르러서는 다섯 명으로 이루어진 작은 팀만 이동하기로 결정했다. 보급품은 일주일 치로 꾸렸는데 생수 두 병, 낭 두 개, 슬리핑백, 고고학 탐사 장비 등 상당히 간소한 수준이었다.

당시 나는 수십 년 동안 사막에서 발굴 작업을 한 사람으로서 중요한 임무를 띠고 왔으니 샤오허를 찾지 못하면 돌아가서 사직하겠다는 각오를 밝혔다. 그러자 대원들 모두 나를 따라 그만두겠다고 했다. 우리는 그런 비장한 마음을 서로 다지며 격려했다. 낙타를 구해오기로 한 사람이 도착한 후 천막과 보급품을 지고 한 걸음씩 이동하기 시작했다.

각자 60킬로그램 가까운 짐을 지고 정확한 GPS 없이 대강 가늠한 방향으로 계속

2002년 12월 28일
샤오허 가는 길

발굴 전 샤오허묘지

나아갔다. 추운 날씨에 배낭 속 음식물이 꽁꽁 얼어버려서 물 두 모금, 마른 낭 두 입만 입에 넣었지만 걸음을 멈출 수 없었다. 앞으로 나아가며 강 주변을 주의 집중해서 관찰하고 작은 것 하나도 놓치지 않으려 애를 썼다.

그러던 중 길이가 26센티미터 정도 되는 큰 옥부玉斧가 눈에 띄었다. 도편陶片도 드문드문 흩어져 있는 것을 발견했다. 거기에서 5킬로미터 정도 멀리 떨어진 곳에는 많은 도편, 은경銀鏡 잔편, 화살촉이 있었는데 모두 전형적인 한나라, 진晉나라 유물이었다. 도편을 발견했을 때 드디어 실마리를 찾았다고 생각했다. 만일 고분이나 사람들이 거주한 장소가 아니라면 이런 도편이 있을 수 없기 때문이다. 그래서 이들이 매우 중요한 실마리가 될 것이라고 보았다.

오후 5시 40분쯤 되었을 때, 우리 목표인 샤오허묘지 유적에 도착했는지 살펴보려고 작은 위성류渭城柳가 자란 언덕에 올랐다. 언덕에 올라 동쪽에서 남쪽으로 천천히 시선을 돌리다 내가 서 있는 언덕에서 3.5킬로미터 정도 떨어진 곳에 있는 우리의 목적지가 눈에 들어왔다. 그곳은 멀리서도 알아볼 수 있었는데, 매우 독특하게도 주변 전체가 사막인 곳에서 마치 만두에 젓가락을 많이 꽂아놓은 것처럼 보였기 때문이다. 실제로 높은 곳에 백양나무가 서 있는 것이 무척 특별한, 뜻밖의 장관이었다.

마침내 샤오허묘지를 발견한 기쁨으로 우리 다섯 명은 매우 흥분했다. 동시에 완전히 지친 상태였다. 이미 오십 대에 접어든 나는 추위와 굶주림 속에서 극도의 피곤을 느끼고 있었지만 가능한 힘을 끌어모아 조금 더 샤오허 가까이 가기로 결단을 내렸다. 샤오허를 1킬로미터 정도 앞둔 지점에 마침 위성류가 자라고 있어 그곳에서 노숙하기로 했다. 불을 피워 낭을 굽고 생수를 마셨다. 비록 환경은 열악했지만 우리 마음은 편안했다.

이튿날 아침 샤오허에 이르렀다. 그러나 모두 서둘러 올라가려 하지 않고 주위를 한 바퀴 돌면서 샤오허묘지의 보존 상황을 살폈다. 앞서 이야기한 것처럼 이곳은 베리만이 60년 전에 찍은 사진 속 모습과 기본적으로 일치했으며 큰 변화는 없었다. 고고학 탐사 보고서에 이곳을 상세히 묘사해놓았다. "모래산 표면에 빽빽하게 우뚝 서 있는 나무기둥이 가장 눈길을 끌었는데, 사각형, 원형, 배의 노 모양 백양나무가 140그루 정도 남아 있었다. 가장 큰 나무는 지표면에서 2~4미터 솟아 있었고 지름은 20센티미터 이상이었다. 사각형 나무기둥은 절단면이 6~20개로 일정치 않았다. 또 어떤 나무기둥은 윗부분으로 갈수록 얇아지며 끝이 뾰족했다. 41번 나무기둥은 높이 1.8미터, 지름 50센티미터, 절단면이 16개인 형태로, 샤오허묘지에 있는 나무기둥 중 가장 굵었다. 묘지 중앙에 있는 높이 1.87미터 나무기둥은 중앙에 절단면이 9개 있으며 끝부분은 작은 송곳 모양이다. 이 기둥은 전체가 붉은색이어서 신비로운 멋이 흘러넘쳤다."

## 묘지의 특징: 관 앞에 서 있는 4미터가 넘는 높은 기둥

발굴을 시작한 후 우리는 샤오허묘지 매장에 특징이 있음을 발견했다. 맨 앞에 높은 기둥이 하나 있었는데, 처음에는 그것이 무슨 용도인지, 묘와는 어떤 관계가 있는지 이해되지 않았다. 이후 지표를 정리하는데 수많은 소머리가 나왔다. 첫 번째 층을 발굴할 때 기둥에 묶여 있는 소머리를 발견했으며 기둥 높이는 4미터가 넘었다. 계속 발굴하니 관 앞에 입목立木이 나타났고 입목에는 남근 또는 여자의 음부가 있었다. 관 뒤에는 위성류 막대기가 꽂혀 있었다. 묘마다 하나씩 있는 입목이 바싹 말라버린 백양나무숲 같은 풍경을 만들어낸 것이다. 입목은 모서리가 6개, 8개, 11개로 되어 있었다.

지표를 좀 더 정리하자 고분이 모습을 드러냈다. 관은 모두 소가죽으로 싸여 있었고 관 뒤쪽에는 위성류 막대기를 꽂아놓았다. 이는 한 세트였다. 즉, 관을 중간에 두고 앞에는 남근이나 여자의 음부를 상징하는 높은 기둥을 세우고 뒤에는 작은 위성류 막대기를 꽂아두는 형식을 모든 고분이 갖추고 있었다.

발굴 후 관을 싸고 있는 소가죽을 먼저 벗겨내려고 했다. 그런데 꼼꼼하게 싸여 있어서 소가죽을 벗기기가 무척 힘들었다. 어렵사리 벗겨내고 보니 소가죽과 관의 윗부분에 핏자국이 있었다. 아마도 죽은 이를 매장할 때 현장에서 소를 잡고 소가죽을 벗겨 관을 둘러쌌을 것으로 추정된다.

한편 소가죽은 한 장이 아니었다. 관을 감싼 소가죽은 모두 세 장이었으며 각각 색이 다른 것으로 보아 분명 소 세 마리가 필요했을 것이다. 소가죽을 벗기자 작은 덮개가 나타났다. 작은 덮개를 제거하자 마침내 그 안에서 시신이 모습을 드러냈다. 관은 아주 단순한 구조로 측판側板 두 개 사이에 시신을 넣고 앞뒤로 머리와 다리를 막아 마치 딱 맞게 끼워 넣은 듯했다. 특히 견고하고 보존이 잘 된 묘가 있었다. 이 묘의 주인은 미소를 머금고 세상을 떠났다. 그래서 우리는 '샤오허공주小河公主'라고 불렀다.

13호 고분은 특히 주목해볼 만하다. 소가죽으로 싸여 있는 13호 고분의 관은 상대적으로 크기가 컸고 관 앞의 입목은 전체 묘지에서 가장 큰 것이었다. 조심스레 소가죽을 벗겨내고 작은 덮개를 들어내자 지긋한 나이의 얼굴이 무척 아름다운 여자가 나타났다. 그리고 관 안에는 아주 큰 소머리가 부장되어 있었다. 나이가 많아 보였으므로 할머니일 것이라고 생각했으며, 관과 입목의 크기가 큰 것으로 보아 높은 지위의 존중 받던 할머니였던 것 같다.

남자의 묘인 24호 고분의 관과 관 앞의 입목 또한 매우 컸다. 그런데 왜 여자의 음부를 상징하는 입목이 세워져 있을까? 여자의 묘 앞에는 남근을 상징하는 나무기둥을 세우고, 남자의 묘 앞에는 여자의 음부를 상징하는 나무기둥을 세웠을 것이다. 24호 고분에서는 많은 부장품이 나왔으며 그중 특히 화살대가 많았다. 몸과 함께 화살대 40여 개가 묻힌 것은 이 남자의 신분이 아주 높았다는 것을 알려준다. 그의 머리 앞과 다리에는 인면상을 새긴 뼈 조각물이 놓여 있었고 우리는 그것을 '법장法杖'이라고 했다. 이것으로 미루어 추측컨대 아마도 그는 부족이나 무리의 추장이었을 것이다.

발굴을 진행하며 우리는 관 앞의 높은 입목과 고분이 한 세트라는 것을 알았다. 입목의 끝이 뾰족하고 가늘어져 있었는데 당시에는 왜 그런 모양으로 되어 있는지 이해하지 못했다. 이후 알아낸 것에 의하면, 모든 관 앞의 높은 입목에는 소머리를 묶어놓았었다. 어떤 입목은 붉은색 염료를 발라 위에서부터 아래까지 온통 붉었다. 붉은색은 바로 생명을 말하는 것으로 번식하고 번성하기를 바라는 마음이 담겼다

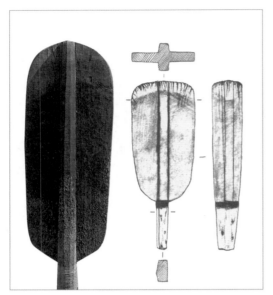

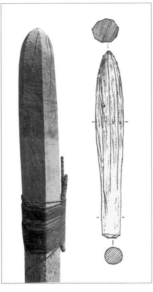

1  2
3

1. 샤오허묘지 24호 고분
   앞 여성 음부 입목

2. 샤오허묘지 13호 고분
   앞 남근 입목

3. 샤오허묘지 남쪽 구역
   제5층과 제4층 고분 일
   부 전경

1. 13호 고분의 목관을 덮은 서로 다른 색깔의 소가죽 세 장

2. 13호 고분의 관 덮개를 제거한 모습

3. 샤오허묘지 제1층, 제2층 고분 분포도

4. 24호 고분 앞 입목 뿌리 부분. 털실끈으로 갈대, 낙타초, 마황초 등 건조 지역의 식물로 만든 풀다발을 묶었고, 풀다발 속에는 매우 곧으며 양쪽 끝이 깎여 평평해진 갈대 줄기와 양의 다리뼈 몇 개가 함께 있었다. 풀다발 위에는 쇠똥이 놓여 있었고 옆에는 풀로 짠 큰 광주리가 놓여 있다.

<table>
<tr><td>1</td><td>2</td></tr>
<tr><td>3</td><td>4</td></tr>
</table>

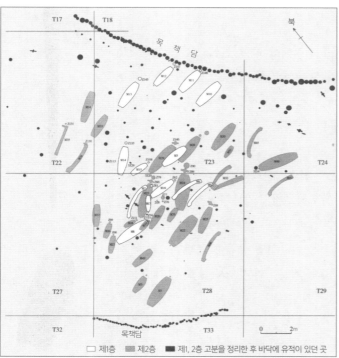

고 할 수 있다. 여자 묘 앞의 남근은 붉은색, 남자 묘 앞의 여자의 음부는 검은색으로 칠해져 있었다. 상상해보라. 에르데크가 사막 한가운데에서 천 개의 관과 꼭대기에 소머리가 묶여 있는 높이 4미터 가까이 되는 나무기둥들을 발견했을 때 어떤 장관을 마주했을지! 이것은 전형적인 생식生殖 숭배로 그들이 번식과 번성을 갈망했음을 말해준다.

여자의 고분에서 부장품으로 묻혀 있는 목조木祖가 나왔다. 목조는 나무를 깎아서 만든 남성 생식기 모형으로 샤오허묘지에서 발견된 목조는 속을 파낸 나무 두 개를 털실로 둥글게 묶어 하나로 합친 것이다. 목조 안에는 도마뱀 머리가 있었다. 도마뱀 역시 번식과 번성을 대표한다. 여자를 목조와 함께 묻은 것은 전형적인 생식 숭배다. 어떤 고분에는 목조가 한 개인 반면 두 개 또는 세 개 목조가 출토된 고분도 있었다. 목조가 하나인 것은 묘 주인에게 당시 남편이 한 명이었음을, 목조가 두 개인 것은 남편이 두 명이었음을, 목조가 세 개인 것은 남편이 세 명이었음을 말하는 게 아닐까 추측해보았다.

## 수초가 우거져 있던 샤오허묘지

앞서 관 하나를 색깔이 서로 다른 세 종류 소가죽으로 감쌌다고 했다. 그렇다면 이렇게 많은 고분에서 사용하려면 얼마나 많은 소가죽이 필요했을까! 소머리뼈 DNA를 분석해보니 이들 소는 유럽 황소였다. 또 소가 먹은 풀의 양을 추산해 분석한 결과 당시 자연환경은 무척 좋아 인류의 생존과 목축에 적합했다고 생각할 수 있다.

예전에 풍부했던 수초가 지금은 거의 존재하지 않는다. 2003년에 3개월에 걸쳐 고분 30여 기를 발굴했다. 이 기초 발굴로 샤오허묘지의 기본적인 상황을 조금이나마 파악할 수 있었다. 그러나 로프노르 지역은 매년 3월 큰 바람이 불기 시작해 3월부터 9월 중순까지는 발굴 작업을 할 수 없다. 왜냐하면 바람과 모래 폭풍으로 아무것도 보이지 않아 촬영, 측량, 도면 그리기 등 기본적인 것조차 할 수 없기 때문이다. 그래서 발굴 작업을 하다가도 3월이 되면 철수했다가 이듬해에 다시 들어갔다.

큰 바람이 부는 계절이 아니라도 낮에 바람이 불면 작업을 멈추었다 밤에 등불을 밝히고 일했다. 아까운 시간을 그냥 보낼 수는 없었다. 첫째, 경비 면에서 하루

일을 하지 않고 쉬어버리면 그만큼 낭비되는 지출이 생긴다. 둘째, 보급품도 문제였다. 물과 음식물 등 모든 물자는 밖에서부터 가지고 들어와야 했다. 계산해보니 물 1리터를 가지고 오는데 3위안이 넘게 들었다. 오늘날 도시민의 생활용수는 1,000리터에 3위안이 되지 않는다. 우리 물은 매우 비싸면서도 한정된 양밖에 없었다. 일반적으로 작업을 마치고 한 대야의 물을 함께 사용했으니, 세수하는 것마저 사치로 여겨질 정도였다. 그래서 보통은 정기적으로 보급 받은 젖은 종이로 매일 얼굴을 닦는 것으로 만족했다. 실제로 모래 바람이 심하게 불어왔을 때 우리는 매일 한 종지 물로 양치를 하고 대부분의 물은 음식을 만드는 데 사용할 수밖에 없었다.

## 이해되지 않는 수수께끼: 샤오허묘지의 생활 구역 탐사와 추측

2005년 3월 중순 제3차 발굴 작업을 어렵게 마침으로써 모든 샤오허묘지 발굴을 최종적으로 마무리했다. 우리가 발굴한 묘지 167기에, 이전에 도굴된 묘지 190기까지 도합 360여 기에 이르는 고분이 상당히 장관을 이루었다. 모든 관은 소가죽으로 덮여 있었고 소머리는 걸어놓거나 부장품으로 묻었다. 이처럼 고분에서는 소의 각 부분이 상당히 광범위하게 사용되었다. 발굴된 법기法器 가운데 아교를 발라 깃털을 붙여놓은 것이 있었다. 나중에 분석해보니 소의 뼈와 짐승 가죽을 오랫동안 끓여서 만든 아교였다. 이는 즉 당시 사람들이 아교를 알고 있었다는 의미다.

수많은 소를 키워 고기는 먹고 가죽은 관을 덮었으며 뼈는 아교를 만들었다면, 소

의 나머지 부분은 어떻게 처리했을까? 샤오허묘지 유적은 상층과 하층으로 나뉘어 있는데 상층은 3,500년 전의 것이고 하층은 4,000년 전의 것으로 둘 사이에 500년 이라는 시간 차이가 있다. 모두 거주 구역이 있었을 것이고 거주 구역은 생활 구역 과 쓰레기 구역으로 구분되었을 것이다. 버려진 소뼈가 오랜 시간 동안 쌓이면 쓰 레기 퇴적층이 형성될 수밖에 없다.

우리는 샤오허인의 생활 구역이 묘지와 멀리 떨어져 있지 않았을 것이라고 보았 다. 왜냐하면 당시 사람들은 너무 먼 곳은 갈 수 없었기 때문에 묘지의 기둥과 관으 로 사용할 백양나무를 벌목해 옮겨오는 일도 쉽지 않았을 것이다. 그러므로 그들의 거주지는 묘지에서부터 3~4킬로미터 떨어진 범위 안에 있었을 것이다. 만일 묘지 만 있고 생활 구역이 없다면 비교연구를 할 수 있는 방법이 없었기 때문에 우리는 줄곧 생활 구역을 찾았다. 소뼈가 쌓여 있는 곳을 찾는다면 당시 사람들의 거주지 도 찾을 수 있을 것이었다. 관을 끼워 맞춘 구조로 이렇게 잘 만들었다면 거주하던 집도 일정한 규모를 갖추었을 것이라고 생각했다. 그러나 묘지 주위 사방 4~5킬로 미터 되는 곳을 전부 조사했지만 어떠한 것도 발견하지 못했다.

그래서 나는 사람이 살아서 생활할 때는 비교적 간단한 곳에서 살다 죽은 자의 매 장만 특별히 중시한 것은 아닐까 생각해보았다. 당시 샤오허인들이 일정하게 분업 하는 것을 상상해보았다. 관을 만드는 사람은 관을 만들고, 신발을 만드는 사람은

1. 13호 고분 전모氈帽
2. 11호 고분 깃털 장식
3. 13호 고분 가죽신
4. 13호 고분 목조인면상木彫人面像

신발을 만들며, 전모氈帽를 만드는 사람은 전모를 만들고, 망토를 제작하는 사람은 망토를 제작하는 것 말이다. 예를 들면 그들의 부장품인 화살대에는 역삼각형 무늬가 있다. 샤오허묘지에서 출토된 전모는 보존 상태가 양호했으며 양털로 만들어 재질도 좋았다. 망토에는 붉은색 무늬가 섞여 있었는데 전모도 마찬가지였다. 샤오허인은 또한 깃털을 많이 활용했다. 신발 위에도 깃털이 있었고 시신의 몸에도 부장품으로 깃털과 붉은 털실로 짠 장식이 있었다. 어떤 묘에서는 다발로 묶인 깃털이 부장품으로 발견되기도 했다.

부장품 가운데 목조 인면상이 있었다. 목조인의 눈동자는 구슬을 사용했고 치아는 처음에 뼈를 활용했다고 봤는데 실제로는 깃털의 뿌리 부분을 절개해서 만들었다. 이 때문에 우리는 샤오허인이 금속 도구를 이용했을 것이라고 추측했다. 관 위에 3~4센티미터 길이 도끼 자국까지 있어 금속이 아닌 옥부나 석부 같은 벌채 도구로는 만들 수 없는 흔적이라고 보았다. 그러나 샤오허묘지에서 금속 도구는 발견하지 못했다. 금속 도구는 매우 귀중했을 것이므로 당시 사람들이 이주할 때 가지고 간 것 같다.

기둥 윗부분과 아랫부분에 상감된 동편도 발견했다. 이것은 무엇을 의미할까? 구리는 당시에 아주 귀한 것으로 현지에서 나지 않았던 것 같다. 그렇다면 이주민이 가지고 왔을까? 이 의문은 좀 더 연구 분석해볼 가치가 있다.

# 2 | 천 년된 미라 '샤오허공주'의 신분

## '샤오허공주'의 수수께끼

샤오허묘지 11호 고분은 보존 상태가 무척 좋았으며 관 위는 소가죽이 단단히 감싸고 있었다. 소가죽을 하나씩 하나씩 벗겨내자 관 위에 작은 덮개 여러 개가 나타났다. 첫 번째 덮개 조각을 들어 올리자 전모를 쓴 머리 부분이 보였다. 보존 상태가 훌륭했다. 두 번째 덮개를 들어 올리자 전모 전체가 다 드러났는데 지금 막 묘에 들어간 것처럼 보존이 잘 되어 있었다. 양털 전모는 부드럽고 아름다웠으며 전모를 묶은 끈이 얼굴 양옆에 옅은 자국 두 개를 남겨 놓았다.

세 번째 덮개가 열리기 직전 현장에 있던 사람들은 자신도 모르게 탄성을 내뱉었다. 이런 느낌을 어떻게 설명할 수 있을까? 덮개를 막 열었을 때 나는 그의 바로 옆에 있었지만 그가 살던 시대는 나와 너무도 멀리 떨어져 있다……. 덮개가 열려 우리가 서로 마주 볼 때 그 시대의 그는 어떤 모습을 하고 있을까?

이런 심정으로 조심스레 세 번째 덮개를 벗겨내자 사람들이 갑자기 고요해졌다. 눈앞에 나타난 것이 사람들의 마음을 강하게 뒤흔들었기 때문이다. 잠깐 정적이 흐른 후 사람들이 동시에 소리쳤다.

"아! 샤오허공주다!"라고 어떤 사람이 외친 것이 훗날 이 미라의 호칭이 되었다.

샤오허공주 몸에 두른 망토의 상태가 무척 좋았다. 위쪽 작은 덮개를 모두 벗기자 보존이 잘 된 몸 전체가 드러났다. 그의 속눈썹이 구불구불하게 말려 있는 것을 분명하게 볼 수 있었고 하얀 얼굴, 오뚝한 콧대, 살짝 머금은 미소, 세밀한 입술선, 풍만한 몸매 등 이전에 발굴한 할머니에 비해 보존 상태도 좋고 얼굴도 예뻐 살아 있을 때는 더 아름다웠을 것 같았다.

그를 관에서 꺼내 망토를 벗기고 자세히 관찰했다. 그는 풍만한 몸매를 지녔으며 배 한쪽이 볼록하게 튀어나와 아마도 난산으로 죽었나 보다고 추측했다. 후에 우루무치에서 CT 검사를 해보니 매장할 때 몸이 눌리며 배가 압박을 받아 볼록하게 튀어나왔다는 것을 알게 되었다.

샤오허공주의 아름다움 때문에 '공주'라고 여겼으나 실제로 그의 신분은 특별한 것이 없어 보였다. 매장방식이나 부장품 모두 일반인과 다르지 않았다.

샤오허공주의 보존 상황과 관련해 묘지 전체의 입장에서 분석해보았다. 그와 같은 층에서 출토된 13호 고분의 할머니는 얼굴과 다리 부분이 잘 보존되어 있었다. 샤오허공주는 몸 전체의 보존 상태가 비교적 좋았는데, 발굴 당시 찍은 사진을 봐도, 또 실제 현장에서 봤을 때도 그의 얼굴을 포함한 전신에 흰색 물질이 한 겹 발려 있었다. 이를 두고 유상乳狀 물질을 바른 듯하다고 보고 있지만 정확한 분석은 아직 이루어지지 않았다. 다만 이 물질을 발랐기 때문에 보존 상태가 좋은 것이 아닌가 하고 추측할 따름이다. 이런 현상은 다른 고분에서도 발견되었다. 아마도 초기 샤오허인은 유상 물질을 활용해서 시신을 보존했고, 거기에 건조한 기후와 얕게 매장하는 방식이 더해지면서 시신에서 수분이 빠르게 빠져나가 좋은 보존 상태를 유지한 것 같다.

샤오허공주의 관 또한 특징적이다. 그의 관은 측판 두 개로 이루어져 있었다. 이런 매장방식은 먼저 모래땅에 구덩이를 파고 시신을 넣은 후 두 측판을 마주보게 합쳐 고정시킨다. 그리고 머리와 다리를 막는 것을 꽂아 넣는다. 그런 다음 작은 덮개 여러 개로 위를 덮고 마지막으로 소를 잡아 소가죽으로 감싸는 것이다. 여기서 문제를 내보자. 이 관은 바닥이 없을까?

왜 바닥이 없을까? 일반적으로는 이를 두고 배 모양 관이라고 말한다. 그러나 나는 좀 다르게 생각한다. 사람은 마지막에는 자신이 온 곳으로 돌아가려 한다. 그러므로 관 모양을 여자의 음부처럼 만들어 묘 주인인 여자가 자연스럽게 온 곳으로 돌아가는 것을 상징하기 때문에 관에 바닥이 없는 것이라고 생각한다. 물론 이 문제는 더욱 깊은 연구가 필요하며 다른 전문가의 견해도 들어봐야 할 것이다.


## 샤오허인은 어디에서 왔을까?


샤오허묘지 발굴 후반부에는 지린吉林대학과 공동으로 발굴을 진행했다. 지린대학 볜장고고학센터邊疆考古中心의 주훙朱泓 교수는 인류학 전문가로, 그가 조사한 바에 따르면 샤오허묘지 상층의 제1층부터 제3층까지 보존 상태가 좋은 편이라고 했다. 묘주의 머리카락은 옅은 노란색과 붉은색도 있었지만 대부분 갈색이었고 여

## 11호 고분 샤오허공주 묘지

샤오허묘지에는 167기의 고분이 보존되어 있으며 구조는 기본적으로 모두 같다. 먼저 사구沙丘 위에 구덩이를 파고 관을 넣는다. 그런 후 관 앞에 입목을 세우는데 어떤 입목은 매우 크고 굵었다.

11호 고분은 제1층에 있는 고분으로 남쪽 구역 동쪽 끝의 중앙, 묘지 사구 꼭대기에 위치한다. 묘혈은 길이 2.5m, 너비 1.2m 정도였다고 추정되며 관 앞에 높이 1.8m인 원주형 남근 입목이 세워져 있다. 나무 관은 길이 2.2m, 중앙 너비 0.55m, 높이 0.24m로 옆판과 가리개 두 개, 덮개까지 모두 백양나무로 만들었으며 바닥은 없었다. 관 덮개는 열한 조각으로 이루어졌고 그 위를 소가죽 세 장으로 덮어 감쌌다. 소가죽 위에는 다시 흰색 모직 망토 한 장을 덮은 후 위성류 가지 12개를 망토 위에 올려놓았다.

관 속의 묘주는 성인 여성으로 키가 152cm이고 온몸에 유백색 물질이 골고루 발려 있었다. 이미 미라가 되었으며 보존 상태는 무척 좋았다. 머리에는 흰색 둥근 전모를 썼다. 모자에는 깃털 장식이 있으며 가로로 족제비 한 마리가 꿰매어 있었다. 허리에는 흰색 짧은 치마처럼 생긴 허리옷을 둘렀고 발에는 짧은 가죽신을 신었다. 붉은색 털실에 구슬 장식과 깃털을 묶어 만든 목걸이를 찼고 오른 손목의 팔찌는 붉은색 털실에 대롱 모양 옥구슬을 엮어 만들었다. 몸은 넓은 모직 망토로 덮여 있으며 몸에 지닌 일상용품, 장신구, 옷 외에 망토 오른쪽 무릎 가까운 곳에 풀로 짠 바구니가 놓여 있었다. 그리고 몸 위 여러 곳에 마황초 가지, 동물의 귀 끝 부분, 동물의 근육을 꼬아서 만든 짧은 끈이 놓여 있고, 몸 위아래에 밀과 기장 가루가 흩어져 있었다. 묘주는 콧대가 높고 곧으며 움푹 들어간 눈언저리에 아마색 긴 속눈썹과 숱이 풍성한 긴 머리카락을 가졌다. 그 아름다운 모습 때문에 '샤오허공주'라고 불렸다.

1. 남근입목
2. 위성류 가지
3. 관을 덮은 망토
4. 관을 감싼 소가죽

북

현재 사구 지표

0  20cm

11호 고분 평면도와 단면도

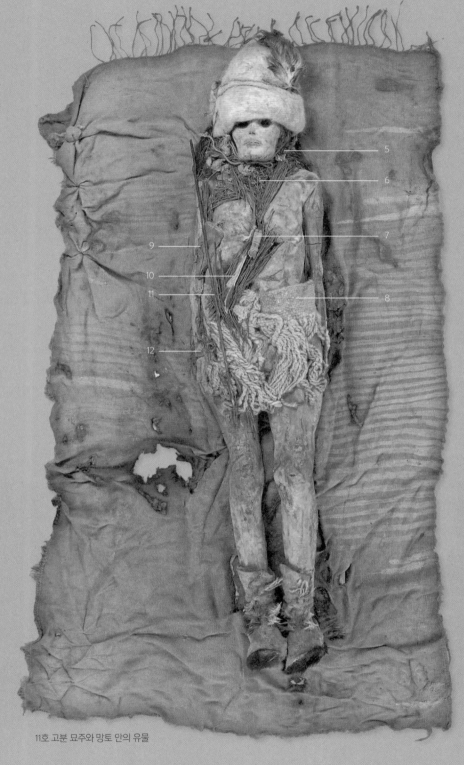

11호 고분 묘주와 망토 안의 유물

기에 콧대와 얼굴형 분석을 더해 주훙 교수는 그들이 유럽 인종이라고 주장했다.

샤오허묘지 하층의 제4층과 제5층은 보존 상태가 그리 좋지 않았다. 묘지가 모래더미가 되어버려 사막에 비가 내리면 빗물이 즉시 아래층으로 스며들어 모였기 때문에, 습기로 인해 보존 상태가 좋을 수 없었다. 그러나 지린대학 생명과학원이 하층에서 발굴된 여자 묘주의 미토콘드리아 유전자 분석을 통해 많은 정보를 밝혀냈다. 그중에는 이 여자에게 동아시아와 남아시아인의 성분이 포함되어 있다는 것도 있었다. 이것은 초기에 동아시아와 남아시아 사람과 유럽 사람이 융합된 현상을 설명해준다.

농작물과 경작방식에서도 이 점을 확인할 수 있다. 이곳 사람들은 밀과 기장을 경작하며 소를 농사에 사용했다. 소의 DNA 샘플은 그들의 유전자 구성이 중원의 황소가 아니라 유라시아의 길들여진 소와 매우 유사함을 알려주었다. 곧 그들이 유럽이나 서아시아에서 온 황소라는 것이다.

그러면 샤오허인은 어디에서 왔을까? 샤오허묘지를 두고 많은 전문가가 언어, 환경, 인류학 방면에서 심혈을 기울여 연구한 끝에 샤오허인이 오늘날 러시아 캅카스지역에서 왔을 것이라고 결론 내렸다. 지구의 기후가 변화하는 속에서 인류는 생존에 적합한 곳을 찾아 끊임없이 이동했다. 인류는 이동할 때 주위 환경을 무척 중시했다. 물이 있고 풀이 자라서 생존에 적합한 환경이어야 거주지로 선택할 것이다. 만일 환경이 나빠졌다면 다시 다른 곳으로 이동해갔다.

13호 고분 관의 측면

기후가 추워졌기 때문에 캅카스 지역 사람들은 동쪽으로 계속 이동했다. 신장 북쪽에는 톈산天山산맥이 있고, 남쪽에는 아얼진산阿尔金山과 쿤룬崑崙산맥이 있어, 사람들은 아마도 우즈베키스탄 회랑, 곧 이리伊犁 협곡을 따라 로프노르로 이동했을 것이다. 로프노르는 몽골어로 '많은 물이 모여 있는 호수'라는 뜻이다. 이 호수는 중국에서 두 번째로 큰 내륙호로 문헌에 "물이 많고 아주 깊었다水大波深"라고 기록되어 있듯이 물과 풀이 풍부해 거주하기에 적합한 곳이었다. 로프노르 지역에서 많은 세석기細石器가 발견되었는데 이른 것은 지금부터 약 만 년 전의 것으로, 이 때부터 이 지역에 인류가 거주했음을 알 수 있다.

캅카스 지역 이주민이 오기 전에 이곳에 이미 사람이 살고 있었다. 고묘구에서 발견한 사람의 척추뼈 윗부분에는 돌화살촉이 꽂혀 있었다. 그렇다면 새로운 이주민과 원주민 사이에 물과 토지를 놓고 다투다 전쟁이 발생했을 가능성을 추측해볼 수 있다. 이런 현상은 인류 이동의 역사에서 항상 보이는 것이다. 그러나 전쟁을 하면서도 한편으로는 융합해 샤오허묘지의 주인은 동아시아와 남아시아 사람을 포함해서 다양한 인종적 요소를 지니고 있었다. 그들은 이곳으로 이주해 정착한 후 유럽인과도 융합한 것으로 보인다.

유라시아 대륙 전체를 걸쳐 인류는 끊임없이 이동하며 융합하고 교류했다. 캅카스 지역에는 현재 세베르나야오세티야—알라니야Severnaya Osetiya-Alaniya 공화국이 있다. 그들의 선조는 아리안족 일파에 속하는 알란족으로, 중국 역사에서 '엄채인奄蔡人'이라고 했던 사람들이다. 이곳에서 한나라, 진나라 시기의 많은 견직물이 발견되었다.

유럽의 인도·유럽인은 일찍이 4,000년 전부터 기후 변화로 인해 동쪽으로 이동했다. 샤오허묘지 인종 연구를 통해 이 사실을 증명할 수 있었다.


## 샤오허인의 복식

샤오허묘지를 발굴하며 우리는 샤오허인의 복식을 이해할 수 있었다. 샤오허 고분 가운데 할머니는 유행을 따르던 여성으로 보이는데, 얼굴에는 붉은색이 칠해져 있고 금귀고리를 차고 있었다.

샤오허인의 일상에 근거해 보면, 여자들은 하와이의 풀치마 같은 허리옷腰衣만

입었다. 치맛자락이 비교적 넓었고 아래에 둥근 술이 매달려 있었다. 털실로 짜서 만들었으며 입었을 때 술을 묶어 고정했다. 짧은 치마 모양 허리옷이라 부를 수 있겠다. 남자의 허리옷은 더 간단하여 하나의 긴 허리띠였고 앞에 매듭이 늘어져 가랑이를 가렸다. 이밖에 샤오허인은 일반적으로 머리에 전모를 쓰고 발에는 신발을 신었지만, 상의와 바지는 발견되지 않았다.

그들은 매장될 때 망토로 몸을 감쌌는데, 나무나 뼈를 핀으로 활용해서 망토를 고정시켰다. 망토 역시 정교해서 술 옆에 장식이 있었다. 여자 망토의 장식은 목과 어깨 부분에 있었고 남자 망토의 장식은 앞자락에 있었다. 우리는 망토가 그들의 일상 외투로 낮에는 어깨에 걸치거나 몸에 두르고 있다가 저녁이 되어 추워지면 옷으로 입거나 이불로 삼아 따뜻하게 했을 것이라고 분석했다.

아프리카에서도 유사한 것을 볼 수 있다. 몇 해 전 마다가스카르에 갔을 때 현지 사람들이 침대 시트 같은 것을 낮에는 어깨에 걸치고 있다가 해가 지고 나면 몸에 두르는 것을 관찰했다. 오스트레일리아인도 샤오허인과 비슷했는데, 현지 토착 남자들은 허리띠를 묶었고 여자들은 술이 약간 아래까지 내려오는 허리옷을 입었다. 그리고 그들 모두 털로 짠 망토를 걸치고 있어 샤오허인이 입고 쓴 것과 유사했다. 사람들의 생활방식이 그들의 기본적인 복식을 결정한다.


## 목시와 부장품


한편 샤오허묘지에서 나무로 대신한 시신을 발견했다. 일반 시신과 마찬가지로 망토로 감싸고 전모를 쓰고 있어 매우 기괴한 느낌을 주었다. 그것을 목시木尸라고 한 것은 실제로 나무를 사용해서 사람의 체형처럼 만든 시신이었기 때문이다. 어떤 목시는 인체 형상과 비슷한 모양 나무줄기를 그대로 활용해 소가죽으로 감싼 후 눈동자, 입술, 머리카락, 눈썹 등을 만들어 붙였다.

최종적으로 발굴한 목시는 모두 십여 구였다. 왜 목시를 묻었을까? 목시는 죽은 사람의 부장품과 완전히 일치했다. 샤오허묘지는 이 지역의 죽은 자를 위한 신성한 전당으로 모든 사람이 이곳에 묻혀 몸과 영혼이 안식을 얻기를 바랐을 것이다. 그러나 예외적 상황도 있었으니, 사냥을 나가 실종되거나 전쟁에서 포로로 잡혀가 죽음을 당하면 시신을 장사지낼 수 없었다. 그렇더라도 그들에게 완전한 안식처를 마련해주고 싶었기에 목시로 시신을 대신한 것이다.

발견된 목시 가운데 매우 특별한 것이 하나 있었다. 머리와 양팔은 진짜 사람의 것이고 나머지 부분만 나무로 대신한 것으로 아교와 같은 것을 사용해서 외형이 풍만하게 보이도록 했다. 또 목시 두 구가 있는 묘가 있었는데, 묘 앞의 입목이 여자의 음부인 것으로 보아 남자 목시인 것으로 보였다. 보통 묘에 혼자 묻히듯이 목시도 혼자 묻히는데, 이 경우만 목시 두 구 모두 남자였다. 아마도 이 둘이 부자지간이거나 형제지간이었는데 불행하게도 두 사람 모두 돌아오지 못해 이렇게 목시로 함께 묻힌 것이 아닐까 하고 추측해보았다. 이것은 샤오허묘지에서도 아주 특별하고도 중요한 현상이라고 볼 수 있다.

샤오허인에게 샤오허묘지는 죽은 자의 신성한 전당으로 반드시 가야 할 귀착지였다. 그러므로 4킬로미터 밖에서도 샤오허묘지를 볼 수 있도록 주위보다 높고 평평한 곳에 자리 잡았으며 조용하고 안정적인 분위기가 가득했다. 이곳 자체는 위성류 지대로 제3층 고분은 위성류 위에 깔려 있었다. 원래 이 지역에는 백양나무가 많아서 샤오허인은 주위 백양나무를 대량으로 벌목해 관을 만들고 기둥을 세웠다. 계산해보니 샤오허묘지 전체에서 사용되기 위해 1,500그루도 넘는 백양나무가 벌목

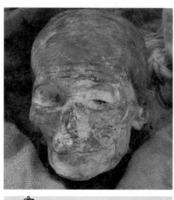

1. 13호 고분의 할머니.유행을 따르던 여인으로 보이는데 얼굴은 붉은색으로 칠하고 금귀고리를 찼다.

2. 여성 허리옷

3. 남성 허리옷

된 것 같다. 백양나무숲은 이미 사라졌다. 인류가 무절제하게 나무를 베어냄으로써 로프노르가 말라붙었고 생태 환경이 심각하게 파괴되어 식생이 모두 고사했다. 지금은 바싹 마른 몇 그루 백양나무가 흩어져 있을 뿐이다.

샤오허묘지와 태양묘지 지역의 전체 상황으로 미루어보면, 이 지역에 살던 초기 인류의 생존 수명은 그리 길지 않아 비교적 오래 산 사람도 40~50세 전후였던 것 같다. 일반적으로는 30세를 전후로 자연스레 사망한 것으로 보인다. 할머니 고분과 24호 남자 고분만 관의 규격이 비교적 크고 부장품이 많았으며 그밖에 나머지 고분은 기본적으로 같은 형태였다.

풀로 짠 바구니

죽은 사람을 샤오허묘지에 매장할 때 제사 활동도 행해진 듯하다. 묘지 발굴 중에 발견한 불을 피운 흔적을 통해 제사 의식이 행해졌음을 추정할 수 있었다. 북쪽 지역에서 발견한 10호 고분은 아주 특수한 경우다. 묘주는 남자였지만, 그는 여자의 허리옷 같은 것을 입고 있었다. 그의 허리옷은 세 층으로 이루어졌으며 길이가 무척 길었다. 머리에 쓴 전모 또한 일반적인 것과 달랐는데, 가죽으로 테두리를 둘렀을 뿐만 아니라 전모의 깃털이 위쪽을 향한 것과 앞쪽으로 뻗은 것이 섞여 있었다. 묘주의 몸과 함께 일곱 마리 뱀이 부장된 것으로 보아 그는 무당이었을 것으로 보인다.

샤오허묘지에서 도기는 발견되지 않았다. 대신 고분마다 풀로 짠 바구니가 부장되어 있었는데, 바구니를 엮은 솜씨가 매우 뛰어났으며 윗부분의 기하무늬와 인人 자 무늬가 잘 어우러졌다. 사막이라는 지리적 요인으로 인해 보존 상태도 아주 좋았다. 고분 하나에 바구니 하나가 반드시 있고 그 안에는 밀이 들어 있었다. 어떤 바구니에는 기장과 유제품이 들어 있기도 했다. 유제품을 분석해보니 우유와 세균, 효모균을 섞어 만든 유산균 제품 '케피르kephir'로 일종의 치즈였다. 이로써 소를 사육해 우유를 마신 것은 물론 유제품을 만들었음을 알 수 있었다. 이는 아마도 지금까지 발견된 것 중 가장 이른 시기의 유제품일 것이다.

풀로 짠 바구니에 직경 1센티미터 정도 갈대 대롱이 꽂혀 있기도 했는데 이렇게 두꺼운 갈대가 자랐다는 것은 당시 환경이 아주 좋아 수초가 푸르게 우거져 있었음

1 2

1. 출토된 밀과 기장
2. 출토된 마황초

을 알려준다. 샤오허인에게 갈대와 감초 같은 식물은 무척 중요하고 유용한 것이었는데, 그 위에 쇠똥을 놓아두기도 하고 양의 뼈를 한 덩어리로 묶어서 두기도 했다.

대량으로 부장된 농작물로는 밀과 기장이 있다. 밀은 서아시아의 티그리스강과 유프라테스강 유역에서 전해진 것이고 기장은 중원 지역에서 전해진 것이다. 또한 마황초도 있었다. 마황초는 열을 내리게 하고 사악한 것을 물리쳐주며 호흡기 감염에도 일정한 효능이 있다고 한다. 부장된 마황초의 양이 많은 것으로 보아 샤오허인이 생전에 이것을 많이 사용했던 것 같다.

# 3 | 로프노르 러우란의 소멸과 생태보호

## 동서 문화교류의 중추였던 러우란

러우란(樓蘭, 누란) 고성과 샤오허묘지는 어떤 관계가 있을까? 샤오허묘지는 청동기시대의 것이지만 러우란 고성은 한나라, 진나라 시기 고성으로 실크로드 남로에서 동서 문화교류에 중추적인 역할을 한 지역이다. 러우란 고성의 발견을 통해 전체 사회구조, 가옥건축, 주민생활, 경제교류, 문화융합 등을 이해할 수 있었다. 러우란의 불교 조각은 간다라 미술의 영향(이는 곧 그리스 문화도 간접적으로 영향을 주었다는 것을 의미한다)뿐 아니라 동쪽 중원 지역의 영향도 받았다.

러우란이 실크로드에서 동서 문화교류의 중심지였음은 많은 유물과 고적이 증명해준다. 한나라, 진나라 고분에서 견직물이 발견되었으며 시신이 입고 있는 옷은 모두 중원 지역의 전형적인 중국식 복식이었다. 고분 형식도 마찬가지였는데, 모두 수혈식竪穴式 구조로 묘실이 아치형이고 관에 주작과 현무 같은 중국 중원 지역의 그림이 그려져 있으며 권운문卷雲紋으로 장식되기도 했다.

러우란 유적

1980년 톄반허鐵板河의 한 야르당에서 러우란의 미녀를 발견했다. 여러 차례 측정을 거쳐 그가 살았던 시대를 태양묘지, 고묘구와 마찬가지로 지금부터 3,800년쯤 전이라고 확정했다. 이후 발견한 샤오허묘지의 하층은 지금부터 4,000년 전, 상층은 3,500년 전의 것으로 모두 러우란의 전형적인 중국식 채색 관棺과 동일한 문화유형에 속했다. 그런데 러우란의 시대는 동한부터 진晉나라까지로 샤오허묘지와는 3,000년의 시대 차이가 있다. 즉 샤오허묘지부터 러우란 문명에 이르기까지 인류 활동이 단절되었다고 말할 수 있다.

여러 해에 걸쳐 조사했음에도 단절 시기 동안 인류 활동의 흔적을 발견하지 못했다. 어떻게 된 것일까? 2010년에 샤오허묘지를 조사하다 그림이 있기도 하고 무늬가 새겨져 있기도 한 도편들을 발견했다. 이런 도편은 타클라마칸 사막 커리야허克里雅河 하류에서도 발견되었는데, 지금부터 2,500년 전에서 3,000년 전 사이의 것이다. 그러나 발견된 것은 이들 도편뿐으로 인류 활동의 다른 증거는 없었으니 앞으로 더 진전된 조사가 있기를 기대해본다.

사실 한나라, 진나라 시기 실크로드 남로에는 러우란 외에도 많은 성이 있었다. 예를 들면 러우란에서 서남쪽으로 50킬로미터 떨어진 곳에 일련번호 LK로 지정된 하이터우海頭 고성이 있었고, 하이터우 고성 옆에 일련번호 LL인 성이 있었으며, 러우란 부근에도 일련번호 LE인 성이 있었다. 샤오허에서 서북쪽으로 6킬로미터 정도 떨어진 곳에서 위진魏晉 시기 성 하나를 또 발견해 일련번호를 L이라고 붙였다. 이처럼 이곳에는 인류가 활동한 지역이 매우 넓게 분포되어 있었다. 1980년 러우란 동쪽에서 개원통보開元通寶 900여 개가 발견되었는데, 이는 러우란 고성은 없어져 이미 험난하게 된 이 길을 당나라 때까지 사람들이 상업로로 이용했음을 말해준다. 개원통보는 아마도 물이 없는 거친 사막에서 사람은 죽고 그들이 지니고 있던 돈이 묻힌 것으로 보인다.

'러우란'이라는 명칭은 러우란 고성의 발견에서부터 시작되었다. 동한 시대 교통 중심지이던 러우란은 서역도호부에 속했다. 기원전 77년 부개자傅介子가 러우란 왕을 죽이고 선선국鄯善國으로 이름을 바꾸자 서한의 조정은 이곳에 군사를 주둔시키고 둔전을 개간해 중원과 서역을 연결하는 상업로를 방어했다. 선선국의 관할 범위가 더욱 넓어지며 뤄창若羌과 위톈于田 일대를 모두 포함했다.

그래서 실크로드 남로에는 러우란, 니야尼雅, 위톈 등의 지역이 포함되어 인종융합, 문화소통, 물자교류 등의 방면에서 모두 명백한 흔적을 남겼다. 중원 지역의 칠

1 4
2 5
3 6
 7

1. 러우란에서 출토된 중국식 복식
2. 러우란의 전형적인 중국식 채색관
3. 러우란 동쪽에서 발견된 개원통보
4. 군영에서 출토된 옻칠한 상자
5. 군영에서 출토된 유리 그릇
6. 옻칠 소반
7. 동한 시대 쇠뇌

기, 비단과 서역의 향로, 유리 그릇 등은 모두 러우란을 거쳐 교류되었다. 장건張
騫이 실크로드를 개척했다고 하지만 그것은 단지 공식적인 행위였을 뿐으로, 실제
로 훨씬 이전부터 민간에서 교류 통로로 이 길을 이용했을 뿐만 아니라 형식도 다
양해서 옥의 길, 모피의 길, 청금석靑金石의 길 등이 있었다.

장건이 서역으로 사행使行을 갔다 장안長安으로 돌아온 후 무제武帝에게 이런 상
황을 보고한 후 공식적인 실크로드가 열리며 러우란은 그 위치가 더욱 중요해졌다.
흉노가 서역 각국과 한나라와의 관계를 끊으려 하자 서한과 동한 조정은 사람을 보
내 이곳을 수복했고 이후 다시 군대를 파견해서 둔전을 개간하며 이 지역을 관할했
다. 한나라 조정은 일정한 호위병을 보내 실크로드를 지나는 사람들을 호송했는데,
이들 속에는 상인뿐 아니라 조정의 사신과 불교도도 있었다. 서역도호부도 사람을
보내 모든 오아시스와 작은 국가 사이를 왕래하는 사람들을 호송했다.


## 러우란의 소멸과 생태보호

장건 이후 서역과의 교역로가 공식적으로 열리자 러우란 지역 인구가 끊임없이
증가해 물 소비가 기하급수적으로 늘었다. 로프노르로 들어오는 물의 흐름이 계속
막히며 이 지역은 점점 거주하기에 적합하지 않은 곳으로 변해갔다. 러우란이 소멸
된 원인으로 기후 변화, 전쟁, 전염병 등 여러 가지를 들 수 있다. 발굴된 문서에는
강 상류의 흐름이 막혀 강물 이용이 여의치 않으면서 물 공급이 부족해졌다는 언급
도 있다. 게다가 러우란 지역을 포함한 실크로드 남로에서 발견된 모든 고성에서
대량으로 백양나무를 벌목해 집을 짓는 데 사용했다. 이 지역 집의 구조물과 기초
는 모두 나무로 이루어졌다. 당시 건축된 집은 모두 나무로 틀을 만든 후 울타리를
세우고 마지막으로 풀이 섞인 진흙을 발랐다. 집의 구조도 특별했다. 평민의 집은
단순한 편이었지만 귀족의 집은 매우 넓어 전실, 회랑, 저장고, 후실로 나뉘어 있었
고, 겨울에 머무는 집과 여름에 머무는 집이 따로 있었으며, 세심하게 신경 써서 문
틀에 꽃무늬를 새기기도 했다. 수원 부족과 백양나무의 대량 벌목이 모두 생태 환
경의 악화를 초래했다.

발굴된 문서 가운데는 후에 이 지역에서 제정한 법률에 식물을 보호하는 엄격한
조항이 있었다는 내용도 있다. 예를 들면 백양나무 한 그루를 베면 말 한 마리를 벌

금으로 내야 했고 좀 더 굵은 백양나무를 베면 벌금으로 소 한 마리를 내야 했다. 이는 현재 확인할 수 있는 것 중 가장 이른 시기의 삼림법이라 할 수 있다.

위진 시대 이후 옌치焉耆 지역을 포함한 쿵췌허 상류 인구가 증가해 대량의 황무지를 개간하고 흐르는 물을 막아 사용해야 했다. 그래서 쿵췌허와 타리무허의 물이 로프노르와 러우란으로 흘러들 수 없었다. 물이 부족해지자 사람들은 다른 곳으로 이주하기 시작했다. 문헌에 의하면 4세기 무렵부터 점차적으로 이주했다고 한다. 그러나 로프노르가 마지막으로 말라버린 것은 1972년이다. 상류의 물이 막히자 수원이 부족해져서 로프노르는 완전히 말라버렸다.

실크로드 남로에서 발견된 성터 주변 2~3킬로미터 안에서는 말라버린 백양나무를 볼 수 없고 오히려 성터에서 멀리 떨어진, 사람이 거의 살지 않던 곳에 바싹 마른 큰 백양나무가 있으며 어떤 것은 직경이 1.5미터나 되었다. 이것은 어찌된 일일까? 성터 주변 백양나무는 대부분 베어져 관을 만들거나 제사를 지내는 데 사용되었다. 결국 성 가까이 자라던 나무는 모두 훼손된 것이 분명하다. 2008년에 나는 타클라마칸 사막에서 초기 고분 한 기를 발견했다. 이어서 13일 동안 타클라마칸 사막 깊숙한 지역을 걸어 다니다가 사막도로를 200여 킬로미터 걸어 나오면서 80개 옛 하도河道를 지났는데, 도중에 말라버린 백양나무숲도 있었다. 나는 3일을 더 걸어서야 사막에서 나올 수 있었다.

사람들이 무분별하게 식생을 파괴함으로써 환경의 변화가 초래되었다는 사실이 현재 우리에게 경종을 울린다. 타클라마칸과 로프노르 지역의 초기 생태 환경은 무척 풍요로웠다. 호수가 깊어 수초와 갈대가 풍성했고 동물도 많았을 것이라고 상상할 수 있다. 실크로드 남로에 있던 작은 국가들이 사라진 이유는 모두 인위적 원인과 깊은 관계가 있다.

신장의 환경 파괴가 심각해 현재 회복을 위한 많은 조치를 실시하고 있다. 예를 들면 타클라마칸 사막도로는 세계에서 가장 긴 사막 관통 도로로, 중국 최초의 사막도로일 뿐만 아니라 세계 최초이기도 하다. 타클라마칸 사막도로 양쪽으로 살수 기술을 활용해 위성류를 심고 방풍 역할을 하게 해놓았다. 또한 타리무허 강물을 타이터마후台特瑪湖로 흘러들게 했다. 타이터마후로는 타리무허와 처얼천허 같은 많은 강의 물이 흘러드는데, 호수 면적이 가장 넓을 때는 300제곱킬로미터 가까이 되었다. 1970년대 타리무허 하류의 물길이 끊기며 타이터마후가 천천히 말라 로프노르처럼 '죽음의 바다'가 되었다. 다시는 물이 흘러들지 않아 쿠무타거庫姆塔格 사

막과 타클라마칸 사막이 연결되어 '세계에서 두 번째로 큰 사막'이라는 불명예스러
운 이름으로 불리게 되었다. 이것은 한번 망가진 생태계를 복원하기가 매우 어렵다
는 것을 보여주는 예다. 2001년 3월 베이징에서 폐막한 제9기 전국인민대표대회 제
4차 회의에서 타리무허를 5년~10년 동안 정비해 타리무허 유역 생태 환경이 획기
적으로 회복되게 할 것이라는 중대한 결의를 통과시켰다. 이후 국가는 100억 위안
이 넘는 돈을 들여 타리무허를 정비했다. 이 몇 년 동안 타이터마후는 일정한 수역
을 회복했고 식생도 상당히 좋아져 식물이 무성하게 자라자 물새들도 자연스레 돌
아와서 서식하게 되었다. 이처럼 생태 환경을 보호하는 것이 무엇보다 중요하다.
한번 망가져버리면 아무리 큰 대가를 지불해도 쉽게 회복되지 않는다.

　1980년대 로프노르 탐사가 한창일 때 현지 노인이 알려주기를, 로프노르 지역에
말라버린 갈대 지역이 있는데 거기에서는 절대로 불을 피워서는 안 되며 설사 불을
피웠더라도 제대로 끄지 않으면 불이 갈대 뿌리로 타들어가며 15년 동안 계속 탈
수 있다고 했다. 과거 로프노르의 식생이 얼마나 무성했을지 상상해볼 수 있는 말
이다.

# 다원일체의 민족 문화교류지 신장

　신장은 지난 세기부터 현재까지 스벤 헤딘, 마크 아우렐 스타인Mark Aurel Stein 같은 서양인을 비롯해서 일본 오타니 고즈이大谷光瑞의 탐험대, 러시아인, 독일인 등 많은 사람들이 끊임없이 찾아와 각종 탐사를 진행했다. 당연히 중국도 초기부터 고고학팀이 일련의 탐사를 진행했다. 역사적으로 실크로드가 있기 전부터 신장은 동서 문화의 교류지 역할을 했다. 예를 들면 옥석, 초기 상업교류, 무역과 교환이 이곳에서 이루어졌다. 고고학 관련 역사 기록에서 타리무분지(타림분지)와 로프노르 지역을 포함한 신장 일대가 동서 문화교류에서 매우 중요한 역할을 했음을 쉽게 찾아볼 수 있다.

　꾸준히 이어져온 고고학 발굴은 신장이 다양한 인종, 민족, 종교, 문화의 집합지였음을 알려주었다. 불교의 간다라 미술을 포함한 서구 그리스 예술이 바로 이 지역에서 구현되었다. 더불어 중원 지역의 건축방식, 축성방식, 고대 성과 해자의 배치, 매장풍속 등의 흔적 또한 남겨져 있다. 결국 신장에서 일종의 '다원일체多元一體'가 출현한 것이다. 이 역시 중화민족의 형성과 맥을 같이하는 것으로, 중화민족도 서로 건립하고 서로 받아들이고 서로 융합하며 사회 발전을 추진함으로써 더욱 발전된 번영과 강성을 이룩했다.

## 발굴사

● 1900년 러우란 지역을 탐사하다 로프노르인 에르데크가 우연히 러우란 고성의 실마리를 발견했다.

● 1934년 중국과 스웨덴 합작 서북과학탐사단의 단장 스벤 헤딘이 스웨덴 고고학자 폴케 베리만과 에르데크를 파견해 샤오허묘지를 탐색했다. 6월 2일 샤오허묘지를 발견한 베리만은 현장에서 묘 12기의 사진을 찍고 간단히 발굴하고 돌아왔다. 이후 그는 『신장고고기』를 펴내어 그 성과를 알렸다.

● 1979년 신장 문물고고연구소 소장 왕빙화가 탐사대를 이끌고 샤오허묘지를 찾다가 우연히 로프노르 태양묘지를 발견했다.

● 2001년 12월 왕빙화 탐사대가 마침내 샤오허묘지를 발견했다.

● 2002년 12월 말 이드리스 탐사대가 샤오허묘지를 찾아가 정리와 발굴 작업을 진행했다.

● 2005년 3월 중순 제3차 발굴 작업을 끝으로 마침내 샤오허묘지 발굴이 완료되었다. 탐사대가 발견한 고분 167기, 도굴당한 고분 190기를 합쳐 모두 360여 기의 고분을 발굴했다.

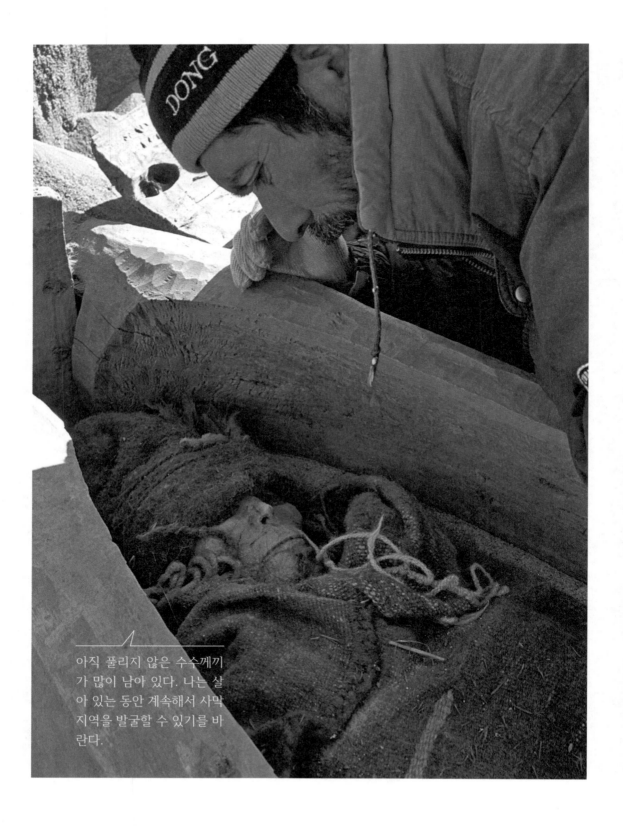

아직 풀리지 않은 수수께끼
가 많이 남아 있다. 나는 살
아 있는 동안 계속해서 사막
지역을 발굴할 수 있기를 바
란다.

# 신장웨이우얼자치구박물관

## 기하서화문금幾何瑞花紋錦

남색 바탕에 진홍색, 연한 초록색, 흰색 3색으로 이루어져 있으며, 화문花紋은 육각형이 원형으로 이어진 꽃송이 모양이다. 이 직물에는 씨실이 북으로 돌아올 때 만들어진 둥근 고리가 있어 그 모습이 송나라 때 서촉문瑞草紋 비단 가장자리와 유사하다. 이들 직물이 대량으로 출토된 것은 비단 무역이 번영했음을 반영한다.

## 오성출동방리중국(五星出東方利中國, 다섯 개의 별이 동쪽에서 나와 중국을 이롭게 한다)
### 수를 놓은 금호박錦護膊 (복제품)
길이 18.5㎝, 너비 12.5㎝

씨실과 날실로 무늬를 만드는 직조방식으로 제작했다. 남색, 진홍색, 초록색, 밝은 노란색, 흰색 등 다섯 가지 색으로 별무늬, 구름무늬, 공작, 선학, 벽사辟邪, 호랑이무늬를 짰으며, 무늬 사이에 예서체 五星出東方利中國이 두 줄로 관통하며 수놓아져 있다. 이 유물은 중국에서 처음으로 국외 전시가 금지되었다.

## 목우차木牛車
### 신장 투루판 아스타나 고분군 출토

갈고 깎고 새긴 목재를 모아 하나로 결합해 완성체를 만들었다. 끌채와 바퀴를 두 개씩 가지고 있다. 본체는 직육면체이며 앞뒤로 뚫린 문이 있고 앞문 양쪽 옆에 망사가 달린 작은 창이 붙어 있다. 본체 밖 외벽과 양측 내벽은 홍갈색과 검은색 등으로 권점문圈點紋 장식에 칠을 했다. 이 목우차는 비록 실물의 모형이지만 당나라 수레 양식을 연구하는 데 있어 보기 드문 귀한 자료다.

## 샤오허묘지의 성인 여자 미라

지금까지 신장 지역에서 출토된 연대가 가장 이르면서 보존이 가장 잘된 미라다. 발견 당시 잠자는 듯한 모습이었고 나이는 40~45세, 혈액형은 O형, 옛 유럽 인종으로 추정된다. 갈색빛 얼굴, 오뚝한 콧대, 움푹 들어간 눈, 긴 눈썹에 아래턱은 뾰족하고 갈색의 곧은 머리카락은 어깨까지 내려온다. 심지어 체모와 손톱까지도 분명하게 볼 수 있다.

## 장웅張雄 미라
### 신장 투루판 아스타나 고분군 출토

장웅은 생전에 고창국高昌國 궁정 시위군의 높은 벼슬아치로 좌위대장군左衛大將軍, 시랑侍郞, 전중장군殿中將軍 등의 관직을 지내다 57세쯤 세상을 떠났다. 장웅의 미라는 가죽과 살이 수축되어 배 부분이 아래로 꺼졌으며 몸 전체가 황토색을 띠고 있다. 얼굴형은 야위었으며 당시 돌궐인의 풍속을 모방해 가발을 묶었다. 미라의 키는 1.68m로, 생전에는 키 1.72~1.73m, 몸무게 68~73㎏이었을 것으로 추정된다. 미라의 음낭이 팽창되어 있는데 음낭쪽으로 장이 튀어나왔기 때문인 것으로 보인다. 이는 그가 생전에 서혜부 탈장을 앓았다는 것을 말해준다.

## 국화모양 과자
### 菊花式糕點

소맥분을 원료로 손으로 빚거나 압축해 형태를 만든 후 불에 굽는다. 보통 남방에서 생장하는 국화가 고대 투루판 주민의 밀가루 간식에 출현한 것은 당시 그 지역 사람들이 식물 조형을 모방하는 뛰어난 기술을 가지고 있었다는 것, 신장과 내지 사이에 경제 문화적으로 많은 공통점이 있었다는 것을 말해준다.

## 채회와우彩繪臥牛

손으로 직접 빚은 것으로 몸 전체를 황색으로 칠했다. 소가 앉아 있는 형상으로 오관五官과 가죽 등이 사실과 매우 유사하게 만들어졌다.

## 단이대류절선문채도관單耳帶流折線紋彩陶罐

이 도관은 차우후거우察吾乎溝 문화에 속한다. 차우후거우 문화는 신장 중부 톈산天山 남쪽에 분포했던 초기 철기시대 문화다. 고고학자들이 차우후거우에서 고분 수백 개를 발굴했는데, 고분 지표면에 돌무지 혹은 돌담이 있고 묘실은 수혈석실이었다. 부장된 도기는 대부분 손으로 빚은 것으로 보이는 협사홍갈도夾砂紅褐陶다. 채도의 화문花紋으로 망격문網格紋, 삼각문三角紋, 절선문折線紋, 능형문菱形紋 등이 있었다.

# 산시 역사박물관

## 고창길리高昌吉利 동전
직경 2.6㎝, 무게 약 12g

고창국(현재 신장 지역)에서 당나라 정관貞觀 연간에 주조한 유통 화폐로 윤곽이 규격에 맞고 정교하게 제작되었다. 정면에는 한자 예서체로 高昌吉利 네 글자가 새겨져 있고 뒷면에는 글자가 없다. 예서는 단정하고 장중하며 소박하고 힘이 있어 고창국의 뛰어난 화폐 주조 수준을 드러내준다. 또한 중국 문화가 서역으로 폭넓게 전파되었다는 것을 보여준다.

진시황릉원의 면적은 2.13제곱킬로미터이고 진시황릉구의 면적은 60제곱킬로미터 가까이 된다. 여러 해 동안 많은 곳의 지상과 지하에서 문화 유적을 발굴했지만 그 규모나 유물 면에서 모두 진시황릉에 미치지 못했다.

나는 고고학 외에 다른 일은 한 번도 생각해본 적이 없다. 고고학은 나의 생명의 빛으로 내 일생의 꿈을 밝혀주었다.

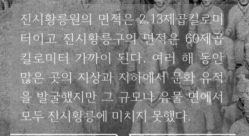

**돤칭보**段淸波

시베이대학 고고학 교수
전 진시황릉발굴단 단장

제6강

# 진시황릉秦始皇陵
## ― 중앙집권제의 축소판

40여 년의 발굴과 연구를 거쳐 우리는 진시황릉을 깊이 이해하게 되었다. 그리고 이를 통해 진시황 시대의 많은 문제와 지식에 대해 옛 사람, 심지어 사마천司馬遷보다도 더 많이 알 수 있게 된 것은 크나큰 행운이라고 생각한다. 사마천은 진나라의 군사軍事와 폭력적인 역사 장면을 알려주었고 우리는 그것을 믿어왔다. 그러나 진시황릉 발굴 과정에서 발견한 많은 것이 우리 역사 인식을 바꿔놓았다.

진시황릉 발굴이 보여주는 것은 진나라의 다채로운 문명, 과학 기술 수준, 진나라가 추구한 문화 형태뿐 아니라 진시황이 자신이 건설한 제국을 지하 세계에서도 영원히 보존하려고 했다는 점이다.

"제비나 참새 따위가 어찌 기러기나 고니의 뜻을 알겠는가? 燕雀安知鴻鵠之志哉?" 진시황의 꿈은 집권을 유지할 수 있는 체제를 만들어서 자신이 첫 황제이니 시황제가 되고 2세, 3세, 자자손손 대대만년 이어지도록 하는 것이었다. 비록 진나라는 제2대 황제 때 멸망했지만 과연 그가 말한 대로 자신이 만든 정치체제와 통치체계는 중국 문명에 2,000여 년 동안 영향을 주었으며 주변 국가로 널리 퍼져나갔다. 이런 역사적 공헌을 한 사람을 중국 문명사에서 다시는 만날 수 없다.

# 1 │ 진시황의 진짜 형상

　백여 년 전 일본인 아다치 기로쿠足立喜六가 시안에서 유적을 답사하고 『장안사적연구長安史蹟の研究』(1933)를 펴냈는데, 거기에서 리산(驪山, 여산)부근에 갔다가 본 것을 다음과 같이 기록했다. "활 모양으로 생긴 산이 들판에 있었는데 마치 화산 같은 산이었다. …… 산등성이의 경사가 완만해 말을 타고 정상에 올랐다. 정상에는 띠와 원추리가 무더기로 자라고 있었고 나무는 한 그루도 없었다." 이 거대한 봉분이 바로 진시황릉이다.

　진시황릉은 산시陝西 린통현臨潼縣 5킬로미터 밖 리산 북쪽 기슭에 있다. 일반적으로 이 능을 건설하는 데 40년 가까운 시간이 걸렸으나 항우項羽가 관중關中에 들어온 후 진시황릉을 대대적으로 파괴해 지상 건축물을 하루아침에 부숴버렸다고 알려져 있다. 후에 서한 조정에서 진시황릉을 보존하라는 명령을 내렸지만 적절한 보호 조치가 취해지지 않다. 『한서漢書』 「초원왕전楚元王傳」에 진시황릉에 불이 난 일이 기록되어 있는데, 양치기가 양을 잃어버리자 양이 진시황릉의 구멍 속으로 들어갔을 거라고 생각하고 불을 비춰 양을 찾으려고 하다가 불을 내 묻혔던 관을 다 태워버렸고, 이 큰 화재는 90일 동안 계속되었다고 한다.* 훗날 역사에서도 진시황릉은 줄곧 대규모로 도굴당하는 비극을 면치 못했는데 이런 일은 중화인민공화국

---

* 『한서』 「초원왕전楚元王傳」: 진시황제를 여산 산비탈에 장사지냈는데 아래로는 세 개의 강물을 막았으며 위로는 봉분을 산같이 높였다. 그 높이가 50여 장이고 주위 둘레는 5리가 넘었다. 석곽으로 객사를 짓고 사람의 기름으로 등불과 촛불을 밝혔으며 수은으로 강과 바다를 만들고 황금으로 오리와 기러기를 만들었다. 저장된 진귀한 보배, 기계 변화와 관곽의 화려함, 궁실의 성대함은 가히 넘어설 수 없었다. 또한 많은 궁인을 죽였고 공장工匠을 산 채로 묻은 수가 만 명에 달했다. 천하의 사람들이 그 부역을 고통스러워해 반란을 일으켰고 여산 작업이 완성되기 전 주장周章의 백만 군사가 그 아래에 이르렀다. 항적項籍이 그 궁실과 건축물을 불태웠고 이후 모두 발굴되었다. 그 후 목동이 양을 잃어버렸고 양이 구멍 속으로 들어가자 목동이 불을 비추어 양을 찾다가 불이 나서 그곳에 묻힌 관을 태웠다.
　秦始皇帝葬於驪山之阿, 下錮三泉, 上崇山墳, 其高五十餘丈, 周回五里有餘; 石槨爲遊館, 人膏爲燈燭, 水銀爲江海, 黃金爲鳧雁. 珍寶之臧, 機械之變, 棺槨之麗, 宮館之盛, 不可勝原. 又多殺宮人, 生薶工匠, 計以萬數. 天下苦其役而反之, 驪山之作未成, 而周章百萬之師至其下矣. 項籍燔其宮室營宇, 往者咸見發掘. 其後牧兒亡羊, 羊入其鑿, 牧者持火照求羊, 失火燒其臧槨。

## 帝皇始秦 문헌 속의 진시황

**『사기』「진시황본기秦始皇本紀」**
진왕의 사람됨이 높은 콧등, 긴 눈, 맹금猛禽 같은 가슴, 승냥이 소리 같은 목소리에 인덕이 부족하고 호랑이와 이리 같은 마음을 가져서 곤궁할 때에는 쉽게 다른 사람 아래에 거하지만 일단 뜻을 얻으면 역시 쉽게 사람을 잡아먹을 것이다. 나는 평민 신분이거늘 나를 볼 때마다 항상 스스로 나에게 몸을 낮추고 있다. 만약 진왕이 천하에서 뜻을 이루면 천하 사람들이 다 그의 노예가 될 것이니, 그렇게 되면 그와 더불어 오래 교유하지 못할 것이다.

秦王爲人, 蜂準, 長目, 摯鳥膺, 豺聲, 少恩而虎狼心, 居約易出人下, 得志亦輕食人. 我布衣, 然見我常身自下我. 誠使秦王得志於天下, 天下皆爲虜矣, 不可與久遊.

**가의賈誼, 「과진론過秦論」**
진시황은 탐욕스럽고 비루한 마음을 품고 독단적인 지모智謀를 행하여 공신을 신뢰하지 않고 선비와 백성을 가까이하지 않았으며, 왕도를 버리고 사사로운 욕심을 내세워서 서적을 금하고 형법을 가혹하게 하였으며 거짓과 무력을 앞세우고 인의는 뒷전으로 여기며 포악함을 천하 통치의 시작으로 삼았다.

秦王懷貪鄙之心, 行自奮之智, 不信功臣, 不親士民, 廢王道而立私愛, 禁文書而酷刑法, 先詐力而後仁義, 以暴虐爲天下始.

**환관桓寬, 「염철론鹽鐵論」**
주왕紂王은 포락炮烙의 형벌을 행하였고 진나라에는 연좌의 법이 있었다. 조고趙高는 가혹한 법조문으로 조정 안에서 죄를 처벌했으며, 백관들은 준엄한 법령으로 조정 밖에서 사람들을 베어버리니, 죽은 자들이 서로 같이 누워 있고, 형벌 받은 자들이 서로 바라보며, 백성들은 곁눈질을 하고 두 발을 모으면서 춥지도 않은데 떨고 있다. …… 아비와 아들이 서로 배신하고 형제간에 서로 업신여기며 골육상쟁이 일어나 위아래가 서로 죽인다.

紂爲炮烙之刑, 而秦有收帑之法, 趙高以峻文決罪於內, 百官以峭法斷割於外, 死者相枕席, 刑者相望, 百姓側目重足, 不寒而慄, …… 父子相背, 兄弟相嫚, 至於骨肉相殘, 上下相殺.

이 건국될 때까지 계속되었다.

진시황릉의 고고학적 탐사는 1960년대에 시작되었고 나는 10년 동안 발굴단 단장을 맡았다. 이때 진시황릉의 지상과 지하에 있는 문물을 대상으로 드넓은 면적을 탐사하고 부분적으로 발굴했는데, 이를 통해 우리는 진시황, 진시황릉, 진시황릉원과 진나라 문화 관련 새로운 지식을 많이 얻었다. 새롭게 알아낸 것은 『전국책戰國策』, 『사기史記』, 『한서』 같은 문헌에서 얻은 지식과 많이 달랐다. 이런 차이가 역사를 바라보는 우리 견해를 어느 정도 변화시켰다.

## 악마화된 진시황

진시황의 형상은 예부터 큰 변화가 없었다. 『전국책』 같은 문헌에는 진시황은 사생아이고 흉악하고 잔인하게 생겼으며 쉰 목소리에 성격은 포악했다고 기록되어 있다. 진나라가 여섯 나라(한韓, 조趙, 연燕, 초楚, 위魏, 제齊)를 통일하는 과정에서 이러한 진시황의 형상이 광범위하게 전파되었다. 기원전 221년 중국을 통일했지만 진 제국은 2대 만에 멸망했다. 서한 초에 사람들은 진시황의 생애와 사적을 새롭게 가공하며 세부 내용을 더했다. 예를 들면 만년에 대형 토목공사를 벌이고 불로장생의 길을 구했다가거나 신료들과 소원하게 지냈다는 등등이 있다. 이런 것이 반복되며 폭군의 형상을 만들어내고 문헌을 통해 전해져 오늘날 사람들에게까지 그러한 이미지가 각인되었다.

2,000여 년 동안 진시황은 한 사람의 인물을 넘어서 일종의 문화개념이 되었다. 역대 왕조에서 황제에게 간언하거나 대책을 올릴 때 장성 축조, 아방궁 건설, 진시황릉 건설, 치도(馳道, 천자나 귀인이 나들이하는 길) 개통, 흉노 정벌, 오령五嶺 개발 같은 진시황이 한 일을 끌어다가 잘못된 일의 구체적인 예로 삼았다. 영정嬴政은 열세 살에 진왕의 자리를 계승해서 서른아홉 살에 중국을 통일하고 쉰 살에 세상을 떠났다. 백성을 수고롭게 하고 재산상에 손실을 준 일은 사실 대부분 그가 죽기 5년 전부터 벌인 일이었다.

진시황의 폭군 이미지가 사람들 마음속에 깊이 새겨지자 사람들은 진나라는 형벌이 엄격해 도처에 감옥이 있고 걸핏하면 사람들을 벌주던 폭정의 시대라고 인정했다. 그러나 유적을 발굴하고 연구하면서 우리는 오히려 서한 초기와 중기 법률이 진나라에 비해 더 전면적이고 완전하여 어떤 면에서는 진나라보다 더 엄격했다는 것을 발견했다.


## '마지막 왕' 형상

1974년에 발굴 출토된 병마용兵馬俑은 진나라가 '모든 백성을 군사화하며 무력을 숭상하는 시대'였고 이 또한 폭군의 업적이라는, 진나라에 대한 오랜 인식을 입증해주는 것 같았다.

그러나 정말 그랬을까? 이는 다시 충분히 논의해야 할 문제라고 생각한다. 서한 초기 진시황을 향한 평가에는 선입견이 반영되어 있다. 하나라 걸왕桀王, 상나라 주왕紂王, 주나라 유왕幽王, 진나라 2대 황제, 왕망王莽에서 수나라 양제煬帝 등에 이르기까지 각 조대朝代의 마지막 왕에 대한 역사 기술을 살펴보면, 그들에게는 포악하고 공신을 믿지 못하며, 소인을 가까이하고 군자를 멀리하며, 대형 토목공사를 일으켜 백성을 가혹하게 수탈했으며, 엄격한 형벌을 시행하다 마침내 나라를 멸망에 이르게 했다는 공통적인 꼬리표가 붙어 있다. 역사의 진실을 지금 명확히 알 수는 없다. 그렇지만 정치 공학 측면에서, 조대가 바뀌어 새 왕조 개국 초기에는 자신들의 통치 합리성과 정통성을 주장하기 위해 어느 정도 정치적 선전을 하게 된다. '마지막 왕'의 현상은 뒤이은 왕조가 정권 안정을 위해 이용한 '흑색선전'으로 볼 여지가 있다. 진시황과 2대 황제의 폭군 형상은 서한 초기 사람들이 만들어냈고 수 양제의 형상은 당 태종이 만들어낸 것이다.

## 10년도 채 안 걸린 진시황릉 건설

『사기』에 "시황은 즉위 초에 여산을 깊이 파고 다스렸다始皇初即位, 穿治驪山"는 기록이 있다. 이는 곧 진시황이 열세 살에 진나라 왕이 된 직후 자신의 능묘를 건설하기 시작했다는 의미다. 그가 즉위 37년 만에 세상을 떠났고, 매장한 후에 또한 2년여 동안 능묘 공사를 더 했다고 하니, 그렇다면 진시황릉을 건설한 기간은 40년에 가깝게 된다. 그러나 발굴을 진행하며 우리는 진시황릉 건설이 짧은 기간에 이루어졌을 수 있다는 사실을 발견했다.

서쪽 변방에 위치하고 있던 진나라가 통일의 대업을 완성하고 진제국이 되자 진시황이 동원할 수 있는 자원과 기술 모두 근본적으로 발전했다. 우리가 지금 볼 수 있는 능원 안팎의 부장갱 건설방식, 도용陶俑 제작과 채색방식, 특히 도장과 그 밖의 문자 기록 등은 진시황릉 건설이 진나라가 중국을 통일하고 제국을 건설한 후 짧은 기간 동안 이루어진 산물임을 보여주고 있다.

우리는 진시황릉원 안에서 능 건설에 참여했던 사람들의 묘를 발견했다. 묘지 석고石鼓를 덮은 기와에 능 건설에 참여한 사람들의 이름과 본적이 새겨져 있었다. 그 본적을 보면 이들은 진나라 사람이 아니라 오늘날의 산둥, 장쑤, 저장, 후난, 후베이 등지에서 온 사람들이었다. 산둥 반도에 있던 제나라는 진시황이 통일을 이룩한 진시황 26년(기원전 221년)에 멸망했으니, 통일된 후 전국 각지의 기술자들이 진시황릉 건설에 참가한 것이다. 또 진시황릉원에서 기와에 찍힌 도장이 발견되었는데 도장에서 보이는 관청 기구 이름 역시 진나라 때가 아닌 제국 시기의 것이었다.

한편 후한後漢 학자 위굉衛宏은 『한구의漢舊儀』에 이사李斯가 승상의 신분으로 능묘 건설을 책임졌다고 기록했다. 건설 과정에서 땅을 아래로 파내려갈 수 없자 그는 진시황에게 지시를 청했고 진시황은 "옆으로 300장을 가면 이를 것이다旁行三百丈乃至"라고 대답했다. 그렇다면 능묘, 부장갱, 능원과 지상의 건축물을 포함한 모든 진시황릉의 주요 공정은 모두 이사가 승상이 된 이후에 행해졌다고 볼 수 있다. 그런데 이사가 승상이 된 시기는 매우 늦다. 진나라가 막 통일을 이루었을 때 이사는 정위廷尉 벼슬을 하고 있었고, 진시황 33년(기원전 214년)에 분봉제를 실시할 것인가 군현제를 실시할 것인가를 두고 조정에서 논쟁을 벌일 때에도 이사는 정위 신분이었다. 진시황 34년(기원전 213년)이 되어서야 비로소 이사는 승상이 되었고* 그 3년 후 진시황은 세상을 떠났다. 만약에 이사가 승상이 된 시기와 그가 진시황릉 건설을 책임진 시기가 맞물린다고 한다면, 진시황이 세상을 떠났을 때 능묘를 건설한 기간은 채 5년이 되지 않는다.

그러면 왜 사마천은 "시황은 즉위 초에 여산을 깊이 파고 다스렸다"라고 했을까? 사실 이 말은 한 무제가 들으라고 한 것이다. 양한 시기 여러 황제 가운데 즉위하자마자 능묘 건설을 시작한 황제가 두 명 있었는데, 무제가 그중 가장 유명하다. 무제는 54년간 황제 자리에 있으면서 53년 동안 자신의 능을 만들었다. 사마천은 진시황을 빌려 비판하며 한 무제에게 간언하는 것으로, 이런 영사사학(影射史學, 역사 사건과 인물에 빗대어 오늘을 풍자하는 행위)은 중국 역사에서 늘 있었다. 예를 들면 당나라 두목杜牧의 「아방궁부阿房宮賦」 역시 진시황이 아방궁을 건설한 것을 예로 들며 당시 경종敬宗 이담李湛에게 간언한 것이다.

---

* 『사기』 「진시황본기」: 정위 이사가 의견을 제시하며 "주나라 문왕文王, 무왕武王은 왕으로 봉한 자제와 일족이 매우 많았지만, 후손들이 점차 소원해지고 멀어져서 원수처럼 서로 공격했고, 제후들끼리도 서로 죽이고 벌하였지만 주 천자는 막을 수가 없었습니다. 지금 천하가 폐하의 신령神靈에 의하여 통일되어 모두 군현郡縣으로 삼았으니, 황자와 공신에게 국가의 세금으로 후한 상을 내리신다면 그들을 다스리기가 아주 쉬울 것입니다. 이렇게 하시면 천하에 이의가 없을 것이니, 이것이 천하를 안녕하게 하는 책략인 것입니다. 제후를 두는 것은 좋지 않습니다"라고 말했다. 廷尉李斯議曰: "周文武所封子弟同姓甚衆, 然後屬疏遠, 相攻擊如仇讎, 諸侯更相誅伐, 周天子不能禁止. 今海內賴陛下神靈一統, 皆爲郡縣, 諸子功臣以公賦稅重賞賜之, 甚足易制. 天下無異議, 則安寧之術也. 置諸侯不便。"
시황제가 함양궁에서 주연을 베푸니 박사 70명이 앞으로 나와서 축수祝壽를 바쳤다. …… 승상 이사가 "오제五帝의 다스림은 서로 중복되지 않았고, 하·상·주 삼대가 서로 답습하지 않고 각자의 방법으로 다스린 것은 서로를 반대해서가 아니라 시대가 변하여 달라졌기 때문입니다……"라고 말했다. 始皇置酒咸陽宮, 博士七十人前爲壽。…… 丞相李斯曰: "五帝不相復, 三代不相襲, 各以治, 非其相反, 時變異也……"。

## 진시황의 진정한 모습

『사기』에는 호해胡亥가 궁정 정변이라는 비합법적인 방법으로 황위를 계승했다고 기록되어 있다. 그러나 새롭게 발견된 죽간 『조정서趙正書』에는 진제국 제2대 황제 호해는 진시황이 인정한 계승자라고 기록되어 있다. 그렇다면 왜 진의 2세를 향한 부정적인 이미지가 생겨났을까? 이는 한나라가 진나라의 세습이 합법적이지 않음을 강조하기 위해 진시황과 진 2세를 철저하게 부정할 필요가 있었기 때문이라고 볼 수 있다. 그러므로 역사 속에 나타난 진시황과 진 2세의 형상은 진정한 모습과는 어느 정도 차이가 있을 수 있다. 고고학의 발견은 이들 역사 속 인물을 전면적으로 인식하도록 도와줄 것이다.

진시황은 실제로 어떤 사람이었을까? 진시황릉 발굴과 관련 문헌을 토대로 살펴보면, 진시황은 무척 부지런히 정사를 돌본 사람이었다.

『사기』「진시황본기」에 다음과 같은 기록이 있다. "천하의 일이 크고 작은 것을 막론하고 모두 황제에 의해서 결정되니, 황제가 읽어야 할 문서의 중량을 저울질해야 할 지경으로 밤낮으로 정량이 있어서 그 정량에 이르지 못하면 휴식할 수가 없다. 天下之事無小大皆決於上, 上至以衡石量書, 日夜有呈, 不中呈不得休息." 진시황은 매일 각지에서 올리는 정량의 보고를 읽었고 다 읽지 못하면 잠을 자지 않았다. 이때 죽간의 무게가 120근, 즉 60킬로그램이나 되었다고 한다. 역사학자들은 정상적인 규격으로 쓰였다고 가정하면 120근은 20만 자 가까이 된다고 추산했다. 이것은 그가 매일 읽은 양일 뿐으로, 이들 상주문上奏文을 읽고 깊이 생각하고 두루 살펴 결정을 내리고 의견을 제시해야 했다.

진시황은 중국을 통일한 후 다섯 차례에 걸쳐 천하를 순행했고 순행 도중 세상을 떠났다. 첫 번째는 서북쪽으로 순행을 나갔고 나머지 네 차례는 동남쪽으로 갔다. 역사에서는 진시황의 동순東巡을 부정적으로 평가하곤 하는데, 백성을 수고롭게 하고 재산상의 손해를 끼친 행위라는 것이다. 실제로 진시황은 중앙집권을 강화하고 지방, 특히 동남 지역 통치를 강화하기 위해 애썼다. 그가 타이산泰山에 올라 봉선(封禪, 천자가 타이산에 가서 하늘과 땅을 향해 제사 지내는 전례)을 행한 목적도 여기에 있었다. 동순과 봉선 모두 진시황이 통치 기반을 공고히 하기 위한 노력의 일환이었다.

그러므로 진시황이 초대형 토목 공사를 일으켜 제국의 거의 모든 젊은이를 생업

## 「역산각석嶧山刻石」

제국을 건립한 이듬해(기원전 220년)부터 진시황은 수차례 순행을 나가 통일 제국을 통치하고 있다는 것을 널리 선포하고 일곱 곳에 자신의 공덕을 칭송하며 천하에 드러내는 각석을 남겨놓았다.

역산(嶧山, 이산)은 지금의 산둥성 쩌우청시鄒城市 동남쪽에 위치하는데, 『사기』「진시황본기」에 "28년에 진시황이 동쪽으로 군현을 순무하던 중 추역산鄒嶧山에 올라 비석을 세우고 노魯 땅의 유생들과 상의해 비석에 진의 공덕을 노래하는 내용을 새겼으며 봉선과 여러 산천에 대한 망제望祭의 일을 논의했다二十八年, 始皇東行郡縣, 上鄒嶧山。立石, 與魯諸儒生議, 刻石頌秦德, 議封禪望祭山川之事"라고 기록된 것이 바로 이 비석이다.

### 「역산각석」 명문銘文

황제께서 나라를 세우셨는데, 당초 옛날부터 계승되어 왕이라 칭하였습니다. 반역의 무리를 토벌하시고, 위엄을 사방에 떨쳐 무력을 정의롭게 미치게 하셨습니다. 병사를 거느린 장군들이 명을 받들어 세상을 경략한 지 오래되지 않아 포악한 6국을 멸망시켰습니다. 26년에 군신들이 표를 올려 황제라 칭할 것을 주청하였고, 6국을 통일해 선조의 뜻을 이루었다는 것을 밝히어 드러내었습니다. 이미 대업을 완성하여 모든 사람에게 은혜를 베풀어 주셨으며 친히 먼 곳으로 순행을 나가셨습니다. 역산에 오르니 따르던 많은 신하들에게 모두 회고의 그윽한 유장한 감정이 일어났습니다. 지난날의 난세를 되돌아 보니 땅을 나누고 나라를 세웠기 때문에 다툼이 일어났습니다.……

皇帝立國, 維初在昔, 嗣世稱王。討伐亂逆, 威動四極, 武義直方。戎臣奉詔, 經時不久, 滅六暴強。廿有六年, 上薦高號, 孝道顯明。既獻泰成, 乃降專惠, 親巡遠方。登於嶧山, 群臣從者, 咸思攸長。追念亂世, 分土建邦, 以開爭理。……

과 상관없는 일에 동원한 실책을 저지른 것은 말년의 5년 동안 벌어진 일이라고 보아야 한다. 장성 축조를 위해 30만 명이 동원되었고, 이들보다 네다섯 배 많은 사람들이 중원에서 북쪽으로 식량과 마초를 운반했다. 이 일에는 노약자와 어린 아이가 동원되기도 했다. 당시 진 제국의 인구는 2,000만 명 정도로 전체 인구의 절반도 넘는 사람들이 대형 토목 공사에 동원되었다는 것이니, 경제 붕괴를 일으킬 만큼 심각한 영향을 주었다고 볼 수 있다.

그러나 부지런히 정사를 살핀 진시황이 제정한 각 방면의 제도가 완전히 새로운 시대를 열었다. 그 덕분에 고대 중국 사회는 변화를 맞이했으며 이후 2,000여 년간 발전하며 나아가는 길이 열렸다는 것은 부정할 수 없다.

# 2 | 진시황릉 부장갱

## 중앙집권정치체제의 외장 시스템

진시황릉은 중국 역사상 최초의 황제 능원으로 이로부터 중국 역대 황제의 능침 제도가 마련되었다. 이후 역대 최고 통치자의 묘는 특별한 규제가 따랐다.

진시황릉 발굴을 시작한 지 이미 40년이 되었기에 진시황릉의 기본 배치는 이제 분명히 파악되었다. 전체 진시황제릉은 능, 능원, 능구陵區, 이렇게 3중 공간 개념으로 구성되어 있다. 능은 능묘의 봉토와 지하 묘실을 포함한다. 능원은 내성과 외성 울타리를 포함하는 회回 자형으로 서로 짜맞춘 형상을 드러내고 있으며, 능묘가 내성과 외성 사이에 있다. 능원 지하에는 대규모 부장갱이 있다. 내성과 외성 사이 지면에 많은 건축물 터가 있는데, 모두 당시에 제사를 지내거나 일상적인 능원 관리와 관련 있는 건축물로 등급이 높다.

고대 중국 제왕의 능원 배치는 모두 분명한 제약이 있어 환호環壕 또는 담으로 전체 능원을 둘러싸야 했지만 진시황릉만 예외다. 진시황릉원 외성 밖에도 많은 건축물과 부장갱이 있었다. 예를 들면 가장 널리 알려진 병마용도 능원 밖, 능원과 1.5킬로미터 떨어진 곳에 자리한다. 여러 해에 걸친 탐사로 능원 밖에 있는 부장갱을 여러 개 발굴했다.

진시황릉원은 길이가 동서로 970미터, 남북으로 2,188미터이며, 면적은 2.13제곱킬로미터(64만 평)다. 이 모든 것을 포함하는 전체 진시황릉의 공간 범위인 진시황릉구는 대략 60제곱킬로미터(1,800만 평)에 이른다. 최근 지상과 지하에서 많은 유적을 발굴했는데 모두 진시황릉과 멀리 떨어져 있었다.

진시황릉에는 많은 부장갱이 존재한다. 진시황릉원 안팎에서 발굴된 부장갱은 현재까지 200여 기에 이른다. 병마용 1호 갱, 2호 갱, 3호 갱은 200여 기 부장갱 가운데 규모가 좀 큰 일부에 지나지 않는다. 과거 부장갱을 발굴하면 보이는 그대로 해석하곤 했다. 예를 들어 병마용은 군대이며 어떤 부장갱 안에 말이 있으면 '마구갱馬廐坑'이라고 했다. 말과 도용이 함께 있는데도 '마구갱'이라고 한 것은 진나라의

1

2

1. 진시황릉구 중요 유적 분포 평면도
2. 진시황릉이 있는 리산 驪山 · 웨이허渭河 지역

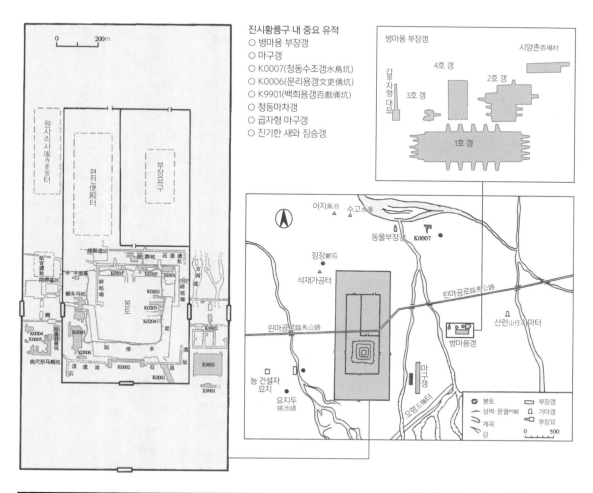

진시황릉구 내 중요 유적
○ 병마용 부장갱
○ 마구갱
○ K0007(청동수조갱水鳥坑)
○ K0006(문리용갱文吏俑坑)
○ K9901(백희용갱百戱俑坑)
○ 청동마차갱
○ 곱자형 마구갱
○ 진기한 새와 짐승갱

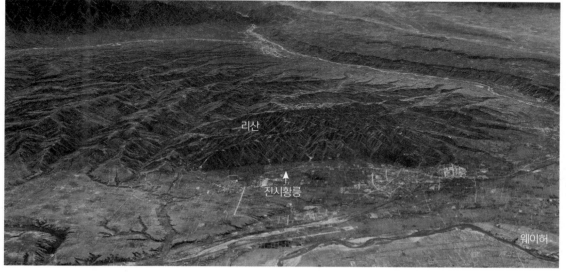

발전 과정에서 위대한 업적을 세우는 데 말이 큰 보탬이 되었기 때문이다.

그렇다고 하더라도 진시황이 사후 능원 안 도처에 마구간을 두라고 하지는 않았을 것이다. 부장갱은 도대체 어떤 의미를 지니고 있을까? 수년에 걸친 발굴과 연구를 통해 이들 부장갱이 진시황이 만든 중앙정부기구를 지하에 모방해놓은 것으로, 하나의 부장갱이 하나의 기구를 나타낸다는 것을 알아냈다. 우리는 이 정부기구의 복합체를 '외장外藏 시스템'이라 했다. 이 복합체는 중앙집권체제의 그림자다. 진시황이 능원에 중앙집권체제 기구를 둔 것은 "죽은 자 섬기는 것을 산 사람처럼 한다事死如生"는 이념을 드러낸 것으로 그가 사후 세계에서도 여전히 황제로서의 통치체계를 유지하려 했음을 의미한다.

진시황제릉 안팎에서 가장 유명한 부장갱은 병마용으로, 군사기구를 실현해놓은 것이다. 이 군사기구가 진나라 군사체제, 군사훈련, 군사편제와 어떻게 결합되었는지는 명확하게 제시할 수 없다. 부장갱마다 실현된 군사행정 역시 역사 문헌과 일대일로 대응되지 않는다. 그러나 그들은 진제국의 군사편제를 반영할 뿐만 아니라 제국의 중앙집권체제를 구성하는 중요한 요소였다.

이밖에 유명한 청동마차가 보여준 높은 수준의 청동 주조 기술은 우리의 상상을 초월한다. 오늘날에 버금가는 모든 기계 가공과 공예 예술이 그 시대에도 존재했음을 증명하는 청동마차는 한 세트로 이루어져 있으며 수많은 기술이 결합되어 만들어진 것이다. 중국 역사상 둘도 없는, '청동 예술의 으뜸'이라는 칭송을 받을 만하다.

## 마구갱—진나라 사람들이 말을 좋아한 이유

진나라가 발전하는 데 있어 말은 커다란 역할을 했다. 문헌에도 진시황이 가장 좋아했던 말 몇 필은 아주 빼어나 당 태종의 '소릉육준昭陵六駿'에 비견될 정도라고 기록되어 있다.

진 민족이 강성해지는 모든 과정에 말을 기르고 길들이는 일이 늘 함께했다. 서주 초에 진나라는 서쪽 변방에 자리 잡고 있으면서 주나라 사람과 북방 융인戎人 사이에서 주나라 사람을 대신해 서쪽 관문을 감시하는 역할을 했는데, 진나라 사람들의 선조 진비자秦非子는 말을 기르는 것으로 공을 세워 주 천자에 의해 '부용附庸'에 봉해졌다. 또한 중국 최초의 말 사육에 관한 저작인 『상마경相馬經』에 진나라 사람

1
2

1. 진시황릉 1호 청동마차
   '입차立車'
2. 진시황릉 2호 청동마차
   '안차安車'

백락伯樂이 나오는 것을 보아도 진나라 사람들이 말을 기르는 일에 매우 능했음을 알 수 있다. 전국시대 후기에 진나라는 이미 '군사 백만 명, 수레를 끌거나 타는 말만 필帶甲百萬餘, 軒乘, 騎萬匹'을 가진 군사 대국이 되었다. 전쟁 형식과 군대 조직에서 나타난 변화는 진나라가 새로운 세력으로 갑자기 부상해 마침내 전국을 통일하게 만들었다.

진시황제릉 안에서 발견된 부장갱은 진시황릉원 동쪽과 병마용 사이에 분포되어 있는데 그 수가 백 기도 넘으며 모두 마구갱이다. 갱 안의 기와 조각에 중구中廏, 대구大廏, 좌구左廏, 우구右廏 등의 글씨가 있어 다른 등급의 말을 기르던 기구였음이 분명하다.

마구갱은 말과 도용이 모두 있는 것, 말만 있고 도용은 없는 것, 도용만 있고 말은 없는 것 등 몇 가지 형태가 있다. 갱 안에는 진짜 말과 도용마 그리고 상징적인 말구유가 있었다. 진짜 말은 보통 죽인 후 갱에 넣었을 것으로, 말의 두개골 위에서 청동으로 만든 작은 칼을 발견했다. 이것은 아마도 당시 말의 동맥을 절단한 후 말 위에 놓아둔 칼로 보인다. 이 밖에 마구 바닥에 말의 네 다리를 꽂아 두었던 것으로 보이는 구멍 네 개가 있었다. 이는 곧 갱 안에서 말이 서 있는 자세로 있었다는 것을 설명해준다.

# 갑옷과 투구가 있는 부장갱

1974년 병마용이 발견되고 1980년 청동마차가 발견된 후 진시황릉 발굴에 큰 진전이 없다가 1998년에 이르러 진시황릉원 안에서 또 다른 부장갱이 발견되었다. 그것은 지금까지 발견된 갱 중에서 가장 큰 것으로, 면적이 13,680제곱미터(4,138평), 동서 길이 130미터, 남북 너비 100미터였고 동서남북 네 모퉁이에 드나들 수 있는 통로가 있었다. 시험 발굴을 거쳐 우리는 이곳에서 돌조각으로 만든 갑옷과 투구를 발견했다.

진시황릉원 안에 있는 모든 병마용은 투구를 쓰고 있지 않다. 지난날 문헌에서도 진나라 사람들은 전장에서 목숨을 아까워하지 않아 투구를 쓰지 않았다고 기록되어 있다. 그러나 이 갱이 발견됨으로써 진나라 군대에도 투구가 있었음이 증명되었다.

부장갱에는 기본적으로 1제곱미터 안에 투구 하나와 갑옷 한 벌이 있었다. 그렇다면 이 갱 전체에 돌조각으로 만든 갑옷이 적어도 1만 벌이 있다는 얘기다. 발굴하며 정리하고 복원한 결과 이곳의 갑옷이 병마용에서 나온 것보다 종류가 많았다. 군별軍別과 계급에 따른 구분이 있어 장군이 입는 것, 전차병이 입는 것, 일반 병사가 입는 것 등이 있었다.

우리가 복원한 갑옷 중에 일반 전사가 입었던 한 벌이 있었다. 이 갑옷에는 돌조각 612개가 사용되었고 무게는 20킬로그램이나 되었다. 또한 투구도 복원했는데 돌조각 74개로 이루어졌으며 무게는 15킬로그램이었다. 이를 통해 진나라 병사의 투구와 갑옷의 무게가 35킬로그램 정도 되었음을 알 수 있다. 이는 한나라 초기 철갑옷의 무게와 같았다.

오랜 시간이 흘렀지만 여전히 우리는 이 돌갑옷을 어떻게 만들었는지 명확히 알지 못한다. 각 돌조각의 두께는 5~7밀리미터였고, 가장 얇은 것은 장군용 갑옷으로 돌조각의 두께가 3~4밀리미터였다. 돌조각은 몸의 부위에 따라 각각 다른 형태와 각도를 이루었고, 네 귀퉁이에 구멍을 뚫어 청동실로

1 2
3
1. 2. 진나라 돌투구
3. 진나라 돌갑옷

각각의 조각을 연결해 묶었다.

처음에는 자연의 돌을 가져다 조금만 가공해서 돌조각을 만들었을 것이라고 생각했는데 이후 발견을 통해 전혀 그렇지 않다는 것이 밝혀졌다. 즉 돌조각은 모두 원석을 가져다 연마해서 만든 것이었다. 진시황릉원에 있는 한 우물에서 갑옷 제작 중에 나온 폐기물이 한가득 나왔다. 이로써 갑옷 제작 과정을 복원할 수 있었다. 먼저 큰 돌을 가공하기 시작해 얇게 만들고 갈아서 윤을 낸 후에 구멍을 뚫었다. 모두 수작업으로 이루어지는 과정이었다.

이 방법으로 갑옷 제작 과정을 따라 해보았다. 두께 1센티미터인 돌을 구해서 갈고 가공하고 자른 후 각도에 따라 다시 갈아냈는데, 조각과 조각이 겹쳐 눌리는 부분은 더 갈아내야 했다. 우리는 전기 도구를 사용했음에도 한 사람이 하루에 만들 수 있는 돌조각은 6개뿐이었다. 그래서 612개 돌조각으로 이루어진 갑옷 하나를 만드는 데 100일이 넘는 시간이 필요했다. 우물 안에서 출토된 자료는 당시의 모든 공정이 수작업으로 이루어졌음을 알려주었다.

만일 부장갱 하나에 1만 벌이 넘는 갑옷과 투구가 있다면 얼마나 많은 사람들이 얼마나 많은 시간 동안 이것을 만드는 작업에 매달려야 했을까? 옛 문헌에 진나라 통일 후 72만 명의 사람들이 진시황릉 건설에 참여했다고 기록되어 있었다. 우리는 72만 명이라는 수는 너무 많아 믿을 수 없다고 생각해왔다. 그러나 갑옷 우물이 발견된 후 문헌에 나타난 숫자가 진짜라고 믿을 수밖에 없었다.


## 문관용—최초의 공무원 형상

진시황 능묘 남쪽에서 발견된 '문관용文官俑'이 있는 부장갱은 진시황릉 전체를 새롭게 인식하게 해주었다. 그것은 능묘의 봉토에서 아주 가까운 곳에 있어, 실제로 봉토가 부장갱을 덮고 있었다. 이 갱에서 도용 12점과 말 20필이 출토되었다.

도용은 두 가지 형태였는데, 하나는 어수용御手俑, 즉 수레를 모는 도용이고, 다른 하나는 문관용이었다. 도용은 모두 장판관(長板冠, 긴 널빤지 모양 모자)을 머리에 쓰고 있었다. 4점은 수레를 모는 자세를, 8점은 소맷자락 안에서 두 손을 맞잡은 자세를 취하고 있었다. 허리에는 문방용품 두 개를 차고 있다. 하나는 작은 칼이고 다른 하나는 칼을 가는 돌이다(작은 천에 납작한 물건이 싸여 있는데, 고고학 유적에 근거해서 안에 쌓여 있는 물건이 칼을 가는 돌일 것이라고 판단했다). 이것은 전형적인 문관의 형상이다. 문관은 왼쪽 어깨와 몸통 사이에 죽통과 죽간을 끼워 넣는 작은 구멍이 있었다.

문자를 기록하는 비서들은 보통 붓을 머리에 꽂고 있다 장관이 지시하면 팔 밑에서 죽간을 꺼내 기록한다. 글씨를 잘못 쓰면 작은 칼로 죽간을 벗겨내고 칼이 무뎌지면 돌로 날카롭게 갈았을 장면을 상상할 수 있다. 이들이 바로 문서를 작성하던 중국 최초의 관리였을 것이다.

머리에 쓴 모자 장판관은 그들이 '공무원' 신분이라는 것을 나타낸다. 고증에 따르면 이런 모자를 쓴 사람들의 작위는 8급 이상이며, 8급은 '공승公乘'에 속했다. 진나라, 한나라 시기에는 20등급의 군공작軍功爵 제도를 시행했다. 8급 이상은 상작上爵으로 국가가 땅과 노비를 하사했고 수레를 타고 외출할 수 있었다. 이 12점 도용은 어수용이나 문관용을 막론하고 모두 이 등급에 속했다.

그들은 조정의 관리기구를 대표했다. 문관용 가운데 4점은 월鉞을 가지고 있었다. 월은 적을 베거나 형벌을 집행하는 무기로, 먼저 집행하고 나중에 보고하는 상

1. 진 병마용 2호 갱에서 출토된 녹색 얼굴 도용
2. 수레를 모는 도용
3. 9호 두 손을 맞잡은 도용. 허리춤에 작은 칼과 칼을 가는 돌이 걸려 있다.

징이 되었다. 한나라 이후 황제가 출행할 때 수레 앞에 도끼를 꽂아놓아 '부월거斧
鉞車'라 했는데, 여기에서 유래한 것이다.

지난날에는 이 부장갱 또한 '마구갱'이라 했지만, 말을 사육하는 데는 8급 이상
의 관리가 필요치 않았다. 그래서 그것은 관리기구를 나타낸다고 보는 게 합리적
인 추론인 것 같다. 진시황이 만든 중앙집권제체를 부장갱 형식을 통해 지하 세계
로 가지고 온 것이다. 그가 가지고 간 것은 제국체제와 사회관리체계이고 남겨 놓
은 것은 왕조의 그림자다. 비교해보면 서한 전기의 몇몇 황제는 진시황릉의 부장
풍습을 계승했지만, 중국 역사에서 나머지 황제들은 그들이 생전에 즐기던 것과
관련 있는 것을 능묘의 부장품으로 삼았다.

# 3 군사軍事와 폭정만이 아닌 다채로운 진나라 문화

## 백희용 vs. 그리스·로마 조각

진나라가 무력을 숭상하고 폭정을 행했다는 역사서의 기술은 오래전부터 있었지만, 진시황릉을 발굴하며 우리가 발견한 실제 정황은 사마천의 묘사와 얼마간 어긋나기도 했다. 고고학 발굴은 역사를 대하는 우리의 인식을 바꿔놓을 수도 있다.

진시황제릉 부장갱에서 출토된 유물은 진제국의 군사적 성향 외에 생동감 있고 활발하며 다채로운 면을 보여주기도 했다. 대표적인 예가 백희용百戱俑갱으로, 백희용은 빼어난 가무와 기예를 보여준다. 백희용과 병마용의 제작 과정은 서로 같아 모두 진짜 사람 같은 크기이며 흙인형을 빚는 방식으로 제작되었다. 먼저 흙을 빚어 형태를 만들고 눈, 코, 귀, 머리카락 등 인물의 세부를 조각한 후 1,000도가 넘는 가마에 넣어 구워낸다. 그런 후 마지막으로 채색을 했다.

우리가 확인한 8,000점 병마용은 모두 강렬한 자극과 충격을 주는 모습으로 대제국의 군사력을 생생히 실감하게 해주었다. 그러나 전신의 모습을 포함하는 병마용 형상은 근육과 골격이 충분히 표현되어 있지 않고 고대 그리스·로마 조각과는 전혀 다른 예술 풍격을 보여주었다. 반면 백희용은 새로운 인상을 주었다.

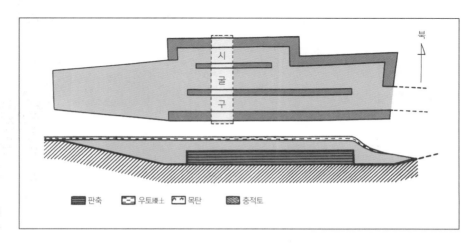

K9901 백희용 부장갱
평면도와 단면도

현재까지 발견된 백희용은 27점이다. 모두 갱 안에 있었으며 상반신은 나체이고 하반신은 짧은 치마를 입고 있다. 이들은 가무와 기예에 종사하던 연기자이자 예술가였는데, 그들이 각양각색의 동작을 행할 때의 몸의 근육, 골격, 비례 등이 매우 정확하게 표현되었다. 이런 형상은 과거 중국 조각 예술에 나타난 적이 없었다. 가무기예용은 진나라 조각에 대한 인식을 획기적으로 바꿔놓았다. 더욱 중요한 것은 역사 문헌에 등장하는 가무와 기예를 증명해주어 진나라 문화의 화려하고 다양한 면을 보여주었다는 점이다.

그중 '오획공정烏獲扛鼎'이라는 도용이 있다. 이것은 전국 말기에 각국에서 유행하던 일종의 오락 활동인데, 누구의 힘이 센 지 겨루는 것으로 진나라 무왕武王 조탕趙蕩이 정鼎을 들다가 죽은 일도 있었다. 오획공정을 구현한 도용은 위풍당당하며 그의 팔, 가슴, 등 근육이 힘을 쓸 때의 모습을 잘 드러내고 있다.

'도노심동都盧尋橦'이라는 역사용力士俑도 있었다. '도노'는 남해 일대에 있던 옛 나라인데, 전설에 의하면 이 나라 사람들이 장대에 올라가서 부리는 갖가지 곡예를 잘했다고 한다. '심동'은 중국에서 고대에 행해지던 유희의 일종으로 한 사람이 긴 장대를 손으로 잡거나 머리에 올려놓고 있으면 다른 사람들이 그 장대 위에 올라가 갖가지 재주를 부리는 것이다. '도노심동' 형상은 훗날 둔황 벽화에서도 볼 수 있다. 벽화에서는 장사 한 명이 장대를 손으로(혹은 머리로) 받치고 있고 장대 위에 다른 사람이 있는 모습으로 표현되었다. 또 한나라 화상석畵像石에도 어린 아이 다섯 명이 장대 위에서 각양각색 기예를 펼치는 모습이 있다.

이 밖에 또 예로 들 수 있는 정교한 도용으로, 몸이 작고 여윈 음악가 혹은 예술가로 보이는 사람이 한쪽 다리는 든 채 다른 한쪽 다리로만 서 있으며 손에는 손수건을 들고 있는 것이 있다.

말하자면 강렬하고 엄숙한 군대 분위기가 지배적인 병마용에 비해 백희용은 즐겁고 경쾌한 세속 문화 분위기가 가득하다. 우리는 진시황의 진제국을 바라보는 고정된 의식에서 벗어나게 해주는 유물을 만난 것이다.

## 음악 애호가 진시황

진시황릉원 밖의 한 부장갱은 호숫가에 건설되었는데, 물가 풍경을 모방해 중간에 물길을 만들고 물길 양 옆을 목판으로 덮어 청동으로 만든 새들을 배치했다. 이들 새는 모두 물과 관련이 있었기 때문에 우리는 이 부장갱을 '수금갱水禽坑'이라고 불렀다.

수금갱에서 발견된 도용 15점은 병마용, 백희용과 달리 모두 앉거나 무릎을 꿇은 자세였다. 출토 위치와 작은 기물로 미루어 판단컨대 그들은 음악가로 보인다. 즉 그들이 악기를 연주하고 물새들이 음악에 맞춰 춤을 추는 장면을 표현한 듯하다. 남아 있는 청동 물새는 모두 46점으로 백조, 기러기, 학 등이며 채색되어 있었다.

동물이 음악에 감응해 춤을 추는 모습은 당나라에도 있었다. 전설에 따르면 당나라 교방敎坊에 춤추는 말 400필이 있었다고 한다. 매년 현종玄宗이 주최한 정월대보름 모임에서 춤추는 말들이 공연을 펼쳤다. 그들은 평지와 탁자 위를 오가며 네 다리로 서거나 두 발굽을 들어 올리면서 음악의 변화에 따라 각양각색의 동작을 선보였다. 음악이 끝나면 말들이 탁자 앞으로 가 술잔을 입에 물고 대신들의 손으로 가져다주었다. 그러다 안사安史의 난이 벌어졌을 때 교방 무마舞馬들은 모두 흩어져버렸다. 산시陝西 허자촌何家村 동굴에 매장되어 있던 무마함배문피낭형은호舞馬銜杯紋皮囊形銀壺에도 춤추는 말의 형상이 잘 나타나 있다.

1. 19호 백희용 '오획공정烏獲扛鼎'
2. 3호 백희용
3. 청동수금갱 출토 현황
4. 청동수금갱 추정 단면도

진 제국의 전체 문화 구조에서 음악 예술은 큰 비중을 차지
했다. 여기에는 진시황의 음악 애호와 정신적 추구가 반영되
어 있다. 문헌에 다음과 같은 기록이 있다. 형가荊軻의 친구 고
점리高漸離가 축築 연주를 아주 잘해 연주할 때마다 그 음악 소
리가 하늘까지 울려 흘러가는 구름조차 멈추게 하는 일이 일
어났다고 했다. 형가는 진시황 시해에 실패한 후 의기 있고 정
의롭게 목숨을 버렸다. 진시황이 천하를 통일하고 형가의 친
구들을 수색해 체포하자 고점리는 강호를 떠돌아다녔다. 진
시황은 고점리의 재주를 아껴 그의 죄를 사면해주었지만 암
살을 방지하기 위해 눈을 멀게 해서 궁으로 불렀다. 궁에 들어
온 후 고점리는 항상 진시황을 위해 연주했는데, 그는 음악으
로 진시황의 경각심을 늦출 수 있음을 알게 되었다. 그래서 고
점리는 축 안을 납으로 채워 진시황을 암살하려 했지만 성공
하지 못하고 비참한 최후를 맞이했다.

이 이야기는 진시황이 음악적 소양을 가진 황제였다는 것
을 알려준다. 오늘날 음악 관련 성어 중에 유어출청(遊魚出聽,
거문고 소리가 하도 묘하여 물고기마저 떠올라 듣는다는 뜻으로, 재
주가 매우 뛰어남을 칭찬하여 이르는 말)과 여음요량(餘音繞梁, 노
랫소리가 계속 귓전에서 맴돌다)이라는 말이 있는데, 모두 춘추
전국시대에 나온 것이다. 선진시대에 음악을 이해하지 못하
고 악기를 연주할 줄 모르는 사람이 있었다면 그 사람은 문화
적 소양을 지닌 사람으로 불릴 수 없었다.

## 삼출궐과 봉토

진시황릉에는 '삼출궐三出闕'이라는 건물이 있었다. '궐闕'은
상고시대부터 청대에 이르기까지 표지성을 가진 최고 등급의
건축물에 속했다. 하나라, 상나라, 서주 시기에는 왕의 대문,
궁전, 종묘 밖에만 독립적으로 궐을 설치할 수 있어 대문 좌우

1. 25호 청동학
2. 앉아 있는 청동백조
3. 앉아 있는 청동기러기

에 각각 하나씩 두었다. 그러나 춘추전국시대에 예악이 붕괴
되며 많은 제후들이 궐을 받아들였다.

천하를 통일한 진시황은 통일에 합당한 정책을 실행했는
데, 그중 황제만 삼출궐을 설치할 수 있다는 규정이 포함되었
다. 삼출궐은 황제가 이용하는 도성, 궁전, 종묘의 대문 밖에
세우며, 황제 다음 등급은 이출궐을, 그 다음 등급은 일출궐을
설치할 수 있었다. 그리고 일반 백성은 출궐을 이용할 수 없다
는 제도가 청대까지 이어졌다. 진시황릉에서 중국 최초의 삼
출궐이 나타났고 이 시기부터 표지성을 지닌 건축물이 지어
졌다. 오늘날 시안 지역에는 많은 황제와 관련 있는 도성과 능
묘에서 삼출궐이 발견되었는데, 한나라 장안성長安城과 당나
라 고종高宗의 건릉乾陵 등을 예로 들 수 있다.

한편 진시황릉에서는 아주 높은 봉토를 볼 수 있다. 당나라
때 『양경도리기兩京道里記』에는 '능의 높이가 1,240척'이라는
기록이 있지만, 진시황릉 봉토의 현재 높이는 55미터다. 이것
은 중국 역사상 모든 제왕의 능묘 중 가장 높은 것이지만 실제
높이는 아니다. 진시황릉 봉토의 설계 높이는 50여 장丈, 곧
116미터에 달했다.

초기 황하 유역 문명에서는 높은 지대에 건축물을 건설하
거나 봉토를 쌓는 것이 유행하지 않았다. 봉토는 춘추시대 말
에 나타나기 시작했으니 이는 문화교류의 결과라 할 수 있다.
전국시대 말에는 높은 지대에 궁궐을 건축하는 것과 능묘에
봉토가 출현했을 뿐만 아니라 봉토가 점점 높아지는 추세를
보이기 시작했다.

높은 봉토는 어떤 문화 이념을 반영하는 것일까? 소하蕭
何는 일찍이 "무릇 천자는 사해를 집으로 삼으니, 장엄하지 않
으면 위엄을 세울 수 없습니다. 또한 후세에는 이를 넘어서지
못하게 하십시오夫天子以四海爲家, 非壯麗無以重威, 且無令後世有以
加也"라고 이야기했다. 천자가 천하에 위엄을 드러내려면 백
성에게 강한 위압감을 주어야 했고, 그러기 위해서는 자신이

1. 청동수금갱에서 출토된 노를 젓고 있는 도용
2. 무릎을 꿇고 있는 도용

진시황릉 복원도

머물던 황궁과 능묘 건설에서 반드시 장중하고 성대한 기세를 드러내야 했다. 이런 문화 이념은 후대로 쭉 이어졌다.

진시황릉원의 봉토와 삼출궐과 높은 문은 모두 당시 지상 최고 등급을 대표했는데, 새로운 시기 중앙집권사회 통치체제에서 단지 황제만이 누릴 수 있는 물질적 표지가 되었으며, 진시황이 지하 세계에서도 지고지상至高至上의 지위와 권력을 누리고 있다는 것을 드러냈다.

## 진시황의 우주관

이 밖에 우리는 진시황릉 지하 궁전이 바닥은 지표면과 30미터 떨어져 있고, 동서로 80미터, 남북으로 50미터 크기였으며, 동서로 두 갈래 묘도가 있고 묘실의 상하좌우전후 6면이 돌 구조로 되어 있다는 것을 밝혀냈다.

지하 궁전 내부는 높이가 15미터인 공간으로 붕괴되지도 않고 물이 스며들지도 않았지만, 지하 궁전과 같은 수평면 주변, 곧 지하 궁전 외에는 모두 물이 가득 차 있었다.

사마천은 『사기』에서 진시황릉 지하 궁전을 다음과 같이 묘사했다. "수은으로 온갖 내와 강, 대해를 만들고, 기계로 수은을 주입해 흘러가게 했다. 위로는 천문 도형을 장식하고 아래로는 지리 모형을 설치했다. 以水銀爲百川江河大海, 機相灌輸, 上具天文, 下具地理。" 이는 곧 진시황의 지하 궁전 안에 진 제국의 판도를 모방해놓았다는 것을 말한다. 수은으로 지상의 수계水系를 나타내 흐르게 하고 묘실 꼭대기는 28개 별자리로 천문과 별자리 모양을 나타냈다. 그리고 지하 궁전 중앙에 진시황의 관이 놓였다. 이렇게 웅장한 모습을 통해 천·지·인으로 구성된 우주체계를 보여주고 있다.

진시황이 중앙집권체제라는 새로운 사회제도를 건설하려는 데에는 반드시 새로운 우주관이 필요했다. 그래서 그는 전국시대 말 추연鄒衍이 창시한 음양오행 우주관을 진왕조 문명 속에 합리적으로 접목시켰다. 오행은 하늘의 오덕木德, 火德, 土德, 金德, 水德에 대응되고 오덕은 인간 세상의 각 왕조에 대응되어, 왕조가 어느 정도 이어지다 그 왕조의 덕이 쇠하면 새로운 왕조가 일어난다고 했다. 진나라는 수덕이었고 주나라는 화덕이었는데, 수덕이 화덕을 대신하여 진왕조의 통치가 신성함이 있고 하늘의 뜻에 부합된다고 설명한다. 그래서 진시황이 수은으로 지하 궁전 바닥에 강과 바다를 만들었던 것이다.

진시황릉의 고고학 발견을 통해 진왕조의 다채로운 문명, 진나라 과학기술의 발달 정도와 진나라가 추구한 문화 형태뿐 아니라 진시황이 자신이 건설한 제국을 지하에서도 구현해 영원히 존속토록 하려 했음을 알 수 있었다.

나는 전국시대에서 진시황 시대까지를 '중화문명 발전에서 제2차 질적 변화의 시기'라고 부른다. 이 '제2차 질적 변화'는 사회 통치체계와 우주관, 핵심 가치관의 변화를 포함한다. 오랜 기간 지속되어 온 진시황을 향한 비판이 진시황에 대한 올바른 이해를 방해했으니, 앞으로는 진시황의 생각과 그가 추구한 것을 두고 다시 한번 깊이 고민할 필요가 있다.

진시황릉 주위 토양
수은량 측정도

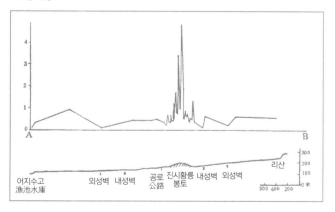

어지수고
漁池水庫    외성벽 내성벽    공로 진시황릉 내성벽 외성벽    리산
                        公路  봉토

"참새나 제비 따위가 어찌 기러기나 고니의 뜻을 알겠는가?燕雀安知鴻鵠之志哉?" 진시황의 꿈은 집권을 유지할 수 있는 체제를 만들어서 자신이 첫 황제이니 시황제가 되고 2세, 3세, 자자손손 대대만년 이어지도록 하는 것이었다. 비록 진나라는 제2대 황제 때 멸망했지만, 과연 그가 말한 대로 자신이 만든 정치

체제와 통치체계는 중국 문명 전체에 2,000여 년 동안 영향을 주었으며 주변 국가에까지 널리 퍼져나갔다. 이런 역사적 공헌을 한 사람을 중국 문명사에서 다시는 만날 수 없다.

## 『사기』「진시황본기」

시황은 즉위 초에 여산릉을 파서 만들기 시작했는데, 천하를 통일한 후에는 전국에서 잡혀온 죄인 70여만 명을 시켜서 깊이 파게 하고 구리물을 부어 관을 설치했으며, 모형인 궁관宮觀·백관百官·기기奇器·진괴珍怪를 가져 와서 그 안을 가득 채웠다. 장인에게 명령하여 자동으로 발사되는 화살을 만들어 놓아 그곳을 파서 접근하는 자가 있으면 쏘게 하였다. 수은으로 온갖 내와 강, 대해를 만들고, 기계로 수은을 주입하여 흐르도록 하였다. 위로는 천문의 도형을 장식하고 아래로는 지리의 모형을 설치하였다. 사람을 닮은 물고기의 기름으로 초를 만들어 오랫동안 꺼지지 않게 하였다. 이세 황제가 말하기를 "선제의 후궁 가운데 자식이 없는 자를 궁궐 밖으로 내쫓는 것을 옳지 않다"고 하며, 명령을 내려 모두 순장시켜 버리니 죽은 자가 아주 많았다. 어떤 사람이 장인이 기계를 만들었고, 그 일에 참여한 죄인들도 모두 알고 있는데, 그들의 숫자가 많아 누설될 것이라고 말하였다. 장례가 끝나고 보물도 다 매장되자 묘도의 가운데 문을 폐쇄하고 묘도의 바깥문도 폐쇄해서 장인과 죄인들이 모두 나오지 못하게 하니 다시는 빠져나오는 사람이 없었다. 묘지 밖에 풀과 나무를 심어 놓으니 마치 산과 같았다.

始皇初卽位, 穿治酈山, 及幷天下, 天下徒送詣七十餘萬人, 穿三泉, 下銅而致槨, 宮觀百官奇器珍怪徒臧滿之。令匠作機弩矢, 有所穿近者輒射之。以水銀爲百川江河大海, 機相灌輸, 上具天文, 下具地理。以人魚膏爲燭, 度不滅者久之。二世曰："先帝後宮非有子者, 出焉不宜。"皆令從死, 死者甚衆。葬旣已下, 或言工匠爲機, 臧皆知之, 臧重卽泄。大事畢, 已臧, 閉中羨, 下外羨門, 盡閉工匠臧者, 無復出者。樹草木以象山。

## 발굴사

- 진시황릉이 건설된 이래로 역사적으로 많은 훼손과 도굴이 있었다.
- 1906년 일본인 아다치 기로쿠가 시안에서 주변 유적을 답사하고 저술한 『장안사적연구』에 진시황릉을 답사한 기록을 남겨놓았다.
- 1961년 진시황릉이 전국중점문물보호 단위로 지정되었다.
- 1962년 산시성 문물관리국이 진시황릉에 대한 전면적인 고고학 탐사를 진행해 처음으로 능원의 평면 배치도를 측량해 그려냄으로써 진시황릉 발굴사의 새 페이지를 열었다.
- 1974년 현지 농민이 병마용을 발견하자 진시황릉 진용갱 발굴단이 정식으로 조직되어 대규모 발굴 작업을 시작했다.

# 중국국가박물관

## 청동노기銅弩機
병마용갱 출토

청동쇠뇌는 전국시대 초에 출현한 강력하고 긴 사정거리를 가진 활의 일종이다. 이 청동쇠뇌는 시위 걸개 아뇨, 갈고리 구鉤, 방아쇠 현도懸刀로 이루어져 있으며, 방아쇠 멈추개인 곽郭은 없고, 청동지도리를 사용해서 나무로 된 활 틀의 뒤끝에 구멍을 파고 끼워 넣어 못 두 개로 고정시킨 '비장노臂張弩'에 속한다. 병마용갱에서 출토된 다른 무기와 마찬가지로 진나라 군대가 6국을 멸망시킬 때 사용한 무기다.

## 운문 와당雲紋瓦當
진시황릉구 출토 직경 15.5~16.5㎝

와당은 서주 시기에 출현해 진나라 때 이미 보편적으로 사용되었다. 와당은 원통 기와 끝부분을 가리키는데 집의 처마를 보호하며 빗물이 스며드는 것을 방지해 건축물의 수명을 연장시키는 역할을 한다. 동시에 장식적 역할도 있다. 운문 와당은 진나라 궁전 유적에서 출토된 와당의 대부분을 차지한다. 운문은 당시 와당에서 가장 유행한 장식 무늬였다.

## 도마陶馬
병마용갱 출토 길이 215㎝, 머리 높이 163㎝

서 있는 말이 머리를 들고 가슴을 펴 내달리려는 모습을 만든 것이다. 병마용갱에서 출토된 도마는 크게 두 종류로 구분할 수 있다. 하나는 전차를 끄는 전마, 다른 하나는 안장을 덮어 기병이 타는 말인데, 이것은 전자에 속했다.

## 도용陶俑
병마용갱 출토

위엄 있는 표정으로 서 있는 이 도용은 머리에 홑겹 장관長冠을 쓰고 있다. 상반신에는 짧은 저고리 위로 갑옷을 입고 있다. 발은 평평한 바닥을 밟고 가지런히 신발을 신고 있다. 오른손은 반쯤 쥐고 있는 모습인데, 원래 긴 손잡이를 가진 무기를 잡고 있었던 것 같다. 전형적인 진나라 중하급 군관의 형상이다.

## 어인도용圉人陶俑
병마용갱 출토 높이 68㎝

무릎을 꿇고 앉아 있는 모습으로 머리는 둥글게 묶어 상투를 틀었고 오른쪽을 덮은 저고리를 입고 있다. 두 손은 반쯤 주먹을 쥔 상태로 무릎 위에 놓여 있다. 진시황릉 동쪽 마구갱용에서 출토되었으며 말을 사육하던 마부로 보인다.

# 산시역사박물관

## 안마鞍馬
병마용갱 출토 길이 218㎝, 머리 높이 172㎝

크기는 진짜 말과 유사하며 머리를 살짝 들고 서 있는 모습이다. 두 귀는 대나무를 쪼개 놓은 듯 뾰족하고 두 눈은 횃불같이 예리하다. 말안장은 가죽과 유사한 재질로 양끝이 약간 위로 올라가 있고 안장 표면에 안장 못이 박혀 있으며 붉은색, 흰색, 파란색, 진홍색으로 채색되어 있다. 출토될 당시 말의 머리에는 장식 끈이 묶여 있고 재갈이 물려 있었다.

# 진시황제릉박물관

## 진용 얼굴 표정

진나라 도용은 분명한 예술적 특징을 지닌다. 바로 사실적인 예술 풍격과 정신과 육체의 통일이다. 제작자는 진용마다 얼굴이 각각 다른 다양한 인물을 창조해냈다. 진용의 얼굴은 목目, 국國, 용用, 갑甲, 전田, 유由, 신申, 풍風 등 8종류의 기본 얼굴형으로 귀납된다. 중국인 얼굴의 공통적 특징을 잘 정리해 보여준다.

# 진시황제릉 박물관

## 진하급군리용秦下級軍吏俑

하급군관용은 머리에 홑겹 장관을 썼다. 갑옷을 입지 않았으면 경장보병輕裝步兵에 속하고 갑옷을 입었으면 중장보병重裝步兵이며 갑옷을 장식한 채색 꽃무늬는 없다. 그들은 한 손에는 칼을 쥐고 다른 손에는 창 같은 장병기長兵器를 들고 있다.

## 진거사용秦車士俑

거사용은 저고리 위로 갑옷을 걸쳤으며 아랫다리에 보호대를 묶었고 머리에 개책(介幘, 중국 전국시대에 문관들이 쓰던 관)을 썼다. 병마용갱에서 출토된 전차에는 일반적으로 어수御手, 거좌車左, 거우車右 세 명의 군사가 탔다.

## 진채회궤사용秦彩繪跪射俑

머리는 오른쪽으로 묶어 상투를 틀었다. 왼쪽 다리는 쪼그리고 오른쪽 다리는 땅에 대고 앉아 몸의 오른쪽에 둔 활을 잡고 쏘려는 모습을 표현했다. 표정과 머리 모양, 갑옷, 신발 바닥 등의 묘사가 생동감 있고 유물 원본의 채색 상태도 좋은 편이다. 진나라 군대의 전투 상황을 사실적으로 표현했다.

## 고급군리용高級軍吏俑

고급군관용은 저고리 두 겹 위로 채색된 물고기 비늘 모양 갑옷을 걸쳤으며 머리에 갈관鶡冠을 썼다. 배 앞에 겹쳐진 두 손은 긴 칼을 잡고 있다. 현재 출토된 진용 가운데 고급군관용이 최고 등급으로 여겨진다.

## 진수수용秦袖手俑
진시황릉 K0006 부장갱 출토

머리에 장관을 쓰고 긴 저고리를 입고 소맷자락 안에서 손을 맞잡은 문관의 풍모를 풍긴다. 이들 도용이 상징하는 신분과 유적갱의 성질은 계속 연구해야 한다. 진시황릉 유적에 내포된 함의와 진나라 정치를 이해하는 데 매우 큰 의의를 지니기 때문이다.

## 진안마기병용秦鞍馬騎兵俑

진나라 사람들은 말 사육에 있어 커다란 진전을 이루었다. 진시황릉구 내에 많은 도용 말과 진짜 말이 부장된 것은 그들이 말을 정말로 중시했음을 드러낸다. 안장을 얹은 말과 기병용은 진나라를 대표하는 기병과 군마의 형상을 표현한 것으로, 기병은 체격은 작지만 민첩하고 용감하며 군마는 강건하고 힘이 있었다. 고대 군사사軍事史를 연구하는 데 있어 중요한 물증이다.

### 진청동천아秦靑銅天鵝
진시황릉 K0007 부장갱 출토 길이 91.5㎝, 높이 39㎝

청동물새는 진나라 유물 중에서 가장 먼저 발견되었으며 진시황릉의 문화적 함의를 풍부하게 하고 문화 수준을 가늠하는 데 있어 중요한 학술적 가치를 지닌다.

### 진악부종秦樂府鍾
진시황릉원 서쪽 내·외성 사이의 사관飼官 유적에서 출토 전체 높이 13.3㎝

코 모양 손잡이는 금색 반리문蟠螭紋, 유운문流雲紋으로 장식했고 종은 은색 운문雲紋, 양선운뢰문陽線雲雷紋으로 장식했다. 손잡이 부분에 樂府 두 자가 새겨져 있어 진나라 때 이미 악부가 설치되었다는 것을 증명해준다. 이 종의 소리는 맑고 청아해 듣는 이를 즐겁게 해준다. 종소리는 음조가 정확해 C조에 속한다.

### 진석갑주秦石甲冑
진시황릉 K9801 부장갱 출토 돌갑옷 전체 길이 75㎝, 총 612조각, 돌투구 전체 높이 31.5㎝, 총 72조각

돌갑옷과 돌투구는 청회색 석회석을 갈고 구멍을 뚫어 청동실로 엮은 것이다. 돌갑옷과 돌투구의 출토는 진나라 수공업 제조 기술이 고도로 발달했음을 반영하며 또한 진나라 군대의 방어 장비 상황을 알려주어 문헌 기록을 보충해주었다.

채도용彩陶俑

### 진청동순秦銅楯
이 방패는 사각형 머리에 둥근 어깨, 굽은 허리, 평평한 바닥으로 이루어졌다. 정면에는 세로로 등뼈가 있는데 중간 부분이 위로 솟아 있고 뒷면에는 손잡이가 있다. 청동 방패 안팎 양면에 모두 변형된 기용문夔龍紋 채색 문양이 있는데, 용이 몸을 구부리고 날아오르려는 모습이다. 용순龍楯이라고 부르기도 한다.

나는 해혼후묘에 들어간 첫 번째 연구자다. 2019년 2월까지 해혼후묘에서 이미 1만여 점이 넘는 진귀한 유물이 출토되었다.

해혼후묘에는 여전히 많은 유물이 발굴되지 못한 채 남아 있으며, 이미 발굴된 유물 가운데는 보존, 복원하고 해독해 정리해야 할 것이 수없이 많다. 적어도 두 세대가 필요한 일이다. 나는 여생을 해혼후묘와 함께할 준비를 마쳤다.

**양쥔楊軍**

해혼후묘 발굴단 단장
장시성 문물고고연구소 연구원

제7강

# 해혼후묘海昏侯墓
## ─ 배치가 분명하고 완벽한 한나라
##　　열후列侯의 묘

유하劉賀는 폐위된 황제이자 단명한 열후로, 해혼후묘가 발굴되기 이전에 그를 알고 있는 사람이 매우 적었다. 몇몇 문헌에는 그가 "방탕한 생활에 미혹되어 황제의 예의를 잃고 한나라의 제도를 어지럽혔다荒淫迷惑, 失帝王禮誼, 亂漢制度"라고 기록되어 있어 '행실이 좋지 못하고 어리석으며 지혜롭지 않았다'는 인상을 준다. 그러나 2,000여 년 후 완전히 잊혔던 그의 사후 세계가 발견되어 사람들을 놀라게 했다.

당시 내가 의견을 고수하지 않았다면 죽간을 진흙으로 여겨 깨끗이 제거해버렸을 것이고, 그렇다면 해혼후묘가 지니고 있던 가장 중요한 정보를 없애버린 것이 아니겠는가? 후에 한 대원이 이렇게 말했다. "양 선생님, 만약 그때 모두 제거해버렸다면 정말로 후회막급이었을 거예요." 그 순간을 떠올릴 때면 다시 가슴이 두근거린다.

사람들을 가장 놀라게 한 것은, 거울 뒷면과 거울 덮개와 거울 테두리에 인물 도상이 그려져 있고 제기題記가 기록된 것이다. 거울 뒷면에는 공자孔子와 다섯 제자의 형상이 그려져 있고 그들의 생애와 사적도 기록되어 있었다. 이 공자상은 지금까지 전해지는 가장 이른 시기의 공자 화상이다.

# 1 | 27일 동안 한나라 황제였던 유하

유하劉賀는 폐위된 황제이자 단명한 열후로, 해혼후묘가 발굴되기 이전에 그를 알고 있는 사람이 매우 적었다. 특수한 정치적 상황으로 인해 역사 문헌에 그에 대한 기록 또한 많지 않다. 몇몇 한정된 문헌에는 그가 "방탕한 생활에 미혹되어 황제의 예의를 잃어버리고 한나라의 제도를 어지럽혔다荒淫迷惑, 失帝王禮誼, 亂漢制度"라고 기록되어 있어 '행실이 좋지 못하고 어리석으며 지혜롭지 않았다'는 인상을 준다. 그러나 2,000여 년 후 완전히 잊혔던 그의 사후 세계가 발견되어 사람들을 놀라게 했다.

장시성 난창南昌의 해혼후묘는 오늘날까지 보존이 잘 되어 있고 구조가 완벽하며 기능과 배치 면에서 분명하고 제사체계를 가장 잘 갖춘 서한 열후의 묘원墓園이다. 또한 오늘날까지 장시성에서 발견된 고분 중 출토 유물이 가장 많고 종류도 풍부하며 공예 수준이 가장 높다. 유하 묘원의 형태와 구조, 도읍의 특색, 출토된 진귀한 유물, 그리고 사람들의 눈을 어지럽게 만드는 1만 점에 달하는 부장품 등을 통해 사실적이고 살아 있는 듯하며 문헌 기록과는 완전히 다른 유하가 점점 우리 눈앞에 나타났다.

## 역사 속 해혼후

해혼후묘가 발견되기 전 사람들은 대부분 유하를 제한적으로만 알고 있었다. 『한서漢書』 「무오자전武五子傳」에 다음과 같이 기록되어 있다. "창읍애왕昌邑哀王 유박劉髆이 천한天漢 4년에 즉위해 11년에 세상을 떠나자 그 아들 하賀가 후계자가 되었다. 제위 13년만에 소제昭帝가 붕어했는데 후사가 없자 대장군 곽광霍光이 유하를 불러 상례를 주관하게 했다. 昌邑哀王髆天漢四年立, 十一年薨。 子賀嗣。 立十三年, 昭帝崩, 無嗣, 大將軍霍光徵王賀典喪。"

유하의 아버지 유박은 한나라 제7대 황제 무제武帝의 다섯 번째 아들이었으며 그

어머니가 바로 유명한 이부인李夫人이다. 당시 한 무제는 황후 위자부衛子夫와의 사이에서 난 아들 유거劉據를 태자로 삼았지만 후에 유거가 무술巫術로써 저주하는 일을 벌여 태자를 폐했다. 이부인의 오빠 이광리李廣利와 승상 유굴리劉屈氂가 함께 유박을 태자로 추천했으나 무제가 동의하지 않았다. 무제는 죽을 때가 다가오자 그와 구익부인鉤弋夫人사이에서 난 아들 유불릉劉弗陵을 황제로 삼으니, 그가 바로 한나라 소제다. 한 고조高祖 유방劉邦의 황후 여후呂后가 정권을 장악한 것과 같은 일이 다시 일어나지 않도록 무제는 구익부인을 죽였다. 그런데 소제가 스물한 살 나이로 후사를 남기지 못하고 죽었다.

제위를 승계할 사람이 없는 상황에서 대장군이자 대사마大司馬였으며 보정대신이던 곽광이 산둥의 제2대 창읍왕인 유하를 떠올렸고 그를 장안으로 불러 황위를 잇게 했다. 유하가 황제가 된 지 27일 만에 곽광에 의해 폐위될 거라고는 누구도 생

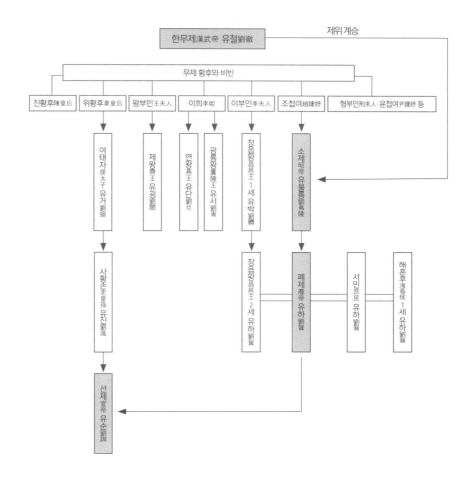

**유하劉賀 세계표**
신더융辛德勇의
『해혼후 유하海昏侯劉賀』
에서 선별

각지 못했는데, 죄명은 그가 27일 동안 1,127건의 황당한 일을 벌였다는 것이다. 『한서』「곽광김일제전霍光金日磾傳」에 다음과 같은 기록이 있다. "옥새를 받은 이래로 27일 동안 사자가 사방으로 분주히 다니며 부절을 가지고 여러 관청에 조서를 내려 징발한 것이 1,127건이나 되었다. 문학광록대부文學光祿大夫 하후승夏侯勝과 시중侍中 부가傅嘉가 수차례 잘못을 아뢰는 간언을 올렸으나, 사람을 시켜 문서에 기재한 것으로 하후승을 책망하고 부가는 옥에 가두어버렸다. 황제는 방탕한 생활에 미혹되어 제왕의 예의를 잃고 한나라의 제도를 어지럽혔다. 신 양창楊敞 등이 수차례 간언했음에도 변하지 않고 나날이 더욱 심해져 사직을 위태롭게 하고 천하를 불안하게 할까 걱정된다. 受璽以來二十七日, 使者旁午, 指節詔諸官署徵發, 凡千一百二十七事。文學光祿大夫夏侯勝等及侍中傅嘉數進諫以過失, 使人簿責勝, 縛嘉繫獄。荒淫迷惑, 失帝王禮誼, 亂漢制度。臣敞等數進諫, 不變更, 日以益甚, 恐危社稷, 天下不安。"

사실 이 기록은 심하게 과장된 부분이 있다. 왜냐하면 정사正史에서 선제宣帝의 계승이 정당함을 주장하기 위해 말한 것이기 때문이다. 한 사람이 27일 동안 1,127건의 잘못된 일을 벌이려면 매일 밥도 먹지 않고 잠도 자지 않으면서 한 시간 동안 몇 건의 일을 저질러야 한다. 실제로 불가능한 일이다.

유하는 왕위를 박탈당하고 창읍의 왕궁으로 쫓겨나 11년 동안 연금생활을 했다. 그런 후 스물아홉 살에 선제에 의해 해혼후에 봉해졌다가 서른네 살에 세상을 떠났다.

이것이 유하의 독특한 경력으로 그는 짧은 일생 동안 기복이 심한 삶을 살았다. 창읍왕으로 제후왕이 되었다가 황제까지 지냈으나 마지막에는 열후로 생을 마쳤다. 황제를 지낸 특수한 신분이었지만 묘의 규모로 보면 유하는 열후의 신분으로 매장되었다.


## 해혼후묘의 발견과 규모

2011년은 장시성 문물고고연구소 고고학 연구원에게 아주 중요한 해였다. 바로 사람들을 놀라게 할 고고학 발굴 프로그램을 진행한 해였기 때문이다. 당시 난창시 신젠구新建區 다탕펑향大塘坪鄉 관시촌觀西村 둔둔산墩墩山의 고대 고분이 도굴당했다고 현지 사람들이 알려왔다. 장시성 문물고고연구소는 즉시 응급조치 성격의 발굴을 시작했다.

5호 고분 바닥 부분 수직 투사 영상도

5호 고분 주관主棺

5호 고분 유충국劉充國 은인銀印

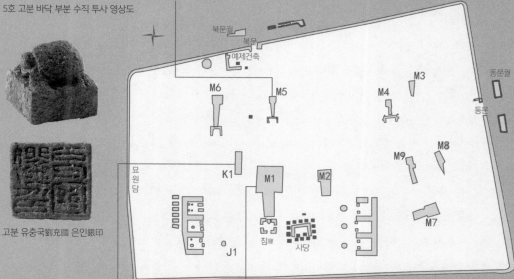

해혼후 묘원 평면도

강남 지역에서 유일한 실제 수레와 말을 묻은 갱으로
(남북 방향) 말 20필, 수레 5대가 출토되었다.

1호 고분 항공 촬영

유하 옥인玉印

그 때 우리는 묘 한 기를 발견했을 뿐만 아니라 계속된 탐사를 통해 그곳에 부장묘, 부인묘와 대규모 합장묘가 있음을 발견했다. 더욱이 그것이 완전히 갖춰진 묘원이라는 사실에 모두 놀라지 않을 수 없었다. 4만 6,000제곱미터(1만 4,000평 정도) 면적에 전체 묘원 주위를 둘러싼 담의 길이가 868미터였으며 북문과 동문이 있었다. 문 밖에 쌍궐(雙闕, 옛날 궁전의 사묘祠廟, 능묘陵墓 등의 앞 양쪽 높은 대 위에 세운 누관樓觀)이 있었고, 문의 터는 문도(門道, 굴처럼 생긴 문), 문둔테, 판축 대지 등으로 구성되어 있었다. 묘원 안에는 주인 묘 2기, 합장묘 7기, 거마갱 하나, 통로와 배수로 유적이 있었다.

특히 주인 묘와 부인 묘는 동서 길이 1,000미터, 남북 너비 40미터, 총면적 4,000제곱미터(1,200평)로 높은 지대에 예법을 갖춰 건설되었다. 건축물은 침궁寢宮, 사당, 양측 곁채로 구성되어 있다. 그동안 발굴한 바에 따르면, 서한 황제의 능에는 능원이 있었다. 경제景帝의 양릉陽陵을 대표적으로 꼽을 수 있다. 또 황제 바로 아래 등급인 제후왕에게도 능원이 있었으며, 장쑤 쉬이현盱眙縣 다윈산大雲山의 강도왕江都王 유비劉非 묘 등이 그 예다. 그러나 열후 같은 등급에게도 완전히 갖춰진 능원 또는 묘원이 있었을까? 이미 발굴된 창사長沙의 마왕두이馬王堆에서 완전한 묘원은 발견되지 않았다. 그러므로 해혼후묘의 발견, 특히 묘원의 발견은 적어도 그와 같은 열후 또한 황제나 제후왕처럼 완전한 묘원을 가졌다는 것을 증명하는 중요한 의미가 있다. 이것은 우리에게 시안의 부평후富平侯 장안세張安世를 생각나게 했는데, 그는 곽광과 손잡고 유하를 황제 자리에서 끌어내린 사람이다. 시안에서 발견된 장안세의 묘원에 조역구(兆域溝, 고분의 묘역을 구분하기 위해 판 도랑)가 있었다. 묘원의 발견과 조역구의 방증은 해혼후가 죽었을 때 열후의 신분으로 매장되었다는 것을 증명해 준다.

묘의 구조를 보자. 해혼후의 묘는 갑甲 자형으로 말斗을 뒤집어놓은 것 같은 봉토 높이가 7미터였고 묘실 전체의 넓이는 400제곱미터(120평)였다. 이 봉토의 높이와 고분 앞 제사를 지내기 위한 건축물은 후베이 윈멍현雲夢縣 수이후디睡虎地의 66호 고분에서 출토된 서한 초기 『장률葬律』과 부합한다. 이 책에는 열후를 매장하는 제도가 규정되어 있다. 예를 들면 봉토 높이, 무덤 크기, 수의와 이불 두께 같은 것이다. 해혼후묘는 『장률』의 규정 조항을 잘 지켜 분수에 넘치는 행위를 하지 않았다. 대신 『장률』에 규정이 없는 것, 즉 화폐, 진귀한 노리개 같은 재산을 나타내는 물건은 매우 많이 부장되었다.

일반적으로 황제와 제후왕의 능에 남자는 한 명만 묻히고 나머지는 황후와 부인, 첩 등 모두 여자다. 이러한 면에서 해혼후묘는 독특한 점이 있다. 바로 유하 본인 외에 다른 합장묘에 남자가 있었던 것 같다는 것이다. 즉 합장한 것이 모두 여자만은 아니었다는 의미다. 현재 5호 유충국劉充國 묘를 발굴한 결과 묘원의 계승권을 가진 미성년 남자가 합장되어 있음을 발견했다. 이것이 해혼후묘원이 황제릉이나 제후왕릉원과 가장 명확히 다른 부분이다.

결론적으로 해혼후묘는 열후의 규격과 왕의 규모를 따르면서 황제의 흔적까지 남아 있다. 이것은 실제로 유하가 제후왕이자 황제이며 열후라는 삼중 신분이었음을 말해준다.


## 해혼후국의 도읍 자금성터 발견

서한 시대에 제후왕과 열후는 황제를 모방해 자신의 도성을 가지고 있었다. 서한은 군국제郡國制를 실시해 군현과 봉국封國 모두 지방에서 같은 등급의 행정구역이었다. 군현은 중앙에 속했고 봉국은 제후왕과 열후가 통치했다. 제후왕과 열후는 봉국 안에서 부세권賦稅權만 가졌으며 행정권의 집행은 군郡에 귀속되어 중앙이 통일적으로 관리했다.

유하 역시 자신의 도읍이 있었다. 고고학 발굴을 통해 해혼후묘에서 동북쪽으로, 직선거리로 1,000미터도 떨어지지 않은 곳에서 도읍터가 발견되었다. 이 도읍터는 내성과 외성으로 구성되어 있으며, 전체 면적은 3.6제곱킬로미터(100만 평)였다. 내성에서 등급이 높은 건축 부지가 많이 발굴되었는데, 이로부터 내성이 당시의 궁전 구역, 곧 궁성임을 확인할 수 있었다. 도읍터는 분명한 특징을 가지고 있었

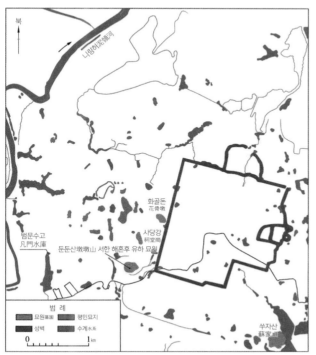

해혼후국 성터, 묘원, 고분 분포도

다. 성벽이 이중으로 이루어져 있고 도읍 내부 교통은 수로를 위주로 하고 육로를 보조로 했다는 점이다. 조사와 탐사를 하는 동안 우리는 뜻밖에도 성 안에서 부두를 발견했다. 그리고 언덕 위에서도 당시 사람들의 활동을 보여주는 많은 유적과 유물을 발견했다.

해혼후묘의 발굴은 단순히 고분 한 기 발굴에 그치지 않았다. 해혼후묘를 통해 해혼후국의 전체 도읍터인 자금성紫金城터를 발굴했다. 이로써 향후 발굴 작업의 방향이 결정되었다. 바로 취락 유적을 따라 발굴을 진행해나가는 것이다.

도읍터의 발굴은 서한 시대 제후왕이나 열후, 황제의 도읍 상황을 다시 보여주었다. 동시에 여러 가지 증거가 난창시 신젠구 다탕핑향 둔둔산 고분이 서한시대 해혼후 유하의 묘라는 것을 확인해주었다. 최종적으로 유하의 옥인玉印으로 그의 신분이 확정되었다.


## 매장된 황금과 재산

해혼후묘에서 수많은 금기金器가 출토되어 사람들의 탄식을 자아냈다. 『장률』에는 부장물 관련 규정이 없었기에 유하는 많은 진귀한 재물을 자신의 사후 세계에 매장한 것 같다.

그렇다면 대량의 황금 재물을 매장하는 것이 당시에 보편적인 일이었을까? 해혼후묘는 왜 이렇게 했을까? 이것은 유하가 난창, 위장豫章, 포양후鄱陽湖에서 생활한 경험과 관련 있다. 유하가 이곳에서 해혼후로 지낼 때 위장태수 손만세孫萬世와 이야기를 나눈 적이 있다. 손만세가 그에게 "곽광이 당신을 황제 자리에서 쫓아냈는데, 당신은 어째서 그에게 반항하지도 않고 그를 죽이려 하지도 않습니까?"라고 물었다. 유하는 "그래요, 당시에 나는 기회를 놓쳤습니다"라고 대답했다. 손만세는 또 "당신은 이곳에서 해혼후로 그리 오래 있지 않을 것이고 이후 위장왕이 될 것입니다"라고 말했다. 이에 유하가 대답하기를 "그렇다 하더라도 널리 이야기할 바는 아닙니다"라고 했다. 이것은 아마도 유하의 진심이었을 것이다. 그는 줄곧 자신을 열후라고 생각하지 않고 제후왕의 신분으로 돌아갈 것이라는 헛된 희망을 가지고 있었던 것 같다. 그러나 이 대화가 선제에게 보고되었고 격노한 선제는 유하가 원래 가지고 있던 해혼후 식읍 4,000호 중에서 3,000호를 삭감해 1,000호만 지닌 보잘 것

없는 열후로 만들어버렸다. 이처럼 엄중한 정치적 타격을 입자 유하는 깊이 상심해 우울하게 지내다 서른네 살도 못 되어 세상을 떠났다.\*

유하는 죽기 전 자신의 묘를 건설했다. 해혼후의 곽실(槨室, 옛 무덤 속에 관이 들어 있는 네모형 방)은 주곽실과 장곽(藏槨, 관을 두는 주실)으로 이루어져 있고 주곽실과 장곽 사이에 회랑형 복도가 있었다. 복도의 너비는 1미터였다. 베이징 다바오타이大葆臺의 황장제주묘黃腸題湊墓, 쉬이현 다윈산의 황장제주묘에서 확인할 수 있듯

---

\* 『한서』 「무오자전」에 다음과 같이 기록되어 있다. "여러 해 동안 양저우자사揚州刺史 여가呂柯가 황제에게 아뢰기를, 유하가 옛 태수졸사太守卒史 손만세와 교류했는데, 만세가 하에게 '지난날 폐위당할 때 어찌하여 궁을 나가지 않고 굳건히 지키면서 대장군을 참하고 사람들에게 옥새와 인끈을 빼앗아 오라고 하지 않으셨습니까?'라고 묻자, 하는 '그래요, 당시에 나는 기회를 놓쳤습니다'라 대답하더라고 했다. 만세가 또 유하에게 곧 위장왕이 될 것이라고 하자, 유하는 '그렇다 하더라도 널리 이야기할 바는 아닙니다'라고 대답하더라고 했다. 관리가 죄상을 조사하고는 체포할 것을 청했다. 이에 '식읍 3,000호를 삭탈하라'는 칙명이 내려졌다. 얼마 후 유하는 세상을 떠났다. 數年, 揚州刺史柯奏賀與故太守卒史孫萬世交通, 萬世問賀: '前見廢時, 何不堅守毋出宮, 斬大將軍, 而聽人奪璽綬乎?' 賀曰: '然, 失之。' 萬世又以賀且王豫章, 不久爲列侯。賀曰: '且然, 非所宣言。' 有司案驗, 請逮捕。 制曰: '削戶三千。' 後薨。"

1
2

1. 유하 유해 아래 도금한 실이 박힌 유리 자리
2. 유하 주관主棺 유리 자리 아래 금병金餠

## 1호 고분 유하묘

한대 열후의 전형적인 표본 등급 묘라고 할 수 있다. 주 묘실 설계는 독자적인 경지에 이르렀는데, 생전의 실제 생활 모습을 모방해 400제곱미터(121평) 묘실 안에 10여 개 창倉, 부府, 고庫를 거실 형식으로 정성들여 배치함으로써 생전의 모든 아름다운 것을 지하 세계에 부장해 내세에 누리고자 했다.

묘혈은 회回 자형으로 이루어져 있고 밖은 회랑형 구조에 둘러싸여 있다. 대량의 악기, 문서, 서류, 무기, 의복, 음식물, 청동기, 도자기, 금기, 옥기, 칠기, 목기 등이 출토되었다. 형태가 큰 것으로는 편종, 금琴, 슬瑟 등을 연주하는 악무인이 연회를 위해 조직한 악단이 수레와 말, 인형 등을 이끌고 진을 이루어 출행을 하는 것이 있었고, 작은 것으로는 바둑, 저울추, 서적 같은 것이 있어 "죽은 자 섬기는 것을 산 사람처럼 한다"는 생각을 보여주는 것을 모두 갖추고 있었다. 회랑 내에서 핵심적인 부분은 주 묘실로, 묘혈의 가장 중앙에 있었다. 방 두 개와 거실 하나로 구성된 구조의 핵심은 주중곽실主中槨室로 묘주가 사적으로 접대하고 연회를 벌이던 장소다. 묘주는 생전에 일상생활에서 가장 좋아한 것을 모두 지하로 가지고 갔는데 침대, 병풍, 의장 선반, 책상, 쟁반, 이배耳杯와 장식물 박산로博山爐, 연지등連枝燈, 좌우에서 시중드는 각종 나무 인형 등이 셀 수 없을 정도다. 그래서 지금까지 중국에서 구조가 가장 분명하고 보존이 가장 완벽하며 출토 유물이 가장 풍부한 높은 등급의 열후묘를 볼 수 있게 되었다.

### 북장곽北藏槨 | 전고錢庫

오수전五銖錢 출토 상황

금기 출토 상황

인지금麟趾金          마제금馬蹄金

### 서장곽西藏槨 | 문서당안고文書檔案庫

죽간 출토 상황

### 서장곽 | 오락용기고娛樂用器庫

청동유금양옥구진靑銅鎏金鑲玉龜鎭

단용문칠반團龍紋漆盤

청동유금록진靑銅鎏金鹿鎭

## 북장곽 | 악기고樂器庫

편종가저좌編鍾架底座

편종 출토 상황

## 북장곽 | 주구고酒具庫

청동부靑銅缶

청동안어등靑銅雁魚燈
출토 상황과 복원

### 1호 고분 묘실도

북장곽

| 전고 鐏庫 | 양고 糧庫 | 악기고 樂器庫 | 주구고 酒具庫 |

의사고 衣笥庫
무고 武庫
문서당안고
오락용기고
거마고車馬庫

서실 西室

내외관 內外棺

동실 東室

주구고 酒具庫

주구고 廚具庫

동장곽

거마고車馬庫

악거고 樂車庫

묘도 墓道

## 동장곽東藏槨 | 주구고廚具庫

청동靑銅 '창읍적전름론藉田' 정鼎

청동 신선로靑銅火鍋

## 주관실主棺室 | 서실 남쪽

청동유금박산로靑銅鎏金博山爐

청동연지등靑銅連枝燈
출토 상황과 복원

## 주관실 | 동실 남쪽

호박琥珀

섭형패鞢形佩

이 1미터 너비 복도는 바로 황장제주의 지위다. 황장제주는 껍질을 제거한 측백나무로 곽실 테두리를 둘러싸는 것으로, 재궁梓宮, 편방便房, 외장곽外藏槨, 금루옥의(金縷玉衣, 한나라 때 황제나 귀족의 수의)와 마찬가지로 제왕의 능묘를 구성하는 중요한 요소였다. 그러므로 황제나 조정의 특별한 하사가 없으면 사용할 수 없었다. 유하는 황제에게서 황장제주를 하사받은 적이 없었기 때문에 그는 황장제주를 사용할 수 없었고 복도 역시 단순한 형태를 취했다. 황제는 해혼후에게 금루옥의도 하사한 적이 없다. 그러나 유하의 묘에는 금보다도 진귀한 유리 자리를 사용했고 금실도 사용했으며, 그 아래에는 재산을 상징하기 위해 금으로 만든 고대 화폐 '금병金餠' 백 개를 놓아두었다.

유하가 세상을 떠나자 위장군과 해혼후부는 황제에게 그의 죽음을 알렸다. 그의 가족은 장례를 진행할 권리가 없어 조정에서 태중대부太中大夫를 파견해 장례를 주재하게 했다. 위장태수 료廖가 황제에게 상주하여 말하기를, 유하는 잘못한 일이 너무 많아 해혼후국의 선조가 되어서는 안 되고 후사를 세워서도 안 될 뿐 아니라 그의 후계자도 연이어 죽어 하늘이 창읍왕족을 끊어버렸으니, 선제가 그 나라를 없애버리라고 건의했다. 선제는 그 건의를 흔쾌히 받아들여 해혼후국을 폐했다. 유하의 재물은 모두 무덤 속에 묻히게 되었다.

오늘날 출토된 진귀한 1만여 건의 기물은 유하가 해혼후일 때의 물건뿐 아니라 창읍왕이었을 때의 물건도 있고 심지어는 황제였을 때 장안에서 가져온 물건도 있다. 이들 진귀한 보물은 해혼후의 특수한 신분을 반영하는 것은 물론 그의 특별한 생애의 진실한 기록으로 가치가 있다. 또한 서한 왕공 귀족의 생활 모습을 재현해주는 중요한 의미를 지닌다.

# 2 | 출토된 5,200여 매 간독簡牘

해혼후묘 출토 유물 중 가장 관심을 끈 것은 사람의 눈을 현란하게 만든 황금과 정교하게 가공된 옥기다. 그러나 해혼후묘에서 가장 의미 있는 발견은 황금과 옥기가 아니라 5,200매에 달하는 죽간이다.

이들 죽간에서 언급한 내용은 그야말로 광범위한데, 가장 주된 것은 『논어論語』, 『역경易經』, 『예기禮記』, 『효경孝經』 같은 유가 경전이며, 동시에 『육박기보六博棋譜』 와 당시 의서醫書 중 방중술과 「도망부悼亡賦」도 있었다.

이 모든 죽간에서 가장 중요한 것은 『논어』다. 해혼후묘에서 출토된 『논어』는 세상에 전해져 우리가 지금 보고 있는 『논어』가 아니라 1,800여 년 전에 실전失傳된 『제론齊論』이다.

## 1,800여 년 전의 『제론』

문헌은 서로 다른 판본이 있다. 마치 오늘날의 책에 증정본增訂本과 축약본이 있는 것처럼 옛날 책도 판본에 따라 차이가 있을 수 있다. 작게는 사용한 글자부터 크게는 편장編章의 배치, 내용의 증감, 심지어는 한나라의 금문今文과 고문古文처럼 학술 입장의 차이까지 있었다. 특히 유가 경전은 초기에 각종 판본과 다른 사람의 주석 등이 있었지만, 문헌이 오랜 시간에 걸쳐 전해지면서 우수한 판본만 전해지게 되었고, 특히 과거가 성행한 후에는 조정에서 공식적으로 반포한 판본만 남고 뿔뿔이 흩어져 있던 나머지 판본은 점점 사라져 전해지지 않게 되었다.

『제론』은 실전된 『논어』 판본이다. 『논어』는 과거에 세 개의 판본이 있었는데, 곧 『노론魯論』, 『고론高論』 그리고 『제론』이다. 『노론』은 문자 그대로 노나라 사람이 전해준 『논어』로 모두 20편이며 『제론』은 제나라 사람이 전해준 것으로 모두 22편이고 『고론』은 공자의 집 벽 속에서 나왔다고 전해지며 모두 21편이다. 지금 우리가 보고 있는 통용본 『논어』는 서한 말 안창후安昌侯 장우張禹가 『노론』과 『제론』을 합치고 교정해서 만든 『장후론張侯論』이다. 『수서隋書』 「경적지經籍志』에 "장우가 말년에 『제론』을 강의하다가 이후 『노론』과 합쳐 살펴보고는 어수선하거나 의혹이 있는 것을 삭제하고 「문왕문王」과 「지도知道」 2편을 제거해 『노론』을 따라 20편으로 만들었다張氏晩年講『齊論』, 後遂合而考之, 刪其煩惑, 除去「問王」, 「知道」二篇, 從『魯論』二十篇爲定."라고 기록되어 있다. 『장후론』이 나오자 세 가지 『논어』 판본은 점점 영향력을 잃었고 『제론』은 한나라와 위魏나라 사이 역사 속에서 사라져버렸다.

『제론』의 가장 큰 특징은 2편이 많다는 것인데, 하나는 「문왕편」이고 다른 하나는 「지도편」이다. 이 두 편의 내용은 이미 사라져버렸고, 단지 역사 문헌에 편명만 남아 있을 뿐이다. 그런데 해혼후 죽간을 정리하고 보존하던 중 뜻밖에 「지도편」이라는 편명이 쓰인 간독을 발견했다. 이로써 우리는 해혼후묘에 부장된 『논어』 죽간이 1,800여 년 전의 『제론』이라는 것을 알게 되었다.

이 발견은 학술사 연구에서 매우 중대한 의의를 가지는 것으로 선진시기에서 한나라에 이르는 『논어』 판본의 유전流傳을 정리하는 데 도움을 주었다. 예를 들면 해혼후묘에서 출토된 『제론』 「지도편」 첫 번째 장의 석문釋文은 다음과 같다. "공자께서 도를 행하는 것의 간단함을 알고 쉽도라고 말씀하시기를 사흘 동안 하셨다. 공자께서 말씀하셨다. '이 도는 아름답지만 이를 기다리는 사람이 없구나.'[孔]子知道之易也, 易易云者三日。子曰: 此道之美也, 莫之御也." 이는 이전의 『견수금관한간肩水金關漢簡』 중 중산회왕中山懷王 유수묘劉脩墓(딩저우定州 바자오랑묘八角廊墓)에서 발견된 『논어』 죽간에도 같은 문단이 있어, 대조를 통해 『견수금관한간』 중의 『논어』도 1,800여 년 전 『제론』임을 확정할 수 있었다.

1
2

1. 해혼후묘에서 출토된 『논어』 「지도知道」편명 죽간(2546正)
2. 『견수금관한간肩水金關漢簡』에 보이는 실전된 「제론齊論」장구章句, 왕추닝王楚寧·장위정張予正 석문釋文

| 原編号 | 73EJT22:6 | 73EJT31:139 | 73EJC:608 | 73EJT14:7 | 73EJC:180 | 73EJT9:58 | 73EJT24:104 | 73EJH1:58 |
|---|---|---|---|---|---|---|---|---|
| 摹本、釋文 | ·孔子知道之易也, 易云者三日子曰此道之美也 | ·子曰自愛仁之至也自敬知之至也 | 子贛曰九變復貫知言之暮居而俟合曼小模 念國者模 呼衡門之下 | 子曰必富小人也必貴小人也必貴小人必賤小人 | 小人也富與貧 | ·子曰君子不僥人君子樂富 | 何以復見子贛爲之贖子曰是 | 之方也思理自外可以知 |
| 序号 | 簡一 | 簡二 | 簡三 | 簡四 | 簡五 | 簡六 | 簡七 | 簡八 |

## 『육박기보』, 방중술과『역경』

5,200여 매 죽간 속에는『육박기보』가 포함되어 있다. '육박六博'에 관한 간독은 이전에는 발견된 것이 많지 않아 장쑤 롄윈강連雲港 인완한묘尹灣漢墓의 육박 목독木牘 같은 것이 있을 뿐이었다. '육박'은 도박성을 지닌 일종의 유희로, 이런 유희에서는 항상 점치는 행위를 동반했기 때문에 대부분의 육박 간독의 내용은 점복占卜과 관련 있었다. 그러나 해혼후묘에서 발견된『육박기보』는 진정한 기보로, 지금껏 중국에서 발견된 가장 이른 육박기보라 해야 할 것이다.

한편 우리가 발견한 의서에는 남녀 간 성교 동작을 주로 묘사하고 있어 방중술이 서한 중엽에 유행했음을 알려준다. 그것은 마왕두이 한묘의『천하지도담天下至道談』팔도八道에 허실虛實 두 도를 더해 비교적 완전한 방중술 이론을 형성했다. 이 책은 당시에 음기를 취하여 양기를 보충함으로 수명을 더욱 늘려나갈 것을 주장한 의서다.

『제론』외에 또 다른 경전인『역경』도 있었다.『역경』의 경문經文은 일반적으로 괘명卦名의 함의를 먼저 설명한 후『단전彖傳』이하의 내용은『일서日書』(옛 사람들이 결혼, 출산, 장례, 농사, 출행 등 각종 활동에서 길흉과 금기를 선택할 때에 참고한 책)와 유사했다. 해혼후묘에서 출토된『역경』은 배열 면에서는 지금 전해지고 있는『역경』과 서로 같지만, 내용 면에서는 차이가 비교적 크다. 그러므로 이 둘을 비교 연구해볼 가치가 있다.

## 목독 속의 주장, 조서, 첨패

해혼후묘에서는 죽간과 목독이 나왔는데 우리는 이들을 '간독'으로 통칭한다. 출토된 목독은 주장(奏章, 상주문), 조서詔書, 첨패籤牌 세 종류로 나눌 수 있다.

해혼후와 부인은 황제와 황태후에게 많은 주장을 써서 올렸다. 기초 연구 결과 이들 주장은 부본副本이 아니라 정본正本임이 밝혀졌다.

한나라에서는 공적 문서를 상주할 때 부본제도를 시행했다.『한서』「위상전魏相傳」에 "옛날부터 전해오는 규칙에 상소를 올리는 자는 모두 두 부를 만들어서 그 하나에 부副 자를 써놓게 했다. 영상서사領尙書事가 먼저 부본을 열어서 보고 그 내용

『육박기보六博棋譜』죽간

이 좋지 않으면 묶어서 치우고 상주하지 않았다故事諸上書者皆
爲二封, 署其一曰副, 領尙書者先發副封, 所言不善, 屛去不奏"라고 기록
되어 있다. 즉 상소를 부본과 정본 두 본으로 만들어서 두 개
를 함께 조정에 상주한 것으로, 부본은 복제본이다. 상서가 부
본을 먼저 읽고 그 내용이 합당한지 여부를 판단한 후 합당한
것은 황제에게 올려 처리하게 하고 합당치 않은 것은 보고하
지 않았다는 것이다. 정본은 원본으로 황제가 읽어볼 수 있게
올리는 정식 판본이다. 당시 곽광 일가가 '영상서사' 관직을 맡
고 있었기에 황제에게 올리는 상소문은 곽씨 일가가 황제보
다 먼저 읽어보았다. 그래서 '영상서사'가 황제의 성총聖聰을
가릴 수 있으므로 위상魏相이 부본제도를 폐지하자고 선제에
게 건의한 것이다.

부본제도는 선제 때 폐지되었다. 곽광이 죽은 후 조정은 곽
씨 일가를 일망타진해 기원전 66년에 곽씨 가문이 멸문당했
다. 그렇다면 부본제도는 적어도 기원전 66년 이전에 폐지되
었을 것이다. 해혼후 유하가 상소를 올린 때는 원강元康 4년
(기원전 62년)으로 부본제도가 이미 폐지된 이후이기에 그의
주장奏章은 당연히 원본이다.

목독에는 황제께 올리는 주장 외에 황제가 내린 조서도 있
었다. 조서 위에 황제의 명령이라는 것을 나타내는 '제왈制曰'
두 자가 보인다. 또한 조서가 먼저 해혼현에, 그 다음에는 해
혼후국에, 또 그 다음에는 해혼후가에 내린 맥락도 살필 수
있다.

이 밖에 부장품 목록을 기록한 첨패도 있었다. 해혼후묘에
서 출토된 대부분의 유물은 옻칠한 상자 안에 담겨 있었고, 상
자 밖에 첨패를 걸어 안에 어떤 부장품이 담겨 있는지 설명해
놓았다. 이전에 발굴된 한나라 시기 유물 가운데 내용이 이렇
게 잘 정리된 목독은 본 적이 없었다.

1
2

1. "妾待昧死再拜上書太后陛下(신첩이 죽기를 무릅쓰고
태후 폐하께 재배하며 글을 올립니다)"라는 글이 쓰여 있
는 목독木牘. 주장奏章류에 속한다.

2. 조서

# 간독 발견 과정

해혼후묘 간독이 발견되는 과정은 여전히 우리 기억 속에 생생히 살아 있는 것은 물론 그때의 놀라움은 오랜 시간이 지난 지금까지도 가슴 떨리게 한다.

해혼후묘의 장곽은 기능에 따라 구분할 수 있다. 북쪽과 동쪽에는 의복을 두는 의사고衣笥庫, 돈을 두는 전고錢庫, 식량을 두는 양고糧庫, 연회용 악기를 두는 악기고樂器庫, 주기酒器를 두는 주구고, 먹고 마시는 것을 제공하는 주구고廚具庫가 있었다. 서쪽에는 무기를 두는 무고武庫, 문서를 두는 문서당안고文書檔案庫, 오락용기고娛樂用器庫가 있었다. 남쪽에 거마고車馬庫가 있고 가운데 용도(甬道, 양쪽에 담을 쌓은 길)에는 악거고樂車庫가 있었다. 이 중 죽간은 우리가 '문서당안고'라고 한 곳에서 출토되었다.

당시 문서당안고 안에서 진흙덩어리가 발견되었다. 문물보호대원을 포함한 고고학 팀원들이 발굴단장인 나에게 "양 선생님, 그 진흙덩어리를 제거해도 될까요?"라고 물었다. 나는 고고학 팀원들과 상의하면서 문물보호조 조장의 의견을 물었다. "현재 우리는 이 진흙이 무엇인지 확정할 수 없습니다. 이런 상황에서는 직접 제거하기보다는 전문가를 불러 와서 그가 살펴본 후에 제거해도 된다고 하면 그때 제거합시다." 얼마 후 후베이 징저우荊州 칠목기 보존 전문가 우순칭吳順淸이 현장에 왔다. 그가 진흙덩어리를 살펴보고는 죽간이라고 결론 내렸다.

서장곽 문서당안고에서 출토된 죽간을 실험실에서 정리하고 보존 처리하는 모습

만약 당시 내가 의견을 고수하지 않았다면 죽간을 진흙으로 여겨 깨끗이 제거해 버렸을 것이고, 그렇다면 해혼후묘가 지니고 있던 가장 중요한 정보를 없애버린 것이 아니겠는가? 후에 한 대원이 이렇게 말했다. "양 선생님, 만약 그때 모두 제거해 버렸다면 정말로 후회막급이었을 거예요." 그 순간을 떠올릴 때면 다시 가슴이 두근거린다.

이어서 또 다른 문제 하나를 마주했다. 해혼후묘에 왜 이처럼 많은 간독이 부장된 것일까? 묘 속에 죽간을 묻을 때는 분명한 의도가 있었을 것이다. 어쩌면 유하가 생전에 즐겨 읽던 책일 수 있다. 아니면 당시 사람들이 겉치레에 집착해 간독을 제후왕이나 열후의 묘에 기본적으로 부장해야 하는 것으로 여겼는지도 모른다. 이는 한 무제가 다른 백가 사상을 몰아내고 오직 유가만 존중한罷黜百家, 獨尊儒家 이후의 상황을 반영한 것으로 볼 수 있다.

# 3 해혼후묘의 공자 거울 병풍

## 최초의 공자상

해혼후묘 주곽실의 서실西室에서 공자와 일곱 제자의 화상畫像과 전기傳記가 있는 옻나무 병풍이 출토되었다. 모든 곽실은 주곽실, 회랑, 장곽의 세 부분으로 구성되어 있는데, 이 병풍은 주곽실에서 발견되었다. 주곽실은 다시 동, 서 두 개로 나뉘며 동실은 실室로 그의 관을 두었던 곳이기 때문에 우리는 '침寢'이라고 부른다. 서실은 당堂으로 실제로는 서재에 해당한다. 병풍은 서실의 침상 옆에 놓여 있었고, 침상 남쪽에서 대량의 연지등連枝燈, 박산등博山燈과 칠안漆案이 발견되어, 유하가 침상에 앉아 손님과 친밀하게 대화를 나누는 옆으로 쌍절식雙折式 병풍이 놓여 있는 정경을 상상해볼 수 있다. 마치 서한 후왕侯王의 생활로 돌아간 듯한 착각을 불러일으키며 이를 통해 당시 귀족생활의 면모를 살필 수 있었다.

한나라의 병풍은 두 종류로 나눌 수 있다. 조회에서 사용되는 대형 병풍을 '의扆'라고 불렀으며, 현재 광둥 샹강象崗의 서한 남월왕묘南越王墓에서 발굴된 칠목 대병풍이 비교적 문헌 기록에 부합하는 모습이다. 다른 한 종류는 작고 실용적인 것으로 이를 '병풍'이라 불렀다. 창사 마왕두이 1호 묘와 3호 묘에서 각각 한 점씩 출토되었다. 해혼후묘의 병풍은 마왕두이 병풍과 규격이 비슷했다. 또한 병풍일 뿐만 아니라 다른 한편으로는 '도사자경(圖史自鏡, 역사에 비춰 스스로의 거울로 삼다)'의 기능을 지닌 체경體鏡이기도 했다.

발굴 당시에는 병풍이라고만 판단했으나 실험실에서 유물 보존처리 작업을 진행하면서 그 위에 동경銅鏡이 박혀 있는 것을 발견했다. 동경 앞에는 '경엄鏡掩'이라고 하는 거울 덮개가 있었고, 뒷면은 거울의 뒷면이면서 체경을 지탱해주는 거울 테두리 역할도 했다. 이 기물은 길이 70.3센티미터, 너비 46.5센티미터였다. 한나라 도량형에 의하면 1척尺이 23센티미터였으니, 이 동경은 당시에 길이 3척, 너비가 2척, 두께는 대략 1/2촌寸이었다.

사람들을 가장 놀라게 한 것은, 거울 뒷면과 거울 덮개와 거울 테두리에 인물 도

1. 공자 거울 병풍 테두리 뒷면 윗부분. 왼쪽부터 동왕공東王公, 사신四神의 봉황, 서왕모西王母

2. 공자 거울 병풍 정면 윗부분 공자상 일부

3. 공자 거울 병풍 정면

4. 공자 거울 병풍 출토 상황

상이 그려져 있고 제기題記가 기록된 것이다. 거울 뒷면에는 공자와 다섯 제자의 형상이 그려져 있고 그들의 생애와 사적도 기록되어 있었다. 인물 초상은 3층으로 나뉘어 있었고, 모두 여섯 명이었다. 왼쪽 위에 공자상, 오른쪽 위에 안회顔回상, 중앙 왼쪽에 자공子贛[貢]상, 중앙 오른쪽에 자로子路상, 왼쪽 아래에 자우子羽, 澹臺滅明상과 자우와 재여宰予의 합전, 그리고 오른쪽 아래에는 자하子夏상이 있었다. 그리고 거울 덮개 안 왼쪽 위에는 자장子張상, 오른쪽 위에는 증자曾子상이 있었다. 또한 거울 덮개 표면 가장 위쪽에는 「의경부衣鏡賦」가 써 있으며 덮개 표면 아래에는 종자청금도鍾子聽琴圖가 그려져 있었다. 이 밖에 고고학 연구자들은 선학仙鶴과 운기雲氣 등의 문양 일부도 발견했다. 성인과 제자들의 형상이 체경 속에서 하는 역할을 「의경부」에서 정확히 찾을 수 있다. "다가가 그 뜻을 살펴보니 참으로 편안치 못하다가, 기운이 화평하게 되자 음양을 따르네.臨觀其意兮不亦康, 氣和平兮順陰陽."

이 공자상은 지금까지 전해지는 가장 이른 시기의 공자 화상이다. 북위北魏 사마금룡묘司馬金龍墓에 한대 화상석畫像石이 있었고 화상전畫像磚에도 공자가 노자老子를 만나는 그림이 있었지만, 모두 해혼후묘의 공자 거울 병풍 속 공자상보다는 늦게 나온 것이다. 이 거울 병풍에는 공자의 생애와 사적에 관한 제기題記도 기록되어 있다. "공자는 키가 9척 6촌으로 사람들이 모두 그의 키가 크다고 말하며 기이하게 여겼다.孔子長九尺六寸, 人皆謂之長, 異也." 여기에서 공자의 키가 컸다고 하는 것은 문헌 기록과 부합한다. 그런데 한나라 때 1척을 오늘날 길이로 환산하면 23센티미터이므로, 9척 6촌의 키는 2미터 21센티미터 정도 된다. 공자의 키가 이렇게 컸을 리는 없을 텐데 지금 그의 키를 정확하게 알 방법은 없다. 그렇지만 공자의 키가 컸던 것은 분명하다. 그렇기 때문에 문헌에서 "사람들이 모두 그의 키가 크다고 말했다"라고 기록한 것이다.

그림 속 공자 제자 중에 자우는 담대멸명澹臺滅明이다. 전해지는 이야기에 따르면, 자우는 공자의 제자가 되고 싶었지만 얼굴이 못생겼다는 이유로 공자는 그를 받아들이고 싶어 하지 않았다. 그런데 후에 자우가 배움에서 성취를 이루었고 공자의 사상이 남방으로 광범위하게 전파된 것은 모두 자우의 공이었다. 그래서 『논어』에서 "언변으로 사람을 고르다가 재여를 잘못 보았고, 용모로 사람을 고르다가 자우를 잘못 보았다以言取人, 失之宰予。以貌取人, 失之子羽"라고 말하는 것이다. 얼굴이 못생긴 자우는 공자 거울 병풍 속에서 다른 사람들은 모두 정면상인데 홀로 배면상이다.

# 가장 이른 판본 『사기』와 가장 이른 동왕공 형상

공자 거울 병풍에 써 있는 글 중에서 가장 중요한 내용은 공자와 그 제자의 생애와 사적이다. 이 기록은 『사기』의 「공자세가孔子世家」와 「중니제자열전仲尼弟子列傳」의 기록과 68퍼센트 정도 유사하다. 그중 "공자가 『춘추春秋』를 지었다孔子作春秋"라는 기록은 『사기』 「태사공자서太史公自序」의 "옛날에 공자는 어찌하여 『춘추』를 지었는가昔孔子何爲而作『春秋』哉"라는 기록과 대체적으로 일치한다. 그런데 이 단락은 상대부上大夫 호수壺遂가 태사공 사마천과 사적으로 의논한 내용으로 이 두 사람 외에는 「태사공자서」에 기록된 내용을 알거나 다른 문헌에서 이와 관련된 기록을 본 사람이 없었다.

더욱 중요한 것은 "천하에는 군왕에서 어진 사람에 이르기까지 많은 사람들이 있지만, 모두 살아 있을 당시에는 영화로웠으나 죽으면 그만이었다. 공자는 평민으로 벼슬을 하지 않았지만 십여 세대를 지나면서도 학자들이 그를 받들었다. 왕후로부터 중원 각 나라 중에 육예를 말하는 자는 모두 공자에게서 절충점을 찾으니, 가히 공자는 지극한 성인이라 할 수 있다天下君王至於賢人衆矣, 當時則榮, 歿則已焉。孔子布衣, [傳]十餘世, 至於今不絶, 學者宗之。自王侯, 中國言六藝者, 折中於孔子, 可謂至聖矣"라는 기록이 『사기』 「공자세가」 속 '공자세가찬孔子世家贊'의 내용과 기본적으로 일치한다는 것이다. '공자세가찬'도 "태사공이 말하였다太史公曰"로 시작되니 바로 사마천 자신의 말이다.

이들 자료로 살펴볼 때 공자 거울 병풍의 내용은 사마천의 『사기』에서 초록한 것으로, 이는 곧 우리가 가장 이른 판본 『사기』를 볼 수 있다는 것을 의미한다. 이 발견은 사람들에게 뜻밖의 기쁨을 주었다.

한편 공자 거울 병풍 테두리에서 가장 이른 동왕공東王公 형상을 볼 수 있다. 일반적으로 동왕공 형상은 동한 시대인 기원 1세기 전후에 나왔다고 알려져 있었다. 그런데 해혼후묘에서 동왕공 형상이 나타남으로써 동왕공 출현 시기를 더 앞쪽으로 당겨 서한 중·말기인 기원전 1세기라고 추론할 수 있게 해주었다. 거울 테두리의 동왕공 형상은 서왕모西王母와 짝을 이루어 설계되었다. 이런 배합은 주로 동한 시기에 유행한 것으로 알려져 있었지만, 그것이 해혼후묘에서 출현한 것은 서한 선제 때 이미 동왕공과 서왕모가 음양이 서로 조합을 이루는 도상 모델의 형태를 어느 정도 갖추었음을 알려준다.

# 유하가 공자 거울 병풍을 부장품으로 매장한 까닭

공자 거울 병풍에는 덮개 판자가 있는데, 바로 「의경부」가 써 있는 병풍 덮개다. 병풍 덮개 두 개가 쌍절식 병풍으로 합쳐졌다. 앞서 병풍에 공자와 그 제자를 합쳐 모두 여덟 명이 있다고 했다. 체경 정면에 여섯 명, 「의경부」가 있는 병풍 덮개 정면에 두 명(자장과 증자)이 있다.

왜 병풍에 공자와 그 제자의 형상과 생애 사적을 기록했을까? 이것은 유하가 난창으로 쫓겨나 해혼후가 된 이후의 심리 상태와 관계 있다. 연구에 의하면 이 병풍의 제작 시기는 기원전 76년(창읍 11년)보다 늦지 않을 것이라고 했다. 즉 공자 체경 병풍은 유하가 산둥 창읍국에서 위장군 난창으로 가지고 온 것이다

후대에 당唐 태종太宗은 "구리로 거울을 삼아 의관을 바로잡을 수 있고, 옛날을 거울로 삼아 흥망성쇠를 알 수 있으며, 사람을 거울로 삼아 득실에 밝을 수 있다以銅爲鑑, 可正衣冠; 以古爲鑑, 可知興替; 以人爲鑑, 可明得失"라고 했다. 이 말이 나타내는 의미는 실제로 양한 시기에 이미 널리 알려져 있었다. 이 거울 병풍 위의 동경은 의관을 바로잡는正衣冠 것이고, 공자와 그 제자의 생애와 사적은 실제로 '사史'이니, 옛날을 거울로 삼아 흥망성쇠를 알 수 있는 것이다. 마찬가지로 공자와 그 제자의 화상은 모두 성현의 화상으로 사람을 거울로 삼아 득실에 밝을 수 있는 것이다.

해혼후묘에서 발견된 공자 거울 병풍은 실제로 유하가 생전에 사용하던 실물로 부장품이 아니었다. 그것은 유하가 '도사자경圖史自鏡'하려던 물건이었다. 당시에 선제가 그를 난창의 해혼후로 다시 봉한 것은 실제로 두 가지 의도가 있었다. 첫째는 부유한 산둥을 떠나 비교적 궁벽한 남쪽 변방인 위장으로 가라는 것이었고, 둘째는 종묘의 예와 조빙朝聘의 예를 받들어서도 안 되고 장안으로 돌아와 선조의 제사를 지내서도 안 된다는 것이었다. 두 방면에서 유하의 정치권력을 박탈한 것이지만, 유하는 줄곧 자신의 제후왕 신분을 회복하려고 했다.

당나라 왕발王勃은 「등왕각서滕王閣序」에서 유하가 위장 포양후 주변에서 수년간 머물 때의 심리 상태를 묘사했다. "저 멀리 태양 아래 있는 장안을 바라보며, 구름 사이로 오군吳郡과 회계군會稽郡을 가리켜본다. 지세가 다하니 남쪽 바다는 깊고, 하늘 기둥은 높고 북극성은 멀리 보인다. 관산關山은 넘기 어렵다는데, 누가 길 잃은 사람을 슬퍼해줄까? 부평초와 물이 서로 만난 듯하나 모두 타향의 나그네로다. 제왕의 궁문을 그리워해도 보이지 않으니, 선실宣室에서 명을 받들 날이 언제일까?

望長安於日下, 指吳會於雲間。地勢極而南溟深, 天柱高而北辰遠。關山難越, 誰悲失路之人。萍水相逢, 盡是他鄉之客。懷帝闇而不見, 奉宣室以何年。" 왕발이 마치 당시 유하의 심정을 묘사한 듯한데, 비록 후대 사람의 추측이지만 충분히 일리 있어 보인다.

자금성에서 북쪽으로 가서 포양후로 나가면 간장贛江이 합류하는 곳으로 통한다. 이곳은 당시 유하가 슬픔을 토로하던 곳이어서 후에 '개구慨口'라고 불렸다. 우리는 발굴 과정에서 '개구'의 원래 터를 발견했다. 지금 '개구'에 서서 멀리 끝없이 흐르는 강물을 바라보며 옛날 그대로인 물결 소리를 듣고 있자니 수천 년 전 유하의 감개 어린 소리가 들리는 듯하다.

## 발굴사

- 2011년 장시성 난창시 신젠구 다탕핑향 관시촌 둔둔산에서 고대 고분이 도굴을 당했다고 알려왔다. 장시성 문물고고연구원은 즉시 응급조치 성격의 발굴을 시작해서 자금성 성터와 역대 해혼후묘원을 핵심으로 하는 해혼후국과 관련된 중요한 유적을 발견했다.

- 2015년 해혼후 1호 고분 주묘실 발굴 사업을 정식으로 시작해서 대량의 정교한 유물과 동전, 황금, 금기를 발굴했으며, 이들 덕분에 묘주가 한 무제의 손자 유하임을 입증할 수 있었다. 같은 해에 해혼후묘는 중국 고고학상 10대 새로운 발견에 포함되었다.

- 2016년 베이징 수도박물관에서 개최된 "난창 한대 해혼후국의 고고학적 성과 보고 발표회南昌漢代海昏侯國考古成果新聞發布會"에서 묘주가 한나라의 폐위된 황제 유하임을 확인했다. 해혼후 유하 묘의 주관主棺도 후기 정리 단계에 들어섰는데, 劉賀라고 새겨진 도장이 발견되었다.

- 2017년 난창 한나라 해혼후국 유적이 국가고고유적공원國家考古遺址公園으로 지정되었다.

- 2019년 2월까지 해혼후묘에서 진귀한 유물 1만여 건이 출토되었다.

**목독**木牘

"妾待昧死再拜上書太后陛下(신첩이 죽기를 무릅쓰고 태후 폐하께 재배하며 글을 올립니다)"라는 글이 쓰여 있는 목독木牘. 주장奏章류에 속한다. 목독의 한나라 예서가 아름답고 전아한데, 이는 그 시대 서예 예술이 지닌 특징이다.

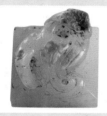

**유하 옥인**玉印

유하 옥인은 한나라 때 흔히 보이던 방촌지인方寸之印으로, 도장 면 테두리 길이는 2.1㎝, 전체 높이는 1.5㎝다. 劉賀 두 자가 전서체로 음각되어 있고 좌우가 똑같이 나뉘어 있다. 글자 획의 굵기가 기본적으로 일치하고 공간이 균등하게 분할되도록 고려했으며, 전체적으로 예스럽고 소박하면서 장중하다. 도장 손잡이는 올빼미 형상을 하고 있는데, 이전 한나라 유물에서는 발견되지 않던 것이다.

**착금청동편종**錯金靑銅編鍾

선진시대 편종이 맑고 빼어나고 키가 컸다면淸秀頎長 서한시대 편종은 작고 뚱뚱하며 실했다矮胖敦實. 해혼후묘에서 출토된 청동 손잡이를 가진 종은 모두 14점인데, 조형과 무늬 장식에서 서한 초기 편종의 특징을 잘 보여준다. 또한 그 형태가 합와형合瓦形으로 선진시대 편종(예를 들면 증후을묘종曾侯乙墓鍾)과 비교하면 전체적으로 둥그런 형태에 가까웠다.

**인지금**麟趾金

서한 시대에는 다양한 형태의 황금 화폐를 주조했으며 시자금柿子金, 마제금馬蹄金, 인지금麟趾金 등이 있었다. 『한서』에 다음과 같은 기록이 있다. "'지난날 짐이 교외에서 상제上帝를 만나고 서쪽 룽산隴山에 올라 하얀 기린을 잡아 종묘에 바치자 악와渥洼에서 천마가 나오고 태산에서 황금을 발견해 옛 이름을 바꿔야만 했다. 지금 황금으로 기린의 발과 말발굽을 만들어 조화와 상서로움으로 삼고자 한다.' 이에 여러 제후왕에게 나누어 하사하였다.'往者朕郊見上帝, 西登隴首, 獲白麟以饋宗廟, 渥洼水出天馬, 泰山見黃金, 宜改故名. 今更黃金爲麟趾、裵蹏以協瑞焉.' 因以班賜諸侯王.' 기린 발 모양 금을 여러 제후왕에게 하사했다는 것이다. 해혼후 묘에서 대량의 인지금이 출토되었는데 어떤 것에는 위에 上, 中, 下 글자가 있었다.

**마제금**馬蹄金

마제금은 서한 시대 저울로 다는 화폐로 바닥은 원형이고 안은 움푹하고 중간은 비어 있어 말발굽같이 생겼다. 해혼후묘에서 출토된 마제금은 대, 소 두 종류가 있는데, 대마제금은 각각 上, 中, 下 세 글자가 새겨져 있다. 이 의미를 두고 전문가들은 아직 확실한 결론을 내리지 못했다.

**청동유금 박산로**靑銅鎏金博山爐

전해지는 바로, 한 무제가 향 피우는 것을 좋아해 사람을 시켜 전설 속 박산에서 제작된 형태가 특수한 향로를 모방해서 만들도록 했는데, 이것이 바로 박산로다. 해혼후묘에서 출토된 박산로는 보존이 잘 되어 있었고 형태도 거의 허베이의 서한 중산정왕中山靖王 유승劉勝의 묘에서 출토된 향로와 아름다움을 겨룰 만하다. 현재까지 중국에서 출토된 같은 시기 박산로 중 가장 우수하다고 손꼽힌다.

**첩금편칠합**貼金片七盒

직사각형 합으로 은으로 만든 고리가 있고 안팎을 옻칠한 후 도안이 복잡한 금장식 문양을 붙였다.

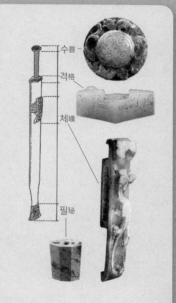

수首
격格
체璲
필珌

**옥검구**玉劍具

춘추전국시대 말기에 옥검수玉劍首, 옥검격玉劍格, 옥검체玉劍璲, 옥검필玉劍珌 네 부분을 완전하게 갖춘 옥검 장식이 만들어졌는데, 옥으로 만든 이들 장식물을 옥검구라 불렀다. 서한시대에 세트를 이룬 옥검구는 왕공 귀족의 칼에 사용하는 중요한 장식품이었다. 검수가 장식하는 것은 칼의 머리 부분으로 일반적으로 원형이었다. 검체는 칼집의 한쪽을 장식했는데, 허리띠에 묶어 검을 허리에 고정시킬 수 있도록 좁고 긴 모양이었고 중간에 구멍이 있었다. 검격은 칼의 손잡이와 칼의 몸체가 이어지는 곳에 있었으며 중간에 공간이 있어 손잡이를 덮어씌울 수 있었다. 검필은 칼끝에 덮어씌우는 장식품이다.

수많은 고고학 자료, 특히 묘지 자료 덕분에 장안성의 삶이 얼마나 풍요롭고 아름다웠는지 알게 되었다.

평면적인 문자가 삽시간에 입체적인 인상으로 바뀌며 생생하게 살아났다. 이것이 바로 고고학의 매력이다.

**류루이**|劉瑞
중국 사회과학원 고고연구소
한당연구실 연구원

# 한·당 장안성漢唐長安城
## ― 열세 개 왕조를 거친 고도古都의 흥망사

'고도古都'라고 하면 항상 시안이 가장 먼저 떠오른다. 이 도시의 역사는 6,000여 년 전 신석기시대 말 반포半坡 유적 시기까지 거슬러 올라간다. 유구한 역사는 시안에게 호경鎬京, 서경西京, 대홍大興, 함양咸陽 같은 많은 이름을 남겨주었다. 그러나 가장 감홍을 불러일으키는 이름은 '장안長安'일 것이다.

몇 년 전 위교渭橋를 발굴하다 작은 목선 한 척을 발견했다. 목재를 깎거나 구멍을 내어 서로 맞물리게 하는 요철 구조로 제작된 이 배의 형태는 태평양 지역에서 처음으로 출현한 것이었다. 후에 관련 자료를 조사한 결과 이 배가 로마선이라는 것을 알게 되었다. 이처럼 지역 문화를 뛰어넘는 원거리 문명의 출현은 문헌 기록을 초월하는 비범한 의미를 지닌다.

당나라 장안성에는 궁성, 황성이 있었고 또한 방대한 외곽성이 있었다. 외곽성 성벽 안의 면적은 84제곱킬로미터로 한나라 장안성 면적의 2.4배나 되었고, 명나라와 청나라 북경성의 면적이 60제곱킬로미터였으니 당나라의 장안성은 그것의 1.4배나 되었다. 아주 나중이 되어서야 당나라 장안성의 면적을 뛰어넘는 도시가 생겨났다. 당시 장안이 세계 최대 도시였다는 것은 의심할 여지없는 사실이다.

# 1 | 십여 개 왕조가 장안을 도성으로 정한 이유

## 관중, 기름진 들판이 천 리에 달하는 천부지국天府之國

중국의 고도古都라 하면 장안을 제일 먼저 꼽는다. 이곳에 도읍을 정한 왕조로는 초기의 서주西周부터 이후의 진, 한을 거쳐 당나라가 있었으며, 중간에 서진西晉, 전조前趙, 전진前秦, 후진後晉, 서위西魏, 북주北周, 수隋 같은 비교적 단명한 왕조의 도읍이기도 해서 전체적으로 모두 열세 개에 이르는 나라가 장안을 도읍으로 삼았다. 이것은 장안이 도읍으로 삼기에 지리적인 우월성이 있었음을 충분히 설명하고도 남는다.

낙양(뤄양)과 장안을 일컬어 '양경兩京'이라 할 정도로, 역대로 도읍을 삼기에 충분한 조건을 갖추고 있었다. 장안의 역사는 관중關中 땅과 불가분의 관계에 있다. 주나라 문왕은 관중에서 출발해 은나라를 멸망시키고 통일을 완성했다. 진시황은 관중을 기초로 동쪽의 여섯 나라를 멸망시키고 통일을 완성했다. 또한 유방劉邦도 관중을 근거지로 삼아 동쪽으로 통일을 완성했다. 『사기』「유후세가留侯世家」와 『한서』「장량전張良傳」에 초한지전楚漢之戰이 끝난 후 유방이 도성을 정하던 일이 기록되어 있다. 유방의 참모 누경婁敬(후에 유경劉敬이라는 이름을 하사받음)이 관중 땅을 도읍으로 삼아야 한다고 했으나, 한나라의 개국공신 대부분이 산동 사람이었기 때문에 그들은 낙양을 도읍으로 삼자고 유방에게 건의했다(여기서 말하는 산동은 효산(崤山, 샤오산)의 동쪽을 말하는 것으로 오늘날의 산둥성과는 다른 개념이다). 장량張良은 누경의 견해를 지지하며 고조에게 글을 올려 관중 땅이 "동쪽으로는 효산과 함곡관函谷關이 있고 서쪽으로는 농산隴山과 촉산蜀山이 있으며 기름진 들판이 천 리에 달하고 남쪽으로는 파촉巴蜀의 풍요로운 자원이 있으며 북쪽으로는 드넓은 목축지라는 이점이 있다左崤函, 右隴蜀, 沃野千里, 南有巴蜀之饒, 北有胡苑之利"고 지적하면서 이곳을 "철옹성이 천 리나 되는 비옥하고 풍요로운 땅金城千里, 天府之國也"이라고 했다. '천부天府'란 무엇일까? 당나라 사람 안사고顔師古는 "하늘이 내린 재물이 모여 있는 것이어서 천부라고 한다天府財物所聚, 謂之天府"라고 했는데, 관중이 물산이 풍부해 모자람

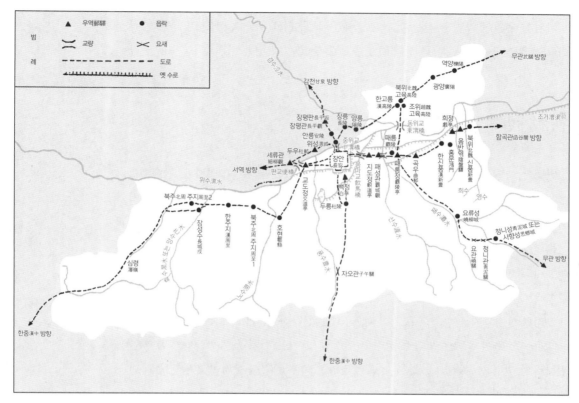

범례
▲ 우역郵驛　　● 읍락
〰 교량　　✕ 요새
----- 도로
▬▬▬ 옛 수로

서한에서 북주北周까지
장안 부근 육로 교통도

이 없었다는 의미다. '천부지국, 즉 토지가 비옥하고 자원이 풍부한 지역'은 원래 쓰촨이 아니라 산시陝西 관중 땅이었다. 유방은 장량의 말을 들어 최종적으로 장안을 도읍으로 삼았다.

당나라 때에도 관중지역의 우위는 지속되어 명장 곽자의郭子儀도 일찍이 이 점을 이야기했다. 그는 옹주(雍州, 관중) 땅을 옛날에 '천부天府'라고 했다면서 장량의 말을 인용해 "서쪽으로 농산과 촉산을 제어하고 동쪽으로는 효산과 함곡관을 누르고 있다. 앞에는 종남산終南山과 대화산大華山의 험준함이 있고, 뒤에는 맑은 위수渭水와 탁한 황하의 견고함이 있다. 이곳은 신명이 그윽하고 왕이 도읍으로 삼은 곳이다. 땅이 수천 리에 달하고 군사 십여 만 명이 있으며, 무기는 강하고 병사는 용감하여 그 위세가 사방에 미치고 있다右控隴蜀, 左扼崤函; 前有終南, 大華之險, 後有淸渭, 濁河之固。神明之奧, 王者所都。地方數千里, 帶甲十餘萬, 兵强士勇, 雄視八方"라고 했다. 형세가 유리할 때는 진격하고 불리할 때는 물러나 지킬 수 있는 군사상 요충지를 차지하고 있었기 때문에 진나라와 한나라가 통일을 완성할 수 있었다고 곽자의는 인정했다.

이처럼 우월한 자연 조건을 갖추었기 때문에 주와 진, 한, 수, 당 그리고 당 이전의 작은 왕조들이 모두 이곳 장안을 도읍으로 삼았던 것이다.

## 관중 개발의 역사

관중은 자연 지세와 더불어 인문 전통도 지니고 있었다. 다리인大荔人, 란톈인藍田人부터 이후의 반포半坡 유적, 양관자이楊官寨 유적, 커성좡客省莊 유적에 이르기까지 관중지역에서 이미 인류가 번성하고 있었다.

문헌 기록에 따르면, 최초의 진나라 사람은 주나라 왕을 위해 말을 기르던 이들이었다고 한다. 칭화간清華簡『계년繫年』에는 진나라 사람들이 동쪽에서 와서 먼저 간쑤 일대에 도착한 이후 차츰 번성해 관중지역으로 확장했고 마침내 옹성(雍城, 현재 평샹鳳翔)에까지 이르렀다고 기록되어 있다. 진나라 덕공(德公, 재위 기원전 678년~기원전 676년)이 옹성에 도읍을 정하고 대정궁大鄭宮을 건설한 이후 300여 년 동안 진나라는 점점 강성해졌다. 특히 서주가 멸망한 이후 기회를 틈타 발전을 거듭하던 중 춘추오패의 하나인 목공(穆公, 재위 기원전 659년~기원전 621년)이 등장했다. 그러나 목공의 대업은 실제로 오래가지 못했고 이후 진나라 내부는 불안정한 상황이 지속되었다. 그래서 안정된 발전을 꾀하기 위해 헌공(獻公, 재위 기원전 384년~기원전 362년) 2년(기원전 383년)에 역양(櫟陽, 현재 시안시 옌량구閻良區 우툰진武屯鎮 관좡촌官莊村과 구청툰촌古城屯村 부근)으로 천도했다. 그 후 효공(孝公, 재위 기원전 361년~기원전 338년) 때 상앙변법商鞅變法을 통해 개혁을 실행한 후 효공 12년(기원전 350년)에 함양咸陽으로 천도하기로 결정했는데, 이곳을 근거지로 삼아 진나라는 다시 강성해지기 시작했다. 효공이 세상을 떠난 후 상앙은 참수당했지만 상앙의 법은 계속 시행되었으며, 이를 통해 부국강병을 이룩한 진나라는 마침내 여섯 나라를 통일하게 되었다.

관중을 두고 '기름진 들판이 천 리에 달한다沃野千里'라고 하는 말은 면적을 강조하는 것이 아니라 자연 상태를 묘사하는 것이다. 관중은 일찍이 많은 토지가 곡식을 심기에 적합하지 않았다. 웨이허(위수) 이북 땅에 염분이 축적되어 있었기 때문이다. 전국시대 한韓나라의 유명한 수리 전문가 정국鄭國이 관중지역에서 수리를 정비했다. 징허涇河의 탁한 물을 끌어와 논밭에 물을 대서 염분 함량을 낮추었는데,

이것이 그 유명한 정국거鄭國渠다. 정국거가 완성된 후 웨이허 이북 모든 지역에 징허의 관개가 이루어져서 식량 생산이 크게 증가했다. 식량이 풍족해지자 인구도 자연스럽게 증가하게 되어 진나라가 강대해지는 데 가장 기본이 되는 물질적 기초가 마련되었다.*

관중지방에 식량 생산이 증가함에 따라 인구 역시 늘어나 식량 부족 현상은 계속 이어졌다. 이에 장량은 곡식을 운송하는 수로를 통해 식량을 운반해 오자고 건의했다. 한 무제는 조거漕渠를 건설해 웨이허가 범람하는 계절의 제약 없이 관중으로 식량을 운송할 수 있게 함으로써 수도권에 일 년 내내 충분한 식량이 공급되게 했다. 후에 몇몇 왕조가 이곳에 나라를 세운 까닭은 이런 이점 덕분이었다.


## 장안, 팔방의 길이 집중되어 사람들이 모여들다

사람들이 모이는 곳에서 문화가 태동한다. 전국시대 중·말기부터 유동 인구가 늘어나기 시작하면서 제자백가, 협객, 장인 같은 인재를 초빙하기 위한 각축전이 중국 전체에서 벌어졌다. 이 각축전의 최후 승자는 진나라였다. 변법을 시행한 상앙, 수리 전문가 정국, 승상 이사李斯는 모두 진나라 사람이 아니었고, 진시황조차도 한단邯鄲에서 나고 자라며 실제로 많은 부분에서 동방문화의 교육을 받은, 당시 전형적인 '국제인'이었다. 이처럼 고급 지식인, 군사정치가, 걸출한 장인이 진나라 사람의 땅으로 모여들자 그들의 식견, 견문, 사상이 서로 융합되어 더욱 새롭고 더욱 전방위적인 문화를 형성해 끊임없이 전승되었다. 셴양咸陽 베이위안北塬에서 6국 궁관宮館 유적이 발굴되었는데, 진시황이 통일한 후 이곳에 궁실을 건설하고 6국 사람들이 머물도록 제공했다.

---

\* 정국거는 진왕 정政 원년(기원전 246년)에 건설되었다. 당시 진나라를 두려워한 한나라는 수리 전문가 정국을 진나라로 보내 수로를 건설하는 책략을 바치게 했는데, 이를 통해 진나라의 국력을 소모시킬 심산이었다. 그러나 정반대 결과가 펼쳐졌다. 정국거가 오히려 진나라의 강성함을 촉진한 것이다. 『사기』「하거서河渠書」에는 다음과 같이 기록되어 있다. "수로가 완성되자 진흙이 있는 물을 끌어와서 소금기가 있는 관중 땅 4만여 경에 관개해 1무畝마다 1종鍾의 수확을 얻었다. 그리하여 관중 땅이 비옥한 들판으로 변해 흉년이 없어졌으며, 진나라는 부강해져서 마침내 제후국을 병탄하게 되었다. 그래서 그 수로에 '정국거'라는 이름을 붙였다. 渠成, 注塡淤之水, 漑澤鹵之地四萬餘頃, 收皆畝一鍾, 於是關中爲沃野, 無凶年, 秦以富强, 卒幷諸侯, 因命曰 '鄭國渠'."

한나라 때 문화 중심의 기반이 된 관중의 장안은 계속해서 그 역할이 강화되었다. 장안성 외에 한나라 때부터 경사京師 부근에 장릉읍長陵邑, 무릉읍茂陵邑 같은 많은 능읍(陵邑, 한나라 때 제왕의 능원이 건설된 땅)이 건설되었다. 이들 능읍을 건설하고는 공신 집안, 관동대족關東大族, 대부호, 호걸지사 대부분을 강제로 이주시켰다. 그들의 지지기반인 고향에서부터 아무 연고가 없는 곳으로 이주시킴으로써 쉽게 반란을 일으키지 못하게 하기 위해서였다.

이렇게 이주할 때에는 자기 자신과 가족뿐 아니라 일족 전체가 옮겨오며 심지어는 그를 위해 일하던 농민과 장인도 함께 이주했다. 그래서 기록에 몇 개 호의 몇 개 성姓이 이주했다고 하더라도 실제 이동한 인구수는 무척 많을 수 있다. 『한서』「지리지地理志」에 장안성의 인구가 무릉읍보다 적다고 되어 있는데, 현대인은 상상조차 안 되는 상황이다. 한편 강제로 이주해온 이들의 원래 고향, 예를 들어 제와 노 지역 등은 문화가 발전한 곳으로 그들은 관중으로 떠나오면서 고향의 문화도 가지고 왔다. 따라서 경사 주변의 능읍은 재부財富가 집중되었을 뿐만 아니라 문화 수준도 상당히 높았다. 동중서董仲舒, 사마상여司馬相如, 사마천司馬遷의 집도 모두 무릉에 있었다. 말하자면 장안성에는 황제와 관청의 공무와 관련 있는 건축물이 있었고 사람들은 주로 능읍에 모여 있었다고 말할 수 있다. 몇백 년 지나지 않아 이들 가문이 크게 번성하며 관중의 문화를 최고조로 끌어올리고 전국의 정치, 경제, 군사, 문화의 중심이 되게 했다. 이후 서위西魏 같은 작은 조정도 이곳에 도읍을 정했다. 사람이 없는 곳은 도읍이 될 수 없다.

'기름진 들판이 천 리에 달하는' 관중은 유구하고 심원한 역사 문화를 배태해 '팔방의 길이 집중되어 사람들이 모여드는八方輻輳 人員聚集' 장안이라는 중요한 도성을 남겨놓았다. 장장 천여 년에 달하는 역사에서 장안은 중국의 핵심이었다. 오늘날에도 한나라, 당나라의 장안성이 있던 지역은 여전히 중국의 중심으로 측지원점과 중국 표준시 측정센터가 이곳에 있다. 지금 우리는 편리하고 빠른 교통수단을 가지고 있지만, 고대에는 근거리와 원거리 교통이 뒤섞여 있어 공간상의 중심이 특히 중요했다. 장안은 바로 이러한 중심 위치에 있어 각 지방 세력을 관리하기에 편리하고 사방의 재물이 모여들었다. 이 또한 장안이 오랜 세월 여러 나라의 도성 역할을 한 중요한 기초가 되었다.

## '실크로드 1호 고선古船'—한나라 제1호 목판선

　몇 년 전 위교 발굴을 책임지고 있을 때 위교 북단에서 작은 목선 한 척을 발견했다. 이 배는 고고학적으로 중요한 의미를 지녔는데, 바로 한나라 제1호 목판선이었기 때문이다. 발굴하자마자 중국 조선기술사 최고 권위자인 쉬룽페이徐龍飛 선생에게 알렸고, 현장에 도착한 선생은 놀라움을 감추지 못했다. 이 배에서 끼워 맞춘 구조가 발견되었으며 일반적으로 이것은 원나라, 명나라 시대에 나온 것으로 알려진 공법이었기 때문이다. 그런데 이 배는 중국에서 제작된 것이 아니었다.

　당시 쉬 선생은 이 배가 구체적으로 어디에서 왔는지를 밝히지 못했지만, 이후 우리는 자료를 찾아 로마선이라는 것을 알아냈다. 이렇게 끼워 맞춘 구조가 처음으로

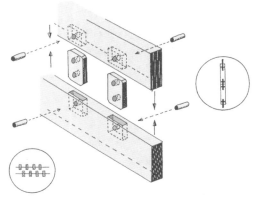

1
2 3

1. 실크로드 1호 고선古船
   (서남 방향에서 동북 방향으로)
2. 실크로드 1호 고선 갑판을 끼워 맞춰 연결한 부분
3. 로마시대 지중해 지역 목선에서 광범위하게 사용한 끼워 맞춘 구조

극동 태평양 지역에서 발견된 것은 커다란 의의가 있다. 누가 이러한 기술을 전해주었을까? 이것 외에 몇 척의 배가 더 있을까? 목선과 관련한 여러 가지를 살피게되었다. 고대 장안 지역의 조선기술 수준은 높았을 것이다. 춘추시대 진晉나라에 흉년이 들어 진秦나라에 도움을 청하자 작은 배에 식량을 실어 보냈는데, 웨이허를 따라 진나라로 향하는 배가 꼬리를 물어 마치 선단을 이룬 것 같았다는 기록이 있다. 한 무제는 남월南越을 멸망시키려고 누선장군樓船將軍을 파견해 쿤밍지昆明池에서수군을 훈련시켰다는 이야기도 전한다. 웨이허에서 배를 건조한 역사는 아주 오래되었지만 진나라, 한나라 시기의 배가 어떤 모습이었는지는 알 수가 없다.

이 작은 목선의 출토는 우리의 상상을 초월했다. 이처럼 지역을 뛰어넘는 원거리문명의 출현이 문헌에는 기록되어 있지 않다. 관중지역에서 사용한 배가 로마식 끼워 맞춘 구조로 되어 있었다는 문헌 기록이 없기 때문에, 우리는 이 배를 '실크로드 1호 고선'이라 부르기로 했다.

이렇게 상상조차 못하던 일이 일어나는 것이 바로 고고학의 놀라움과 매력이다. 고고학은 언제나 문헌에 기록되어 있지 않거나 기록이 상세하지 않은, 심지어는 기록을 바꿀 수도 있는 유물 정보를 제공해준다.

중국 고고학은 1928년 안양 은허 발굴을 시작한 이래로 오늘날까지 거의 백 년이되어간다. 관중지역에서 한나라, 당나라 장안성의 발굴은 1950년대 중반부터 시작되었으니 60여 년의 세월이 흘렀다. 여러 해 동안 몇 대에 걸친 고고학자들의 노고덕분에 한·당 장안성의 평면과 내부 구조를 충분히 이해할 수 있게 되었다. 이전까지만 해도 두 왕조 시대 도성의 이해는 후대 사람들의 추론이나 당시 사건에 대한상세하지 못한 기록에 의지할 뿐이었다. 당나라 장안성의 크기가 구체적으로 어느정도였는지는 고고학 발굴에 따라 수치에 차이가 있지만, 이런 데이터가 있었기에우리는 그 크기를 확정할 수 있었다. 『장안지長安志』에 당나라 장안성 동서남북의길이가 각각 몇 리인지 기록되어 있는데, 우리는 실지 측량을 통해 정확하게 길이를 측정했다. 이런 것이 고고학이 보여주는 실제 상황이다.

# 2 | 웅장한 기백을 지닌 장안성

## 세계 최대 도시, 당나라 장안성

오늘날에는 많은 사람들이 대도시에 거주한다. 그리고 도시의 크기를 실감하는 일은 그리 어렵지 않다. 그러나 당나라 장안성이라는 역사적 공간의 크기는 상상조차 힘들다. 단지 몇몇 통계 수치만으로 가늠해볼 수 있기 때문이다.

문헌 기록에 따르면, 한나라 장안성 성벽 안의 면적은 34제곱킬로미터(1,000만 평) 정도이고 성벽 밖으로 방대한 상림원上林苑을 조성했는데, 동으로는 란텐, 서로는 저우즈周至, 남으로는 난산南山, 북으로는 웨이허에 이르는 300여 리 혹은 400여 리에 걸쳐 있었다. 이곳의 넓이를 현재 단위로 환산하면 2,000제곱킬로미터가 넘었다. 장안 옆에는 황제의 무덤인 제릉帝陵을 많이 건설했으며 그 주위로 매우 방대한 능읍을 세웠다. 앞서 이야기했듯이, 동쪽 지방 호족 세력의 확장을 막기 위해 호족들을 능읍으로 강제 이주시켰다. 이렇게 늘어난 능읍의 인구는 모두 장안에 귀속되어 관리되었다. 장안성에 상림원과 능읍을 더한 3,000제곱킬로미터 가까운 면적이 모두 장안 도성권에 속하는 것이니, 당시 전 세계적으로 보면 로마보다도 그 규모가 컸다.

1 2

1. 한나라 장안성에 상림원, 능읍을 더한 면적은 3,000㎢에 이른다. 같은 시기 로마 면적의 두 배 이상이었다.

2. 한나라 장안성과 당나라 장안성 비교

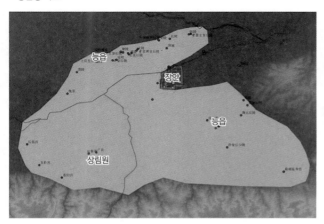

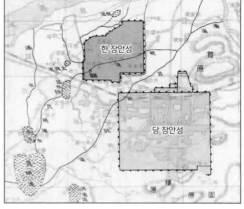

당나라 장안성은 전대미문의 면적을 차지했다. 당나라 장안성에는 궁성과 황성, 방대한 외곽성이 있었는데, 외곽성 안의 면적은 84제곱킬로미터(2,540만 평)로 한나라 장안성 면적의 2.4배였다. 북위北魏 낙양성의 면적이 73제곱킬로미터였으니 당나라 장안성은 그보다 1.2배 컸고, 수나라와 당나라의 낙양성 면적은 45제곱킬로미터로, 장안성은 그보다 2배 가까이 컸다.

명나라와 청나라 북경성과 비교해볼 수도 있다. 당시 북경성 성벽 안의 면적은 60제곱킬로미터로 장안성이 그보다 1.4배 컸다. 아주 오랜 세월이 흐른 뒤에야 당나라 장안성보다 큰 도시가 생겨났으니, 당시 장안은 의심의 여지없는 세계 최대 도시였다. 한편 우리는 지금 장안성 성벽 안만 따져서 비교한 것으로, 실제로 장안성 북쪽에 엄청난 규모의 금원禁苑이 있었다. 금원은 황제의 수렵지이자 휴식지로 전체 한나라 장안 도성을 포함했으며, 동으로는 찬허滻河와 바허灞河, 북으로는 웨이허, 남으로는 장안성 북쪽 담에 이르렀다. 이곳의 전체 면적은 100제곱킬로미터 이상이었는데, 어떤 사람은 200~300제곱킬로미터라고 보기도 한다. 따라서 웅장하고 방대한 규모로 말한다면 당나라 장안을 능가하는 것은 없을 것이다.


## 질서와 등급을 드러낸 남북축선南北軸線

베이징에 중축선中軸線이 있는 것은 널리 알려져 있다. 융딩먼永定門에서 시작해 북쪽으로 향하면서 첸먼前門을 거쳐 톈안먼天安門, 우먼午門에 이르고 타이지뎬太極殿에 이른 후 그곳을 빠져 나가 중허뎬中和殿, 바오허뎬保和殿을 거쳐 선우먼神武門을 나가 징산景山에 도착한 후 중러우鐘樓, 구러우鼓樓를 지나 올림픽공원에 이르는 선이다.

량쓰청梁思成 선생은 명나라, 청나라 북경성의 위대함이 이 축선상에서 체현되었는데 이러한 축선의 역사가 최소한 당나라 장안성 설계에까지 거슬러 올라간다는 것은 거의 알려져 있지 않다고 말한 적이 있다. 량 선생이 말한 당나라 장안성의 실체는 그리 확실치 않지만 수나라 대흥성大興城, 당나라 장안성을 말하는 것 같다.

수나라 개황(開皇, 수나라 문제(文帝, 재위 581~604) 때(581~600년) 연호) 시기에 한나라 장안성은 매우 오랜 시간 동안 도읍이었으나 지하수에 염분이 많아 마실 수 없다고 알려졌다. 『수당가화隋唐嘉話』에 수 문제가 장안성에 홍수가 난 꿈을 꾸고 나

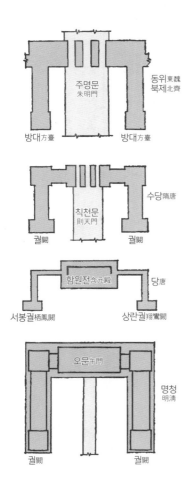

1. 장안 궐闕 탁본 일부

2. 주명문朱明門 유적과 수·당·명·청 각 시대<br>궐의 평면 형상과 구조

서 용수원龍首原 남쪽에 새로운 도성을 건설하기로 결정하고 는 우문개宇文愷를 보내 설계하게 했다고 기록되어 있다.

설계할 때 가장 먼저 남북 방향 축선을 확정했다. 축선의 가장 북쪽 끝에 궁성을 건설했고 궁성 남쪽에 황성을 두었다. 황성 밖은 더 큰 외곽성으로, 우리가 지금 84제곱킬로미터라고 말하는 것은 바로 이 범위의 면적을 가리킨다. 축선의 가장 끝은 최고 권위를 지닌 황제가 머무는 궁성이었고, 축선을 따라 일직선으로 승천문承天門, 주작문朱雀門, 명덕문明德門 같은 문이 있었다. 축선 양 옆에는 이방里坊이 분포되어 있어 당시에 '6가街 108방坊'이라 불렸다.

이방의 수는 당연히 계속 변화했다. 장안은 수백 년 동안 부단히 건설되며 이루어진 도시다. 외곽성은 당 개원(開元, 당 현종(玄宗, 재위 712~756) 때(713~741년) 연호) 연간에 이르러서야 완성되었다. 이들 이방은 합쳐지거나 나뉘어져 108방, 109방, 110방일 때가 있었다. 이방은 큰 것도 있고 작은 것도 있어 축선 끝 양측의 사패방四牌坊이 가장 작았고, 황성 동쪽담의 동쪽과 서쪽담의 서쪽에 있는 몇몇 방이 가장 컸다. 황성 남쪽과 사패방 옆의 방이 그 다음 규모로, 방은 몇 개의 등급으로 구분되었다.

축선을 중심으로 계획된 장안성 안의 도시는 질서 정연했다. 어떤 사람이, 어떤 곳에, 얼마만 한 면적에 살아야 한다고 모두 규정되어 있었다. 예를 들면 황성과 궁성의 동서 양측 이방에는 비교적 고관이 살았고, 나머지 지역에는 일반 관리와 백성이 살았을 것이다. 거주상의 질서는 축선을 통해 실현되었다.

이렇듯 당나라 장안성은 축선이 있었는데, 그렇다면 한나라 장안성에도 축선이 있었을까? 한나라 장안성에도 축선이 있었지만 우리가 지금 알고 있는 축선과는 달랐다. 고고학 연구를 통해 한나라 장안성 사방에 문이 세 개씩 있었지만, 단지 동쪽에 있는 세 개의 문 밖에만 궐闕이 있었다는 것을 발견했

다. 궐이란 무엇일까? 베이징 고궁故宮을 예로 들면, 우먼午門 양쪽에 있는 두 건축
물이 궐이다. 궐은 바로 전체의 정면이다. 고궁에는 남쪽의 우먼에만 궐이 있으며
북쪽, 동쪽, 서쪽에는 궐이 없다. 말하자면 궐이 있는 곳이 정방향이다.

　한나라 장안성은 정방향이 동쪽을 향하고 있어 건설할 당시의 축선은 동서방향,
패성문覇城門과 직성문直城門을 연결하는 선이었을 것이며, 축선의 남쪽은 장락궁長
樂宮과 미앙궁未央宮으로 당시 중요한 궁전이 있던 곳이다. 축선 북쪽은 계궁桂宮, 북
궁北宮, 명광궁明光宮 같은 다음 등급 궁전이며, 이 세 궁에서 북쪽으로 더 가면 백성
이 살던 마을이 나온다.

그러나 한나라 장안성 역시 오랜 세월을 거치면서 계속 발전했고 한나라 중·후기에 이르러서는 장안성의 방향에서 변화가 일어났다. 특히 원제元帝, 성제成帝, 애제哀帝, 평제平帝 네 황제 시기에 장안성 방향의 변화가 계속되어 왕망王莽이 찬탈을 했을 때 장안성은 남북 방향의 도시로 변해 있었다. 이 도시의 축선은 중간의 주성문廚城門을 거쳐 계속해서 북쪽으로 뻗어나가 싼위안三原 톈징안天井岸에 이르렀고, 남쪽으로는 교외의 종묘와 사직 등 예제禮制건축물을 지나 친링산맥까지 이르러 대략 70킬로미터 정도 되었다. 이 축선이 확정한 제도는 후세 도성의 전범이 되었다.

한편 동한東漢의 낙양성과 관련해, 북위北魏가 멸망한 이후 낙양성에 대한 정보가 많이 남아 있지 않다. 문헌 기록에 의하면, 낙양성에는 남북 2궁만 있었기 때문에 남북 축선이 있었는지 여부를 쉽게 가늠할 수가 없다. 그러나 동한의 제릉 안에 남북 축선이 있었던 것이 북위의 낙양성과 그 이전 위진魏晉 낙양성, 그 후의 업성鄴城에 영향을 주었을 것이며, 이러한 질서가 집중적으로 드러난 것이 바로 당나라 장안성이다.

축선의 질서가 확정된 후 송나라의 개봉開封, 원나라의 대도大都, 명청대의 북경에까지 계승되어 남북 방향을 잇는 축선이 계속되었다. 그래서 중국을 '중中'이라고 칭하며 중국 건축과 도성 건설에서 '중中'이 무척 중요했다. 즉 '중中'을 통해서만 질서와 위계, 나아가 웅장한 기세를 구현할 수 있었다.

베이징에서 문 하나하나를 지나는 모습을 상상해보자. 융딩먼에서 시작해 우먼을 지나 타이지뎬에 이르면 그 방대한 기백에 전율을 느낄 것이다. 당나라 때로 가서 명덕문에서 천가天街를 지나 주작문, 승천문에 이른 후 태극궁太極宮에 도착하면 그 장엄한 건축물에 놀라 눈이 휘둥그레지고 입이 저절로 벌어질 것이다.


## 마지막까지 가장 컸던 이방 도시

한나라, 당나라 장안성의 등급과 질서가 이와 같이 엄격했다면 당시 백성들은 어디에서 살았고 궁전은 어디에 있었을까? 또 어떠한 제도로 도시의 질서를 유지했을까?

앞서 이야기했듯이, 한나라 장안성의 면적은 34제곱킬로미터나 되었지만 대부분이 궁성으로 장락궁, 계궁, 명광궁, 북궁 같은 건축물이 매우 넓은 면적을 차지해 궁성의 인원이 거주했다. 이 밖에 동궐갑제東闕甲第, 북궐갑제北闕甲第 같은 곳이 있어 고급 관원이 거주했으며 일반 백성은 주로 능읍에 거주했다.

당나라 장안성 시기에 이르러 이러한 거주 체계에 비교적 큰 변화가 일어났다. 궁성과 황성이 전체 도시에서 차지하는 비율이 축소되었고 이방이 대량으로 건축되었다. 이방에는 관리뿐 아니라 일반 백성도 거주했으며 사방의 문에서는 문금門禁제도를 실시했다. 태종 이전에는 매일 밤 사람이 "문이 열린다, 문이 닫힌다開門嘍,關門嘍"라고 외치는 방식으로 문을 여닫는 시간을 알려주었다. 문이 닫힌 후에는

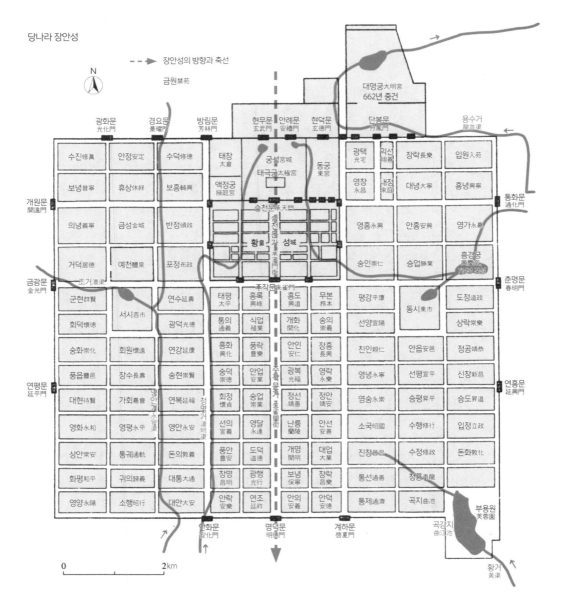

누구도 밖으로 나갈 수 없었다. 바로 야간 통행금지였다. 태종 이후에는 북을 쳐서 통행금지 시간을 알렸다. 즉 승천문에서 북을 치기 시작해 북소리가 퍼져나가면 사람들을 이방으로 돌아가게 했다. 그래서 밤이 되면 성안은 기본적으로 텅 비었고 사람들은 작은 이방에서 각자의 일을 했다.

이방 내부는 어떤 모습이었을까? 고고학 탐사를 통해 이방의 크기, 문과 도로 등의 체계를 확정했다. 이방 안에는 네거리가 있고 네거리 안에 더 작은 길이 있어 바둑판처럼 질서 정연한 가운데 집들이 빽빽하게 들어서 있었다. 이방에는 주로 백성이 거주했지만 관리들도 많이 살았다. 예를 들어 백거이白居易는 대안탑大雁塔 옆 이방에 살았다. 또한 이방에는 많은 사원이 있었는데, 이곳을 관리하는 방법 역시 이방과 같았다. 아침에 이방의 문을 열고 저녁에 문을 닫았듯이, 사원의 승려들도 시간에 맞춰 문을 열고 닫았으며 제때에 그것을 기록해야 했다.

이런 엄격한 제도는 상품 경제 발전에 적합하지 않았기에 훗날 점차적으로 타파되었다. 마지막으로 송나라 때 방坊의 담을 무너뜨린 이후 다시는 이런 엄격한 관리 제도를 사용하지 않고 경제 발전에 더욱 적합한 가항제街巷制로 바꾸었다. 따라서 당나라 장안성은 마지막으로 이방제를 채택한 도시가 되었다.

## 고고학 속의 장안성

장안성 108방의 인구는 실제적으로 그 수를 확정한 통계가 없고 고고학에서도 현재까지 명시적으로 제시하지 못했다. 그러나 우리는 많은 이방의 명칭을 발견했다. 송나라 여대방呂大防의 『장안도長安圖』와 청나라 말 서송徐松이 편찬한 『당양경성방고唐兩京城坊考』 그리고 다른 문헌과 석각비명石刻碑銘이 당 장안성의 이방 복원을 도와주었다. 문헌 기록과 고고학 발견의 상호 증명 덕분에 이방에 거주하던 사람들의 구조를 파악하고 사회 상황을 분명히 알 수 있었다.

수나라, 당나라 장안성의 건설은 시작부터 아주 많은 의미를 담고 있었다. 예를 들면 황성 양쪽에 남북으로 방 13개를 배열했는데, 당시 윤달이 있어 1년 열두 달에 윤달을 더해 열세 달이었기 때문이다. 황성 정남쪽에는 동서사열방東西四列坊을 두었으며 사열은 사시四時를 상징했다. 남북은 구방九坊이었는데 『주례周禮』에서 왕성은 구규(九逵, 아홉 방향으로 통하는 길이라는 뜻으로, 사방 곳곳으로 통하는 도시의 큰길)

제도가 있어야 한다고 말한 것에서 취한 것이다. 이처럼 모든 것에 깊은 뜻이 담겨 있었다.

이방 설치 개수에 대한 규정이 있었고 이방의 명칭은 모두 아름다웠다. 신도방新道坊, 개화방開化坊, 안인방安仁坊, 광복방光福坊, 정선방靖善坊, 안의방安義坊, 보녕방保寧坊, 개명방開明坊 같은 명칭은 아름다운 생활을 향한 당시 사람들의 염원을 나타낸다. 이들 명칭은 어디에 표시되어 있었을까? 각 방의 문 위에 있었을 것이라고 추측해본다. 이방은 사방을 담이 둘러싸고 담에 문이 있으며 문 위에 글자나 편액이 있었을 것이라고 생각되지만, 아직까지 증명된 사실은 아니다.

시간이 흐름에 따라 상황도 변했다. 당나라 말에 이르러 장안은 더는 수도가 아

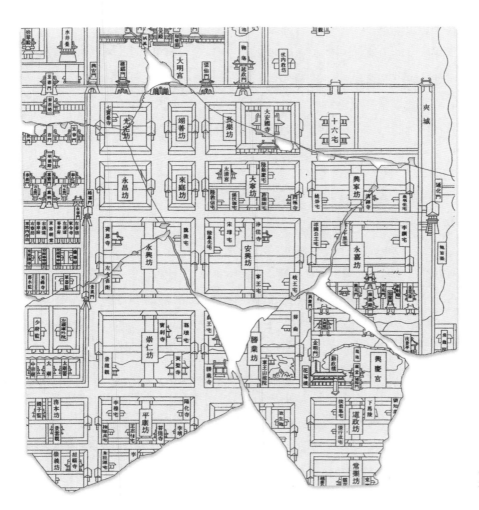

여대방, 『장안도』
잔석殘石 부분 모본摹本

니고 서북 지방의 한 도시로 몰락했다. 장안에 관한 기록과 기억이 모호해짐에 따라 이방의 명칭 또한 사람들의 기억에서 점점 사라져갔다. 다행히 출토된 묘지墓誌에 당시 사람들이 거주하던 이방의 이름이 기록되어 있었기 때문에 그 명칭을 효과적으로 되살릴 수 있었다. 시베이西北대학 리젠차오李建超 교수는 석각 자료에 근거해서 『증정당양경성방고增訂唐兩京城坊考』를 집필하며 많은 내용을 보충했다. 방대한 묘지와 석각 자료가 없었다면 장안성은 영원히 제한된 문헌 묘사 속에만 머물러 있었을 것이며, 우리의 인식 역시 서송과 여대방, 그리고 문헌 기록을 뛰어넘지 못했을 것이다.

수많은 고고학 자료, 특히 묘지 자료 덕분에 우리는 당나라 때 이방에서의 생활이 얼마나 풍요롭고 아름다웠는지 알 수 있었다. 평면적인 문자가 삽시간에 입체적인 인상으로 바뀌며 생생하게 살아났다. 이것이 바로 고고학의 매력이다.

# 3 | 장안성에서 가장 번창했던 상업지역

## 유명한 동서東西 시장

　장안성은 매우 번화했을까? 실제로는 그렇지 않았다. 한나라 장안성은 3분의 2 정도가 궁성이어서 아주 적은 인구만 그곳에 살았고, 많은 사람들은 장안성에서 멀리 떨어진 능읍에 살았다. 성안 거주민은 이방에 살았으며 엄격한 관리와 통제를 받았다. 한나라 장안성에도 소비를 위한 장소가 있었는데, 바로 시장이다. 문헌에는 한나라 장안성에 장안 주시酒市, 유시柳市 등이 있었다고 기록되어 있다. 고고학 발굴 중에 한나라 장안성의 미앙궁에서 북쪽으로 성벽 가까이 막힌 구역 두 곳에서 동전과 도용을 주조하던 유적을 발견했다. 고고학자들은 그곳을 동시東市와 서시西市라고 인정했고, 이는 도성 안에 시장이 있었다고 단정하는 데 중요한 참고 자료가 되었다. 그러나 당시 시장은 이방 관리와 마찬가지여서 아침에 종을 치고 저녁에 북을 울리는, 즉 아침에 문을 열고 저녁에 문을 닫았기에 오늘날의 번화한 모습과는 완전히 달랐다. 이런 상황은 당나라 때까지 계속되었다.

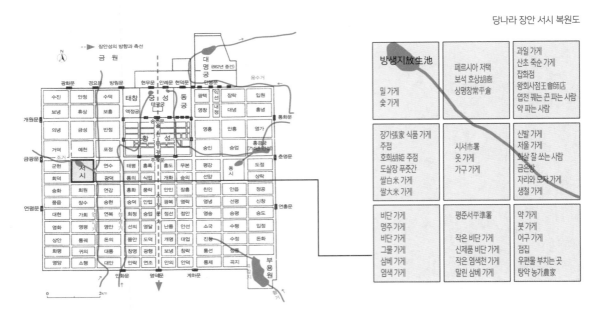

당나라 장안 서시 복원도

수나라, 당나라 장안성에도 시장이 두 개 있어 동시와 서시라고 불렀다. 시장 중간에 정井 자형 큰 길이 두 방에 걸쳐 있었고 그 길 안에 각종 작업장이 있었다. 점포에서는 생산과 판매가 활발하게 진행되었다. 동시 양쪽 방에는 주로 고관과 황제의 인척이 거주하고 있었지만 번화한 정도는 오히려 서시만 못했다. 서시에는 많은 서역의 호인胡人 외에 신라인, 백제인, 일본인과 남아시아와 동남아시아의 여러 나라에서 온 사람들이 있어 각국의 기이한 물건과 진귀한 보물이 많이 있었다. 그래서 서시는 중요한 무역 시장이었으며 근처에는 백성과 일반 관리가 많이 살고 있었다. 최근 몇 년 동안 동시와 서시에 대한 고고학 연구가 매우 큰 진전을 보였다. 우리가 발견한 늦은 시기의 자기 조각을 비롯한 현존하는 자료로 미루어볼 때 당나라 이후에도 서시는 비교적 긴 시간 동안 존재한 것으로 보인다. 이런 일은 동시에서는 드물게 보이는 현상으로 서시의 생명력이 더욱 왕성했다고 할 수 있다.

## 동시와 서시 외의 최고 번화가─연수방, 숭인방, 야시

당나라 상공업의 발전과 더불어 전체 사회가 지속적으로 진보하면서 고종(高宗, 재위 649~683) 이후 무렵부터 장안성의 상공업은 동시와 서시로 제한되던 것에서 점차로 벗어나 다른 이방으로 전파되기 시작했다. 이와 관련된 문헌 기록이 많이 남아 있다. 예를 들면 평강방平康坊에서는 장과漿果와 음식물을 팔았고, 장흥방長興坊에는 비뤄(饆饠, 만두와 비슷하게 둥글납작하게 만든 소를 넣고 찐 빵 종류) 가게와 옷가게가 있었다. 또한 전평방全平坊에서는 기름을 팔았고 연수방延壽坊에서는 금은과 주옥珠玉을 팔았다.

이렇게 발전이 이루어지는 가운데 연수방은 점점 더 번화해졌다. 연수방은 서쪽으로 서시에 면해 있었고, 동쪽으로는 황성을 마주하고 있었으며 북쪽은 금광문대가金光門大街였다. 당시 사람들이 동시와 서시가 아닌 이곳을 최고의 번화가라고 한 것은 오히려 이곳 연수방에서 거래되던 상품이 많았기 때문이다.

이외에 유명한 곳이 한 곳 더 있었는데 바로 숭인방崇仁坊 북쪽 거리였다. 이곳의 북쪽은 황성 동쪽의 경풍문景風門에 면해 있었고, 남쪽으로는 춘명문대가春明門大街를 마주하고 있었으며, 동쪽으로는 동시에 이르렀다. 동시와는 거리를 사이에 두고 서로 이어져 있어 많은 점포가 영업하고 있었다. 원래 점포를 여는 것은 동시와 서시의 특권이었는데, 숭인방 북쪽 거리에도 많은 점포가 나타나자 "이 거리에 사람들이 몰려 들어 동서 두 시장은 쇠퇴해갔다—街輻輳, 遂傾兩市"라고 한다. 또한 당나라 중기 이후 정해진 시간에 문을 열고 닫아야 한다는 제한이 점점 사라져가자 이방에 야시夜市가 생겨나기도 했다. 당연히 야시의 수는 제한되어 있어 주로 숭인방 북쪽 거리에 있었는데, 전하는 말에 따르면 "밤낮으로 떠들썩하게 부르며畫夜喧呼" 등불이 꺼지지 않았으니 번화하기가 도성 안 어느 방도 이에 비할 수 없었다고 한다.

당 조정도 점차적으로 관리의 시장 출입 제한을 완화하기 시작했다. 원래는 제약이 엄격해 관리는 동시나 서시에서 과도한 매매를 할 수 없었다. 대종(代宗, 재위 762~779) 때 재상 유안劉晏이 한번은 아침에 조정으로 나가다가 이곳에서 아침밥을 사 먹고는 다른 관리들에게 "맛있기가 이루 말할 수 없을 정도다"라고 이야기했다고 한다. 송나라 때가 되어서야 방의 경계가 무너졌지만, 당나라 중·후기부터 상업 지역은 이미 기존의 제약을 넘어서서 동시와 서시에서부터 조금씩 다른 이방 안으로 진입하기 시작했다. 이들 번화한 이방이 분포하는 데에는 일정한 규칙이 있었는데, 첫째 고관 귀족이 사는 곳과 가까워서 소비할 사람들이 있어야 한다는 것, 둘째 동·서시와 가까워 상품을 공급할 출처가 있어야 한다는 것이었다. 동시와 서시에 제한된 교역이 물품에 대한 사람들의 요구를 만족시킬 수 없었기 때문에 교역장이 옆 지역으로 확장되는 것은 자연스런 과정이었다.

## 동시와 서시에서는 무엇을 사고팔았을까?

장안성의 당초 설계에 따르면 동시와 서시가 각각 두 방의 면적을 차지하게 되어 있었다. 두 시장의 소비 집단은 차이가 있었다. 동시 옆에는 흥경궁과 고관대작의 호화로운 저택이 있었기에 동시의 이용자도 대부분 그들이었다. 문헌 기록을 보면, 동시에는 점포 220개가 있었으며 대부분 사방의 진기한 사치품을 판매하는 점포였다고 한다.

최근 몇 년 동안 동시에 대한 발굴이 집중적으로 진행되었다. 그 결과 동시 안에서 밀집된 길과 자기로 만든 상품 모형이 발견되었고 섬세하고 아름다운 백자와 청자도 대량으로 출토되었다. 또한 동시의 토층이 아주 두꺼운 것을 발견했다. 이는 3백여 년의 발전 과정에서 아마도 한 시대를 지날 때마다 기존의 건축물을 수리하거나 심지어 다시 지은 후 계속해서 영업한 것이라고 말할 수 있다. 동시에는 많은 우물이 있었는데, 우물은 시장 발굴에서 비교적 중요한 시설이다. 당시에는 아마도 점포 앞에서 물건을 팔고 점포 뒤 작업장에서 물건을 만들었던 것 같다. 그리고 물건을 생산하는 데 물이 필요했을 것이기 때문에 자연스레 우물을 판 것으로 보인다. 우물 안에서 자기, 도기, 상아, 옥기 같은 많은 당시 기물이 나왔고 심지어 상상하기 힘든 진귀한 물건도 있었다.

그러나 동시의 상업 발전은 서시만 못했다. 『장안지』에 "상인이 물건을 모아서 대부분 서시로 돌아갔다商賈所湊, 多歸西市"라고 기록되어 있다. 서시 발굴 중에 상아병, 도기, 자기 등과 같은 많은 진귀한 물건이 출토되어 당시의 번화한 정도를 짐작하게 해주었다. 공간적으로 서시에서 서쪽으로 멀지 않은 곳에 있는 장안성 서쪽 성문으로 나가면 후대에 '실크로드'라고 불리는 길을 밟을 수 있었다.


## 실크로드의 기점—위교渭橋의 발견

실크로드의 기점이 어디인지와 관련해 확실한 개념을 가지고 있는 사람은 많지 않다. 한나라 장안성을 기준으로 말한다면 실크로드는 미앙궁 또는 감천궁에서 출발했을 것이다. 당나라 장안성을 기준으로는 호인胡人이 많던 서시, 정치적 중심이던 대명궁 함원전含元殿, 또 태극궁과 태극전이라고 말하는 사람들이 있다. 당연히 장안성의 성문이라고 말하는 사람도 있다. 그렇다면 실크로드의 기점은 도대체 어디일까?

여러분은 운전할 때 도로의 기점이 어디인지 생각해본 적이 있는가? 많은 곳에서 찾기 어려울 것이다. 예를 들어 항공기가 시안에 도착할 때가 되면 관제탑에서는 시안까지 몇 킬로미터 남았다고 알려주지만, 이 종점은 절대로 시안의 입체적인 중심이 아니다. 베이징 쳰먼 밖에 도로 기점이 있는데, 이것은 21세기에 세워진 것으로 이전에는 도로의 기점이라는 개념이 없었다.

역사적으로 실크로드의 기점은 어디일까? 성문이다. 당왕조는 개원문開遠門 밖에 이정표 역할을 하는 기둥을 세워놓고는 이곳에서부터 서역과 얼마나 떨어져 있다고 계산했다. 『자치통감資治通鑑』에 "안원문安遠門(즉 개원문)으로부터 서쪽 당나라 경계까지 1만 2,000천 리自安遠門(卽開遠門)西盡唐境凡萬二千里"라는 기록이 있고, 개원

# 당唐 예천방醴泉坊

개황開皇 3년(583년) 3월 병진일, 수나라 문제文帝는 평상복 차림으로 비를 맞으면서 한나라 장안성 서남쪽에 새로 건설한 대흥성大興城으로 들어가 이 거대한 도시가 정식으로 나라의 도읍이 되었음을 선포했다. 엄격하게 계획된 대흥성은 북쪽 중앙의 궁성과 황성 양쪽과 남쪽에 109개(일설에는 108개라고도 함) 방과 동·서 두 시장을 건설했다. 『양경신기兩京新記』, 『장안지』, 『당양경성방고』에 의하면 방의 이름과 위치는 전통 배열 순서에 따라 도성의 남북 축선상에 있는 주작문가朱雀門街를 기점으로 (주작문가 포함) 서쪽으로 네 번째 가街의 서쪽, 북쪽에서 남쪽으로 네 번째 방이 예천방이다.

조사와 추측에 의하면, 예천방의 길이는 남북으로 838미터, 동서로 1,032미터이며 사방을 담으로 둘러싸고 각 담 중앙에 문이 있었다고 한다. 방 안에는 사방의 방문坊門으로 통하는 십자로가 있었는데, 도로 너비는 15미터 정도였다. 위술韋述의 『양경신기』 잔권본과 송민구宋敏求의 『장안지』 등을 보면, 장안성의 궁성과 황성 동서 양옆 3열의 방에 모두 십자로가 있었으며 각각 동가, 서가, 남가, 북가로 불렸다고 한다. 십자로는 방을 동북, 동남, 서남, 서북 네 구역으로 나누었고, 매 구역 안에 작은 십자로에 의해 나뉜 네 개의 작은 구역이 있어, 한 방에는 모두 기준 구역 열여섯 개가 있었다. 예천방의 구획 방식은 대체로 이에 따라 이루어졌다.

수·당 시기 예천방은 줄곧 원래 계획대로 유지되던 장안성에서 많지 않은, 면적이 큰 편인 방이었다. 그곳은 유동 인구가 많은 서시 부근에 있었을 뿐만 아니라 군사 요충지와 황제 거처에서도 멀리 떨어져 있지 않았다. 또한 수륙 교통도 매우 편리해 장안성의 인적교류와 물적교류의 요지 역할도 했다. 예천방에 거주하는 황실 친척과 귀족 자제, 관리, 국내외 승려의 수가 매우 많아 "잠시 머물거나 거주하던 사람의 수를 이루 다 헤아릴 수 없었다浮寄流寓, 不可勝計"라고 할 정도였다. 연구자들은 예천방에 대략 1,700여 호에 만 명이 넘는 인구가 있었을 것이라고 본다.

이어서 예천방의 형태와 배치 연혁 등을 네 개의 큰 구역을 기준으로 살펴보자.

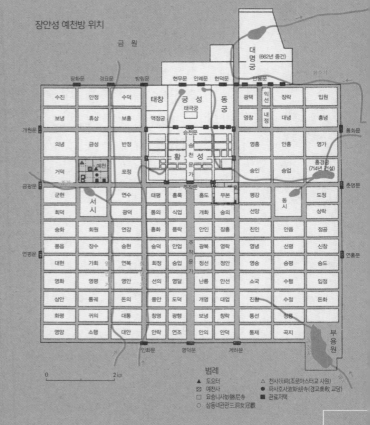

장안성 예천방 위치

범례
▲ 도요터
☒ 예천사
☐ 요승니사尼寺僧尼寺
○ 삼동녀관三洞女冠觀
△ 천사자祠(조로아스터교 사원)
◇ 파사조사波斯胡寺(경교景敎 교당)
■ 관료저택

## 서북구역

당나라 중·후기 예천방의 예천사는 경사 6대 밀교 사원 중 하나로 칙령을 받들어 관정단灌頂壇을 설치했다. 서역과 당나라의 많은 고승이 연이어 예천사에서 경전을 번역하고 학문을 연구했다. 이 때 일본 입당구법승入唐求法僧 구카이空海, 료센靈仙, 엔닌圓仁 등도 예천사에서 고승 대덕大德에게 가르침을 받았다. 이밖에 서북쪽에는 조로아스터교 사원이 있었다.

항삼세명왕좌상降三世明王坐像

동북구역 삼채 도요터가 있었다.

삼채잔편三彩殘片

단색남유완單色藍釉碗

삼채두三彩豆

삼채유제양관三彩釉提梁罐

도입용陶立俑과 용모俑模

삼채유도와타
三彩釉陶臥駝

동남구역

예천방 네 구역 중 가장 번화하고 사람들의 주목을 끈 구역이다. 먼저 망명정부 색채를 지니고 있던 파사호사波斯胡寺(경교景敎 교당)가 있었다. 『구당서』에 의하면, 사산조 페르시아가 아랍인에게 멸망당한 후 사산조 페르시아의 마지막 왕자 피루즈Pirooz가 이곳에 파사호사를 세워줄 것을 주청했다고 한다(677년). 이후 당 중종中宗의 총신 종초객宗楚客과 유명한 태평공주太平公主도 이곳에 저택을 두었다고 한다.

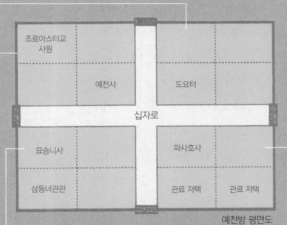

예천방 평면도

| 조로아스터교 사원 | | |
|---|---|---|
| 예천사 | 도요터 | |
| 십자로 | | |
| 묘승니사 | 파사호사 | |
| 삼동녀관관 | 관료 저택 | 관료 저택 |

서남구역

예천방 서남지역 관련 역사 자료는 많지 않다. 묘승니사妙勝尼寺와 삼동녀관관三洞女冠觀이 있었다.

삼채용입상三彩俑立像

출토된 유리 조각

채회기마여용彩繪騎馬女俑

삼채유도무관용三彩釉陶武官俑

문 밖 이정표 위에는 "서쪽 끝까지 9,900리 길西極道九千九百里"이라고 써놓았다고 한다. 원진元稹의 「화이교서신제악부십이수和李校書新題樂府十二首」 중 「서량기西凉伎」에서 "개원문 앞에 만 리를 나타내는 이정표가 있는데, 지금 재촉하여 원주原州로 행차하네. 경사를 떠나 많은 날을 보내며 가까워지기를 얼마나 재촉했는가? 천자의 현의 반이 몰락하여 벽촌이 되었네. 서량의 길이 이처럼 멀고 험해졌는데, 성마다 변방의 장수들은 오로지 성대한 잔치만을 열어, 이 곡을 들을 때마다 부끄러운 줄 모르는구나開遠門前萬里堠, 今來蹙到行原州。去京五百而近何其逼, 天子縣內半沒爲荒陬。西凉之道爾阻修, 連城邊將但高會, 每聽此曲能不羞"에서 말한 이정표 또한 이것이다. 고대 문헌 속에 '삼리구三里溝', '오리포五里鋪', '십오리구十五里溝'라는 말이 많이 보이는데, 어느 지역에서 성문에 이르는 거리를 표시한 것이다. 그러므로 실크로드도 하나의 길이라고 한다면 그 기점은 성벽 안에 있을 수 없는 것이다.

한나라 장안에서 실크로드의 기점이 될 수 있는 가능성이 가장 높은 두 곳이 있다. 한나라 장안성은 사방에 문이 있었고 북쪽에 3개의 성문이 있었다. 2012년부터 산시陝西성 고고연구원, 시안시 고고연구소, 시안시 고고연구원이 함께 한나라 장안성 북쪽 위교 발굴을 진행했다. 위교는 웨이허의 옛 길인 장안성 북쪽에 있었는데, 실크로드상에서 가장 중요한 발견 중 하나로 지금까지 2조 6개 위교를 발견했다.

주성문廚城門 1호 교는 교각 양쪽 덮개 사이가 15미터 가까이 되었는데, 오늘날 차도 하나가 2미터 정도인 것을 감안하면 양쪽으로 차가 6대나 다닐 수 있는 아주 큰 규모였다. 푸젠성 취안저우泉州의 송나라 만년교萬年橋는 너비가 겨우 5미터 남짓이었으며, 명성이 자자했던 수나라 조주교趙州橋도 너비가 9.6미터였으니, 이와 비교해 보면 위교의 규모가 얼마나 컸는지 상상할 수 있다. 위교는 1,900년 전 세계 최대 교량이라고 할 수 있으며, 한나라 최고의 교량 건설 기술과 토목 공사 기술을 대표한다.

위교 유적에서 1톤이 넘는 철모루를 발견했고, 다리의 판축과 길이가 8~9미터 되는 교각은 세차게 흐르는 웨이허의 물속에 묻혀 있었는데, 오늘날 창장 하구와 주장珠江 하구에 건설된 다리와 같았다. 실제로 한나라 기술자들은 이처럼 기초를 다져 다리를 건설했으며 위교는 서한 시기 교량 건설 기술을 보여주는 좋은 예다.

문헌 기록에 의하면 위교는 석주교石柱橋라고도 불렸고 두 행정 구역의 경계에 위치했다. 위교는 기점이자 종점이었다. 그래서 이것을 실크로드상의 첫 번째 교량이면서 실크로드의 기점이라고 한다. 이에 대한 다른 증거도 있다. 한나라와 여

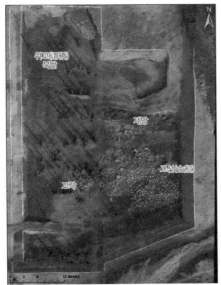

1
2
3

1. 주성문廚城門 1호 교 북단 발굴 유적 분포도
(2014년)

2.3. 주성문 1호 교 교각

러 차례 전쟁을 치른 흉노의 호한야선우呼韓邪單于가 한나라에 귀순하려고 장안에 이르러 예를 행하려 했다. 그리고 마침내 위교에서 예를 행하기로 확정했다. 한나라 선제(宣帝, 재위 기원전 74년~기원전 49년)가 위교에 이르자 호한야선우는 부복하며 칭신稱臣했고 한나라의 신하들이 모두 그 옆에 서 있었다. 한나라에 신복臣服한 흉노의 우두머리와 수종은 수만 명에 이르렀다고 하는데, 모두 위교 아래 양쪽에 늘어서서 그 광경을 지켜보았다. 이후 소수 민족의 수령이 황제를 알현하러 중국의 경사에 오면 그를 영접할 의식 형태를 두고 대신들이 토론할 때 예관禮官들은 일반적으로 '위교지례渭橋之禮' 네 자를 이야기했다고 한다. 한참 뒤 당나라 태종 집권 초기에 국력이 비교적 약한 틈을 타 돌궐突厥이 서위교西渭橋를 점령했다. 태종은 북받치는 감정을 억누르고 친히 위교에서 돌궐의 가한可汗과 강을 사이에 두고 담판하여 전쟁을 하지 않고 돌궐을 물러나게 했다. 이처럼 위교는 당나라 때에도 매우 중요한 곳이었다.

위교 발굴과 관련 있는 문헌을 정리하다 실크로드의 기점과 그 배후에 있는 사회 번영, 과학기술 수준을 새롭게 인식하게 되었다. 지금도 이탈리아 로마에서는 많은 고대 로마시대 다리를 볼 수 있는데, 돌로 만들어진 고대 로마시대 다리 형식은 위교와는 다르다. 『구당서舊唐書』「직관지職官志」에 "나무기둥 다리가 세 개 있는데 모두 위천에 있다木柱之梁三, 皆渭川"고 기록되어 있다. 당나라의 모든 교량 가운데 나무기둥 다리는 웨이허에 세 개가 있었다. 동위교東渭橋, 서위교西渭橋, 중위교中渭橋였다. 이들 다리는 모두 국가가 건설한 것으로 당시 중국의 국세國勢를 대표한다. 송나라 때 서쪽으로 가는 길이 막히며 해상실크로드가 흥기하자 위교를 지키는 사람이 없어지며 점점 역사에서 사라지게 되었다.

# 번화한 실크로드—물자와 사람의 교류

실크로드의 번영은 일반적으로 흥미로운 대화 주제다. 그런데 고고학자들은 실크로드를 주제로 다룰 때 많은 중요한 해석과 방증 작업을 뒷받침해야 한다. 예를 들어, 간쑤성에서 발견한 간독簡牘에서 장안성에서 다른 곳까지 몇 리 떨어져 있다는 기록이 나왔다면 이것은 도로 이정에 대한 중요한 기술이다.

중앙아시아 또는 더욱 먼 지역 고분에서 한나라의 비단, 동경銅鏡과 한나라의 영향을 받은 와당 등이 많이 발견되었다. 이것은 당시 실크로드에서의 교역이 물품 교역에만 한정된 것이 아니라 민간 생활과도 융합되어 있었음을 말해준다. 북방에서도 몽골과 러시아 북부의 많은 지역에서 대형 고분이 발견되었는데 중원 지역의 목곽묘와 구조가 완전히 일치했다. 아마도 중원의 풍속에 따라 매장한 것으로 보인다. 묘주는 당연히 자기 민족의 의복을 입었지만 묘 안에 비단이 많이 있었다. 이것 역시 실크로드의 번성을 보여주는 하나의 증거다.

장안에는 외국인의 묘가 많이 있으며, 호인胡人의 생애, 중국에 오게 된 경위, 중국에서의 활동 상황과 부를 이루게 된 경위 등이 묘지에 기록되어 있다. 그들이 매장된 석관상石棺床에서 각종 유리, 금폐金幣, 구슬꿰미 등이 발견되었다. 이들은 서방의 물품과 기술, 문화와 풍속 등을 가지고 와서 장안에 정주했다. 그들이 세상을 떠난 뒤에는 후손들이 계속 생활을 이어갔다.

실크로드가 처음 열리게 된 것은 정치적인 목적 때문이었다. 한 무제가 대월지大月氏와 연합해서 흉노를 공격하기 위해 장건張騫을 월지에 사신으로 파견했고, 이때 장건이 지나간 길이 바로 훗날 실크로드라 불리게 되는 길이다. 후에 장건이 돌아와 무제에게 서역에서 촉포蜀布, 공죽장筇竹杖 같은 쓰촨의 특산품을 보았는데, 이로써 북방 흉노의 관할지를 우회할 수 있는 길이 서남쪽에 있는 것으로 생각된다고 보고했다. 이에 무제가 사람을 보내 실크로드를 열었다. 이처럼 실크로드는 처음에 군사적, 정치적인 목적으로 사용되었으나 시간이 지남에 따라 명실상부한 동서 간의 물자교류, 문화융합과 인적왕래를 위한 길로 변모하게 되었다.

동서 간 교류에 대해서는 문헌 기록이 많고 고고학에서도 관련 유물을 많이 발견했다. 시안 북쪽 교외의 한 고분에서 벨트 이음새 같은 도범(陶范, 도기 거푸집)을 발견했는데, 모두 중원 지역의 대구(帶鉤, 허리띠의 두 끝을 서로 끼워 맞추는 금속 걸쇠와 물림쇠)가 아닌 북방의 영향을 받은 것이었다. 유사한 거푸집을 상림원 안 봉호封號

구역에서도 발견했다.

당나라 때는 외국인이 중앙 조정 기구에서 관직을 맡기도 했고 심지어 높은 관직을 지내기도 했다. 이런 점에서 당나라는 매우 진보적이며 개방적이었다고 말할 수 있다. 당나라가 외래문화와 외국인을 흡수할 수 있었던 까닭은 인종 차별이 없고 종족에 따른 제약도 없었기 때문으로, 이런 분위기에서 모든 이가 평등하게 교류할 수 있었다. 서역 각국의 우두머리는 당 태종의 은혜에 감격해 스스로 당나라의 속민屬民이라 했다. 특히 회흘回紇과 돌궐은 태종을 하늘에서 내려온 황제라고 하며 몽골을 통과하는 당과의 무역로를 '참천지존도參天至尊道(참천가한도參天可汗道)'라 이름 붙였다. 당 태종은 이로 인해 '천가한天可汗'이라 불렸다.

더욱 넓은 의미의 실크로드에는 서쪽으로 가는 길은 물론 일본과 신라도 실크로드의 동단東端으로 포함되었다. 일본은 견수사遣隋使와 견당사遣唐使를 보내 중국의 정치제도와 도시건설에서 문학과 문화에 이르는 각 방면을 전방위적으로 학습했는데, 그 흔적을 오늘날에도 볼 수 있다. 일본 아스카飛鳥 시대 수도 아스카쿄飛鳥京의 황궁은 당나라의 황궁을 모방해, 장안의 태극궁을 따라 다이코쿠덴大極殿을 건설했다. 나라奈良 시대 수도 헤이조쿄平城京의 모방 규모는 더욱 커졌는데 수나라, 당나라 장안성의 설계를 따라 전형적인 바둑판식 배치에 중축을 기준으로 대칭을 이루었으며 동시와 서시를 설치했다.

일본 견당사 중에는 학생과 승려가 많았다. 승려는 고대 일본에서 식자층에 속했다. 시베이대학에 소장된 당대 묘지에는 당시 일본의 견당사가 장안에 와서 공부하다 학업을 마친 후에도 귀국하지 않고 관직을 맡았고, 관직과 학업을 병행하던 중 이곳에서 세상을 떠났다고 기록되어 있다.

한나라, 당나라 장안성의 역사 기록은 원래 많이 존재했다. 여기에 고고학 발굴이 큰 진전을 보이면서 평면적 문자와 입체적 실물이 결합해 이 역사적 도시를 더욱 생동감 있게 이해하게 해주었다.

1
2
3
4 | 5

1.2.3. 진묘秦墓에서 출토된 도기 모형

4. 진묘에서 출토된 청동 대구帶鉤

5. 진묘에서 출토된 요기料器

## 작은 것에서 큰 것을 보다

산시역사박물관에는 무척 아름다운 은기銀器가 있다. 바로 허자촌 지하 술저장고에서 출토된 '무마함배문방피낭은호舞馬銜杯紋仿皮囊銀壺'다. 장인은 가죽 주머니 모양 은주전자에 입에 잔을 물고 춤을 추는 말의 형상을 새겨놓았다. 춤추는 말과 관련한 문헌 기록에 따르면, 당나라 황궁의 경사스러운 날에는 훈련된 말을 데리고 나와 연주되는 음악에 맞춰 춤을 추도록 지휘했다고 한다. 당시에는 사람은 물론 말도 춤을 추는 것이 일종의 오락 활동이었다.

그런데 다음과 같은 안타까운 기록이 있다. '안사安史의 난' 중에 반군이 황성에 들어와 말을 모두 잡아갔는데, 그들은 이들 말이 음악을 들으면 춤을 추도록 특별 훈련을 받았다는 것을 전혀 몰랐다. 하루는 반군이 연회를 벌였는데, 말들이 악곡 소리를 듣자 춤을 추기 시작했다. 이를 상서롭지 못한 일이라 여긴 반군은 말들을 모두 죽여버렸다. 이로 인해 춤추는 말은 더는 전해지지 않게 되었다.

무마함배문방피낭은호舞馬銜杯紋仿皮囊銀壺

그런데 허자촌 저장갱에서 발견된 입에 잔을 물고 춤추는 말의 예술적 형상은 문헌 기록이 전혀 문제없음을 증명해주었다. 춤추는 말은 확실히 존재했을 뿐 아니라 매우 총명했으며 예술적인 아름다움도 지니고 있었다. 가죽주머니 모양 주전자는 외래의 것으로 북방 초원 지역에서 온 것 같다. 이 은주전자는 장안성에 온갖 물산과 사람이 모여들어 다양한 문화가 서로 융합하며 발전했음을 증명해주는 중요한 유물이다.

## 발굴사

- 당나라 사람 위술韋述이 개원 연간에 저술한 『양경신기兩京新記』에 당나라 장안의 성대한 분위기가 남아 있다.

- 송민구의 『장안지』, 이호문의 『장안지도』, 여대방의 『장안도』, 서송의 『당양경성방고』 같은 송대 이후의 문헌 비각에서도 역사 속의 '장안성'을 복원하려고 시도했다.

- 1906~1910년 사이에 일본인 아다치 기로쿠가 시안에서 재직하던 기간에 시안 부근에 있던 한나라 장안성 유적을 조사하고 『장안사적연구』를 펴냈다.

- 1956년부터 중국 과학원 고고연구소가 한나라 장안성과 수나라 대흥성, 당나라 장안성 유적을 대상으로 계통적이고 전면적인 고고학 탐사와 발굴을 진행해, 장안성 유적의 평면 배치와 궁전 분포 등과 관련된 정보를 많이 얻었다.

- 2000년 이후에도 한나라 장안성 고고학 연구는 계속해서 추진되고 있으며, 도시를 한층 세밀하게 발굴함으로써 역사 속 장안성이 입체적으로 살아나고 있다.

## 만세와당 萬歲瓦當
한대

원형 안에 전서篆書로 된 萬歲 두 자가 있는데, 필획이 섬세하고 원만하면서 굳세고, 밀도가 적당하면서 배치가 엄정하다. 서한 문자 와당 중 우수한 작품으로 손꼽힌다.

## 채회도방
彩繪陶鈁
한대 높이 47.5㎝
구경 12㎝

네모난 입구와 잘록한 목, 둥근 배를 가지고 있으며 굽은 사각형이다. 덮개가 있고 덮개 위에 네 마리 봉황 손잡이가 있다. 배 부분 양쪽에는 대칭으로 은혜에 보답하는 짐승 얼굴을 한 고리가 붙어 있다. 기물의 크기가 비교적 크고 장식이 정교하며 색채가 선명해 같은 부류의 기물 가운데 찾아보기 힘든 우수한 작품이다.

## 유금만초문은우상 鎏金蔓草紋銀羽觴
당대 높이 3.2㎝, 길이 10.6㎝, 너비 7.5㎝

입구가 넓고 안쪽 벽에 연 가지 네 줄기가 있다. 빈 공간은 유운문流雲紋으로 채워 넣었다. 밑바닥은 꽃, 그릇 밖 양쪽 긴 모서리는 연꽃 위에 서 있는 기러기와 원앙, 양쪽 짧은 모서리는 원앙과 기러기로 장식했다.

## 채회거마문동경 彩繪車馬紋銅鏡
한대 직경 25.5㎝

생산량이 적은 청동기는 원가가 무척 비쌌기 때문에 청동거울은 상당히 귀한 것으로 초기에는 황궁 귀족만 사용할 수 있었다. 한나라에 이르러서야 상층 계급도 비로소 사용할 수 있게 되었으며, 일반 백성은 보통 대야에 얼굴을 비춰보았다. 청동거울을 보편적으로 사용하게 된 것은 송나라 때다.

## 호접문활석우 蝴蝶紋滑石盂
당대

희고 깨끗한 돌로 만든 타원형에 가까운 넓적하고 평평한 형태로 짐승의 발굽 모양 발이 있다. 우의 몸통 양측에 여의문如意紋, 운문雲紋으로 만들어진 호접문이 있고 그 외 부분에는 석문席紋이 새겨져 있다.

## 유금만초호접문은채 鎏金蔓草蝴蝶紋銀釵
당대 길이 35.5㎝

유금 비녀 자루의 끝이 두 갈래로 갈라졌는데 길이는 서로 같다. 비녀 받침은 꽃봉오리 모양으로 그 위에 장식이 새겨져 있다. 비녀 표면에는 각각 꽃잎이 있고, 꽃잎마다 날개를 핀 나비가 새겨져 있어 생동감을 주며 그 아래에는 만초문이 드러나 있다. 이 은비녀는 장식을 세심하게 신경 쓴 빼어난 제작 기법을 보여준다. 이는 당나라 여인의 장식을 연구하는 데 중요한 실물 자료다.

## 도정 陶井
한대

우물 난간이 井정 자형으로 네 모서리에 각각 두 개씩 튀어나온 부분이 있다. 중간에 사각형 우물이 있고 우물 몸통은 병 모양으로 몸이 좁고 어깨 부분에 많은 줄무늬가 있다. 우물 꼭대기는 사아식四阿式으로 기와 마루瓦脊가 있다.

## 채회지과반녀입용 彩繪持果盤女立俑
당대

회골回鶻 상투 모양 머리, 큼직한 얼굴, 가는 눈과 작은 입을 하고 둥근 깃의 긴 옷을 입었다. 치골에 허리띠를 묶고 끝이 뾰족한 신발을 신었다. 오른손에는 과일쟁반을 들고 왼손은 가슴 앞을 받치고 있다. 머리와 몸을 약간 오른쪽으로 돌려 중심을 왼쪽 다리에 두고 있다. 유연하고 아름다운 자세는 마치 주인의 분부를 따라 종종걸음으로 앞으로 가고 있는 듯 보인다

## 은평탈쌍록문타방형칠합
銀平脫雙鹿紋橢方形漆盒
당대

칠합은 직사각형으로 뚜껑과 바닥이 약간 튀어나왔다. 뚜껑에 암수 사슴이 달리는 모습 은장식이 있고 합의 사방에는 산뜻한 은 꽃잎이 있다. 안에는 작은 숟가락이 있다.

수중고고학에 종사한 지 어느덧 30년이 되었다. 난하이 1호의 발견, 조사, 인양, 발굴 과정에 참여하면서 중국 수중고고학이 시작되어 발전하고 성숙해가는 모든 과정을 직접 목도했다.

발굴 조사의 가장 좋은 시대를 경험한 것은 무척 큰 행운으로, 누구나 이런 행운을 맞이할 수 없다는 것을 잘 알고 있다. 중국 세대 구분에 따르면 30년은 두 세대 정도에 해당한다. 즉 난하이 1호는 적어도 두 세대에 걸친 사람들이 함께 노력한 성과이며, 이 소중한 인연 덕분에 나 역시 꾸준히 앞으로 나아갈 수 있었다.

**추이융崔勇**

광둥성 문물고고연구소 부소장
중국 첫 번째 수중 발굴단원
난하이 1호 발굴조사단 책임자

제9장

# 난하이 1호南海1號
## — 귀중한 가치가 있는 한 척의 침몰선과 그 속에 숨겨진 해저의 역사

난하이 1호 유적에서 발견된 남송의 옛 침몰선은 지금까지 중국에서 발견된 것 중 연대가 가장 오래되었고 가장 큰 선체와 가장 많은 유물을 지닌 원양무역선이다. 800여 년의 역사를 지닌 이 배는 보존 상태도 완벽한 편이었다. 난하이 1호의 성공적인 인양 사례는 중국 수중고고학이 무에서 유를 창조하며 신속하게 발전했음을 증명해준다.

2007년 침몰선을 인양해서 박물관으로 가져간 후 시작된 고고학 발굴 조사는 2017년 하반기가 되어서야 전체 작업이 완료되었다. 정리하면 이 침몰선은 1987년에 처음 발견되었고 2007년에 전체가 인양되었으며 2017년에 고고학 발굴이 끝났다. 이 모든 과정을 위해 30여 년의 세월이 필요했다.

수중고고학은 고고학이 물속까지 확장된 것이다. 침몰선은 일종의 특수한 유적으로 마치 타임캡슐처럼 어떤 시대의 편린을 완전하게 보존하고 있다. 침몰선은 가장 작은 등급의 사회이며 또한 고도로 집약된 생존 단위로, 그것을 완비된 취락 형태로 삼아 깊이 사고하고 판단하면 선적 화물뿐 아니라 시대와 항로 관련 정보를 얻을 수 있다. 특히 당시 정치와 사회 형태 같은 확보하기 힘든 중요한 자료도 얻을 수 있다. 세밀한 과학적 발굴을 통해서 대량의 정보가 눈앞에 점점 그 모습을 드러낼 수 있으니 기대할 만하다.

# 1 | 중국 수중고고학의 탄생

## 난하이 1호 발견

1986년, 해상 탐험과 인양을 전문으로 하는 영국 회사가 중국 남해 해역에 '레인스뷔르흐Rijnsburg'라는 침몰선이 있다는 것을 발견했다. 영국 전문가가 네덜란드 암스테르담 국립해양박물관에서 이 침몰선 관련 많은 자료를 찾아냈고, 이를 통해 배의 침몰 원인과 시간 그리고 생존자가 몇 명 있었는지 등을 상세히 조사했다. 그 후 영국은 자료에 근거해서 광저우廣州 해상구조국과 조사 협정을 체결하고 레인스뷔르흐 탐사를 시작했다.

그들은 침몰선 소재지인 광둥 타이산臺山의 상·샤촨도上·下川島 해역에서 측면주사음향측심기side-scan sonar 시스템을 이용해 탐사하다 일단 의심스러운 물건을 발견하면 그래브grab를 바닷속에 집어넣어 꺼냈다. 그렇게 1년 가까운 시간이 흐른 후인 1987년 마침내 획기적인 진전이 있었다. 어느 날 그래브가 기물 247점을 꺼내왔는데, 그중 142점은 완전한 자기와 석기(錫器, 주석 그릇)였으며, 또한 길이 1.72미터인 금으로 만든 요대도 있었다. 그러자 당시 중국 측 책임자 인첸홍尹乾洪은 "이것은 아마도 영국인이 찾으려는 레인스뷔르흐가 아니라 중국 침몰선인 것 같다"며 그래브로 유물을 꺼내던 작업을 즉시 중지시켰다. 이 조치 덕분에 중국의 국보급 침몰선이 훼손되지 않을 수 있었다. 이 배가 '난하이南海 1호'다.

난하이 1호는 고대 목조 선박으로, 남아 있는 선체의 길이는 22.1미터, 최대 너비는 9.35미터에 달했다. 이것은 귀중한 가치를 지닌 침몰선으로 1987년에 발견되었을 때 이미 침몰된 지 800년의 시간이 흐른 뒤였다. 난하이 1호는 중국이 지금껏 발견한 것 중 가장 크고 보존이 가장 잘된 송나라 무역선이다. 발견, 조사, 인양, 발굴에 이르는 일련의 과정에서 많은 일이

1987년 난하이 1호 출토 유물

있었다. 난하이 1호의 발견은 푸젠, 광둥 연해 지역에 매우 번창했던 해상실크로드가 있었음을 증명해준다.

## 중국이 수중고고학을 전개한 이유

1985년 서구의 보물선 사냥꾼 마이클 해처Michael Hatcher가 중국 남해 해역에서 침몰선 헬데르말선Geldermalsen호를 인양했다. 기록에 의하면, 1752년(청 건륭 17년) 겨울 동인도 회사 상선 한 척이 자기와 황금을 가득 싣고 난징을 출발해 네덜란드 암스테르담으로 향하다가 항해 16일 만에 중국 남해 수역에서 좌초돼 침몰했다고 한다. 해처는 관련 공문을 자세히 검토한 끝에 마침내 이 침몰선을 찾아내 강희康熙 연간 청화자기 백만여 점을 인양했다. 그러나 함께 배를 타고 작업하던 사람들이 기뻐 어쩔 줄 몰라 할 때 해처는 오히려 자기들을 부숴버리라고 명령했다. 그는 물건이 귀할수록 비싸진다는 시장의 법칙을 아주 잘 알고 있었기 때문이다. 그는 청화자기 23만 9천 점, 금괴 125개와 네덜란드 동인도회사 이니셜이 새겨진 청동 대포 2문만 남겼다. 선별하고 파괴하는 일을 마친 후 그는 이 전리품을 공해상으로 가지고 갔다. 1년 후 해처는 침몰선을 찾아가려는 사람이 없자 경매에 부치기로 결정하고 경매 허가를 얻은 후 네덜란드 크리스티스 경매 회사에 공개 경매를 위탁했다.

1986년 4월 크리스티스는 이들 유물의 대대적인 경매를 진행했다. 네덜란드의 중국대사관이 즉시 이 소식을 본국에 전달했고, 국가문물국은 경매를 막기 위해 UN 해양법협약, 각국의 해양법 등을 찾아보았지만 관련 법률 근거를 찾지 못했다. 당시 중국은 해양문화유산보호 관련 법률이 거의 없는 상태였다. '사오는 것'이 이 유물의 반출을 막을 수 있는 유일한 방법이었으므로 중국 고궁박물원은 펑셴밍馮先銘과 겅바오창耿寶昌 두 전문가에게 미화 3만 달러를 주어 경매에 참가하게 했다. 그러나 중국 전문가들은 경매에 참여할 기회를 한 번도 얻지 못했다. 경매에 나온 자기마다 경매 시작 가격이 평가 가격의 10배 이상이었는 데다 각지 소장가들의 호가 한 번으로 낙찰되었기 때문이었다. 결과적으로 24만 점 가까운 모든 자기가 다른 사람 손에 들어갔다. 이 경매에서 마이클 해처는 2,000만 달러가 넘는 이익을 얻었고 그의이름은 역시 하룻밤 사이에 널리 알려졌다. 그러나 그는 헬더르말선호 인양 지점의 상세한 위치를 밝히는 것은 한사코 거절해 고고학계에 의문점을 남겨놓았다.

　이 사건은 중국 고고학계를 강하게 자극했다. 중국 정부는 이를 국가 중요 사안으로 인정하고 마침내 수중고고학 기구를 건립하기로 결정했다. 1987년 국가박물관이 수중고고학 연구센터를 건립했다. 관장 위웨이차오俞偉超는 이 프로그램을 적극 추진하기 위해서라도 침몰선에 상응하는 자원을 발굴해올 것을 연구원들에게 요구했다. 난하이 1호는 바로 이런 시기에 발견되어 중국 수중고고학의 기원이 되었다. 1987년 말, 나 역시 수중고고학의 출발선에 들어섰다.

## 어려운 첫 발걸음

　난하이 1호 발굴 과정에는 우여곡절이 많았다. 우선 난하이 1호가 발견된 후 중국과 영국 합작 인양 작업은 중단되었다. 레인스뷔르흐를 찾고 있던 영국 인양 회사는 생각지도 않게 난하이 1호를 발견했고, 중국과 영국이 체결한 협정에 의하면 이것은 중국의 배였기 때문에 그들은 할 수 있는 게 없었다. 결국 영국 인양 회사는 파산했다. 한편 중국 측은 영국 음파탐지기술로 침몰선을 탐사하고 발견한 것으로, 이는 처음 경험하는 일인데다 처리할 수 있는 능력도 없어 당장 배를 인양해서 고고학 발굴을 진행할 방법이 없었다.

　급선무는 즉시 이 일을 진행할 수중고고학팀을 구성하는 것이었다. 그런데 잠수부에게 고고학을 가르쳐야 하는가 아니면 고고학자가 잠수를 배워야 하는가의 문제부터 맞닥뜨렸다. 따져보니 잠수부가 고고학을 배우는 데는 4년의 시간이 필요하고 고고학자가 잠수를 배우는 데는 반 년이면 충분했다. 중국에는 젊은 고고학 연구자가 많으니 그들 중 몇 명을 선발해 잠수를 배우게 하는 것은 어려운 일이 아니라고 생각되었다. 당시 나는 젊었고 엄격한 테스트도 다행히 통과해 수중고고학을 배울 수 있었다.

　1987년 막 수중고고학을 접하면서 일본 수중고고학 연구소 소장 다나베 쇼조田邊昭三 교수를 초청해 강연을 들었는데, 마치 문맹에서 벗어나듯 눈이 번쩍 뜨였다. 1989년 국가문물국, 국가박물관, 오스트레일리아 애들레이드대학이 연합으로 국내 제1기 수중고고학 훈련반을 개설해 오스트레일리아 선생님이 훈련을 진행했다.

수중 발굴 공정도

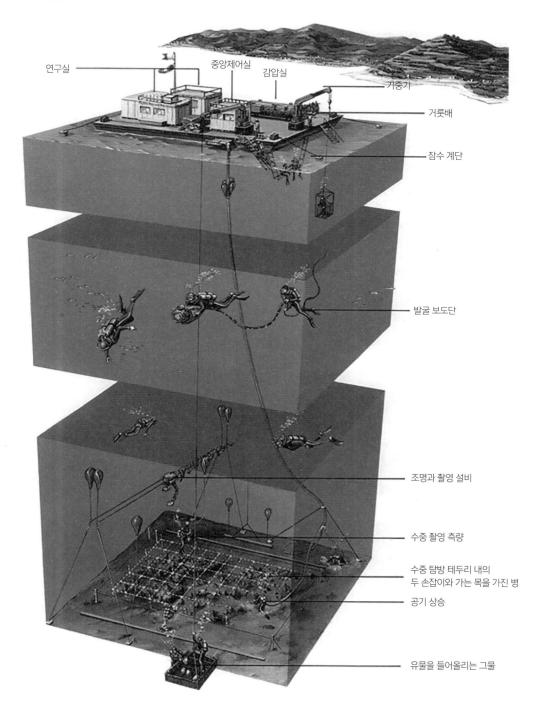

연구실
중앙제어실
감압실
거중기
거룻배
잠수 계단
발굴 보도단
조명과 촬영 설비
수중 촬영 측량
수중 탐방 테두리 내의
두 손잡이와 가는 목을 가진 병
공기 상승
유물을 들어올리는 그물

훈련반에 참가한 사람은 모두 11명이었다. 선생님은 나이가 많고 신체 조건이 좋지 못한 사람을 한 팀, 신체 건강하고 잠수 실력이 좋은 사람을 다른 한 팀으로 나누었다. 각각 '노약자팀'과 '스타팀'으로 불렸는데, 나는 '스타팀'의 조장이었고 '노약자팀'의 조장은 나이가 서른아홉 살이었다. 선생님이 배분한 임무는 동시에 두 팀에 전달되었다. 그 임무는 같은 것이었는데 '노약자팀'이 '스타팀'보다 항상 잘했다는 것을 나중에 알게 되었다. 이로써 우리는 소중한 깨달음을 얻었다. 즉 수중고고학은 신체 능력이 강해야 하는 것이 아니라 재능이 있어야 하며 반드시 서로 협력하는 단결 정신이 있어야 이 업무를 잘 해낼 수 있다는 것이다. 거듭된 훈련을 거쳐 우리는 마침내 기본적인 수중고고학 지식과 기술을 갖추었다.

이 기간에 많은 국외 인양 회사가 중국과 합작해서 난하이 1호를 함께 인양하기를 원했지만 우리는 모두 거절했다. 1989년 11월, 중국과 일본은 연합조사단을 구성해 제1차 전면 탐사를 준비했다. 그러나 공교롭게도 그때 북동 계절풍이 불기 시작하면서 바다 상황이 안 좋아져 탐사를 계속 진행하기가 어려웠다. 게다가 3일에 27만 위안(2021년 기준 27만 위안은 한화로 4,800만 원 정도)이 드는 탐사 비용 또한 사람을 놀라게 했다. 이는 그해에 사용한 육상 고고학 비용에 비하면 천문학적인 숫자였다. 이 일을 감당할 수 없겠다는 생각이 드는 한편 그만둘 수도 없었다. 그래서 우선 난하이 1호 인양은 잠시 보류하고 간단한 항목부터 시작하면서 동시에 인재를 양성하기로 했다. 마침 이 무렵 랴오닝遼寧 수이중산다오강綏中三道崗에서 원나라 침몰선이 발견되었고, 중국 수중고고학계는 1992년부터 1997년까지 이 배를 발굴하면서 많은 경험을 쌓을 수 있었다. 1996년에는 원양 조사와 난하이 1호 발굴 준비를 위해 난사南沙 지역에 가서 조사를 진행하기도 했다.

## 발견에서 최종 발굴까지 꼬박 30년이 걸리다

2001년, 마침내 난하이 1호 발굴 작업이 새롭게 시작되었다. 2001년부터 2004년까지는 발굴 계획단계로 우선 난하이 1호의 정확한 위치를 확인한 후 꼼꼼한 조사와 시험 발굴을 진행했다. 이 기간에 완전하고 아름다운 자기 6,000여 점을 수집했지만, 바다 상황과 시정視程이 안 좋아서 도면, 사진, 영상 같은 고고학 자료는 많이 축적하지 못했다. 이것은 마치 1차 고고학 발굴이 아니라 1차 인양 같았다.

고고학자 리지李濟 선생이 은허를 발굴할 때 통째 채취방식을 사용했음을 알게된 후 우리도 그와 유사하게 선체를 통째로 인양할 수 있지 않을까 생각해보았다. 어떤 방법으로 어떻게 인양해야 하는지 고심할 때 우젠청吳建成이라는 기술자가 잠함潛函방식을 제안했다. 곧 아주 큰 잠함으로 침몰선을 바닥까지 감싼 후 공기를 주입해 끌어 올리는 것이었다. 이 방법은 듣기에는 그럴듯했으나 실제 실행을 위해서는 많은 모의실험을 거쳐야 했다. 가장 어려운 것은 잠함을 줄에 매달아 물속에 집어넣는 것이었다. 잠함은 길이 33미터, 폭 14미터, 무게 500톤이 넘었고 위아래로 나뉘어 있었다. 이렇게 거대한 잠함은 물속에서 자리 잡기가 굉장히 어려웠다. 게다가 잠함을 내려놓은 후 다시 위치를 조정하는 것은 거의 불가능했기 때문에 반드시 한 번에 정확한 위치에 내려놓아야 했다. 결국 정말로 한 번에 정확히 성공했다.

난하이 1호 전체 인양 작업을 진행하면서 동시에 우리는 광둥에 해상실크로드 박물관 건립을 계획했다. 박물관을 건립한 이유는 첫째, 인양한 침몰선을 거치할 장소를 확보하기 위해서였고, 둘째 관람을 편리하게 하기 위해서였다. 이유가 무엇이었든 이것은 모험이었다. 침몰선을 인양하지 못하면 박물관도 쓸모없게 될 것이기 때문이었다. 논란이 있었지만 이 방안은 통과되었다. 그래서 450미터에 이르는 길과 부두를 새로 건설해 해변에서 바로 박물관으로 통하게 했다.

2007년, 순조롭게 난하이 1호를 인양해서 박물관으로 옮겼다. 그때부터 시작된

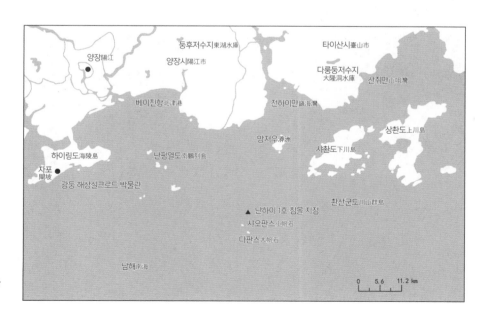

난하이 1호 침몰 지점과
광둥 해상실크로드 박물관
위치

1. 2007년 12월 22일 오전 11시 양장陽江 해역. 아시아 첫 번째 인양선 화톈룽華天龍호의 29층 높이 거대한 크레인이 조금씩 위로 움직이자, 거대한 오렌지색 침몰선이 진흙에 뒤덮인 채로 짙푸른 바닷속에서 천천히 올라왔다. 바닷속에 800여 년간 묻혀 있던 난하이 1호가 전 세계의 주목을 받으며 마침내 다시 세상에 그 모습을 드러냈다.

2. 수정궁水晶宮에 들어가기 전 수로와 육로가 나누어진 모습(2007년 12월 28일). 2억 위안을 들여 건설한 광둥 해상실크로드 박물관은 '하나의 박물관에 두 개의 중심'으로 구성되어 있는데, 중간의 큰 타원이 난하이 1호가 보관된 수정궁이고 다른 곳은 진열관과 수장품 창고다.

3. 침몰선 전경(2014년)

발굴 작업은 2018년 하반기까지 계속되었다. 다시 말해 이 침몰선은 1987년에 처음 발견되어 2007년에 통째 인양되었고 2019년이 되어서야 배 안의 유물 정리와 발굴 작업이 완성되었으니 장장 32년의 세월이 걸린 것이다. 오늘날의 관점에서도 난하이 1호를 통째 인양한 방법은 확실히 선구적으로 평가받는다.

## 밀리미터 단위까지 정확히 수집된 고고학 데이터

난하이 1호가 막 인양되기 시작했을 때 많은 정교한 용천요龍泉窯 자기와 순금 요대가 딸려 나왔다. 당시 우리는 난하이 1호에 비교적 가치 있는 유물이 있을 것이라고 예상했다. 발굴이 끝난 지금 보니 우리의 예측은 빙산의 일각에 지나지 않았다. 난하이 1호에서 발굴되어 나온 황금, 장식구만 헤아려도 백 점을 훌쩍 넘었다.

이 침몰선을 발굴하며 우리는 통째 인양방식이 매우 필요하다는 것을 새삼 인식하게 되었다. 물속 시정이 좋지 못한 상황에서 맹목적으로 만지거나 꺼내려다 보면 근본적으로 고고학의 목적을 달성하지 못할 수 있다. 그러나 지금은 모든 고고학 정보가 완전하게 보존되었고 목기 상의 문자를 포함해 종이 재질의 물건까지도 발견할 수 있었으니, 정말로 기적이 아닌가!

난하이 1호를 영구 보존하기 위해 오랜 기간 배가 머물러 있던 수중 환경을 모방한 박물관의 수정궁水晶宮에 배를 안치했다. 최근 고고학은 3D 레이저 스캐너와 근거리 사진 측량 같은 현대적 기술을 이용해 현장을 보존하는 발굴을 진행하고 있다. 동시에 세계 유일의 거대 실험실에서 정확하게 제어되는 환경 아래 침몰선을 발굴하며 최대한도로 정보를 보존하고 있다. 난하이 1호에는 선창이 15개 있고 각 선창은 특색이 분명해 선창마다 가득한 자기가 어느 도요에서 구워졌는지까지 분명히 확인할 수 있다. 이로써 채집된 고고학 수치가 밀리미터 단위까지 정확할 수 있었다. 세계 어느 나라도 수중고고학 발굴에서 이렇게 세세한 단위까지 정확하게 측량한 적이 없었다.

# 2 해양시대를 압축해놓은 남송의 상선

## 난하이 1호는 왜 침몰했을까?

    난하이 1호를 발굴하는 내내 우리는 난하이 1호의 침몰 원인을 두고 토론을 벌였다. 많은 사람들이 태풍, 좌초, 충돌, 과적 등을 원인으로 언급했고 우리는 이를 다방면으로 연구했다. 나는 1987년 광저우 인양국이 문물 247건을 인계했을 때부터 비교적 오랜 시간 난하이 1호와 함께했고, 또 2001년에 처음으로 침몰된 난하이 1호를 만져본 사람으로서 특별한 감정을 가지고 있었기 때문에 침몰 원인에 대한 의문점이 시종일관 머릿속을 떠나지 않았다.

    먼저 태풍을 요인으로 들어보자. 매년 태풍으로 인해 침몰하는 배는 매우 많다. 일기예보가 없던 시절에는 아마도 태풍이 배를 침몰하게 하는 가장 큰 원인이었을 것이다. 예전의 항해는 모두 바람에 의지해서 이루어졌다. 일반적으로 중국의 취안저우泉州항이나 광저우항에서 출발했는데, 이곳은 송나라, 원나라의 가장 큰 항구이자 세계적으로도 제법 규모 있는 항구로 인도와 아라비아 지역으로 가는 무역선은 대부분 이곳에서 출발했다. 출발한 배는 동남아시아 쪽으로 항해해야 했으니 북동 계절풍의 힘을 빌려야 했을 것이다. 그래서 북동 계절풍이 부는 매년 11월 하순부터 이듬해 3월 상순까지가 항해 최적기로, 중국 자기는 주로 이때 배에 실려 운반되었다.

    난하이 1호에 실린 화물 대부분이 푸젠, 장시, 저장의 상품이었기 때문에 아마도 이 배는 취안저우항에서 출발했을 것이다. 광저우에는 서촌요西村窯가 있었으니 만약 광저우에서

## 중국의 여름과 겨울 계절풍 풍향도

송대 항해자들은 이미 동쪽으로 일본과 고려, 남쪽으로 동남아시아를 거쳐 중동에 이르게 하는 계절풍의 규칙을 알고 있었다. 난하이 1호에 선적된 물건은 대부분 중국 동남 연해인 장시 경덕진요景德鎭窯의 청백자靑白瓷, 푸젠 덕화요德化窯의 청백자, 자조요磁竈窯의 장유醬釉와 녹유자綠釉瓷, 민청의요閩淸義窯의 청백유靑白釉와 용천요龍泉窯의 청자가 주를 이루었다. 그러므로 난하이 1호는 겨울철에 중국 동남 연해에서 바람과 물길을 따라 동남아시아 방면으로 항해했을 것이라고 추측할 수 있다.

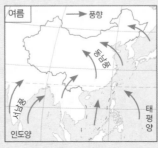

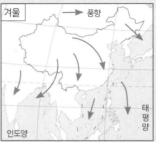

출발했다면 서촌요 자기가 실려 있었겠지만 아직 서촌요 자기는 발견하지 못했다. 그러므로 취안저우에서 출발했을 것이라고 추정하는 것이다. 취안저우를 출발한 배는 해안선을 따라 항해하며 광저우를 거쳐 레이저우雷州반도에 이른 후 먼 바다로 나아갔다. 11월 하순부터 이듬해 3월까지는 북동 계절풍이 불었기 때문에 태풍의 계절이 아니었다. 그러나 북동 계절풍도 강할 때는 초속 20미터가 넘는 태풍급 바람이 불었다. 충분히 난하이 1호의 침몰 원인으로 작용할 수 있다.

레인스뷔르흐는 다판스大帆石섬과 샤오판스小帆石섬에 부딪쳐 좌초했다. 태풍과 좌초가 더해져 레인스뷔르흐를 침몰시킨 것이다. 자료에 따르면 레인스뷔르흐는 침몰했지만 갑판장을 포함해 선원 5명이 생존해 마침내 그들은 마카오에 도착했다고 한다. 레인스뷔르흐가 운항한 인도네시아의 바타비아(현재 자카르타)에서 마카오에 이르는 항로는 항행 방향이 서남쪽에서 동북쪽으로 가는 것이었다. 매년 3월 말~4월 초부터 10월~11월 초까지 태풍이 발생하는데, 이 계절에 태풍을 만나면 배를 제어하기가 힘들어져 좌초 가능성이 높아진다. 생존자의 기억에 따르면 그때 그들은 암초에 부딪쳤다고 한다.

레인스뷔르흐는 다판스섬, 샤오판스섬에서 동북쪽으로 2해리 정도 떨어진 곳에 침몰했고 영국 인양 회사도 이곳을 조사 범위로 삼았는데, 이것은 배의 항로에 부합하는 것이었다. 난하이 1호도 이 지역에서 침몰했지만 다판스섬, 샤오판스섬 쪽

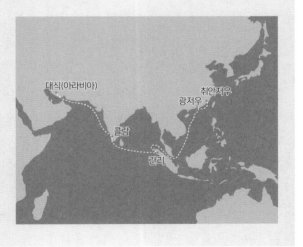

취안저우 - 광저우 - 란리 - 콜람 - 대식(아라비아) 항로

『영외대답嶺外代答』 중에 "중국 상선이 대식으로 가려면 반드시 콜람에서 작은 배로 바꿔타고 가야했다 中國舶商欲往大食必自故臨易小而往", "대식에서 오려면 작은 배를 타고 남쪽으로 가다가 콜람국에서 큰 배로 바꿔 타고 동쪽으로 갔다大食國之來也, 以小舟而南行, 至故臨國, 易大舟而東行"라고 기록되어 있다. 대식大食은 중고中古 시기 아라비아 여러 나라의 총칭이다. 이 노선은 기본적으로 당나라 때 '광주통해이도廣州通海夷道'를 따라가는 것으로, 중국이 기점이고 페르시아만이 종점이다. 중국은 견직물, 자기, 종이, 사향 등을 아라비아로 가져갔고 향료, 약재, 서각 犀角, 주옥珠玉 등을 가져왔다.

으로 간 적이 없기 때문에 좌초 가능성은 크지 않다. 더구나 난하이 1호는 이곳에서 운항한 지 오래되어 바다 상황에 익숙해 있었음에도 뜻밖에 침몰한 것이다. 통째 인양, 발굴 결과 선적에 문제가 있었으며 이런 선적 문제는 모든 중국 배가 지니고 있던 문제였음을 발견했다. 중국 배와 외국 배를 비교했을 때 가장 큰 차이는 위가 무겁고 아래가 가볍다는 것이다. 그래서 항상 중국 배에는 압창석(壓艙石, 배의 균형을 잡아주는 돌)이 필요하다고 언급되었다. 우리가 발견한 난하이 1호, 난아오南澳 1호, 수이중산다오강의 원나라 침몰선, 화광자오華光礁 1호, 칭다오青島의 자오난膠南 1호와 바이자오白礁 1호 등에는 모두 압창석이 없었다. 더구나 아주 기이하게도 철기를 위에 싣고 자기를 아래에 실었다.

## 압창석이 없던 이유

압창석이란 배 바닥에 가득 실은 돌로, 선체 아래는 무겁고 위는 가볍게 만들어 복원력을 높임으로써 배가 쉽게 전복되지 않게 하는 역할을 한다. 외국배 자료를 살펴보니 외국배 밑바닥에는 전부 돌을 가득 싣고 있었던 반면 중국 배 밑바닥에는 상대적으로 가벼운 물건이 실려 있었다. 왜 난하이 1호를 비롯한 중국 배들은 이렇게 선적했을까?

복원력과 롤링 주기는 모순관계에 있다. 흡사 오뚝이와 같은데, 오뚝이는 가볍게 건드리면 좌우로 흔들거리지만 끝내 넘어지지는 않는다. 이와 비슷하게 배의 복원력이 클수록 롤링 주기가 짧다. 아래가 무겁고 위가 가벼우면 작은 힘으로도 그 방향을 바꿀 수 있다. 방향을 바꿀 때는 바꾸는 방향으로 배가 기울어지지만 복원력이 크기 때문에 재빨리 수직 위치로 돌아온다. 이처럼 복원력이 좋은 배는 전복될 수가 없다. 그런데 만약 반대로 위가 무겁고 아래가 가볍다면 그 배는 스스로 복원력을 잃고 전복될 수 있다.

중국 배의 이런 특징은 중심을 높게 해 복원력은 떨어지지만 롤링 주기를 느리게 만들 수 있었다. 중국 배는 주로 자기를 실었으니 화물의 손실률을 고려해야 했다. 배에 자기를 싣고 항해에 나선다면 도착할 때까지 자기를 온전하게 운송할 것을 반드시 보증해야 했는데, 만약 선체가 심하게 흔들린다면 자기가 다 부서진 채 운송될 우려가 있었다. 그러므로 배의 롤링 주기를 느리게 하기 위해 중심을 높게

해저에 한데 엉겨 있는 철기 아래 도기가 놓여 있다.

하는 선적방식을 택한 것으로 보인다.

또한 중국은 자기 외에 철기도 대량으로 수출했기 때문에 중국 배에는 자기와 철기를 섞어서 실었다. 현재까지 발견된 명나라, 청나라 배를 포함한 모든 침몰선은 철기와 자기를 싣고 있었는데, 화물을 어디에서 먼저 싣고 어디에서 먼저 내리는 것과 상관없이 전부 철기가 위에 있었다. 산둥 칭다오의 자오난 1호도 철기가 위에 있고 자기가 아래에 있었다.

철기를 위에 놓은 것은 롤링 주기를 느려지게 만들기 위해서였다. 롤링 주기를 느려지게 한 이후에는 또한 가로, 세로, 사선, 위아래로 흔들리는 것 같은 다른 롤링 문제도 해결해야 했다. 용골(龍骨, 배 바닥의 중앙을 이물에서 고물에 걸쳐 받치는 길고 큰 재목)을 중심으로 가로로 흔들리는 것이 가장 흔한 롤링 형태로 선창에 쌓아둔 자기의 안전에 잠재적인 위협이 되었다. 그런데 자기를 가능한 한 용골에 가까운 아래쪽에 둔다면 용골에 가까울수록 용골을 축으로 하는 원의 반지름이 짧아진다. 반지름이 짧아지면 롤링의 폭도 작아지게 된다. 다시 말해 철기를 위에 두면 롤링 주기가 느려지며 롤링 폭도 작게 해서 자기를 온전하게 보존할 확률이 높아지는 것이다. 철기를 아래에 두어 배가 전복될 위험이 줄어들더라도 목적지에 도착했을 때 자기가 모두 부서져 있는 것을 누가 원하겠는가? 완리호萬曆號에 부서진 자기가 10여 톤에 이르고 온전한 자기는 4,000여 점만 남은 것은 바로 이 때문이었다.

현대의 조선업은 롤링 폭을 감소시키고 편의성을 높이는 기술이 있어 복원력을 보장하면서도 중심을 높게 설계할 수 있지만, 옛사람들에게는 이런 이론과 기술이 없어 오로지 개인의 경험에 의지해 단순하게 처리해야 했다. 이는 비록 간단한 방법이지만 수밀창水密艙, 평형타平衡舵와 마찬가지로 중국 조선 기술 지혜의 결정체라 할 수 있다.

많은 침몰선을 발굴한 결과 중국 배에는 압창석이 없었다는 것이 증명되었고 난하이 1호에 실은 철기는 모두 120여 톤이나 되었다. 난하이 1호가 항해할 때 배가득 화물을 실은 데다 위가 무겁고 아래가 가벼웠으니, 태풍은 아닐지라도 심한 계절풍 같은 나쁜 날씨를 만나 전복 사고가 일어났을 가능성이 있다.

난하이 1호에는 120톤에 가까운 철기, 발굴된 7만 여 점에 달하는 자기와 더불어 아직 발굴되지 않은 많은 양의 자기가 있었다. 즉, 이 침몰선에는 자기 10만여 점, 개수로 치면 20만 점이 넘는 철기 그리고 동전 몇만 개가 있었다. 이 배에 가득한 화물 속에는 금, 은, 구리, 철, 주석, 칠기, 주사朱砂, 각종 도자기, 주발, 쟁반, 동이, 접시 등 상상할 수 있는 모든 물건이 거의 다 있었을 것이다. 이처럼 항상 보이는 물건 외에 비단의 흔적도 발견했다. 다른 물건은 없이 흙만 쌓여 있는 선실이 있었는데 이 쌓인 흙이 바로 비단의 단백질로 보인다.

지금까지 발굴된 상황으로 추정하면, 이 배에는 화물 300~400톤이 실렸을 것이며 완전히 복원했을 때 길이가 30~35미터에 이르는 송나라, 원나라의 전형적인 대형 상선이었다. 무역선은 일정한 규모를 지니고 있어야 했다. 충분히 많은 화물을 실어야 상인의 이익을 최대화할 수 있기 때문이다.

그러므로 난하이 1호의 침몰은 강한 계절풍과 함께 자기 보호를 위해서는 합리적이지만 안전 면에서는 매우 위험한 선적방식 때문이었다고 추정할 수 있다. 옛사람들이 활용한 비장하며 위험을 무릅쓴 방식은 가늠할 수 없는 물질적, 정신적 자산이다.

## 보존 상태가 매우 좋은 난하이 1호

2005년부터 통째 인양 방안을 마련하기 시작해 2006년까지 세부 계획을 준비해나갔다. 2007년 4월 정식으로 난하이 1호 인양이 시작되어 같은 해 12월 22일에 드디어 선체가 물 밖으로 나왔고 12월 28일에 박물관 수정궁으로 옮겨졌다. 인양해보니 난하이 1호의 보존 상태가 매우 좋은 것이 확인되었다.

이에 비해 화광자오 1호의 수중 발굴 작업은 비교적 순조롭게 진행되었지만 보존 상태는 오히려 좋지 못했다. 화광자오 1호의 수중 시정은 10~20미터였기 때문에 배에서 모든 도면, 사진 촬영, 발굴 작업을 할 수 있었다. 화광자오 1호의 밑바닥은 단단한 편이었지만 산호초의 윗부분에 침몰했기 때문에 어느 정도 시간이 지나자 배의 전체 구조가 느슨해지면서 갑판이 조각조각 부서져 배의 모습이 없어져버렸다. 판재 조각을 수거해 와서 배의 원형을 복원하는 것은 참으로 어려운 일이었다.

이 밖에 난아오 1호는 수중에서 3~4미터의 시정이 확보되었기 때문에 기본적인 수중 발굴 활동을 할 수 있었으나, 배의 반 정도가 바다 밑 땅속에 묻혀 있었다. 땅속에 묻힌 부분은 보존 상태가 좋았지만 노출된 부분은 전부 무너져버렸다. 그래서 현장에서는 보호만 할 수 있었다.

인양 작업이 가장 어려웠던 것은 난하이 1호로, 수중 시정이 거의 확보되지 않았고 거의 30미터 두께의 진흙 속에 묻혀 있었기 때문이다. 난하이 1호는 침몰된 후 배의 하중과 해류의 영향으로 거의 모든 부분이 진흙 속에 묻혔는데, 이로써 산소가 없는 환경이 만들어졌다. 옛날의 선체는 나무로 만들어져 있었고 일종의 바다 생물인 배좀벌레조개가 육지의 흰개미처럼 나무를 먹이로 삼아 부식을 일으켰다. 그런데 만일 배가 짧은 시간 안에 진흙 속에 묻히면 산소가 없는 상태가 되어 배좀벌레조개가 생존할 수 없다. 난하이 1호가 이처럼 두꺼운 진흙 속에 묻힌 것이 최상의 보존 조건이 되었고 이 덕분에 통째 인양도 할 수 있었다.

만일 시정이 완전히 확보되지 않은 상황에서 장님 코끼리 만지는 식으로 난하이 1호를 발굴했다면 자기만 겨우 인양할 수 있었을 뿐 도면, 녹음, 측량 등은 할 수 없었을 것이다. 즉 고고학 탐사로 인한 많은 정보를 얻지 못했을 것이다. 고고학은 늘 이면에 있는 많은 정보를 중시해야 한다. 정보를 완전히 수집하지 못하면 많은 것을 잃을 수 있다. 그러므로 우리는 배를 통째 인양하기로 계획한 것이다. 난하이 1호 통째 인양 성공률은 50퍼센트 정도였고 인양에 실패하면 무너져버려 다시 인양할 방법이 없었다. 이렇게 도박에 가까운 통째 인양이 다행히 성공을 거두었다.

난하이 1호와 화광자오 1호의 시대는 무척 가깝다. 십여 년에서 이십 년, 또는 그보다 더 가까울 수도 있다. 해상실크로드는 무형의 길이다. 지금의 도로에서 기점과 종점, 경유지를 알고 있는 것과는 다르다. 우리는 무형의 길인 해상실크로드를 어떻게 유형의 길로 만들 수 있을까? 그것은 침몰선의 끊임없는 발굴을 통해 하나의 점을 발견하고 그 점들을 계속해서 연결해 나가는 것이다. 점을 연결해 실선을 그을 수 있는데, 이것이 바로 해상실크로드 항로다.


## 타임캡슐 난하이 1호

침몰선은 통상적인 육지 유적의 퇴적층과 다르다. 육지 유적은 보통 다른 시대의 퇴적층이 지층을 형성한다. 그러나 침몰선은 짧은 시간에 동일한 시대의 많은 물건이 모두 함께 바다 밑으로 가라앉는다. 난하이 1호는 남송 해양시대를 압축해놓은 타임캡슐이라 할 수 있는데, 마치 미래의 누군가가 열어보기를 기다리며 바닷속에 밀봉해둔 것만 같은, 그 시대를 대표하는 물건과 인류 생활의 축소판이었다.

야외 고고학은 주로 고분, 가옥, 재구덩이, 도로 등의 유적을 마주하며, 개별 유적을 발굴할 때에는 그것의 기능을 해부하듯 파헤친다. 야외 고고학은 점차 발전해 취락 고고학 단계에까지 이르렀는데, 큰 범위에서 모든 유적을 발굴하고 또 종합적으로 연구해 유기적이고 입체적으로 고대 생활환경을 복원할 수 있게 되었다. 침몰선은 몇백 제곱미터 범위 안에 인류의 생활이 고도로 축소되어 있기 때문에 취락 고고학으로 다루어야 한다.

배에는 선적된 화물만 있었던 게 아니라 많은 사람들이 오랜 기간 동안 생활을 했다. 기록에 의하면 난하이 1호 같은 배에는 백 명도 넘는 사람이 있었다고 하지만 이는 단지 기록일 뿐 얼마나 많은 사람이 있었는지는 정확하게 알 수 없다. 지금까지 발굴한 결과 단지 4개 개체의 유골이 발견되었는데, 한 사람의 신체의 다른 부위인지 아니면 네 사람인지 확인되지 않았기 때문에 4개 개체라고만 말할 수 있다.

이렇게 많은 사람이 배에서 생활하고 또한 계절풍에 의지해서 항해했기 때문에 속도에 제한이 있었을 것이다. 그렇다면 어떻게 사람들은 배라는 한정된 공간에서 기본적인 생존을 보장받았을까? 사실 '생활'이라고는 말할 수 없고 음식물, 물 같은 사람들의 생존에 필요한 기본적인 요소만 보장했을 것이라고 볼 수 있다.

## 난하이 1호에는 비단이 있었을까?

선원의 생활은 의衣, 식食, 주住, 행行 등 몇몇 큰 요소를 벗어나지 못한다. 우리는 선상에서 유골을 발견했지만 완전한 의복은 발견하지 못했다. 그러나 통째 인양이라는 세밀한 발굴은 많은 연구와 상상의 공간을 제공해주었다.

우리는 발굴 방향을 확실히 찾아서 발굴을 진행한 것이 아니라 선실을 따라가며 발굴했다. 상층은 진흙으로 덮여 있어서 발굴 방향을 따라 진행했고, 선실에 이르러서는 선실을 발굴 단위로 설정했다. 난하이 1호는 선수부터 선미까지 15개의 선실로 나뉘어 있었고, 각 선실은 또한 세로로 세 개 칸으로 나뉘어 있어 왼쪽에서 오른쪽으로 각각 A실, B실, C실이라고 했다.

열 번째 선실 C실의
견직물로 보이는 흔적

앞에서부터 열 번째 선실 C10의 가장 오른쪽 선실인 C실에서는 기물이 아무것도 없는 대신 매우 검은 진흙만 있었다. 이 진흙을 분석해보니 배에 있는 다른 진흙, 모래나 조개껍질이 섞인 흙과 달리 아주 순수했다. 또한 대량의 동물성 단백질을 포함하고 있었다. 비단박물관에 의뢰해 좀 더 심도 깊은 검사와 테스트를 한 결과 이 단백질은 비단의 단백질일 가능성이 컸다. 비단이 잠사로 만들어지기 때문인데, 이 또한 해상실크로드에 부합하는 요소다.

만일 대량의 비단 단백질이 진흙으로 변했다면 많은 선원의 옷이 부식되어 진흙과 섞였을 것이라고 상상할 수 있다. 옷은 채취하기도 어렵고 발견하기도 어렵기 때문에 선원들이 어떤 옷을 입었는지 분명하게 알 방법은 없지만, 직물이 대량으로 집중되어 있는 곳에는 일정한 흔적이 있을 수 있다. 우리가 이 흔적을 찾았을 때 배 안에 다른 의복이 있었는지 미루어 짐작해볼 수 있을 것이다.

일반적으로 수중 발굴을 하면 진흙을 떼어내면서 진행하기 때문에 진흙을 검사해볼 수 없다. 돌이켜 보건대, 통째 인양과 정밀 발굴은 정말 필수사항이었다. 그렇지 않았다면 우리는 난하이 1호에서 비단을 발견할 수 없었을 것이다.


## 혀끝 위의 난하이 1호

이렇게 의복 관련 실마리는 발견했다. 그런데 사실 배를 타고 항해하는 사람들의 기본적인 생존에 있어서 가장 중요한 요소는 음식물이다.

먼저 식수 문제가 있는데, 침몰선의 담수는 당연히 바닷물에 희석되었을 것이므로 어떠한 담수도 발견할 수 없었다. 그렇다면 무엇을 먹었는지를 추적해봐야 한다. 사람이 먹는 음식은 대체로 단백질, 지방, 탄수화물, 비타민으로 이루어진 물질로 구성되어 있다. 단백질과 동물성 지방은 육류에서 얻을 수 있고, 견과류에서 식물성 지방을 얻을 수 있다. 곡물과 전분류에서 얻은 탄수화물은 당분으로 변한다. 비타민은 각종 과일을 통해 얻을 수 있다.

난하이 1호에서 많은 양의 동식물 유물이 발견되었다. 이것 역시 통째 인양 덕분이었다. 동식물 유물에는 어류 등의 수생동물과 닭, 오리, 거위, 돼지, 소, 산양, 면양 같은 육상동물이 있었고, 이 밖에 보존 상태가 완벽한 소금에 절인 오리 알 한 항아리가 있었다.

어류는 발견되었지만 엄격한 과학적 각도에서 분석하기 위해 일단 배제해야 했다. 왜냐하면 침몰선이 천 년 가까이 바다 밑에 있었으니 그 오랜 시간 동안 인공어초魚礁의 기능도 할 수 있었기 때문이다. 어류의 습성에 근거해보면 돌출된 지형이 있기만 하면 물고기들이 모여들어 터전을 잡는다. 만일 담수어가 나왔다면 그것은 또 다른 문제로 연구해볼 수 있지만 모두 바닷물고기라면 일단 그것을 음식물 구성의 하나로 볼 수 없다. 그것도 물론 음식물이 될 수는 있지만 이 배 안에서 자연스레 죽은 물고기인지 아닌지를 구분할 방법이 없기 때문이다. 만약 소금에 절인 물고기라든지 다른 해역에서 잡힌 물고기로 만든 제품이 있다면 당연히 선원용 음식물 범위로 넣을 수 있다.

닭, 오리, 거위, 돼지, 소, 양 같은 육상동물은 단백질과 지방을 기본적으로 가지고 있기 때문에 음식물 부류에 넣을 수 있다. 우리는 지금 냉장고에 육류를 보관하지만 옛 사람들의 보관 방법은 두 가지 뿐이었다. 하나는 염장하는 것이다. 과거 침몰선에서 염장 제품이 발견되었고 영국 침몰선에서는 염장 제품의 명세표가 발견되기도 했다. 염장 외의 또 다른 방법은 살아 있는 동물을 싣고 가는 것이다. 지

| 빈랑씨 | 초해동 | 포도씨 | 전자조씨 | 말린 동과 |
| 흑후추 | 여지씨 | 단향목 종자 | 매실씨 | 남산조씨 |
| 벼 껍질 | 잣 | 비자나무 열매 | 은행 | 석류 |
| 산밤 | 산초나무 열매씨 | 미상 | 대추씨 | 감람씨 |

난하이 1호에서 발견된
식물 유적

1 2
3 4

1. 청동경靑銅鏡
2. 주석 패牌 장식
3. 청동천칭과 분동
4. 주석 분합

난날 시사(西沙, 파라셀제도)에서 조사할 때 어민들이 배에 살아 있는 닭을 싣는 것을 보았다. 비록 후에 닭이 너무 말라 먹을 수 없게 되자 가져다 탕을 끓였지만, 신선함을 유지하려면 살아 있는 채로 가져가야 했다. 그러나 배에서 살아 있는 동물을 사육하는 것은 쉬운 일이 아니었다. 그래서 배에 있는 많은 육류는 대부분 염장을 했음을 분명히 알게 되었다. 문헌에도 살아 있는 양을 가져갔다는 기록이 있지만 얼마나 오랫동안 살아 있었는지는 알 수 없다.

배에서 발견된 소금에 절인 오리 알은 우리가 지금 먹는 것과 같았고 보존 상태도 아주 좋았다. 이전 고고학에서 이런 물건이 발견된 적이 없었다. 매우 손상되기 쉬운 것이므로 홀시되곤 한 것이다.

비타민과 탄수화물은 난하이 1호의 많은 식물류에서 발견되었다. 대부분 먹을 수 있는 식물이었고 일부는 약재로 직접 먹는 것은 아니었다. 식물류는 또한 과일, 박과류, 곡물, 향료로 나눌 수 있다.

과일류는 핵과와 견과가 있다. 핵과는 씨를 가진 과일을 가리키는데, 과육은 보존될 수 없지만 그 종자에 근거해 어떤 과일인지 판단할 수 있다. 현재 매실, 빈랑, 감람, 남산조南酸棗, 전자조滇刺棗, 포도씨, 여지荔枝가 발견되었다. 이들 중 특히 감람과 남산조에는 비타민이 풍부하게 들어 있지만 신맛이 강해 맛은 별로 좋지 않다. 10년 전 광둥 가오밍高明에서 발견된 구예베이추古椰貝丘 선사 유적에 많은 남산조와 감람이 있었다. 옛날 사람들은 5,000년 전부터 비타민을 섭취하기 위해 이들을 먹은 것으로 보인다. 일종의 항해병(현대 의학에서는 패혈증으로 통칭된다)은 비타민 C 부족으로 생겼기 때문에 반드시 신선한 과일이나 채소를 섭취해야 예방할 수 있었다.

박과류도 항해 중에 아주 중요한 음식물로 그 종류는 발굴 조사로 확인된 종자에 근거해 판단할 수 있다. 우리는 연이어 동과冬瓜 종자를 발견했는데, 녹색 채소는 2~3일 안에 먹지 않으면 썩어버리기 때문에 긴 항해에 가지고 가기가 쉽지 않았다. 반면 동과나 호박 같은 채소는 바깥 껍질에 쌓여 있기 때문에 보존 기간이 상대적으로 길었다. 이 역시 옛 사람들이 오랜 기간 항해 경험을 통해 채소류 가운데 박과류가 비교적 보존이 용이하다는 것을 알게 되었다는 것을 설명해준다. 잎채소도 가져갔을 것이지만 보존에 어려움이 있었을 것이어서 우리가 발견할 수는 없었다.

견과에는 전분, 식물성 지방, 식물성 단백질이 포함되어 있다. 침몰선에는 견과 중에 산밤이 가장 많았다. 산밤은 약밤과 같은 견과다. 이 밖에 은행, 비자나무 열매, 잣도 있었다. 잣은 해바라기씨나 호박씨처럼 볶아서 까먹기에 적합했다.

곡물로는 벼가 있었다. 벼의 껍질이 남아 있어 탄수화물을 섭취했다는 것을 증명해준다.

향료로는 산초나무 열매와 후추 같은 것이 있었다. 후추는 당시 황금에 비할 정도로 가치가 높았다. 그러므로 후추가 발견된 것은 선상에서 사람들이 음식을 먹을 때 맛도 신경 썼다는 것과 선상 생활이 그렇게 무미건조하지 않았다는 것을 알려준다.

사회과학원 고고연구소의 식물 고고학자 자오즈쥔趙志軍 교수는 난하이 1호에서 나온 식물 종자와 그 분류를 확인한 후 난하이 1호에서 먹고 마시던 생활을 '혀 끝 위의 항해'라고 묘사하며 다음과 같이 말했다. "원양 항해에 적응하기 위해, 선상의 미식가들은 음식물을 정성들여 선택하고 비축한 것으로 보인다."

## 난하이 1호에서의 생활

선상에서의 주住, 즉 거주는 어땠을까? 이것은 상대적으로 해결하기 어려운 문제였다. 지금까지 발견된 모든 침몰선은 갑판 위에 건축물이 없었다. 침몰선은 전체가 진흙 속에 묻히는 것이 아니므로 선실 부분은 진흙에 덮여 보존되지만 진흙 위로 노출된 부분은 배좀벌레조개 등에 의해 부식되어 없어져버리기 때문이다. 우리는 지금도 부식되지 않고 남아 있는 칠기 등의 표피를 발견할 수 있다.

대부분의 사람들은 갑판 위에서 생활했지만 선주는 선실 안에서 살았다. 이전 기록에 따르면 배에는 선주, 선원, 화주貨主, 객상客商 등 다양한 사람들이 있었다. 송나라 사람 주욱朱彧은 『평주가담萍洲可談』에서 "큰 배에는 수백 명이 탈 수 있고 작은 배에도 백여 명은 탈 수 있는데, 큰 배는 깊이와 너비가 보통 수십 장에 달했다. 상인들은 각기 배의 다른 곳에 화물을 두었고, 사람마다 크지 않은 몸을 둘 공간을 확보하고 있었다. 보통 아랫부분에 화물을 두고 화물 위에 자리를 깔면 그 위에 누워서 잘 수 있었다"고 이야기했다.

C11 선실의 A실을 정리할 때 우리는 이런 상황을 분명히 목격했다. 일정 깊이까지 정리했을 때, 대략 길이가 1.5미터 정도 되는 2인용 침대 크기의 평평한 널빤지 한 장이 깔려 있고 그 아래에 자기가 쌓여 있는 것을 발견한 것이다. 주욱이 『평주가담』에서 기록한 내용과 거의 일치했다.

그동안 수중고고학에서 옛 사람이 배에서 거주하던 문제를 이해하는 것은 어려운 일이었다. 그러나 난하이 1호의 C11 선실은 보존 상태가 아주 좋아 "아래에 물건을 쌓아두고 밤에 그 위에 누웠다下以貯物, 夜臥其上"는 기록을 정확히 증명해주었다. 이 널빤지는 지금 현장에서 볼 수 있다.

## 항해인이 시간을 보낸 방법

배 한 척의 공간은 한정되어 있지만 돌아다닐 수 있는 곳은 굉장히 넓었다. 큰 층면에서 이해하자면 배는 움직이는 마을이고 이동하는 사회다. 이것은 우리가 통상적인 고고학 발굴에서 유적 중의 도로, 수레바퀴 자국, 수레와 말 등을 연구하는 것을 초월한다. 해상 항로는 무형적인 것으로 배는 많은 사람을 싣고 무형의 항

옥관음상

로를 따라간다. 그곳에도 방향과 구역이 있지만 구체적인 점은 없다. 배는 해상실크로드에서 가장 직접적인 운반체이자 실물이다.

의, 식, 주, 행 외에 우리는 배 위에서 지내는 사람들의 정신적인 측면을 고찰해보았다. 이들은 모두 돈을 벌어 생활을 윤택하게 하기 위해 위험을 무릅쓰고 장사를 하러 가는 것이었다. 그렇다면 그들은 배 위에서 어떻게 지냈을까? 항해 경험이 없는 사람은 항해가 얼마나 무미건조한지 모른다. 처음 한 이틀 동안만 흥분에 차 있을 것이고 그 후에는 재미가 없어지는 상황 속에서 뱃멀미라도 하게 되면 큰 고통을 느끼게 될 것이다. 그러면 배에서 어떻게 시간을 보냈을까?

우리는 난하이 1호에서 도박용 도구인 주사위를 발견했다. 난아오 1호에서는 주사위뿐 아니라 바둑도 나왔다. 또한 민국民國 시기의 중산함中山艦에서도 주사위가 발견되었다. 다시 말해 주사위는 배에서 흔히 볼 수 있는 도박 오락 도구로 보통 뼈를 사용해서 만들었다. 뼈로 만들어진 물건은 비교적 단단했기 때문에 보존되기가 쉬웠다. 난하이 1호는 옛 사람들의 생활 모습을 생생하게 보존하고 있어 고대 항해인의 정신적인 측면까지 들여다볼 수 있는 창구 역할을 한다. 또 연구할 가치가 있는 유물도 많이 남겨놓았다.

# 3 | 송대부터 시작된 위탁가공무역

## 난하이 1호에서 발굴된 송대 수출용 자기

난하이 1호에 실려 있던 물건은 자기가 주종을 이루었는데, 주로 장시 경덕진요景德鎭窯의 청백자기, 저장 용천요의 청유와 청황유자기, 푸젠 덕화요德化窯의 청백자기, 민청의요閩淸義窯의 청백자기, 자조요磁竈窯의 흑유와 녹유자기 등이었다. 물속에서 나온 자기의 수와 종류로 보면 푸젠의 제품이 가장 많았고, 용천요와 경덕진요의 자기도 적지 않아 송대 남해 무역이 번창했던 상황을 보여준다.

### 송나라 자기 수출의 역사적 배경

송나라는 중국 도자기 예술이 가장 꽃피고 유명한 도요지가 화려함을 다투던 시대였다. 유명한 도요지가 차례로 나온 것은 도자 경제의 발전을 보여주는 것으로 자기 수출이 진전을 이루며 성숙하게 된 것도 이 시기에 이루어졌다. 자기가 상품으로 외국에 소개되기 시작한 것은 이미 당나라 중, 후기부터였지만 당시에는 그 수가 비교적 적었다. 송나라에 이르러 경제의 중심이 남쪽으로 이동했다. 그리고 송나라 통치자들은 대외 무역이 가져다 줄 경제적 이윤을 인식함에 따라 '권장하면서 통제한다'는 기본적인 무역 정책을 채택했다. 이것이 송대의 대외 무역을 전에 없던 번영 국면으로 이끌었다.

자기가 보편적으로 유행하면서 중국의 사회면모가 바뀌었을 뿐 아니라 다른 나라의 사회생활에도 큰 영향을 미쳤다. 아름다우면서도 실용적이고 값이 저렴한 송나라 자기는 해외에서 뜨거운 호응을 불러일으키며 그들의 음식 습관을 바꾸고 생활수준을 높였다. 중국 자기를 수입하기 전 많은 국가에서는 음식을 먹을 때 대부분 도기, 죽기, 목기, 금속제 그릇을 사용했고 심지어 식물 잎에 직접 음식을 담기도 했다. 『제번지諸蕃志』에는 이렇게 기록되어 있다. 등류미국(登流眉國, 현재 말레이반도)에서는 "야자수 잎을 그릇으로 삼아 음식을 담고 수저를 사용하지 않은 채 손으로 집어 먹었다. 飮食以葵葉爲碗, 不施匙筋, 掬而食之。" 페르시아(현재 이란)에서는 국왕

만이 자기에 음식을 담아 먹었다. 이들 국가에 중국 자기가 수입되어 아름답고 실용적인 그릇 역할을 해주었다. 송나라 자기는 그들의 일상생활에서의 수요를 충족시켰고 가격도 저렴해 일상용품으로 자리 잡았다. 중국 자기는 그릇 표면에 유약을 발라 광택이 났으며 견고하고 세밀한 태질胎質은 세균이 살기에 부적합하고 세척하기에 편리했다. 또한 음식에 대한 어떠한 화학 작용도 일으키지 않아 식기로서 매우 적합했다.

## 난하이 1호에서 나온 자기

송나라, 원나라 해외 무역이 발전함에 따라 동남 연해 지역의 요업窯業이 빠르게 성장하며 큰 번영을 이루었으며 대량 수출을 주로 하는 도요가 등장했다. 난하이 1호에서 나온 자기를 만든 주요 도요를 살펴보자.

### 푸젠 민청의요, 덕화요, 자조요

송나라, 원나라 푸젠의 중요 도요지는 주로 푸젠의 3대 수계와 그 지류를 끼고 분포했다. 푸젠 북부와 중부의 민장閩江 유역을 따라 건요建窯, 다양요茶洋窯, 민청의요, 복청동장요福淸東張窯와 푸저우福州의 장병요長柄窯 등이 있었다. 이곳에서 생산된 자기는 대부분 민장을 통해 푸저우항으로 옮겨져서 외국으로 수출되었다. 푸젠 중남부의 진장晉江 수계에는 덕화요, 자조요 등의 도요지가 분포했는데, 이곳에서 생산된 자기는 진장과 그 지류를 통해 취안저우항으로 옮겨져 수출되었다.

푸젠 도자기의 품종은 매우 다양했다. 주로 건요를 대표하는 흑유기 유형, 경덕진의 청백자를 모방한 유형, 용천요의 청자를 모방한 유형, 동안요同安窯 유형의 주광청자珠光靑瓷와 취안저우의 자조요를 대표하는 흑유기, 황록유기, 장흑유척각화기醬黑釉剔刻花器 등이 있다.

청백자는 송나라 때 남쪽 지방에서 불에 구워 만든 독특한 풍격의 자기로 경덕진요에서 생산된 것을 품질 면에서 최고로 여겼다. 이후 남쪽 각 지역에서 앞다투어 이를 모방하기 시작하며 푸젠 지역이 송나라, 원나라 시기 중요한 자기 생산지가 되었다. 푸젠의 청백자 도요지 가운데 민청의요와 덕화요를 대표적으로 꼽을 수 있다. 이들 도요지는 생산량이 많고 상품에 특색이 있었다. 또 이곳에서 생산된 자기 품종은 가장 많이 수출되어 해외에서 두루 발견되곤 한다.

민청의요는 송나라부터 명나라에 이르는 시기까지 수출용 자기를 만드는 도요

가운데 중요한 지위를 차지했다. 그리고 최근에 이곳은 도자기 무역에 대한 중국과 일본의 공동 연구가 확대되면서 수출용 자기 산지로 그 중요성을 인정받고 있다. 민청의요는 민청현 둥차오진東橋鎭 이유촌義由村과 칭유촌靑由村의 안런시安仁溪 일대에 위치하며 청백자를 주요 상품으로 삼아 송나라, 원나라 시기 푸젠에서 규모가 가장 큰 청백자 산지로 인식되었다. 실용성을 위주로 한 상품을 주로 생산했는데, 창구완敞口碗, 염구완斂口碗, 화구완花口碗과 각종 호壺와 합盒 등이 주종을 이루었다. 태유胎釉 품질

난하이 1호에서 나온 자기의 주요 도요지 분포도

이 좋고 태체胎體는 세밀하고 단단하며 유색釉色은 청백색으로 윤택이 났다.

민난閩南 지역의 청백자는 주로 덕화요에서 집중적으로 생산되었다. 난하이 1호에서 가장 많이 나온 것도 바로 덕화요에서 만들어진 것이었다. 덕화요는 해외 무역을 통해 수출 도자기 수요가 늘어난 송나라 때부터 시작된 것으로 보인다. 해외 판매를 위주로 한 덕화요는 시장 수요에 따라 수출에 필요한 자기를 전문적으로 생산했기에 중국의 전통 유적인 고분의 대형 기물에서는 거의 발굴되지 않는다. 대완大碗과 대반大盤은 모두 동남아시아 사람들이 즐겨 사용하는 식기다. 또한 각종 병류와 청백자합 역시 해외 시장에서 환영받았다.

송나라, 원나라 시기 진장 자조요의 도자 생산 또한 큰 발전을 이루었는데, 채회자彩繪瓷, 흑유자黑釉瓷, 저온황록유자低溫黃綠釉瓷 등을 생산해 일본과 동남아시아 각국으로 대량 수출했다. 완碗, 접碟, 집호執壺, 로爐, 병瓶, 관罐 등 제품이 다양했으며 유색으로는 청靑, 흑黑, 장醬, 황黃, 녹綠이 있었다.

### 경덕진요와 용천요

남쪽의 도요 중에 가장 중요한 곳은 장시의 경덕진요와 저장의 용천요다.

경덕진은 가장 발달한 요업 산지로 대외 무역도 중요한 위치를 차지하고 있었다. 이곳의 기술과 자토瓷土는 확실히 뛰어났다. 송나라 때 경덕진에서 생산된 빛깔과 광택이 옥과 같이 온화한 청백자기는 태유가 아름답고 무늬 장식이 새겨져 있어 '요옥饒玉'이라 불렀다. 남송부터 원대 중기에 이르기까지 경덕진요에서는 복소(覆燒, 그릇을 뒤집어서 굽는 방법) 기술을 받아들여 망구기(芒口器, 병, 그릇의 아가리 부근에 유약을 바르지 않는 자기)를 생산했고 또한 인화(印花, 도자기를 만들 때 도장 따위의 도구로 눌러 찍어 무늬를 만드는 기법) 기술도 널리 활용했다. 이로써 생산량이 크게 증가해 내수와 수출용 시장에 충분한 상품을 공급했다.

경덕진요에서 송나라 때 만든 청백유자기는 백색 유약에 청색이 스며든 것으로 유약이 두터운 부분은 진한 청록색을 띠었다. 이는 청자와 백자 사이의 또 다른 일종으로 '영청影青'유라고도 했다. 경덕진요의 자기는 종류도 다양해 일상에서 쓰이는 배杯, 완碗, 접碟, 반盤 등의 용기와 집호執壺, 잔탁盞托 같은 주기酒器(혹은 다기茶器)가 있었으며, 또한 과릉관瓜棱罐, 다양한 모양의 소분합小粉盒도 있었다. 청백색 유약 아래 인화로 새긴 도안이 무척 우아했다.

송나라, 원나라의 용천 청자 수출과 관련해서는 고대 문헌에서 많은 기록을 볼 수 있다. 문헌에서 항상 언급되는 '외자外瓷', '처주기處州器' 등이 바로 그것이다. 송나라, 원나라 시기 용천의 청자는 각 항구를 통해 대량으로 수출되었다. 북송의 용천 자기는 초창기로 청황색 유약과 꽃무늬를 새기는 장식은 월요越窯에서 영향 받은 것이며 남송 이후에 비교적 큰 변화가 나타났다. 생산된 자기는 일상적인 완, 반, 접, 잔, 호 외에 연적, 필통 같은 문방구와 향로 등이 있었다.


## 송대에 처음 출현한 위탁가공무역

위탁가공무역은 현대 무역에서 항상 보이는 형식인데, 이것이 언제 나타났는지는 아직 고증하는 단계에 있다. 그러나 난하이 1호 발굴을 근거로 미루어 추측하면 위탁가공무역은 송나라, 아무리 늦어도 남송 때 이미 출현한 것으로 보인다. 이렇게 말하는 근거는 무엇일까?

## 난하이 1호 선실 분포도와 인양 자기

목선의 남은 부분은 길이 22.1미터, 너비는 가장 넓은 부분이 9.35미터 정도다. 침몰선에서 18만 점이 넘는 유물이 출토되어 중국 송나라 시기 번성했던 해외무역 체계를 보여주었다. 이로써 중국과 동아시아, 동남아시아의 고대 조선사, 도자사, 해상운송사, 무역사 등의 연구에 다방면으로 큰 역할을 했다. 그리고 해상실크로드의 전승과 중국과 연선 국가 사이의 상업과 문화 교류 연구에도 중요한 증거를 제공해주었다. 처음 발견에서부터 현재에 이르는 30여 년 동안 난하이 1호를 위해 발굴, 보존, 전시 삼위일체의 선진적 이념에 따라 많은 과학 기술의 창조적 수단을 광범위하게 운용했다. 그리하여 국제 학술계로부터 높은 평가를 얻었으며, 고대 중국과 현대 중국을 전면적이고 진실하게 보여주는 좋은 예가 되었다.

인양 물품 분포 현황

C1: 상부는 잘려 손상된 것으로 추측되며 하부는 아직 발굴되지 않아 어떤 물건이 실려 있었는지 확실하지 않다.
C2: 덕화요, 자조요, 용천요, 경덕진요 / 철기
C3: 덕화요, 경덕진요, 용천요, 자조요 / 철기 / 그물추
C4: 민청의요, 덕화요, 자조요 / 금기金器 / 철기 / 어망, 그물추
C5: 덕화요, 경덕진요, 용천요 / 철기
C6: 덕화요, 경덕진요 / 철기
C7: 용천요, 덕화요, 건요 / 철기
C8: 자조요, 덕화요, 경덕진요, 용천요 / 철기
C9: 민청의요, 용천요, 자조요 / 철기
C10: 자조요, 용천요, 민청의요 / 금은기 / 주석기 / 주사朱砂 / 비단 제품
C11: 민청의요, 자조요, 덕화요 / 금기 / 철기 / 주사 / 동전
C12: 덕화요, 민청의요 / 은정銀錠 / 철기
C13: 민청의요, 덕화요 / 금기 / 주사 / 동전
C14: 용천요, 덕화요 / 금기 / 철기 / 주사 / 동기
C15: 용천요, 덕화요 / 철기

### 인양 자기

덕화요 청백유각획화훼문절연대반
靑白釉刻劃花卉紋折沿大盤
구경 30.6cm, 굽 직경 9.5cm, 높이 8.1cm

자조요 녹유규구접綠釉葵口碟
6개 꽃잎 모양 규구葵口, 구연口沿은 평평하게 나뉘어 있고 넝쿨이 돌돌 감긴 포도 무늬가 새겨져 있다. 그릇 안팎으로 녹유를 가득 발랐다.

침몰선 정면 투시도

금기가 집중적으로 출토된 지점

침몰선 단면도

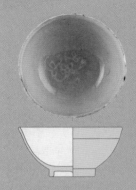

경덕진요 청백유각화망구소완靑白釉刻花芒口小碗
구경 8.9cm, 굽 직경 3.8cm, 높이 4.3cm
태색胎色은 흰색, 태질은 매끄러우며 청백색 유약을
발라 광택이 난다. 망구는 아가리 부분을 제외하고 유
약을 바르는 것이다.

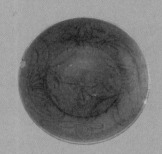

용천요 청유국판접靑釉菊瓣碟
자유瓷釉가 두꺼워 물처럼 윤이 난다.

민청의요 청백유각화규구완靑白釉刻花葵口碗

금기가 집중적으로
출토된 지점

A'

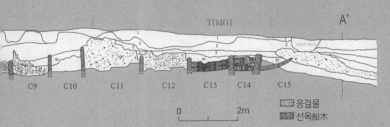

T0401

A'

C9   C10   C11   C12   C13   C14   C15

0          2m

▨ 응결물
▨ 선목船木

1.  모래층
2.  황갈색 진흙
3.  짙은 갈색 진흙
4a. 짙은 회색 모래 진흙
4b. 응결물
4c. 회갈색 모래 진흙
5.  바다 진흙

한 가지 예를 들어 비교해보자. 1998년 독일 인양 회사는 인도네시아 벨리퉁섬 해역에서 당나라 때 침몰한 흑석호黑石號를 발견했다. 이 배에서 장사요長沙窯에서 생산된 자기가 주를 이루는 중국 자기가 대량으로 출토되었지만, 그 안에서 다른 외국적 요소는 어떠한 것도 발견되지 않았다. 아라비아의 배일 것으로 고증된 흑석호가 운반한 것은 중국 상품이었다. 즉 상인들이 중국 자기를 사서 다른 나라로 가지고 가는 무역을 한 것이다.

이른 시기 해외 무역은 중국의 자기와 비단을 다른 나라로 가져가 판 것으로, 중국 자기가 언제나 현지인의 심미안을 만족시킨 것은 아니었지만 현지에는 기술도 없고 모방할 방법도 없었다. 이후 많은 외국 상인이 중국 기술자에게 그들의 심미안과 기호에 따라 상품을 제작해줄 것을 요구해서 자기에 이국 풍격의 도안을 도입하게 되었다. 심지어 어떤 상인은 실물 견본을 가지고 와서 중국인에게 모방해달라고 했다(이 부분은 어느 정도 추측으로, 상인이 가져온 것이 도안인지 실물인지 고증할 필요가 있다). 예를 들어 한 외국 상인이 은으로 만든 집호執壺를 가져와 외관의 꽃무늬까지 실물과 똑같게 자기로 만들어달라고 하는 것이다. 이렇게 이루어지는 것이 바로 위탁가공무역이다.

당나라 시대 침몰선에서 이런 유형의 기물은 보지 못했지만, 송나라 때에는 위탁가공무역의 초기 형식이 출현했다. 난하이 1호에서는 중국 특색이 분명한 흔한 기물 외에 이국적 풍격을 지닌 기물, 예를 들어 서아시아와 아라비아풍 육릉집호六棱執壺 같은 것이 많이 출토되었다. 이런 집호는 외형상 은기와 매우 유사했다. 중국 자기는 일반적으로 물레를 돌려 제작하기 때문에 나온 기물은 모두 동심원을 가지고 있다. 그러나 모서리를 가지고 있는 것은 물레를 이용한 것이 아니라 손이나 모형을 통해 만든 것이다. 난하이 1호에서 모형을 가지고 만든 자기가 많이 나왔다. 이러한 자기는 외국 상인의 요구에 응해 제작한 것으로 추정해볼 수 있다.

명나라 때 침몰한 난아오 1호에서 장주요漳州窯 대반大盤, 크락Kraak 자기, 산터우汕頭 자기 등이 발견되었는데, 이들은 모두 육지 유적지에서는 극히 드물게 나타나는 것이지만 침몰선과 외국 소장계에서는 흔한 것이다. 광둥 타이산화완핑臺山花碗坪 유적은 고대 중국과 유럽의 무역이 행해지던 장소로 많은 청화자기가 출토되었는데, 코가 높고 눈이 움푹한 서양인 도안이 있어 위탁가공무역이 성행했음을 말해준다. 어떤 자기는 직접적으로 포르투갈 성십자가를 굽으로 삼고 있어 서양 사람이 주문한 물건임을 나타내고 있다. 청나라의 '광채(廣彩, 경덕진에서 만든 백자

1. 덕화요 청백유인모문육릉대개집호靑白釉印牡紋六棱帶蓋執壺
2. 금허리띠. 1987년 시험 발굴 때 인양되었다. 길이 1.72m. 이런 허리띠 모양은 중국에서는 볼 수 없던 것으로 전문가들은 중동 지역 양식으로 추정한다. 해상실크로드에 대한 또 하나의 실물 증거다.

를 광저우로 가져와 채색해서 완성한 자기)'는 전형적인 위탁가공품이다.

## 난하이 1호에서 발견된 위탁가공 금기金器

자기 외에 금, 은기도 위탁가공의 실마리를 가지고 있다. 난하이 1호는 현재까지 금, 은기가 가장 많이 나온 남송 유적으로 금 장식품이 181점/세트(금화 제외), 총중량 2,449.81그램에 달했다. 출토 위치는 유적 상층부로 대부분 선체 중앙과 뒷부분에 분포되어 있었으며 주요 기형器形으로 허리띠, 목걸이, 반지, 팔찌, 귀걸이 등이 있었다. 이들 금, 은기의 특징은 가공 기술은 훌륭했지만 모두 반제품처럼 보인다는 것이다. 예를 들면 반지 표면에 보석을 박아 넣을 공간이 남아 있었으며, 보석을 위한 공간이 큰 것은 1제곱센티미터나 되었으나 정작 보석은 없었다. 이처럼 하나의 예외도 없이 많은 장신구에서 보석을 박아 넣을 공간이 비어 있었다.

난하이 1호 발굴 작업은 매우 정밀하게 진행되어 우리는 심지어 송대인의 머리카락 두 가닥까지 발견할 수 있었다. 이는 이전의 수중 발굴에서는 불가능한 일이었다. 이렇게 세밀한 것까지 찾아냈으니 손톱 정도 크기의 보석은 충분히 발견하고 채취할 수 있었을 것이다. 많은 금은 장식구에 보석은 없었지만 진주는 있었다. 어떤 반지에 보석 8개를 박아 넣을 공간이 있었는데 진주 하나만 박혀 있고 나머지 7개 공간에는 보석이 없었다. 이는 중국에서 진주를 구할 수 있었기 때문인 것으로 보인다. 이로써 이들 금기가 반제품일 것이라고 판단한 것이다.

당나라 때 중국의 금기 가공은 이미 상당히 발전되어 있었으며, 인발引拔과 구슬을 붙이는 기술은 특히 정교했다. 그러나 중국에서는 보석이 나지 않았기 때문에 중국에서 보이는 많은 보석은 대부분 스리랑카에서 수입한 것이다. 그래서 송나라 항로 대부분이 그곳으로 가는 것이었다. 중국 배는 인도네시아를 포함한 동남아시아에 이른 후 말라카 해협을 통과해서 인도양으로 나아간 후 스리랑카에 이르렀다. 이 항로의 목적은 분명했다. 중국에서 1차 가공한 금기를 스리랑카로 가지고 가서 보석을 끼워 넣기 위한 것으로 이렇게 하면 원가를 크게 절약할 수 있었다. 그러므로 난하이 1호의 금기 대부분이 이런 목적을 위해 실렸을 것이라고 추측할 수 있다.

난하이 1호에서 나온 이들 기물은 위탁가공무역의 초기 형태가 송대에 이미 형성되었다는 것을 재차 증명해준다. 확정할 수는 없지만 당나라 때에는 없었고 송나라 때에 나타났으며 명나라, 청나라 시대에 성숙해진 발전 맥락은 분명해졌다. 위탁가공이라는 형식은 해외 무역의 필요에 의해 촉진되었다. 당나라 때 흑석호의 자기는 완전히 실용적인 수요를 만족시키기 위한 것이었다면 송나라 때 난하이 1호의 기물은 이미 미적인 수요에 부응하기 위한 것으로 발전했다.

난하이 1호에서는 또한 은정銀錠, 금엽자金葉子, 동전을 비롯한 각양각색의 물건이 많이 출토되었는데, 이들은 그 시대 해양 생활의 축소판이었다. 이런 유물은 난

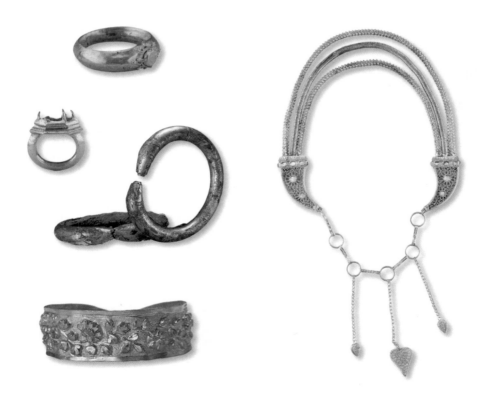

하이 1호 자체가 보물이라는 것을 증명하며 향후에 풀어야 할 많은 과제를 남겨주었다. 발굴 과정에서 매번 새롭게 나타나는 상황을 통해 우리는 이 방면 자료에 익숙해져야만 했다. 옛 사람들이 이처럼 비장한 방법으로 우리에게 남겨준 사료를 끊임없이 발굴하고, 익숙해지며, 공부하고, 소화해야만 이 배가 후손에게 남겨준 정보 앞에서 면목이 설 수 있을 것이라고 생각한다.

## 지리상의 발견 이후 세계 무역의 변화

1. 금반지
2. 인양된 여러 점의 금반지 중에 비둘기 알 정도 크기의 보석 자리로 보이는 타원형 공간이 있는 것도 있다.
3. 규룡 모양 금팔찌
4. 금팔찌
5. 금목걸이
6. 은정銀錠
7. 금엽자金葉子

송나라는 내우외환이 심해 당나라처럼 발전을 이룩하지는 못했지만 해상 무역의 발달로 커다란 부를 축적할 수 있었다. 항해와 조선 기술은 모두 전대미문의 높은 수준에 도달했고 나침반이 원양 항해를 위한 장비로 도입되어 먼 거리 항해를 위한 기술 수준이 매우 높아졌다. 중국에서 아라비아로 가는 항로는 당시 해상실크로드의 중요 항로였다. 상선에 자기를 비롯한 화물을 가득 싣고 광저우와 취안저우 등을 출발해 교양交洋과 상하축(上下竺, 현재 베트남 동해안, 타이만과 말레이시아 아우르 섬 일대 해역)을 거쳐서 스리비자야(현재 인도네시아 수마트라섬 동쪽)와 말라카 해협, 콜람을 지나 아라비아 반도 동쪽 페르시아만과 서쪽의 홍해 연안 국가에 도착했다.

유럽 국가가 중국과 직접 무역을 행한 것은 지리상의 발견 이후다. 유럽의 항해가 전면적으로 전개되어 아프리카의 희망봉을 돌아가는 '신인도 항로'가 개척되었고, 이후 아메리카의 마젤란 해협을 통해 각 대륙 간 물자 운송을 담당하게 된 것이 세계 무역의 초기 형태를 형성했다. 명나라, 청나라 시기에 이르러 위탁가공을 통한 생산 판매 모델은 성숙 단계에 들어섰지만 중국의 해상 무역은 이미 낙후되어 다른 나라와 비교조차 할 수 없었다.

# 발굴사

● 1986년 해상 탐험과 인양을 하는 영국 회사가 광저우 인양국(후에 인양국과 구조국으로 나뉘었다)과 합작해 중국 남해 해역에서 네덜란드 동인도 회사의 침몰선 레인스뷔르흐 탐사를 시도했다.

● 1987년 광둥 양장해역에서 침몰선 한 척을 발견했지만 레인스뷔르흐가 아니라 화물을 가득 실은 남송 시대 중국의 화물선이었다.

● 1989년 중국은 일본 수중고고학계와 합작해서 이 침몰선을 조사했고 이후 '난하이 1호'라 명명했다. 이 조사가 중국 수중고고학의 시작이었다.

● 2001~2004년 사이 난하이 1호 수중 발굴단이 구성되어 총 7차에 걸쳐 수중 조사를 진행하며 침몰선의 정확한 위치와 성격, 연대를 확정했다.

● 2004년 난하이 1호를 통째 인양하는 방안을 확정했다. 2007년에 드디어 난하이 1호를 통째로 인양한 후 광둥 해상실크로드 박물관으로 옮겼다.

● 2013년 말 난하이 1호 전면 발굴을 시작해 2019년 선적 유물 발굴과 정리를 완성했다. 정리된 선적 유물은 18만 여 점에 달했다.

# 광둥 해상실크로드 박물관

## 자조요 점갈채매병點褐彩梅瓶

액체를 담는 용기다. 입구는 작고 몸체는 비스듬하지만 불룩하지 않다. 입구 주변에만 장유醬釉를 바르고 나머지 부분은 바르지 않은 소태素胎다. 태체胎體는 회백색이고 모래 성분이 있으며 투박하다.

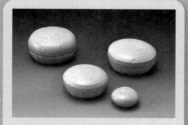

## 덕화요 청백유분합青白釉粉盒

원형으로 자모구子母口가 있으며 바닥은 약간 안으로 들어가 있다. 뚜껑이 있고, 청백유는 바닥 이외에 안팎 모두 발랐다. 뚜껑 표면에는 꽃 모양을 찍기도 하고 아무런 무늬를 두지 않기도 했다. 이런 분합의 수가 많고 크기도 정해진 규격이 없는 것으로 보아 다양한 수요에 부합해 만들어진 것 같다.

## 경덕진요 청백유인화규구접
### 青白釉印花葵口碟

국화꽃 모양 입을 가졌고 전체적으로 해바라기 꽃잎 모양으로 만들어졌다. 청백유 색깔이 투명하고 맑다. 접시 안쪽 바닥에는 꽃무늬가 새겨져 있다.

## 자조요 갈유편도병褐釉扁陶瓶

회색 도기로 기벽은 얇은 편이다. 몸체 아래쪽에는 암갈색유를 바르지 않았고 밑바닥에 黃자 묵서가 있다.

## 덕화요 청백유인화사계관
### 青白釉印花四系罐

유색이 희고 깨끗하며 밝다. 항아리 안에 작은 자기 병 네 개가 있어 고대 원양 자기 무역에서 화물을 실었던 상황을 보여준다.

## 용천요 청유각화국판접
### 青釉刻劃菊瓣碟

입구가 국화 꽃잎 모양이고 안쪽 벽에 국화 꽃잎 무늬가 새겨져 있어 마치 근육이 튀어나온 것 같다. 접시 중심에는 한 무리 국화가 새겨져 있다. 청유를 두껍게 발라 윤기가 나서 마치 접시 속에 물이 담겨 있는 것 같다.

## 토호잔兎毫盞

안팎으로 흑유를 발랐고 그릇 안에 흰색 방사선문이 있어 마치 토끼털 같다. 검은색은 찻잎 색과 서로 조화를 잘 이룬다. 색채 변화가 풍부하고 운치가 남다른 것은 바로 송나라 때 차를 품평하던 풍습의 산물이다

## 덕화요 청백유각화화대개완
### 青白釉刻劃花帶蓋碗

오므라든 입, 둥근 배, 둥근 굽, 연잎 모양 덮개, 그리고 대롱 모양 손잡이를 가지고 있다. 청백유를 발랐고 그릇 표면에 규격화된 비문䕒紋이 있다. 그릇의 형태가 장중하고 대범하다.

## 유금규룡문환鎏金虬龍紋環

규룡은 굽은 용이다. 고대 전설에서 비늘이 있는 용을 교룡蛟龍, 날개가 있는 용을 응용應龍, 뿔이 있는 용을 규룡, 뿔이 없는 용을 이룡螭龍이라 했다. 고리의 두 끝이 규룡 머리로 장식되어 있는데, 두 머리가 마주 보는 곳에 틈을 남겨놓았다.

**판진스**樊錦詩

둔황연구원 명예원장
중앙문사연구관 관원

막고굴을 참관하는 것은 죽어 있는
천 년 전 표본을 보는 것이 아니라 살
아 있는 천 년 전 생명을 보는 것이다.

처음 둔황에 갔을 때 하루 일과가 끝
난 이후 시간에는 너무도 적막했다.
인적이 드문 깊은 밤에는 9층 누각의
풍경 소리만 들릴 정도로 주위가 조
용해 바늘이 바닥에 떨어지는 소리마
저 들릴 것 같았다. 그럴 때면 집과 아
이들을 향한 그리움이 샘솟곤 했다.

# 둔황 막고굴敦煌莫高窟
## ─ 찬란한 예술의 보고

둔황 막고굴은 16국 시대인 366년에 시작해 원대 이후까지 1,000여 년 동안 조성되었다. 오늘날 석굴 735개(그중 벽화와 조각이 있는 것은 492개), 벽화 4만 5,000제곱미터(높이를 1.5미터로 계산하면 길이가 30킬로미터에 달한다), 채색 소조상 2,000여 점이 보존되어 있다.

막고굴과 장경동藏經洞은 그 사상 체계가 넓고 심오하며 이질적 요소를 포용, 흡수한 세계 문화 예술의 보고다. 장경동에서 출토된 문헌과 예술품, 그리고 막고굴의 예술품은 종교, 역사, 지리, 정치, 경제, 문학, 언어문자, 민족, 민속, 과학기술, 예술 등 많은 영역과 관련이 있어 중고中古 시기 중국, 중앙아시아, 서아시아, 동아시아, 남아시아를 연구하는 데 귀중한 자료를 제공해주었다. 그래서 국제적으로 장경동 유물과 막고굴 예술품을 연구 대상으로 하는 둔황학이 탄생했다.

판진스樊錦詩는 베이징대학 역사학과에서 고고학을 전공했고 대학을 졸업한 1963년부터 지금까지 둔황연구원에서 일하고 있다. 국내외적으로 널리 알려진 둔황학자로 석굴 발굴, 보호, 관리 등에 여전히 힘을 쏟고 있다.

# *1* 사막에 석굴을 건설한 이유

## 둔황에 온 과정

나와 둔황의 인연은 우연이면서 필연이었다. 중·고등학교 시절 역사와 예술을 좋아해 박물관 견학을 즐겼다. 또 둔황의 예술품을 다룬 글을 읽고 깊은 감동을 받기도 했다. 이후 베이징대학에서 고고학을 공부하며 석굴 자료를 통해 아름다운 회화 작품을 보고 둔황에 직접 가보고 싶어 하던 차에 드디어 1962년, 졸업 전 실습으로 둔황에 갈 기회를 얻었다.

둔황에 도착해서야 명성이 자자한 막고굴이 외진 산골짜기에 있다는 것, 사방이 사막에 둘러싸여 있어 전기와 상수도가 들어오지 않는 흙벽 집에 살면서 짜고 쓴 샘물을 마시며 외부와 연락이 단절된 채로 살아야 한다는 것을 알았다. 내가 살던 베이징이나 상하이와는 완전히 상반된 생활 조건이었기에 기후 풍토와 음식이 맞지 않아 몸이 적응하지 못했다. 결국 정해진 기간의 반만 실습하고 둔황을 떠나 돌아

1963년 12월, 둔황문물연구소 직원이 다취안허大泉河에서 얼음을 깨고 물을 긷고 있다.

와버렸다. 학교로 돌아온 후 막고굴에 다시 가고 싶다는 생각을 한 적이 없었다.

졸업 후 직장을 정할 때 학교는 나를 막고굴로 배치했다. 당시 국가가 필요로 하는 것이 나와 같은 청년의 지원이었기 때문에 나는 배치를 받아들였다. 이 소식을 들은 아버지는 내 건강을 걱정해 학교 책임자에게 보내는 편지를 써서 내게 전달하라고 했다. 나는 이미 둔황으로 가는 것을 받아들이겠다고 했기 때문에 이랬다저랬다 말을 바꿔 신의를 잃을 수 없었다. 또한 전공과도 잘 맞는 데다 둔황이 가진 매력에 이미 빠진 터라 아버지가 학교 당국에 쓴 편지를 제출하지 않고 둔황으로 향했다.

처음 둔황에 갔을 때 하루 일과가 끝난 이후 시간에는 너무도 적막했다. 인적이 드문 깊은 밤에는 9층 누각의 풍경 소리만 들릴 정도로 주위가 조용해 바늘이 바닥에 떨어지는 소리마저 들릴 것 같았다. 그럴 때면 집과 아이들을 향한 그리움이 샘솟으며 온 가족이 한데 모이기를 바랐지만 문화대혁명 기간이던 당시 이런 감정에 관심을 가져줄 사람은 없었다. 둔황에 머무는 기간이 오래됨에 따라 다른 곳으로 옮기고 싶다는 것과 계속해서 둔황에 머물고 싶다는 모순된 감정이 생겨났다. 솔직히 말하면, 정말로 떠나려고 했지만 아쉬움이 남아 그렇게 하지 못했다.

마침내 남편이 내 상황을 이해하고 적극 지지해주었다. 그가 직장이던 우한武漢 대학을 떠나 둔황으로 옮겨왔다. 남편의 지지가 없었다면 나는 둔황을 떠나 집으로 돌아갔을 것이다. 한편 남편의 지지와는 별개로, 둔황에 가득한 예술적 매력과 흡인력, 그리고 선배들의 격려를 두고 어떻게 둔황을 떠나겠는가!


## 대사막 가운데 석굴군

세계에서 가장 큰 대륙인 유라시아 대륙에서 그 내지 동쪽에 역사적으로 유명한 허시주랑河西走廊이 있다. 둔황은 허시주랑의 서쪽 끝, 현재 간쑤성 서쪽에 위치한다. 둔황의 서쪽은 신장 타클라마칸 사막에 이어진 쿠무타거庫穆塔格 사막이고 북쪽은 고비 사막과 베이산北山이며 남쪽은 치롄산맥祁連山脈이다. 치롄산맥의 얼음과 눈이 녹아 만들어진 많은 하천 중에 당취안(宕泉, 현재 다취안)이라는 작은 하천이 있는데, 이곳의 동쪽이 싼웨이산三危山이고 서쪽이 밍사산鳴沙山으로 쿠무타거 사막 가장자리에 있기 때문에 항상 모래가 흩날렸다.

당나라 때 「이극양수막고굴불감비李克讓修莫高窟佛龕碑」(「성력비聖曆碑」, 「이의비李義碑」, 「이극양비李克讓碑」, 「이군비李君碑」라고도 한다)에 의하면, 366년 어느 날 악준樂僔이라는 행각승이 중원에서부터 둔황 동남쪽 당취안가 밍사산 앞에 이르렀을 때, 갑자기 싼웨이산 위에 온통 금빛이 비추는데 그 속에 마치 천불이 여러 모습으로 변화해 나타난 것처럼 보였다. 악준은 이것이 부처의 감화를 받은 것이라고 생각했다. 그가 도착한 곳이 마침 참선 수행하기에 좋은 곳이었기에 밍사산 절벽에 석굴을 파고 참선하는 곳으로 사용했다. 얼마 지나지 않아 법량法良이라는 승려가 이곳에 와서 악준의 선굴禪窟 옆에 또 하나의 석굴을 팠다. 이후 이곳에 천 년 동안 끊임없이 석굴이 조성되어 광대한 석굴군을 이루게 되었고, 이를 막고굴莫高窟이라 불렀다.*

1995년 여름 막고굴에 비가 내린 저녁 무렵 다취안허 옆에서 팀원들과 홍수 예방작업을 하다가 맞은편 싼웨이산 봉우리 위 하늘을 언뜻 올려다보았더니 한 줄기 금빛이 사방을 비추어 싼웨이산 봉우리는 금빛으로 빛나는 반면 그 아래는 짙은 어둠에 싸여 있었다. 이 모습은 366년 밍사산 절벽에 석굴을 판 악준 화상이 '홀연히 금빛 속에 부처가 있는 모습을 본' 일을 떠올리게 했다. 지금 보니 악준 화상이 이곳을 선택해 석굴을 조성한 것은 선견지명이 있었던 것으로 보인다. 산을 등지고 앞에 물이 있어 바람을 막아주며 푸른 나무가 그늘을 이룬 이곳은 수행하기에 최적의 장소다. 좋은 땅을 선정한 이후 천 년 동안 계속해서 석굴이 조성되었다. 지금까지 동굴 735개, 채색 소조상 2,000여 점, 4만 5,000제곱미터의 벽화, 당·송 시대에 나무를 얽어서 지붕을 받친 굴窟檐 5좌가 보존되어 있고 장경동에 문서 5만 여 점이 보존되어 있다. 그 명성을 널리 떨친 불교 예술의 보고라 할 만하다.

---

\* 비문의 원문은 다음과 같다. "막고굴은 전진前秦 건원乾元 2년에 승려 악준이 수행하며 잡된 생각 없이 평안하고 고요한 마음으로 석장을 짚고 산림 속을 행각하다 이 산에 이르러 갑자기 금빛 속에 부처님 모습이 있는 것을 보고 …… 석굴을 만들었다. 이어 법량 선사가 동쪽에서 이곳에 이르러 또한 악준 선사의 굴 옆에 다시 석굴을 건설했는데, 가람의 기원은 두 승려에게서 시작되었다. 莫高窟者, 厥前秦乾元二年有沙門樂 戒行清虛, 執心恬靜, 嘗杖錫林野, 行至此山, 忽見金光, 狀有千佛……造窟一龕. 次有法良禪師, 從東屆此, 又于 師窟側, 更卽營建, 伽藍之起, 濫觴于二僧."

실크로드 안내도

'막고굴'이라는 이름은 막고굴에 있는 수나라 때 석굴의 묵서墨書 발원문 속에 "莫高□(窟)□(記)"라는 기록에서 처음 등장한다. 이후 당나라 성력聖曆 원년(698년)의 「이극양수막고굴불감비」와 제156굴 전실에 함통咸通 6년(865년)에 지어진 '막고굴기莫高窟記'에도 기록이 있지만, 그 명칭에 대한 상세한 설명은 없다. 해발 높이로 보면 막고굴은 해발 1,330미터, 둔황현과 그 부근 향촌은 해발 1,138미터로, 막고굴은 주변 지역에 비해 200미터 정도 높다. 그래서 '막고굴'이 둔황 부근에서 그보다 높은 곳이 없다는 의미에서 지어진 이름이 아닐까 추측한다.

그러면 왜 둔황에서 20여 킬로미터 떨어진 밍사산 절벽을 택해 막고굴을 조성했을까?

첫째 이유는 이곳이 불교의 참선 수양에서 요구되는 조용한 장소라는 조건에 부합되기 때문이다. 번잡한 도시와 멀리 떨어져 있는 이곳은 당취안이 있고 밍사산 앞에 오아시스가 있어 수행하며 생활하기에 이상적인 곳이었다.

둘째 이유는 이곳이 충분한 문화적 기초를 지니고 있다는 점이다. 고고학 자료는 둔황의 역사가 4,000년 전까지 거슬러 올라간다고 말하는데, 전국 시대부터 진나라 통일 이전까지 둔황과 허시주랑에서는 사카Saka인, 오손인烏孫人, 월지인月氏人 등이 유목을 했고 진·한 교체기에는 몽골 고원의 흉노인이 월지 등을 몰아내고 이곳을 점령했다.

서한은 건국 후 60~70년간 휴양생식(休養生息, 전쟁이나 큰 변혁 이후 안정된 생활로 돌아가기 위한 재정비 기간)을 거치고 나서 강한 군사력을 갖추자 기원전 138년과 기원전 119년 두 차례에 걸쳐 장건을 서역에 파견해 중앙아시아로 근거지를 옮긴 대월지와 서역(현재 신장)의 오손과 연합해서 흉노를 공격하려고 했다. 비록 이 목적은 이루지 못했지만 이때 중국과 유라시아 대륙을 연결하는 간선 도로가 개통되었고, 18세기 이후 이 길은 '실크로드'라 불렸다.

기원전 121년 흉노를 물리친 서한은 기원전 111년에 "네 개 군을 설치하고 두 개의 관문을 두는列四郡, 據兩關" 조치를 취했다. 행정적으로 간쑤 란저우蘭州 서쪽 허시주랑이 영토에 편입되자, 동에서 서로 우웨이(武威, 무위), 장예(張掖, 장액), 주취안(酒泉, 주천), 둔황(돈황)의 네 개 군을 설치했다. 군사적으로는 네 개 군 북쪽에 장성을 축조하고 둔황 서쪽에 위먼관玉門關과 양관陽關을 설치했다.* 이처럼 둔황은 한나라와 서역이 서로 오가는 중요한 요충지가 되었고, 한나라와 당나라 시기 서쪽 변경의 관문이었다. 동시에 한나라는 적극적으로 변경 개발정책을 취해 백성을 내지에서 허시주랑과 둔황으로 이주시켰다. 이때 이주민이 중원의 선진적인 농경과 관개기술, 유가 사상을 주로 하는 한문화漢文化를 둔황으로 가져왔다. 이러한 조치는 둔황의 문화가 발전하는 데 단단한 경제와 문화적 기초를 제공해주었다.

셋째 이유는 둔황이 실크로드의 중요한 길목에 위치한다는 점이다. 중국의 해상운송이 발달하지 못한 9세기 이전 둔황과 간쑤의 허시주랑은 육로로 중국에서 서역으로 가는 주요 교통로였다. 허시주랑의 남쪽과 북쪽은 모두 큰 산과 고원으로 막혀 있었고 1,200킬로미터로 이어지는 허시주랑만 평탄한 지형으로 하천과 수초, 오아시스가 있었다.

한나라 때 허시주랑의 서쪽 끝인 둔황에서 동쪽으로 장안, 낙양과 통했고, 계속해서 동쪽으로 한반도, 일본 열도로 이어졌다. 서쪽으로는 서역의 남북 두 길을 거쳐 파미르고원을 넘어 중앙아시아의 여러 국가, 남아시아의 인도, 서아시아의 페르시아를 지나 지중해의 그리스와 이집트에 이르렀다. 북쪽은 고비 사막을 넘어 몽골 초원과 시베리아를 거쳐 중앙아시아, 서아시아와 유럽으로 통하는 초원실크로드였다.

한나라와 당나라의 서쪽 변경이던 둔황은 실크로드의 전략적 요충지에 자리 잡고 있었기 때문에 동서 무역의 중심지이면서 종교, 문화, 지식의 합류지였다. 실크

---

* 한 무제는 허시사군(河西四郡, 하서사군)을 설치했는데, 허시사군의 가장 서쪽이 둔황이다. 『한서』 「무제기武帝紀」에 원정元鼎 6년(기원전 111년)에 둔황군을 설치했다고 기록되어 있는데, 어떤 사람은 이보다 조금 늦은 원봉元封 4년과 5년(기원전 107년~기원전 106년) 사이로 보기도 한다. 둔황에 군이 설치된 것은 둔황이 정식으로 역사에 기록되기 시작되었다는 것을 의미한다. 일반적으로 '둔황 2,000년'이라고 말하는 것은 이때를 기점으로 삼는 것이다.

로드가 흥성하고 번영한 천 년 동안 동서 문명은 지속적으로 교류하며 융합해 4~14세기에 걸친 막고굴 예술과 장경동 문서라는 열매를 탄생시켰다.

## 고고학 탐사를 통해 관찰한 막고굴 유적

### 석굴 앞 전당식殿堂式 건축물

둔황에 도착한 직후 나는 막고굴 남쪽 구역의 높은 절벽을 보강하는 공정에 협력하면서 제21~61굴 앞과 제98~108굴 앞 발굴 작업에 참가해 각기 다른 시기의 굴 22개 앞의 전당 유적을 정리했다. 이른바 굴 앞 건축 유적이라는 것은 석굴 앞에 건설된 목조 구조 건축물에 이어진 유구遺構를 가리키는 것으로 석굴을 주체로 한 부속 건축물이면서 석굴 자체와 통일된 전체를 구성한다. 그것은 석굴의 앞뒤와 서로 이어져 있는데, 절대 다수가 석굴의 전실에 해당한다. 후실(즉 주실)은 절벽 안에 만들어졌고 전실은 절벽 밖으로 뻗어 나온 목조 구조를 사용했기 때문에 대부분 전전후굴前殿後屈 건축구조를 이루고 있었다. 굴 앞 건축물의 건설은 종종 석굴을 파거나 개수하는 것과 밀접한 관계가 있다. 정리된 유적을 통해 건축구조를 말하자면, 대다수가 벽돌로 기초를 다진 전당식 건축물(기초, 섬돌, 전당 자체를 포함한다)이었다. 이와 구분되는 다른 형태로, 벽돌을 기초로 하지 않은 토석기굴첨식土石基窟檐式 건축물(흙과 돌로 만든 기초와 굴 처마를 포함하며 유적의 지면은 대부분 딱딱한 흙으로

1964년 막고굴 제26굴 앞 유적지 발굴

덮여 있었다)이 있었다. 보통 전자의 규모가 비교적 크고 유적의 대다수를 차지하며 후자는 규모도 작고 수도 많지 않다.

석굴 앞 건축 유적 중 가장 이른 시기의 것은 오대(五代, 907~960년) 때 건설된 것으로, 역시 오대에 해당하는 송宋의 조曹 씨 귀의군歸義軍 정권 때 보수

가 이루어졌다. 이 무렵 막고굴의 외관이 역사상 가장 웅장했으며, 이후 서하西
夏와 원나라 때에도 건설되었다. 당나라 때에는 석굴 앞에 건축물을 세우지 않았
는데 당나라 석굴은 절벽을 허공에서부터 파들어가듯 굴을 만들었기 때문이다. 발
굴 작업을 통해 알아낸 바에 의하면, 당나라 중, 후기를 지나며 상층 석굴이 붕괴하
고 홍수 등이 원인이 되어 굴 앞에 모래와 돌이 어느 정도 쌓여 그곳에 건축물을 지
을 수 있었던 것으로 보인다. 당대 이전에는 아마도 잔도를 통해서 석굴 사이를 이
동한 것 같다.

## 목조 잔도와 굴 처마

고고학팀 동료가 허리에 밧줄을 묶고 절벽을 기어올라 절벽 위의 각종 유적을 측
량하고 스케치했는데, 많은 석굴 입구 주위에 들보 구멍, 서까래 구멍, 바닥 구멍 등
의 유구가 있었다. 각 석굴 바닥의 구멍은 옛날에 석굴과 석굴 사이를 목조 잔도로
연결했다는 것을 증명해준다. 석굴 위쪽에 있는 들보 구멍, 서까래 구멍은 원래 거
의 모든 석굴에 목조 구조 굴 처마가 있었거나 여러 석굴을 포괄하는 하나의 처마
가 있었음을 알려준다. 이후 막고굴은 4백 년 가까이 관리하는 사람 없이 방치되었
기 때문에 목조 구조 잔도와 처마는 대부분 부서져 없어져버렸고, 지금은 당송 시
대 목조 굴 처마 5개만 남아 있다. 당나라 때 「이부군수공덕비기李府君修功德碑記」에
는 다음과 같이 기록되어 있다. "석굴을 파 신령한 감실을 만드니 위아래로 구름이
높이 솟아 있고, 나는 듯한 누각을 지으니 남북으로 노을이 이어져 있네. …… 처마
는 기러기가 날개를 펴고 나는 듯하고, …… 앞에는 긴 강이 흐르는데, 그 물결에 겹

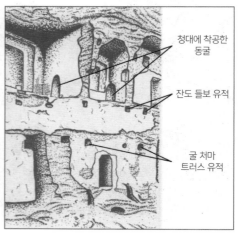

청대에 착공한
동굴

잔도 들보 유적

굴 처마
트러스 유적

겹의 누각이 비치는구나, 鑿爲靈龕, 上下雲矗, 構以飛閣, 南北霞連。 …… 檐飛雁翅; …… 前流長河, 波映重閣 。"

이 글을 통해 당나라 때 막고굴 절벽에 많은 굴 처마가 분포되어 있고 석굴 사이는 잔도로 연결되어 있었다는 것을 알게 되었다. 당시에는 당취안이 석굴 앞으로 흐르고 있었기 때문에 석굴 외관의 그림자가 수면에 비치는 것을 볼 수 있었다. 절벽 위의 건축물은 대부분 사라졌지만 현존하는 당송 시대 목조 구조 굴 처마 실물과 잔도의 남은 부분, 그리고 절벽 위 들보 구멍과 서까래 구멍 등으로 볼 때 위의 기록은 믿을 만하다.

## 막고굴 북쪽 구역 석굴의 발굴과 수확

막고굴 북쪽 구역은 1990년대 발굴 이전까지는 여러 추측에 의해 화공들이 살던 화공굴畫工窟로 여겨졌다. 그러다가 1988년부터 1995년까지 6차에 걸쳐 막고굴 북쪽 구역이 발굴되고 정리되면서 마침내 그 신비한 베일이 벗겨졌다. 북쪽 구역에는 장장 700미터에 달하는 절벽 위에 (일련 번호 461~465굴을 포함한) 석굴 248개가 있었으며 각 석굴의 구조, 사용 상황, 기능과 연대가 비교적 분명한 편이었다. 그중에는 승려들이 생활하던 승방굴, 수행하던 선굴, 창고 역할을 하던 늠굴廩窟, 시신을 매장하는 예굴瘞窟 등이 있었다. 가장 이른 시대는 북

```
    2
    3
    4
1
    5
```

1. 각 동굴 바닥 구멍, 들보 구멍, 서까래 구멍은 옛날에 동굴과 동굴 사이를 나무 잔도로 연결했고 동굴 앞에 목조 구조 굴 처마가 많이 있었다는 것을 증명해준다.
2. 서하문 활자본 『제밀주요어諸密要語』와 회골문回鶻文 목활자본. 둔황 막고굴 북쪽 구역 출토.
3. 페르시아 은폐. 둔황 막고굴 북쪽 구역 출토.
4. 네스토리우스교 철십자가. 둔황 막고굴 북쪽 구역 출토.
5. 막고굴 북쪽 구역 외부 풍경.

주北周였고, 이후 수, 당, 송, 서하, 원대에도 건설되었다. 발굴하는 가운데 많은 유물이 출토되었다. 화폐류로는 페르시아 은폐銀幣, 개원통보開元通寶, 송대의 동철전폐銅鐵錢幣, 서하철폐西夏鐵幣 등이 있었고, 목재류로는 목조채색용, 회골문回鶻文 목활자, 도자류로 탈탑脫塔, 탈불脫佛, 영소경변影塑經變 등이 있었으며, 금속류로는 구리 십자가와 철제 삭도削刀 등이 있었다. 그리고 한문, 서하문, 회골문, 티벳문, 몽골문, 범문梵文, 파스파문, 시리아문 등 많은 민족의 문자로 기록된 문헌과 일상 생활용품 등이 있었다. 유적과 유물은 북쪽 구역이 화공굴이 아니라 승려들이 활동했던 영역이었음을 알려준다. 북쪽 구역의 발굴과 정리는 막고굴의 전모와 건설 역사를 이해하는 데 있어 귀중한 실물 자료를 제공해주었다.

# 2 | 막고굴, 세계 예술의 보고

## 둔황 예술의 기원

막고굴은 불교 예술을 주제로 한 석굴군이다. 불교의 창시자는 고대 인도 카필라국(현재 인도와 네팔 접경 지역)의 태자 고타마 싯다르타로, 그가 성불한 이후 사람들은 그를 '석가모니'라고 높여 불렀는데 석가모니는 석가족의 성인이라는 의미다.

초기 불교에는 독자적인 예술이 없었다. 그러다 기원전 1세기쯤 인도 서북부 간다라(현재 파키스탄 페샤와르 지역)와 북부 마투라에서 각각 '간다라'와 '마투라' 불교 예술이 탄생했다. 간다라 예술은 인도 불교문화가 그리스, 로마, 페르시아 예술과 결합해서 탄생한 예술이다. 마투라 예술은 인도 본토 예술이다. 대략 기원 원년을 전후해서 인도의 불교와 불교 예술이 실크로드를 통해 중국에 전래되었다. 이로써 인도의 두 종류 불교 예술이 중국의 초기 불교 예술에 영향을 주었다.

둔황은 서역에 접해 있었기 때문에 비교적 이른 시기에 불교와 접촉했다. 둔황의 쉬안취안즈懸泉置 유적에서 출토된 동한東漢 시대 간독에 '부도리浮屠里'라는 지명이 쓰여 있었다. '부도'는 불교의 고유명사로 불탑을 말한다. 이 간독에 따르면 동한 시기에 둔황은 이미 서역에서 전래된 불교를 접했을 가능성이 있다고 추측할 수 있다. 양진兩晉 16국 시기에 서역의 유명한 고승들이 중국에 와서 불교를 전파했는데, 이를 계기로 16국 시대 중국 북방 지역에서 불교 석굴이 우후죽순처럼 발전하기 시작했다.

파키스탄 라호르박물관에 소장되어 있는 간다라 불상

둔황에서도 366년에 석굴을 파기 시작했다. 「이군비李君碑」에 기록된 악준과 법량 화상이 굴을 팠다는 이야기는 이때 나온 것이다. 막고굴에서는 4세기 16국 시기부터 시작해 14세기 원대에 이르기까지 석굴을 파고 조각상을 만들며 그림을 그리는 불사 활동이 천 년 넘게 계속되었다. 지금 밍사산 동쪽 기슭, 길이가 1,700미터 가까이 되는 낭떠러지에 석굴 735개가 보존되어 있다. 이들 석굴은 남북 두 지역으로 구분되어 있는데 남쪽 지역의 492개 석굴은 예불을 하는 전당으로 그 안에 채색 소조상 2,000여 점과 4만 5,000제곱미터 크기의 벽화가 있다. 북쪽 지역의 243개 석굴은 승려들이 수행하고 생활하던 곳으로 안에는 구들과 부뚜막만이 남아 있다.

## 서로 호응하는 건축 형태, 채색 소조와 벽화

막고굴은 건축, 소조, 벽화가 한곳에 모인, 그 자체로 종합예술작품이다. 석굴 건축은 기능에 따라 다양한 형태와 구조를 채택했으며, 석굴 안에는 사람을 감동시키는 채색 소조가 주요 위치를 차지하고 있다. 여기에 굴 전체에 찬란한 벽화가 가득 그려져 있어, 이 세 가지가 서로 호응하며 화려함을 더했다.

### 석굴 건축의 형태와 구조

석굴의 형태와 구조는 크게 세 가지로 구분할 수 있다. 첫째, 수행자에게 좌선과 수행 공간을 제공한 선굴禪窟이다. 둘째, 수행자가 굴에 들어와 탑 주위를 돌면서 불상을 바라보며 예불을 하던 중심탑주굴中心塔柱窟이다. 이 두 가지는 인도 석굴의 형태와 구조에서 영향 받은 것이다. 셋째, 수행자가 예불을 하거나 설법을 하는 전당굴殿堂窟로 중국 전통 전당 건축의 영향을 받았다. 이 밖에 특별한 석굴 형태로 불단굴佛壇窟, 대상굴大像窟, 열반굴(涅槃窟, 와불동臥佛洞이라고도 함) 등이 있었다.

**선굴** 인도 비하라Vihāra 석굴의 영향을 받았다. 정면 벽에 있는 감실에 불상이 있고 좌우 양 옆 벽에는 겨우 몸을 둘 수 있는 각각 두 개 혹은 네 개의 두실斗室이 있어 수행자가 참선 수행하는 공간으로 제공되었다. 제268(267, 269, 270, 271굴 포함)굴, 285굴이 그 예다.

**중심탑구굴** 인도 차이티아Chaitya 석굴에서 유래했다. 석굴 중앙 바닥에서 천장에 이르는 사각기둥을 세우고 기둥 네 면의 감실에 불상을 두었다. 이는 곧 불

부도간浮屠簡
1991년 둔황 쉬안취안즈 유적에서 '부도리浮屠里'라는 지명이 쓰여 있는 동한 시대 간독이 출토되었다. "약간의 술과 안주를 준비했으니 오셔서 즐거운 시간을 가지기를 제자 담당이 재배하며 청합니다. 재일齋日인 23일에 소부도리 칠문 서쪽으로 들어오십시오. 少酒薄樂, 弟子譚堂再拜請. 會月廿十三日, 小浮屠里七門西入."

석굴 건축 형태

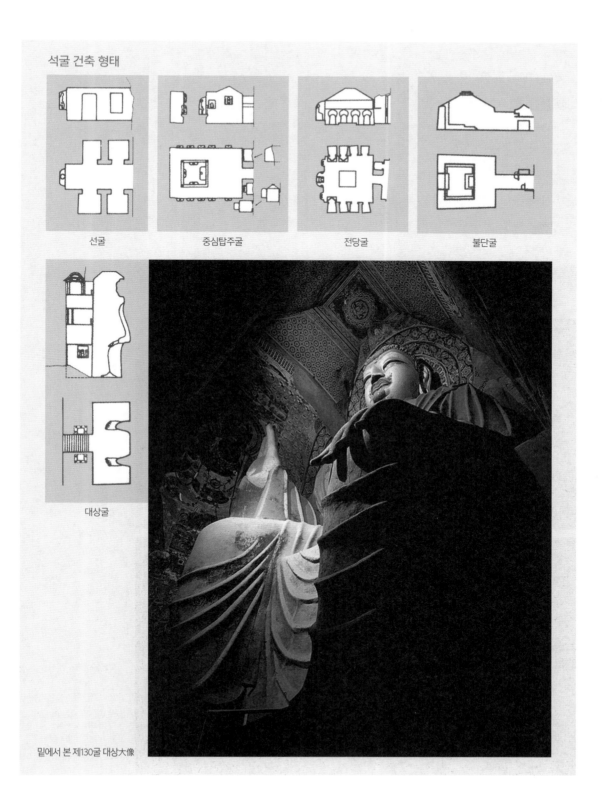

선굴

중심탑주굴

전당굴

불단굴

대상굴

밑에서 본 제130굴 대상大像

탑을 상징한다. 수행자는 굴에 들어와 탑 주위를 돌면서 불상을 향해 예불을 드렸다.

**전당굴** 중국의 전통 전당 건축의 영향을 받아 바닥은 사각형이고 정면 벽 감실에 불상이 있었다. 나머지 벽과 천장에는 벽화가 그려져 있었다. 수행자가 예불하던 장소다.

**불단굴** 중원 사원의 불당, 세속 궁전의 전당 구조와 유사했다. 커다란 석굴의 주실 중앙에 사각형 불단을 두고 불단 뒤에는 사다리꼴 벽이 이어져 있다. 불단 위에 채색 소조 군상이 놓여 있어 신도들이 불단 주위를 오른쪽으로 돌면서 불상을 향해 예불을 올렸다. 이런 유형의 굴은 당나라 후기부터 나타나기 시작해 오대와 송나라 때 성행했다.

1 2 3
4 | 5 6

1. 2. 3. 막고굴 제45굴, 성당
盛唐

4. 막고굴 제158굴, 중당中唐

5. '수골청상秀骨淸像', '포
의박대褒衣博帶' 막고굴
제285굴, 서위西魏

6. 요철운염법凹凸暈染法
막고굴 제428굴

**대상굴** 굴속에 거대한 미륵불 좌상이 있어 대상굴이라고 이름 붙였다. 대상굴 석굴은 높이 솟아 있으며 주실의 평면은 사각형이다. 위는 좁고 아래는 넓었는데 정면 벽에 진흙으로 만든 후 굽지 않은 미륵불 좌상이 있다. 불좌 뒤에는 신도들이 순례할 수 있도록 U자형 통로가 뚫려 있다. 앞 벽 위쪽과 중앙에 볕이 잘 드는 큰 창이 있어 채광에 활용되었다.

### 뛰어난 채색 소조

둔황에 도착한 지 얼마 되지 않았을 때 보수 작업을 하고 있던 제130굴(당나라 때 '남대상南大像'으로 불렸다)의 대불을 보게 되었다. 자세히 관찰하고 싶다는 호기심이 생겨서 비계를 밟고 올라 거대한 불두와 마주하니 전율이 일었다. 나는 대불에 비해 너무 작았다. 대불의 귀보다도 작은 것 같았다. 원래 대불의 얼굴을 자세히 관찰하고 싶었지만 거리가 너무 가까워 오히려 불편했다. 두꺼운 입술과 움푹 들어간 눈만 볼 수 있었고 불두의 전체 모습을 볼 수 있는 방법은 없었다. 그래서 다시 땅으로 내려와 높이가 27미터에 달하는 대불을 올려다보았더니 이상하리만치 대불의 비례가 잘 맞았다. 그 웅장한 기세와 장엄하고 자비로우며 위엄 있는 얼굴을 비로소 분명하게 볼 수 있었다.

왜 위에서는 이렇게 보이지 않았을까? 조소 전문가에게 자문을 구했더니 다음의

내용을 알려주었다. 원래 남대상의 머리는 높이가 7미터에 달하는데다 불두 앞에 빛이 잘 드는 창이 열려 있어서 불상을 빚던 장인이 햇빛이 불상 몸에 비칠 때 만들어지는 음영을 교묘하게 이용해서 눈꺼풀의 깊이를 형상화하고 입술의 두께를 표현했다. 이

처럼 불두는 인체의 정상적인 비례 범위를 벗어나고 얼굴 부분의 조각도 가까이서 보면 합리적이지 않다. 그러나 참배하는 사람이 20여 미터 위를 올려다볼 때 머리가 너무 작게 만들어져 얼굴이 온전하게 보이지 않는 결함이 해결되어 대불의 비례가 정확하고 불상의 얼굴이 분명하게 보이는 것이다. 이는 즉 고대 예술가의 뛰어난 지혜가 만들어낸 작품이다.

중앙미술원의 저명한 조소 전문가 푸톈처우傅天仇 선생이 둔황에 와서 나와 함께 채색된 소조 작품을 관람하다 막고굴 제158굴 와불에 이르자, 그가 본 와불 중 가장 아름다운 와불이라며 감탄을 금치 못하던 기억이 있다. 푸 선생의 설명을 들으면서 와불을 향한 내 관심이 부쩍 높아졌다. 제158굴 와불은 비할 데 없는 최고의 작품이라고 칭할 수 있다. 이 와불은 조형이 세련되고 누워 있는 자태가 자연스러우며 물욕이 없는 표정을 하고 있어 '열반'의 경지를 잘 드러내고 있다. 와불에서 우러나는 매력은 모든 관람객을 감동시킨다.

채색 소조의 주제와 내용으로는 주로 최고의 지혜를 가진 대철대오大徹大悟한 불상, 스스로 깨달음을 얻은 뒤 중생을 제도하는 보살상, 경건하게 수행하며 자아의 해탈을 구하는 제자상, 용맹하게 불법을 수호하는 천왕이나 역사와 같은 불교 신상 등이 있었다. 막고굴의 16국과 북조 시대의 채색 소조는 중원의 예술과 의복을 풍성하게 표현하는 간다라 풍격, 그리고 물에 젖은 듯 달라붙는 옷 주름과 흘러내리는 옷 주름을 표현한 마투라 풍격이 한데 융합된 불교 예술의 특징을 보여준다. 수나라, 당나라 시기에 이르면 중국과 다른 나라의 예술 특징이 어우러지며 중국적 특색을 지닌 불상이 제작되었는데, 조형적으로 비례가 잘 맞으며 의복이 화려하고 개성적인 불교 채색 소조의 전형적인 형상이 완성되었다.


## 벽화 예술의 높은 가치와 창신

중국에서 전해지는 회화 작품은 그 시대가 대부분 오대와 송 이후의 것으로 당대와 그 이전의 작품은 매우 드물다. 사실 육조에서 당대에 이르는 시기가 바로 중국 회화 예술이 눈부신 발전으로 나아가는 중요한 시기인데, 둔황 벽화가 중국의 초기 회화를 이해하는 데 있어 풍부한 자료를 제공해주었다. 육조 이래로 회화계에서 숭상한 고개지顧愷之, 육탐미陸探微, 장승요張僧繇, 오도자吳道子, 이 네 대가의 회화 풍격은 모두 둔황 벽화에서 그 흔적을 찾을 수 있다. 둔황 북위北魏, 서위西魏 시기 벽화 속의 '수골청상秀骨淸像', '포의박대褒衣博帶'는 바로 고개지와 육탐미 일파의 풍격이다. 둔황 북조 시기에 '요철법凹凸法'을 명확하게 가지고 있는 운염暈染, 인물의 얼굴을 짧게 하고 체형을 건강하게 그리는 화면이 나타났는데, 이는 곧 장승요 일파의 '면단이염面短而艶' 풍격이다. 당대 전기 벽화 중에 많은 인물화의 의복이 표일하고 필법이 호방했는데, 이것은 오도자 일파의 '오대당풍吳帶當風'의 특색이다.

둔황 당대 벽화의 청록산수화는 이사훈李思訓 일파 산수화의 원형을 이해하는 데 필요한 증거를 제공해주었다. 성당盛唐 이후의 벽화에서는 주방周昉 일파의 사녀화풍仕女畫風을 볼 수 있다. 결론적으로 둔황 벽화는 4~14세기 중국 미술사의 중요한 성취를 대표한다. 육조에서 당대에 이르는 시기에 불교가 성행하자 불교 사원은 위로는 고관과 귀족으로부터 아래로는 서민 백성에 이르기까지 문화 예술을 접촉하는 주요 장소였기 때문에 중국의 화가들은 가장 중요한 작품은 모두 사원의 벽에 그렸다. 오늘날 시안, 뤄양 등지의 수나라, 당나라 사원은 이미 없어져버렸기 때문에 둔황의 수·당 벽화가 그 시대 회화를 이해하는 귀한 자료가 되었다.

## 벽화의 일곱 가지 주제

1. **존상화尊像畫**: 불교 신상을 가리킨다. 불상, 보살 외에 천룡팔부天龍八部 중 건달바乾闥婆와 긴나라緊那羅(즉 비천飛天) 같은 것도 있다. 건달바는 천가신天歌神으로 향음신香音神이라고도 하며 가무, 향기, 생화를 가지고 부처를 공양하는 호법신이다. 긴나라는 천악신天樂神으로 음악 연주를 관장하는 호법신이다. 비천은 날개는 없지만 춤추며 나는 동작을 경쾌하게 펼치며 표일하고 온갖 아름다운 자태를 드러낸다. 또 몸에 두른 겉옷과 긴 치마는 미풍에도 춤을 추듯 가볍게 날리고 있어 그 모습을 본 사람들이 정신을 잃을 정도의 기쁨과 아름다움을 선사한다.

2. **석가모니 고사화故事畫**: 석가모니는 불교의 창시자이자 수행자의 본보기로 불교 예술의 중요한 주제가 되었다. 벽화에는 석가모니 일생 동안의 '불전佛傳' 고사와 전생에 선한 일을 한 '본생本生' 고사, 성불 후 설법, 교화의 '인연因緣' 고사가 표현되었다. 시비왕尸毗王이 비둘기를 살리기 위해 자신의 허벅지 살을 베어 보시했다는 본생 고사를 예로 들면, 고인도의 잠부드비파Jambudvipa, 閻浮洲 국왕이 불법을 신봉해 중생을 구제하겠다고 맹세한 일을 이야기한 것이다. 천국의 두 천

막고굴 제57굴
설법도 일부

신인 제석천帝釋天과 비수갈마천毗首羯摩天이 그 뜻을 시험하려고 각각 매와 비둘기로 변해 매가 비둘기를 쫓아가자 비둘기는 시비왕의 품속으로 날아와 구원을 청했고, 시비왕은 비둘기도 살리고 신선한 살과 피를 원하는 매의 요구도 만족시킴으로 맹세를 실천하려고 했다. 그래서 사람을 시켜 자신의 모든 살을 베어 내게 했는데, 그는 이런 선한 일을 하는 것은 성불하기 위해서라고 말했다. 마지막에는 천궁이 진동하며 두 천신이 모습을 드러냈고 신력으로 시비왕의 몸을 원래대로 회복시켜 주었다.

3. 중국 고대 전설 속 신선 형상: 불교는 외래 종교로 중국 사회 문화와 융합되었는데, 석굴 벽화 중에는 당시 중국에서 널리 믿던 도가의 신선 전설을 받아들인 것도 있었다. 예를 들면 불교 석굴 가운데 사람의 몸과 뱀의 꼬리를 한 복희伏羲와 여와女媧를 그린 것이 있었다. 복희는 신화 속에서 중국인의 시조로 여와와 남매지간이었으며 전설에서 인류는 이 두 남매의 결혼으로 탄생했다고 한다. 복희는 팔괘를 처음 만들었고 백성에게 매듭짓는 법, 그물 만드는 방법, 고기 잡고 사냥하는 방법 등을 가르쳤으며 또 금琴과 슬瑟도 만들었다고 한다. 여와는 5색으로 빛나는 돌을 녹여 하늘의 구멍 뚫린 부분을 메웠다고 한다. 벽화 중에는 또한 동왕공東王公, 서왕모西王母 같은 신선 형상도 많다.

4. **경변화經變畵**: 경변화는 불경의 주제 사상과 주요 내용을 대형 벽화로 그린 것으로 수나라, 당나라 시기 장안과 낙양을 중심으로 하는 중원 지역 유명 화가들의 독창적인 중국 불교 예술이다. 그들은 불경의 사상을 중국의 전통적인 인물화, 건축화, 산수화, 화조화, 풍속화와 정교하게 결합해 기상이 웅장하고 화려한 이

막고굴 제285굴 복희와 여와

막고굴 제217굴 관무량수
경변觀無量壽經變

상 속 극락정토를 창조했다. 경변화는 수·당 시기 중국화된 불교 종파의 사상 속
에서 탄생해 생동감 있는 장면으로 불교의 사상을 전파하는 데 큰 역할을 했다.
지금 막고굴에는 30여 종의 경변화만 남아 있다. 예를 들면 아미타경변阿彌陀經
變, 법화경변法華經變, 화엄경변華嚴經變, 금강경변金剛經變, 천수천안관음경변千
手千眼觀音經變, 범망경변梵網經變 등이 있다.

5. **불교사적화佛教史蹟畵**: 주로 불교사의 전설과 고사, 그리고 불교 성인의 유적을
묘사한 것으로 이들 전설과 고사는 불교 전파에 공헌했다. 막고굴에 있는 불교
성인의 유적을 그린 그림 중 가장 큰 「오대산도五臺山圖」는 길이 13미터, 높이
3.6미터, 면적 46.8제곱미터다. 그림 속에는 동으로 허베이河北 정딩正定에서부
터 서로 산시山西 타이위안太原에 이르는 사방 오백 리의 산천 지형과 도시, 요
새, 교량, 사원 등 170여 개 건축물이 상세하게 묘사되어 있다. 또한 고승, 관리,

상인, 선남선녀 등 여러 인물이 등장하고 짐 운반, 나무하기, 독경, 탑돌이 같은
생활 장면도 묘사되어 있다. 이것은 현실과 상상이 결합된 독특한 역사 지도이
자 산수화로 내용이 풍부하고 경계境界가 심원하다.

6. **공양인화상**: 석굴을 건설하고 불상을 만드는 데 돈을 낸 시주자와 그 가족이 예
   불을 올리는 것을 그린 공양상이다. 공양인의 신분은 복잡하여 권문귀족, 문무
   관료, 승관僧官, 비구와 비구니, 상인, 공장工匠, 목축인, 나그네, 시종, 노비, 선남
   선녀 등이 있었다. 이들 현실 사회 속의 공양인화상과 그 옆에 써 있는 이름, 본
   적, 직함 등의 문자 기록은 막고굴 건축과 둔황 역사를 연구하는 데 있어 중요한
   자료가 되었다.

7. **장식도안**: 인동문忍冬紋, 연화문蓮花紋, 화염문火焰紋 같은 문양을 말하는 것으로,

복잡하면서도 정교하고 색채가 화려한 문양으로 석굴 건축물, 채색 소조와 벽화를 장식했다. 이러한 문양은 하나의 아름다운 띠처럼 석굴 내부의 건축, 조각, 회화를 통일된 풍격의 유기체로 연결하는 역할을 했다.

## 벽 위의 박물관

한나라와 당나라 시기의 둔황은 중국과 다른 나라의 문화가 교류하는 국제도시로, 역사서에서는 "중국과 이민족이 만나는 도회華戎所交. 一都會也"라고 했다. 둔황 벽화에 등장하는 사회생활화와 중국과 다른 나라의 문명이 모이는 그림은 비록 소소하여 체계를 이루지는 못했다. 그러나 불경의 내용을 드러내고 불교 사상을 전파해 사람들을 전도하고 신도들을 이해시키기 위해 구체적인 현실생활 모습과 형상으로 감화를 주고자 했다. 따라서 벽화에는 다양한 사회생활상이 담겨 있으며 현실을 충분히 반영하고 있다.

사회생활화 중 농업과 목축업으로는 논밭 갈기, 파종, 수확, 타작 같은 농업 생산 장면과 각종 도구 묘사, 그리고 고기잡이와 사냥 등이 있다. 수공업으로는 단철鍛鐵, 양조, 도기 제작, 실잣기 등이, 상업으로는 술집, 도살장, 점포, 여관 등이 있다. 군사화로는 군마가 전신을 갑옷으로 완전무장한 그림에 더해 봉화대, 전쟁 장면 등도 있다. 음악과 무용 예술 중 음악은 관악, 타악, 현악기 등 악기 44종이 있고, 무용화는 궁정무, 민간무, 서역무, 비파무, 건무巾舞, 고무鼓舞 등이 있었다. 백희화百戱畫로는 솟대타기, 수영, 승마술, 활쏘기, 씨름, 무거운 물건 들기, 바둑, 무술 등이 있다. 혼인 장면 묘사로는 신랑이 신부를 맞이하며 신랑이 무릎 꿇고 절을 하고 신부가 읍揖하는 혼인도가 있다. 교통수단으로는 말, 소, 낙타 같은 가축이 끄는 수레와 가마, 그리고 해선海船, 돛단배 등이 있다. 풍속화로는 손으로 네 바퀴를 밀던 천여 년 전 유모차, 출가한 승려가 치아 위생을 청결히 하라고 이야기하는 장면, 학당의 학생이 벌을 받는 장면, 남녀가 애정을 속삭이는 장면 등이 있다. 이처럼 실로 다양한 내용의 그림이 있어 둔황 벽화를 일컬어 '벽 위의 박물관'이라고 하는 것이다.

둔황은 다원 문화가 모인 곳이었기 때문에 막고굴 벽화에도 유럽과 아시아 문명을 반영한 자료가 많이 있었다. 예를 들면 막고굴의 5세기 채색 소조 불상에 니조

泥條로 만든 가사袈裟를 붙여 로마의 토가Toga처럼 장중한 인품을 드러내고자 했는데 이것은 분명 간다라 예술의 영향을 받은 것이다. 벽화 중에는 그리스 이오니아기둥양식도 보인다. 이는 중앙아시아에서 받아들인 그리스 문화가 동쪽으로 전해져 둔황에도 영향을 주었음을 의미한다. 막고굴 초기의 선굴, 중심탑주굴의 건축형식, 채색 조소와 벽화 속 불타, 보살 형상은 간다라와 마투라, 굽타 등의 예술 풍격을 보여준다. 코끼리 코에 사람 몸을 한 비나야가(Vināyaka, 가네샤) 같은 힌두교신의 도상은 남아시아 인도의 영향을 받은 것이다. 벽화 중에는 또한 아시아의 다

1 4
2 5
3 6

1. 유림굴楡林窟 제25굴 경
   작耕作, 중당中唐
2. 막고굴 제61굴 도기 빚
   기製陶, 오대五代
3. 막고굴 제285굴 구장개
   具裝鎧, 서위西魏
4. 막고굴 제159굴 양치
5. 막고굴 제220굴 호선무
   胡旋舞
6. 막고굴 제285굴 벽화
   중 일신日神과 월신月神
   도상. 인도와 중앙아시
   아 소그드 예술의 요소
   를 가지고 있을 뿐만 아
   니라 그리스와 페르시아
   예술의 영향도 받았다.

른 지역 복식을 하고 있는 국왕 형상도 있었는데, 당나라 정관貞觀 16년(642년) 벽화에 보이는 강국康國 여인이 호선무胡旋舞를 추고 있는 모습은 중앙아시아 문화를 드러낸 것이다. 이 밖에도 무사가 말을 타고 몸을 돌려 활로 호랑이를 쏘는 그림, 군마가 전신에 갑옷을 드리우고 있는 그림, 각종 환형環形 연주문 도안, 투명한 유리그릇, 그리고 막고굴 북쪽 구역 석굴에서 출토된 페르시아 은화 등은 모두 페르시아 문화의 영향을 보여준다. 10세기에 제작된 「오대산도」에는 '신라왕탑', '신라송공사(新羅送供使, 신라에서 보낸 공양 사신)', '고려왕사' 등의 모습이 그려져 있는데, 동아시아의 고대 문화교류를 반영한 것이다.

결론적으로 막고굴은 여러 문명이 실크로드에 남겨놓은 문화예술의 보고이며 4~14세기 중국 불교예술의 최고 성취다. 이는 세계 불교예술 발전에 있어 지대한 공헌으로 중국과 세계 미술사에서 중요한 지위를 차지하고 있다.

# 3 │ 장경동 문헌

　1900년에 도사 왕원록王圓籙이 막고굴 제16굴 용도甬道의 모래를 치우다가 우연히 장경동(일련번호 제17굴)을 발견했다. 이곳에서 여러 문자로 쓰인 5만여 점에 달하는 5~11세기 초의 사본과 소량의 인쇄본이 출토되었는데, 광범위한 분야의 풍부한 내용이 담겨 있었다.

　장경동 문헌은 주제와 내용에 따라 다음 10개 부류로 나눌 수 있다.

## 1. 종교 서적

　불경이 둔황 사본의 90퍼센트 이상을 차지한다. 특히 당대와 당대 이전 사경寫經이 많았는데, 많은 것이 장안과 낙양 등의 유명한 사원에서 왔으며 심지어 궁정의 사경도 있었다. 이들 경전은 필사한 후 유명한 고승들의 반복된 교정을 거치면서 비교적 높은 권위를 가지게 되어 인쇄본 판각 중에 발생한 오류를 교정할 수 있었다. 많은 경전이 중국과 인도에서 이미 실전되었기 때문에 이들 사본

막고굴 제17굴(장경동)
만당晚唐

이 더욱 가치 있다.

불경 외에 도교의『도덕경道德經』과 그 주소본注疏本, 『노자화호경老子化胡經』 등 수백 종의 전적이 있는데, 이들 경전은『도장道藏』의 부족한 부분을 보충해주었다.

외래 종교 문헌으로는 한문으로 옮긴 네스토리우스교 문헌『삼위몽도찬三威蒙度贊』, 마니교의 해설적 성격을 띤 문헌『마니광불교법의략摩尼光佛教法儀略』과 조로아스터교의 여신 도상 같은 것이 있다.

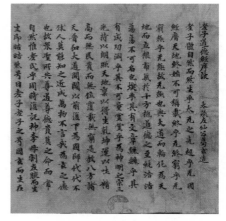

## 2. 유가 경전

『시경詩經』, 『서경書經』, 『역경易經』, 『예경禮經』, 『춘추春秋』, 『논어論語』(각각의 주소본 포함)의 옛 사본, 『고문상서古文尙書』, 『모시음毛詩音』, 『효경정씨해孝經鄭氏解』, 『논어정씨주論語鄭氏注』와 당 현종의『어주효경御注孝經』 등이 있는데, 모두 송 이후에 실전된 진귀본이다.

## 3. 역사 지리 문헌

『사기』, 『한서』, 『삼국지』 외에 또한 실전된 사서들이 있었다. 둔황 역사와 관련 있는 저작으로는『둔황명족지敦煌名族志』, 『과사고사계년瓜沙古事繫年』 같은 것이 있다.

지리 방면의 문헌으로는 전국의 지리를 기록한『천보십도록天寶十道錄』, 『정원십도록貞元十道錄』이 있었고, 둔황 지방지로『사주도독부도경沙州都督府圖經』 같은 것이 있었는데, 옛 둔황 지리를 연구한 보기 드문 저작이다.

## 4. 공식 문서와 사인 문서

공식 문서와 사인 문서는 특히 진귀한 고대 사료로, 공식 문서는 주로 제制, 칙敕, 책冊, 령令, 교敎, 부符, 표表, 장狀, 전箋, 계啓, 사辭, 첩牒, 첩帖, 방문榜文, 판사判詞, 과소過所, 공험公驗, 도첩度牒, 고신告身, 적장籍賬 등과 호부, 형부, 병

1
2
3

1. 도교 『노자도덕경老子道德經』
2. 대진경교大秦景教 『삼위몽도찬三威蒙度贊』, 둔황 장경동 출토
3. 당대 정조첩丁租牒, 막고굴 북쪽 구역 제47굴 출토

부, 이부와 관련 있는 문서다. 이들 자료는 중고 시기 문서 제도, 직관 제도, 군사 제도, 균전부역제도와 정치 사료를 연구하는 데 풍부한 역사적 기초를 제공해주었다. 예를 들면 당대의 『장군의훈고張君義勳告』는 관청이 장군의 등 전공을 세운 병사 263명에게 명예상 관직勳官을 내린 임명서다.

사인 문서는 계약서, 차용증, 장부, 편지, 가산 분배 문서 등의 내용을 포함하는데, 중고 시기 민사 계약 행위와 규범을 연구하는 가장 중요한 자료다. 예를 들어 오대 시기의 『소장조승자전아계塑匠趙僧子典兒契』는 소장塑匠 조승자趙僧子가 친아들 구자苟子를 다른 사람에게 전당 잡히고 채권을 담보한 계약을 체결했다고 이야기하고 있다. 이처럼 경제 방면의 계약부터 법률 문서에 이르기까지 중요한 연구 가치를 지닌 문헌이 장경동 속에 풍부하게 남아 있다.

## 5. 과학기술 문헌

별자리 관측은 천문학의 기초로 당대의 『전천성도全天星圖』는 당시 사람들이 육안으로 관측할 수 있는 북반구의 별자리 1,348개를 기록해놓았다. 이는 현존하는 비교적 오래되고 별자리 개수도 많은 항성도다.

의약학 자료도 풍부하다. 수·당·오대 시기 의학과 약학은 이미 상당히 발달했지만 안타깝게도 이들 저작은 송대 이후에 대부분 사라졌다. 그러므로 둔황 문헌으로 보존되어 있는 수당 시기 의약서 70여 종은 사라진 부분을 채워주고 교감할 수 있게 해주는, 대체 불가능한 중요한 가치를 지닌다. 그중에는 의경醫經의 진찰법이 포함되어 있으며 의약 처방과 침구 치료 내용도 있다. 둔황 의약 필사본 『본초경집주本草經集注』는 거의 완전하게 보존되어 있다. 또한 『구법도灸法圖』, 『신집비급구도新集備急灸圖』 등도 뜸과 침 치료를 다룬 귀중한 자료다.

제지술과 인쇄술 면에서는 장경동에서 출토된 사본 절대 다수가 종이 위에 쓰였는데, 북조 시기에는 마지麻紙가 많았고 수나라, 당나라 때는 저지楮紙, 상피지桑皮紙 같은 세지(細紙, 면이 부드러운 종이. 서화용 고급 종이)가 출현해 제지술과 재료를 연구하는 데에도 훌륭한 자료를 제공한다. 둔황 문헌에 '지장紙匠'과 '타지사打紙師'라는 기록이 있다. 이는 곧 둔황에서 직접 종이를 제조했음을 말한다. 둔황 문헌 가운데 당대의 판각본 『금강반야바라밀경金剛般若波羅密經』(대략 868년)은 현존하는 가장 이른 인쇄본 중 하나다. 막고굴 북쪽 구역에서는 서하문 활자판 『제밀주요어諸密咒要語』의 활자 인쇄본이 발굴되기도 했다.

## 6. 문학 서적

장경동에서 출토된 문학 서적의 범위는 매우 광범위하다. 우선 전통적인 고전문학 작품으로 중국 최초의 시가 총집인『시경』, 문학 작품 총집인『문선文選』과 당나라 사람이 선별한 당시唐詩 등이 있다. 또 속문학 사본을 들 수 있는데, 속문학은 불경 내용을 설창說唱에 편리하도록 바꾼 통속 문사文詞로 둔황 문학 가운데 매우 중요한 위치를 차지한다.

속문학에서 가장 풍부한 것은 변문變文과 강경문講經文이다. 당대 사원에서는 속강俗講이 유행했는데, 고승들이 심오한 불교 교리를 통속적이고 쉬운 언어로 바꾸어 대중에게 강연하기 위해서였다. 또한 청중의 흥미를 불러일으키기 위해 변문 속에 첨가한 많은 역사 고사가 속강의 제재로 활용되었다. 장경동에서 발견된 이들 통속문학 사본은 중국 문학사 연구에 중요한 자료를 제공해주었다.

## 7. 비非한문문헌

중앙아시아 소그드문(예를 들면『선악인과경善惡因果經』), 위구르문(불경기도문), 토번문吐蕃文, 곧 옛 티벳문으로『토번찬보세계보吐蕃贊普世係譜』같은 것), 인도범문실

담자印度梵文悉曇字(예를 들면『반야심경』)를 포함하며 호탄문于闐文, 돌궐문, 히브리문 등도 있다.

## 8. 공장工匠과 상행商行

장경동 문헌에서 '장匠'을 언급한 것은 모두 20여 종이 있다. 예를 들면 직갈織褐, 피장皮匠, 제혁製革, 화장畫匠, 소장塑匠, 지장紙匠, 목장木匠, 석장石匠, 타굴인打窟人, 금은장金銀匠, 궁장弓匠, 답대사踏碓師, 식량을 가공하는 연호碾戶, 기름 원료를 가공하는 양호梁戶, 금은행金銀行, 목행木行, 궁행弓行, 옥방玉坊, 지점紙店 등이다.

## 9. 서법書法

둔황 장경동에서 발견된 대량의 사본은 동진부터 북송에 이르는 각 시대 서법의 진적眞迹을 보여줄 뿐만 아니라 해서, 초서, 예서, 전서의 각 서체를 모두 갖추고 있어 중국 서법 예술의 보고라 할 수 있다.

수나라, 당나라의 사본은 이름이 알려지지 않은 사경사가 경전을 베껴 쓴 것 외에 중원의 대사원과 궁정에서 온 우수한 작품도 있었다. 이들은 모두 당시 서법

1 | 2 3

1. 당 함통咸通 9년(868) 판각본 『금강반야바라밀경金剛般若波羅蜜經』
2. 『전천성도全天星圖』, 둔황 장경동 출토
3. 『구법도灸法圖』, 둔황 장경동 출토

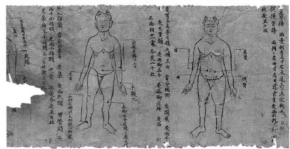

대가들이 쓴 것으로 그 시대 서법 수준을 대표한다.

사본 외에 당나라 사람이 모사한 왕희지王羲之의『십칠첩十七帖』, 당 태종의 「온천명溫泉銘」과 구양순歐陽詢의 「화도사탑명化度寺塔銘」, 유공권柳公權의『금강경』같은 당나라 때의 진귀한 탁본도 있다. 이들 탁본의 시대가 이른 편이어서 현재 전하는 탁본과 비교해볼 때 원작에 더욱 가깝다.

## 10. 견화絹畵와 자수 등 예술품

대부분 불교 신기화神祇畵, 경변화, 불교 고사화다. 견화 중 몇몇 독립된 화번畵幡은 벽화에는 드물거나 없었는데, 행도천왕行道天王, 인로보살引路菩薩, 고승상高僧像 같은 것이다. 벽화와 견화는 재질이 달랐기 때문에 표현 기법과 효과도 차이가 있어 둔황 회화를 전면적으로 인식하는 데 중요한 의의를 지니고 있다.

유감스럽게도 청나라 말 암흑시대에 장경동에서 출토된 문헌을 효과적으로 보존하지 못하고 서구 열강에게 대부분 약탈당했다. 현재 많은 장경동 문서가 영국, 프랑스, 러시아, 인도, 일본 등 10여 개 나라 30여 개 박물관과 도서관에, 또 중국 각지의 박물관과 도서관에 산재해 있다.

막고굴과 장경동은 심오하고 다양한 문화를 폭넓게 받아들여 이룩한 찬란한 세계문화예술의 보고다. 장경동에서 출토된 문헌과 예술품, 그리고 막고굴 예술은 종교, 역사, 지리, 정치, 경제, 문학, 언어문자, 민족, 민속, 과학기술과 예술 등 많은 영역과 관련 있어 중고 시기 중국, 중앙아시아, 서아시아, 동아시아, 남아시아 연구를 위한 귀한 자료로서 가치를 지닌다. 또한 국제적으로 장경동 문헌과 막고굴 예술을 연구 대상으로 하는 '둔황학'이 탄생해 중국학을 대표하는 학문 분야가 되었다.

1

2

1. 1908년, 폴 펠리오와 둔황 장경동
2. 장경동에서 출토된 당대 견화絹畵

## 발굴사

● 막고굴은 16국 시기에 건립되어 수·당대에 흥성하다 점차 쇠락해 원대 이후에는 석굴 조성이 중단되었다.

● 1900년 도사 왕원록이 막고굴 용도의 모래를 치우다가 우연히 장경동을 발견했다.

● 1907~1914년에 영국의 아우렐 스타인, 프랑스의 폴 펠리오Paul Pelliot와 일본, 러시아의 탐험가들이 장경동의 많은 문헌을 약탈했다.

● 1924년 미국인 랭던 워너Langdon Warner가 이탈리아에서 개발한 특수한 화학 약품을 사용해서 아교를 먹인 천을 벽화에 붙인 후 판박이를 긁듯이 벽화를 떼어내는 방법으로 막고굴 벽화 20점을 도굴했다.

● 1944년 국립 둔황예술연구소가 창립되어 창수홍常書鴻이 소장을 맡았다. 이를 중심으로 둔황 막고굴 보호와 연구 활동이 본격적으로 시작되었다.

● 1961년 막고굴은 국가급 문물보호단위가 되었다.

● 1987년 막고굴은 유네스코 세계문화유산으로 등재되었다.

# 영국박물관

## 인로보살도 引路菩薩圖

막고굴 제17굴(장경동) 출토 / 851~900년
견본絹本에 채색, 세로 80.5㎝, 가로 53.8㎝

여신도를 극락 세계로 인도하는 보살을 그린
것으로, 오른쪽 위 테두리 안에 引路菩라는
세 글자가 있다. 보살이 길을 인도한다는 신앙
은 당나라 때 유행하기 시작해 둔황 장경동에
서 이 주제를 다룬 그림 여러 점이 출토되었지
만, 제자題字가 있는 그림은 이것이 유일하다.
1907년 아우렐 스타인이 장경동을 발굴한 왕
원록王圓籙에게 장경동 유물 일부를 구매해서
영국으로 가지고 갔다. 스타인이 탐사할 당시
경비를 영국박물관과 인도 정부로부터 제공받
았기 때문에 영국에 돌아간 이후 유물 일부가
인도로 옮겨져 현재 인도국가박물관에 소장되
어 있다. 영국에 남아 있는 둔황 유물은 영국
박물관 외에 수고手稿와 경전(당대 『금강경』
포함)이 영국도서관에 소장되어 있다. 또 빅토
리아 앤드 앨버트 박물관에 방직품 일부가 소
장되어 있다.

# 둔황박물관

## 북량석탑 北凉石塔

## 청동우거 銅牛車

## 능형망문채도분 菱形網紋彩陶盆

## 당대채회천왕용 唐代彩繪天王俑

## 조형홍도관 鳥型紅陶罐

## 당대진묘수 唐代鎭墓獸

## 견타화전 牽駝花磚

## 청동조구 銅雕龜

## 철검 鐵劍

## 막고굴 제254굴, 북위北魏

막고굴 절벽 중간에 위치한 가장 이른 시기의 중심탑주식 석굴이다. 중심 기둥 사면에 감실이 있다. 동쪽을 향해 있는 큰 감실 안에 다리를 앞에서 교차하여 앉아 있는 미륵불상이 있고, 불상 양옆에는 원래 각각 녹시보살이 있었으며 현재는 남쪽에 하나 북쪽에 두 개가 남아 있다. 동굴의 네 벽 가장 상층을 둘러싸고 천궁기악도天宮伎樂圖가 있고, 중간에는 많은 천불이 그려져 있으며 천불 옆에는 불상 이름이 표시되어 있다. 남북벽 서쪽이 중심 기둥과 마주하고 있는 곳에는 각각 설법도가 있다. 서쪽 벽 중앙에는 백의불白衣佛 설법도가 그려져 있다. 동굴 앞부분 남북벽 중간에는 본생과 불전 고사가 그려져 있고, 남쪽벽 궁궐형 감실 아래에는 항마변降魔變이 그려져 있다. 항마변과 가까운 서쪽에는 본생고사화 살타사신사호薩埵捨身飼虎가 있고, 북쪽벽 앞부분 궁궐형 감실 아래에는 큰 폭의 인연고사 난타출가인연難陀出家因緣이 그려져 있다.

## 막고굴 제420굴, 수隋

수나라 때 창건되었고 송宋·서하西夏 때 벽화 일부를 다시 그렸다. 주실은 말斗을 뒤집어 놓은 듯한 천장이고 남·서·북벽에 각각 감실이 있어 '삼감굴三龕窟'이라고도 한다. 천장 중앙에는 연꽃무늬를 그렸고 네 벽에는 경변 장면이 그려져 있는데 각 장면 사이는 나무와 꽃, 탑이 있는 사원, 냇물과 연꽃이 있는 연못, 떠다니는 구름과 흩날리는 꽃 같은 경물로 구분했다. 그렇지만 화면이 조밀하고 복잡한 데다 변색이 심해 식별하기 어려운 그림도 있기 때문에 학계에서는 내용을 두고 논쟁이 있어 왔다. 이 논쟁은 주로 '법화경변설'과 '법화경변과 열반경변설'이라는 두 가지로 나뉜다.

## 막고굴 제23굴, 성당盛唐

막고굴 남쪽 지역 중앙에 위치한다. 성당 시기에 창건되었고 중당과 오대에 중수했으며 청나라 때에는 소상塑像을 중수했다. 주실은 말을 뒤집어 놓은 듯한 형태의 천장이다. 굴 천장에 연꽃무늬가 있고 서벽에는 미륵 경변, 남벽에는 관음보문품音音普門品, 북벽에는 아미타경변, 동벽에는 불정존승다라니경변佛頂尊勝陀羅尼經變이 그려져 있다. 동·남·북 세 벽의 벽화는 북벽-동벽-남벽의 서사 순서를 따르며 모두 『법화경法華經』 내용을 표현한 것이다. 용도甬道 남벽에는 오대의 이름을 알지 못하는 밀교 경변 중 일천日天이 그려져 있고 나머지는 전부 훼손되었다.

## 막고굴 제285굴, 서위西魏

둔황 석굴 중 가장 일찍 착공 연대가 확정된 동굴이다. 주실 천장은 말을 뒤집어 놓은 듯한 형태이고 바닥은 사각형이다. 굴 중앙에는 원대에 만들어진 사각형 단대壇臺가 있고 남벽과 북벽에는 대칭으로 네 개의 작은 선실을 팠다. 천장 중심의 사각형 틀 안은 화개식華蓋式 무늬로 장식되어 있다. 네 벽에는 마니보주, 역사, 비천, 뇌공雷公, 오획외수烏獲畏獸, 복희, 여와 같은 중국 전통 신화의 여러 신과 불교 호법신 형상이 그려져 있다. 주실 안에는 대좌에 걸터앉은 설법불, 소감실 안에는 각각 방한모를 쓴 선승 소조상이 있다.

## 막고굴 제322굴, 초당初唐

당나라 초에 건축되어 오대에 중수되었다. 말을 뒤집어 놓은 형태의 전당식 소형굴로 주실 서벽에 두 층의 감실이 있는데, 안벽에 불상 하나, 제자 둘, 보살 둘, 천왕 둘 등 모두 7개의 조소상이 있다. 천왕상은 높은 코와 넓은 어깨, 짙은 눈썹과 큰 눈을 가지고 있는 호인胡人 형상이다. 굴 천장 중심의 사각 틀 안에는 넝쿨이 얽힌 포도무늬가 그려져 있고 가장 바깥쪽에는 비천 16명이 사각 틀을 에워싸고 있다. 네 벽에는 천장부터 아래로 천불이 그려져 있고, 그림과 네 벽 사이 연결되는 곳에는 등나무 가지가 끼워져 있다. 남벽의 천불 중앙에는 미륵 설법도가 있다. 북벽의 천불 중앙에는 아미타경변이 있다.

## 막고굴 제61굴, 오대五代

귀의군歸義軍 절도사 조원충曹元忠 부부가 10세기 중엽 건설한 공덕굴로 송나라 때 벽화 일부를 중수했다. 막고굴 남쪽 중간 부분 아래층에 위치하며 막고굴의 대형 동굴 중 하나다. 말을 뒤집어 놓은 형태의 전당굴로 중앙에 2층 탁상식 네모난 단이 있다. 네 벽의 중심에는 설법도가 그려져 있고, 주위는 천불로 가득 차 있다. 남벽, 북벽, 동벽 윗부분에는 모두 11점의 대승경변이 있고, 서벽 윗부분 전체 벽에는 길이 13m, 높이 3.6m의 「오대산도五臺山圖」가 있다. 동벽, 남벽, 북벽에는 또한 수십 개의 조 씨 가족 여자 공양인 도상과 제기가 보존되어 있다.

**추천도서**

## 제1강 량주良渚

- 浙江省文物考古研究所『良渚遺址群 : 良渚遺址群考古報告』, 文物出版社, 2005年
- 浙江省文物考古研究所『反山 : 良渚遺址群考古報告之二』, 文物出版社, 2005年
- 周膺『良渚文化與中國文明的起源』, 浙江大學出版社, 2010年
- 浙江省文物考古研究所「良渚古城遺址 2006~2007年的發掘」, 『考古』2008年 第7期
- 劉斌、王寧遠「2006~2013年良渚古城考古的主要收獲」, 『東南文化』2014年 第2期
- 劉斌、王寧遠、陳明輝「從考古遺址到世界文化遺産 : 良渚古城的價値認定與保護利用」, 『東南文化』2019年 第1期
- 蘇秉琦『中國文明起源新論』, 生活·讀書·新知三聯書店, 2019年

## 제2강 얼리터우二里頭

- 中國社會科學院考古研究所『偃師二里頭 : 1959~1978年考古發掘報告』, 中國大百科全書出版社, 1999年
- 中國社會科學院考古研究所『二里頭 (1999~2006)』, 文物出版社, 2014年
- 許宏『最早的中國』, 科學出版社, 2009年
- 許宏『何以中國 : 公元前2000年的中原圖景』, 生活·讀書·新知三聯書店, 2016年
- 許宏『大都無城 : 中國古都的動態解讀』, 生活·讀書·新知三聯書店, 2016年
- 許宏「二里頭M3及隨葬綠松石龍形器的考古背景分析」, 『古代文明』(第12卷), 上海古籍出版社, 2016年
- 孫慶偉『追跡三代』, 上海古籍出版社, 2015年

## 제3강 은허殷墟

- 李濟『安陽』, 上海人民出版社, 2007年
- 李濟『殷墟青銅器研究』, 上海人民出版社, 2008年
- 中國社會科學院考古研究所編著『殷墟青銅器』, 文物出版社, 1985年
- 中國社會科學院考古研究所編著『殷墟婦好墓』, 文物出版社, 1980年
- 楊曉能『另一種古史 : 青銅器紋飾、圖形文字與圖像銘文的解讀』, 唐際根、孫亞冰 譯, 生活·讀書·新知三聯書店, 2017年
- 唐際根、鞏文『殷墟九十年考古人與事 (1928~2018)』, 社會科學文獻出版社, 2018年
- 唐際根『殷墟 : 一個王朝的背影』, 科學出版社, 2009年
- 唐際根、荊志淳「殷墟考古九十年回眸 : 從"大邑商"到世界文化遺産」, 『考古』2018年 第10期
- 陳夢家『殷虛卜辞綜述』, 中華書局, 2004年

## 제4강 싼싱두이 문명三星堆文明

- 四川省文物考古研究所『三星堆祭祀坑』, 文物出版社, 1999年
- 四川省文物考古研究院『三星堆祭祀坑發掘記』, 文物出版社, 2016年
- 四川省文物考古研究院、三星堆博物館、三星堆研究院『三星堆出土文物全記錄』, 天地出版社, 2009年

- 四川廣漢三星堆博物館、成都金沙遺址博物館『三星堆與金沙 : 古蜀文明史上的兩次高峰』, 四川人民出版社, 2010年
- 高大倫、宮本一夫主編『西南地區北方普係青銅器及石棺葬文化研究』, 科學出版社, 2013年
- 陳顯丹『廣漢三星堆』, 生活·讀書·新知三聯書店, 2010年
- 劉興詩『古蜀文明探秘』, 四川辭書出版社, 2011年
- "三星堆文明叢書", 巴蜀出版社, 2002~2003年

## 제5강 샤오허묘지小河墓地

- 貝格曼(Folke Bergman)『新疆考古記』, 新疆人民出版社, 1997年
- 新疆文物考古研究所「2002年小河墓地考古調查與發掘報告」, 『邊疆考古研究』, 2004年
- 伊弟利斯·阿不都熱蘇勒等「尋找消失的文明 小河考古大發現」, 『大衆考古』, 2014年 第4期

## 제6강 진시황릉秦始皇陵

- 司馬遷『史記』「秦本紀」「秦始皇本記」
- 陝西省考古研究院、秦始皇兵馬俑博物館『秦始皇帝陵園考古報告 : 1999』, 科學出版社, 2000年
- 陝西省考古研究院、秦始皇兵馬俑博物館『秦始皇帝陵園考古報告 : 2001~2003』, 文物出版社, 2007年
- 段清波『秦陵――封塵的帝國』, 中國民主法制出版社, 2018年
- 段清波「外藏係統的興衰與中央集權政體的確立」, 『文物』, 2016年 第8期
- 段清波「秦始皇帝陵的物探考古調查――"863"計劃秦始皇陵物探考古進展情況的報告」, 『西北大學學報·哲學社會科學版』, 2005年 第1期
- 袁仲一『秦兵馬俑』, 生活·讀書·新知三聯書店, 2004年
- 梁雲『西陲有聲 :『史記』「秦本紀」的考古發現』, 生活·讀書·新知三聯書店, 2020年
- 辛德勇『生死秦始皇』, 中華書局, 2019年
- 李開元『秦崩 : 從秦始皇到劉邦』, 生活·讀書·新知三聯書店, 2015年

## 제7강 해혼후묘海昏侯墓

- 辛德勇『海昏侯劉賀』, 生活·讀書·新知三聯書店, 2016年
- 辛德勇『海昏侯新論』, 生活·讀書·新知三聯書店, 2019年
- 江西省文物考古研究所、首都博物館編『五色炫曜 : 南昌漢代海昏侯國考古成果』, 江西人民出版社, 2016年
- 王楚寧、楊軍「海昏侯墓竹書「五色食勝」爲「六博棋譜」小考」, 『文化遺産與公衆考古』(第三輯), 科學出版社, 2016年
- 楊軍、王楚寧、徐長青「西漢海昏侯劉賀墓出土『論語』「知道」簡初探」, 『文物』2016年 第12期
- 田旭東「淺議『論語』在西漢的流傳及其地位――從海昏侯墓出土『齊論』說起」, 『秦漢研究』(第十二輯), 西北大學出版社, 2018年
- 王子今「"海昏"名義補議」, 『南都學壇』2018年 第5期

## 제8강 한 · 당 장안성漢唐長安城

● 劉瑞『漢長安城的朝向、軸線與南郊禮制建築』, 中國社會科學出版社, 2011年
● 中國社會科學院考古研究所漢長安城工作隊『漢長安城遺址研究』, 科學出版社, 2006年
● 宿白「隋唐長安城和洛陽城」,『文物』, 1978年 第6期
● 向達『唐代長安與西域文明』, 商務印書館, 2015年
● 宋敏求、李好文『長安志 長安志圖』, 辛德勇、郎潔 譯, 三秦出版社, 2013年
● 辛德勇『隋唐兩京叢考』, 三秦出版社, 2006年
● 楊鴻年『隋唐兩京坊里譜』, 上海古籍出版社, 1999年
● 榮新江『隋唐長安:性別、記憶及其他』, 复旦大學出版社, 2010年
● 徐松『唐兩京城坊考』, 中華書局, 1958年
● 張國剛『胡天漢月影西洋』, 生活·讀書·新知三聯書店, 2019年
● 葛承雍『大唐之國:1400 年的記憶遺産』, 生活·讀書·新知三聯書店, 2018年
● 馬伯庸『長安十二時辰』, 湖南文藝出版社, 2017年

## 제9강 난하이 1호南海1號

● 國家文物局水下文化遺産保護中心、中國國家博物館、廣東省文物考古研究所、陽江市博物館編
『南海 I 號沈船考古報告之一:1989~2004年調査』, 文物出版社, 2017年
● 國家文物局水下文化遺産保護中心、廣東省文物考古研究所、中國文化遺産研究院、廣東省博物
館、廣東海上絲綢之路博物館編『南海 I 號沈船考古報告之二:2014~2015 年調査』, 文物出版
社, 2018年
● 廣東省文物考古所編『2011年"南海 I 號"的考古試掘』, 科學出版社, 2011年
● 李巖『南海 I 號沈浮記:繼往開來的航程』, 文物出版社, 2009年
● 南海I號考古隊「來自"南海I號"考古隊的報告」,『中國文物報』2014年 12月30日
● 崔勇、徐蓓「水下考古, 不僅僅是海底撈寶」,『解放日報』2017年 3月24日

## 제10강 둔황 막고굴敦煌莫高窟

● 樊錦詩「敦煌石窟保護五十年」,『敦煌研究』1994年 第2期
● 樊錦詩口述, 顧春芳撰寫『我心歸處是敦煌:樊錦詩自述』, 譯林出版社, 2019年
● 樊錦詩, 趙聲良『燦爛佛宮:敦煌莫高窟考古大發現』, 浙江文藝出版社, 2004年
● 敦煌研究院主編『解讀敦煌』係列, 華東師範大學出版社, 2010~2016年
● 敦煌文物研究所編『中國石窟:敦煌莫高窟』, 文物出版社, 1999年
● 榮新江『敦煌學十八講』, 北京大學出版社, 2001年
● 揚之水『曾有西風半點香:敦煌藝術名物叢考』, 生活·讀書·新知三聯書店, 2012年
● 段文杰『佛在敦煌』, 中華書局, 2018年
● 陳海濤、陳琦『圖說敦煌二五四窟』, 生活·讀書·新知三聯書店, 2017年
● 楊琪『敦煌藝術入門十講』, 生活·讀書·新知三聯書店, 2016年
● 項楚『敦煌變文選注』, 中華書局, 2006年
● 宿白『中國石窟寺研究』, 生活·讀書·新知三聯書店, 2019年

찾아보기

인 명

**찾아보기** | **지명 및 용어**

## 저 자

**리링**李零             베이징대 중문과 교수

**류빈**劉斌             량주 고성 발견자, 량주 고성 발굴 책임자
            저장성 문물고고연구소 소장

**쉬훙**許宏             중국사회과학원 고고연구소 연구원
            얼리터우 발굴단 제3대 단장

**탕지건**唐際根             전 중국사회과학원 고고연구소 연구원
            전 안양 은허발굴단 단장, 남방과기대학 석좌교수

**가오다룬**高大倫             쓰촨성 문물고고연구원 교수, 중국 고고학회 상무이사

**이드리스 압두루술**伊弟利斯·阿不都熱蘇勒             로프노르 샤오허묘지 발굴대장, 전 신장 문물고고연구소 소장

**돤칭보**段清波             시베이대학 고고학 교수, 전 진시황릉발굴단 단장

**양쥔**楊軍             해혼후묘 발굴단 단장, 장시성 문물고고연구소 연구원

**류루이**劉瑞             중국 사회과학원 고고연구소, 한당연구실 연구원

**추이융**崔勇             광둥성 문물고고연구소 부소장, 중국 첫 번째 수중 발굴단원
            난하이 1호 발굴조사단 책임자

**판진스**樊錦詩             둔황연구원 명예원장, 중앙문사연구관 관원

## 역 자

**정호준**      1994년에 한국외국어대학교 중국어과를 졸업했고, 同대학원에서 「元稹과 그 樂府詩 연구」로 1998년에 석사 학위를, 「杜甫의 陷賊·爲官 時期 詩 硏究」로 2005년에 박사 학위를 취득했다. 중국 사회과학원 방문학자, 강남대학교 중국학센터 객원 연구원, 한국외국어대학교 일반대학원 중어중문학과 BK21PLUS 한중언어문화소통사업단 연구교수를 지냈다. 평택대학교, 호서대학교, 강남대학교 등에서 중국 문학과 중국어 관련 강의를 했고, 현재는 한국외국어대학교 중국어통번역과 강사, 중국연구소 초빙연구원으로 있다. 「두보의 제화시 고」를 비롯해 20여 편의 논문이 있으며, 공저 『중국시의 전통과 모색』, 『중국문학의 전통과 모색』, 역서 『신제악부/정악부』, 『그대를 만나, 이 생이 아름답다』, 『백거이시선』, 공역서 『장자-그 절대적 자유를 향하여』, 『한비자』가 있다.

## 감 수

**심재훈**      1985년 단국대학교 사학과를 졸업하고 1998년 시카고대학교 동아시아언어문명학과에서 중국 서주사西周史 전공으로 박사학위를 받았다. 현재 단국대학교 사학과 교수로 있으며, 단국대학교 문과대 학장과 중국고중세사학회 회장을 역임했다. 고대 중국의 방대한 출토 자료에 매료되어 상주사商周史 연구에 치중해오다 동아시아 고대사 전반으로 관심의 폭을 넓히고 있다. 관련 저서로 「고대 중국에 빠져 한국사를 바라보다」(푸른역사, 2016)와 「청동기와 중국고대사」(사회평론아카데미, 2018), 「중국 고대 지역국가의 발전: 진의 봉건에서 문공의 패업까지」(일조각, 2018)가 있다. 「중국 고대 지역국가의 발전」으로 2019년 아시아학자세계총회ICAS의 우수학술도서상을 받았다. 한미교육위원회Fulbright와 일본학술진흥회JSPS, 푸단復旦대학의 펠로십으로 각각 UCLA(2009-2010년)와 교토대학(2014년), 푸단대학(2018년)에 방문학자로 초빙되었다.

# 중국고고학, 위대한 문명의 현장

초판 1쇄 인쇄  2021년  9월  20일
초판 1쇄 발행  2021년  9월  25일

지은이    리링(李零) 외 10인
옮긴이    정호준
감  수    심재훈
발행인    박종서
발행처    역사산책
출판등록  2018년 4월 2일 제2018-60호
주  소    (10477) 경기도 고양시 덕양구 은빛로 39, 401호(화정동, 세은빌딩)
전  화    031-969-2004
팩  스    031-969-2070
이메일    historywalk2018@daum.net
페이스북  https://www.facebook.com/historywalkpub/

ISBN 979-11-90429-19-1

값 28,000원